U0681794

权威·前沿·原创

皮书系列为
"十二五""十三五"国家重点图书出版规划项目

B

BLUE BOOK

智库成果出版与传播平台

湖南蓝皮书

BLUE BOOK OF HUNAN

2020年
湖南经济发展报告

REPORT ON ECONOMIC DEVELOPMENT IN HUNAN

(2020)

湖南省人民政府发展研究中心

主　编／谈文胜

副主编／唐宇文　蔡建河

社会科学文献出版社

SOCIAL SCIENCES ACADEMIC PRESS（CHINA）

图书在版编目（CIP）数据

2020 年湖南经济发展报告 / 谈文胜主编. -- 北京：
社会科学文献出版社，2020.7
（湖南蓝皮书）
ISBN 978 - 7 - 5201 - 6642 - 3

Ⅰ. ①2… Ⅱ. ①谈… Ⅲ. ①区域经济发展 - 研究报
告 - 湖南 - 2020 Ⅳ. ①F127.64

中国版本图书馆 CIP 数据核字（2020）第 077215 号

湖南蓝皮书
2020 年湖南经济发展报告

主　　编／谈文胜
副 主 编／唐宇文　蔡建河

出 版 人／谢寿光
组稿编辑／邓泳红　桂　芳
责任编辑／陈　颖
文稿编辑／陈　颖　薛铭洁

出　　版／社会科学文献出版社·皮书出版分社 （010）59367127
　　　　　地址：北京市北三环中路甲 29 号院华龙大厦　邮编：100029
　　　　　网址：www. ssap. com. cn
发　　行／市场营销中心 （010）59367081　59367083
印　　装／天津千鹤文化传播有限公司

规　　格／开 本：787mm × 1092mm　1/16
　　　　　印 张：24.5　字 数：368 千字
版　　次／2020 年 7 月第 1 版　2020 年 7 月第 1 次印刷
书　　号／ISBN 978 - 7 - 5201 - 6642 - 3
定　　价／198.00 元

本书如有印装质量问题，请与读者服务中心（010 - 59367028）联系

▲ 版权所有 翻印必究

湖南省人民政府发展研究中心
湖南蓝皮书编辑委员会

主　　任　　谈文胜

副 主 任　　唐宇文　　邓仕军　　王佳林　　禹向群　　蔡建河

编　　委　　曾晓阳　　彭蔓玲　　唐文玉　　左　宏　　袁建四

　　　　　　李学文　　罗德强　　邓润平　　彭谷前　　罗小阳

　　　　　　柳　松　　严　洁　　唐细华

主　　编　　谈文胜

副 主 编　　唐宇文　　蔡建河

《湖南蓝皮书·2020年经济发展报告》

执行编辑　　李银霞　　侯灵艺　　贺超群　　戴　丹　　言　彦

主要编撰者简介

谈文胜　湖南省人民政府发展研究中心党组书记、主任。研究生学历，管理学博士。历任长沙市中级人民法院研究室主任，长沙市房地局党组成员、副局长，长沙市政府研究室党组书记、主任，长沙市芙蓉区委副书记，湘潭市人民政府副市长，湘潭市委常委、秘书长，湘潭市委常委、常务副市长，湘潭市委副书记、市长。主要研究领域为法学、区域经济、产业经济等，先后主持或参与《实施创新引领开放崛起战略，推进湖南高质量发展研究》《对接粤港澳大湾区综合研究》《湘赣边革命老区振兴与合作发展研究》《创建中国（湖南）自由贸易试验区研究》等多项省部级重大课题。

唐宇文　湖南省人民政府发展研究中心党组副书记、副主任，研究员。1984 年毕业于武汉大学数学系，获理学学士学位，1987 年毕业于武汉大学经济管理系，获经济学硕士学位。2001～2002 年在美国加州州立大学学习，2010 年在中共中央党校一年制中青班学习。主要研究领域为区域发展战略与产业经济，先后主持国家社科基金项目及省部级课题多项，近年出版著作主要有《创新引领开放崛起》《打造经济强省》《区域经济互动发展论》等。

摘　要

本书是由湖南省人民政府发展研究中心组织编撰的年度性发展报告。本书系统回顾了 2019 年湖南经济发展情况，展望 2020 年湖南经济发展面临的形势，并针对湖南经济发展中存在的问题提出对策和建议。本书共分六个部分，包括主题报告、总报告、经济篇、产业篇、专题篇和附录。"主题报告"是省领导对湖南经济发展重大问题提出的战略构想和发展思路；"总报告"是湖南省人民政府发展研究中心课题组对 2019 年全省经济、产业发展情况的分析研究及 2020 年经济、产业发展形势的思路和对策建议；"经济篇"是从湖南省直部门角度，对 2019 年全省经济与产业发展情况及 2020 年工作思路对策的研究；"产业篇"涵盖装备工业、电子信息制造业、新材料、轨道交通装备等湖南重点战略性新兴产业，以及有代表性的产业园区 2019 年度发展情况；"专题篇"是全省经济领域的专家学者对湖南经济发展热点问题的前瞻性思考和研究成果；"附录"记录全省 2019 年经济领域发生的重大事件。

2019 年，湖南面对国内外风险挑战明显上升的复杂局面，全省上下坚持以习近平新时代中国特色社会主义思想为指导，认真贯彻落实党中央、国务院各项决策部署，坚持稳中求进工作总基调，大力实施创新引领开放崛起战略，迈出了高质量发展的坚实步伐，全省经济运行保持总体平稳、稳中有进、稳中向好的良好势头。2020 年经济工作，将坚持以习近平新时代中国特色社会主义思想为指导，认真贯彻习近平总书记对湖南工作的重要讲话指示精神，坚持稳中求进工作总基调，坚持新发展理念，坚持以供给侧结构性改革为主线，坚持以改革开放为动力，以"全面小康决胜年"为抓手，深入实施创新引领开放崛起战略，着力推动高质量发展，积极应对新冠肺炎疫情冲击，坚决打赢三大攻坚战，全面做好"六稳"工作，统筹推进稳增长、促改革、调结构、惠民生、防风险、保稳定，确保全面建成小康社会和"十三五"规划圆满收官。

2020 年经济社会发展的主要预期目标是：经济增长 5.5% 左右，城镇调查失业率控制在 5.5% 左右，居民消费价格涨幅控制在 3.0% 左右，农村贫困人口全部脱贫，居民收入增长与经济增长同步，财政金融风险有效防控，生态环境进一步改善，万元 GDP 能耗下降 1%。

Abstract

This book is an annual development report compiled by the Development Research Center of Hunan Provincial People's Government. This book systematically reviews Hunan's economic development in 2019, looks forward to the situation Hunan's economy faces in 2020, and puts forward countermeasures and suggestions for the problems existing in Hunan's economic development. This book is divided into six parts, including the theme report, the general report, the department, the industry, the special topic and the appendix. "Keynote Reports" is the strategic conformation and development thinking of provincial leaders on the major issues of Hunan's economic development; "General Reports" is the research group of Hunan Provincial People's Government Development Research Center on the economic and industrial development of the whole province in 2019 and the thinking and Countermeasures of the economic and industrial development situation in 2020; "Economy Reports" is from the perspective of Hunan Province's direct departments, on 2019. This year's economic and industrial development in Hunan Province and the study of countermeasures for the work in 2020; "Industry Reports" covers key strategic emerging industries in Hunan, such as equipment industry, electronic information manufacturing, new materials and rail transportation equipment, as well as the development of representative industrial parks in this year; "Expert Reports" is the forward-looking thinking and research results of experts and scholars in the economic field of Hunan Province on the hot issues of economic development. "Appendices" records the major events in the economic field of the province in 2019.

In 2019, facing the complex situation of rising risks and challenges at home and abroad, Hunan Province insisted on taking Xi Jinping's socialist thought with Chinese characteristics in the new era as the guidance, earnestly implementing the decision-making and deployment of the CPC Central Committee, adhere to the general tone of steady progress, deeply implementing the strategy of innovation leading to open-up and rising, effectively responding to risk challenges, firmly promoting high-quality development, and maintaining the sustainable and healthy development of the economy and society. In economic work in 2020, we will adhere to the guiding ideology of socialism with Chinese characteristics in the new era of Xi Jinping, earnestly implement the important directive spirit of General Secretary Xi Jinping on Hunan's work, adhere to the general tone of steady progress, adhere to the new development concept, adhere to the promotion of high-quality development, adhere to the supply-side structural reform as the main line, adhere to reform and opening up as the driving force, and taking "the all-round well-off decisive year" as the starting point, deeply implement the strategy of innovation leading to open-up and rising, promote high-quality development, actively respond to the impact of the COVID-19 epidemic, resolutely win the three major battles, and do a good job of the "six stability", make overall plans to promote stable growth, promote reform, restructure, benefit people's livelihood, prevent risks, and maintain stability, and ensure that a well-off society is fully built and the "Thirteenth Five-Year Plan" is successfully concluded. The main anticipated objectives of economic and social development in 2020 are: economic growth of 5.5%, unemployment rate of urban survey of 5.5%, increase of consumer price of 3.0%, All rural residents living below the current poverty line will be lifted out of poverty, effective prevention and control of financial and financial risks, synchronization of income growth with economic growth, further improvement of ecological environment and reduction of energy consumption of 10,000 yuan GDP by 1%.

目　录

Ⅲ　经济篇

Ⅳ　产业篇

Ⅴ 专题篇

VI 附录

皮书数据库阅读 **使用指南**

CONTENTS ⟨⟩

I Keynote Reports

II General Reports

III Economy Reports

Ⅳ Industry Reports

V Expert Reports

VI　Appendices

主题报告

Keynote Reports

B.1

以"全面小康决胜年"为抓手
扎实推动湖南高质量发展

杜家毫*

习近平总书记在中央经济工作会议上的重要讲话，从政治和全局高度，深刻分析了当前国内国际形势，明确了2020年经济工作总体要求、政策取向和重点任务，为我们做好经济工作提供了科学指南。我们要把思想和行动统一到中央精神上来，凝心聚力、真抓实干，确保全面建成小康社会和"十三五"规划圆满收官。

一 总结成绩，坚定经济工作发展信心

2019年，全省上下坚持以习近平新时代中国特色社会主义思想为指导，深入贯彻党中央决策部署，坚持稳中求进工作总基调，大力实施创新引领开放

---

* 杜家毫，中共湖南省委书记，湖南省人大常委会主任。

崛起战略，继续推进产业项目建设，扎实做好"六稳"工作，着力推动高质量发展，全省经济运行保持总体平稳、稳中有进、稳中向好的良好势头，主要经济指标高于全国平均水平，规模工业、投资、出口等指标逆势上扬、位居全国前列。供给侧结构性改革持续深化，提前完成"十三五"煤炭去产能任务，全年减少税费500亿元左右。产业项目建设成效显著，三一重卡暨道依茨发动机、中联智慧产业城、华为智能终端、新金宝喷墨打印机、彩虹盖板玻璃等一批重大项目开工建设或投产。三大攻坚战取得关键性进展，有望实现63万名农村贫困人口脱贫、20个贫困县摘帽；金融风险有效防控，完成年度化债任务；打好中央环保督察挂牌督办的长株潭绿心保护、张家界大鲵自然保护区小水电整体退出和长江岸线环境污染整治等环保硬仗，全省环境质量持续改善。改革开放稳中提质，"一件事一次办"深入推进，营商环境明显优化，成功举办首届中非经贸博览会等一批国际性展会，对外知名度影响力显著扩大。民生投入持续加大，重点民生实事顺利推进，人民群众获得感、幸福感、安全感不断提升。

在国内外风险挑战明显上升、经济下行压力持续加大的情况下，取得这些成绩实属不易。回顾过去几年特别是2019年的经济工作，能取得这样的成绩最主要的是做到了以下几条。

一是坚持推进供给侧结构性改革，着力推动经济高质量发展。紧紧扭住供给侧结构性改革不放，以壮士断腕的决心推进关停并转，引导钢铁、有色金属、煤炭、烟花爆竹等领域过剩产能、"散小乱污"企业加快退出；以抓铁有痕的劲头培育发展新兴产业，移动互联网、电子信息、新能源新材料、自主可控计算机等产业加快成长。一减一增、一退一进之间实现了经济结构调整、发展方式转变，促进了高质量发展。从产业结构看，近三年淘汰落后规模工业企业达3000多家、占全省总量的1/5，新增规模工业企业5000多家，高技术产业、高加工度工业保持两位数以上增长；产业升级加快，现代服务业快速增长，三次产业结构由2016年的11.5∶42.2∶46.3调整为上年的8.5∶39.7∶51.8。从投资结构看，工业投资对全省投资的贡献率超过60%，产业投资、民间投资、技改投资增速高于全社会固定资产投资。从外贸结构看，进口产品中高新技术产品占比连续多年稳步提高，出口商品中机电和高新技术产品出口高速增长。从贷款结构看，金融资源进一步向实体经济倾斜，1～11月新增制造业贷款为上年全年的

1.17倍，全省存贷比已达80%，金融和实体经济的良性循环更加畅通。这些变化，是供给侧结构性改革的成效，也是经济迈上高质量发展之路的标志。

二是坚持创新引领开放崛起，着力增强发展动力活力。以创新型省份建设为统揽，以长株潭自主创新示范区、岳麓山大学科技城、马栏山视频文创产业园、高新技术园区、国家重点实验室等为平台，以科技创新为核心，推动技术创新、产品创新、业态创新、模式创新，带动了一批关键技术突破和相关产业发展。预计2020年研发投入占GDP比重接近2%，科技进步贡献率达58.7%，专利申请量、授权量创历史新高，高新技术企业和科技型中小企业达7300多家。发挥"一带一部"区位优势，实施对接500强提升产业链、对接北上广优化大环境等开放行动，主动融入"一带一路"建设、长江经济带发展、粤港澳大湾区建设，全方位"走出去"、高水平"引进来"，对外开放质量和水平不断增强。湘南湘西承接产业转移速度加快、规模扩大、质量提升，以长沙为中心、面向东亚东南亚的"4小时航空经济圈"加速形成，"红土航空"已成为落户长沙黄花国际机场的第一家湖南本土航空公司，"年年有余"货运航空已建立长沙到美洲、欧洲的定期航线，全省进出口总额增速连续36个月保持在25%以上、居全国第1位。

三是坚持聚焦重点、绵绵用力，着力打好三大攻坚战。紧紧咬住三大攻坚战，保持定力、精准发力，苦干实干、善作善成。清理整合转型平台公司，组建运作省级债务化解基金，落实"识别要精准、计划要精准、措施要精准、支出要精准、排险要精准"和"增收节支偿还一批、平台转型转化一批、发行债券置换一批、银行增信延展一批、盘活资产变现一批"的要求，实现政府债务平稳可控；坚持脱贫标准，聚焦短板弱项，实施精准攻坚，确保脱贫过程扎实、作风务实、结果真实；实施江湖联动、系统治理，打好蓝天碧水净土保卫战，污染整治、环境保护成效明显。更为重要的是，在打好三大攻坚战过程中，广大党员干部树立了正确的发展观、端正了政绩观，提振了精气神，培养了精细作风，增强了贯彻新发展理念、推动高质量发展的思想和行动自觉。

四是坚持以"5个100"为抓手兴产业强产业，着力营造以产业比实力、以项目论英雄的鲜明导向。围绕"5个100"，持续开展产业项目建设年活动，为长远发展打基础、增后劲。近两年"5个100"项目累计完成投资2600亿元，带动各级重点产业项目完成投资2.3万亿元，引进或建设了一批技术含量高、带动能力强、经济效益好的标杆企业和项目；一批工业新兴优势产业链加速形成，提升了产业基础能力和产业链水平；促进产业园区向集约化、专业化、特色化方向发展，由政府投入为主向多元化投入转变，由单个企业招商向产业链招商、集群入驻升级。通过抓产业项目建设，培育引进了一大批"高精尖缺"人才，锻造了一支懂产业、会招商、敢担当的干部队伍，为产业发展和经济工作提供了有力支撑。

五是坚持推改革、施法治、强服务，着力优化营商环境。以企业需求为导向，以"放管服"改革为抓手，以信息化为支撑，以法治为保障，着力营造稳定、公平、透明、可预期的营商环境。制定出台优化经济发展环境规定，推进"一件事一次办"，实现政务服务"网上办理、全程在线"。落实减税降费政策，整治拖欠中小企业账款问题，为企业解决实际困难。依法保护企业合法权益，着力解决执行难，结合扫黑除恶净化经济生态，营造诚实守信、合法经营的法治环境。坚持房住不炒、稳住房价，兴办高水平的教育和医疗事业，为投资兴业营造良好环境。

二　审时度势，科学把握经济发展大势

从国际看，世界大变局加速演变的特征更趋明显，西方资本主义制度基本矛盾激化，民粹主义、单边主义盛行，全球动荡源和风险点显著增多。世界经济仍处在国际金融危机后深度调整期，长期矛盾和短期问题相互交织，结构性因素和周期性因素相互作用，经济问题和政治问题相互关联，具体表现为国际贸易摩擦愈演愈烈，绝大多数地区经济增长持续放缓。尽管中美第一阶段经贸协议已经达成，但美国将中国视为主要战略竞争对手、进行全方位遏制打压的图谋不会改变，中美经贸摩擦具有长期性、复杂性、反复性，可能给湖南省就业、进出口贸易、科技发展等带来不确定性影响。湖南省地处内陆，相对于沿海地区，国际环境变化影响有一个滞后传导过程，有时直接影响还没有显现，就可能因为国家宏观调控政策对冲抵消了。从这两年实践看，中美经贸摩擦只要应对得当，完全可以化危为机，比如比亚迪接手伟创力、华为布局岳阳，就是危机转换的成果。因此，对国际经济环境，一方面要增强忧患意识、未雨绸缪，做好各方面工作预案；另一方面也要保持战略定力、坚定发展信心，善于

危中识机，变不利为有利，扎扎实实办好自己的事。

从国内看，我国正处在转变发展方式、优化经济结构、转换增长动力的攻关期，结构性、体制性、周期性问题相互交织，"三期叠加"影响持续深化，面临有效需求趋弱、区域发展分化、企业经营困难等诸多挑战，尤其是2020年初以来受到新型冠状病毒肺炎疫情影响，经济下行压力进一步加大。但这些都是前进中的问题，我们有以习近平同志为核心的党中央坚强领导，有社会主义制度优势，有改革开放以来积累的雄厚物质技术基础，有超大规模的市场优势和内需潜力，有庞大的人力资本和人才资源，我国发展仍处于重要战略机遇期，经济稳中向好、长期向好的基本趋势没有改变。特别是2020年国家宏观政策逆周期调节力度加大，积极的财政政策大力提质增效，减税降费巩固拓展、专项债券增加发行、财政支出结构优化等政策将会叠加发力；稳健的货币政策灵活适度，制造业中长期融资将增加，社会融资成本有望降低，这些都是我们发展的重大机遇。

从中部看，中部地区经济总量已占全国21%，GDP增速持续领跑全国，面临国际和沿海地区产业加快转移、国家促进中部地区崛起等重大机遇，在国家区域板块中的地位更加凸显。但中部各省份你追我赶、发展竞争更趋激烈，湖北、安徽、江西近年来的发展充分证明了这一点。既要看到中部发展良好势头带来的机遇，也要看到激烈竞争带来的压力，努力抢抓机遇、变压力为动力，坚决防止在中部发展竞争中陷入不进则退、慢进亦退的境地。

从省内看，近几年湖南省经济总量、固定资产投资、产业投资、民间投资、规模工业增加值、进出口总额增速都位居全国前列，呈现良好发展势头，经济发展质量和效益显著增强。但在中部六省中，湖南省部分经济指标像经济增长速度、科研投入强度、规模工业利润、地方税收比重等与其他省份相比还有差距。如果从人均指标来看，差距就更大。这与湖南省人力资源丰富、科技教育发达、工业基础较好等优势不相称，需要从工作方法、工作作风、工作能力上找原因、出实招，把现有优势发挥出来、把发展潜力激发出来。

三　明确要求，全面落实2020年工作任务

2020年是全面建成小康社会和"十三五"规划收官之年，做好经济工作

意义重大。总体要求是：以习近平新时代中国特色社会主义思想为指导，全面贯彻党的十九大和十九届二中、三中、四中全会精神，认真贯彻习近平总书记对湖南工作的重要讲话指示精神，坚持稳中求进工作总基调，坚持新发展理念，坚持以供给侧结构性改革为主线，坚持以改革开放为动力，以"全面小康决胜年"为抓手，深入实施创新引领开放崛起战略，着力推动高质量发展，坚决打赢三大攻坚战，全面做好"六稳"工作，统筹推进稳增长、促改革、调结构、惠民生、防风险、保稳定，确保全面建成小康社会和"十三五"规划圆满收官。

湖南省委提出2020年全省地区生产总值增长7.5%左右，这一目标兼顾了需要与可能，有利于引导社会预期、增强市场信心。实现预期目标，根本的是加强党对经济工作的领导，坚持党的基本理论、基本路线、基本方略不动摇，坚决落实党中央关于经济工作的决策部署，提高领导经济工作的专业化、精准化水平；关键的是坚持稳字当头、积极进取，认真做好"六稳"工作，在深化供给侧结构性改革上持续用力，确保经济实现量的合理增长和质的稳步提升；重要的是抓重点、补短板、强弱项，对照完成相关定性和定量指标，确保全面建成小康社会。主要任务是六个方面。

第一，坚定不移贯彻新发展理念。理念是行动的先导，发展理念是否对头，从根本上决定着发展有无成效乃至成败。新时代抓发展，不是要不要发展的问题，而是怎么发展、发展为谁的问题。一些地方工作有差距，原因是多方面的，说到底是发展理念上的差距和政绩观上的偏差。在这次中央经济工作会议上，习近平总书记重申了贯彻新发展理念的实践要求，强调新发展理念是一个整体，提出的要求是全方位、多层面的，绝不是只有经济指标这一项，还包括社会发展、环境保护、民生福祉，等等；强调决不能再回到简单以国内生产总值增长率论英雄的老路上去，决不能再回到以破坏环境为代价搞所谓发展的做法上去，更不能再回到粗放式发展的模式上去。全省各级领导干部特别是主要领导干部要准确领会总书记反复强调新发展理念的深刻含义，真正把新发展理念作为经济工作的根本要求，作为增强"四个意识"、坚定"四个自信"、做到"两个维护"的重要标尺。要准确把握新发展理念既有各自内涵，更是一个整体，树立全局观念，克服单打一思想，把注意力集中到解决各种不平衡不充分的问题上来、集中到增进人民群众的获得感幸福感安全感上来，把新发展理念落实到实施创新引领开放崛起战略、抓好"三个着力""四大体系""五大基地"上来，落实到推进产业项目建设上来。要把新发展理念贯穿领导活动全过程，落实到决策、执行、检查各项工作中，从实际出发、按规律办事。

第二，决战决胜全面建成小康社会。2020 年要把主要精力集中到全面小康建设上来，把各方资源聚集到全面小康建设上来，形成决战决胜、攻城攻坚的强大合力。要树立全省"一盘棋"的思想，形成整体推进的决战格局。加快推进长株潭一体化，做好创新发展的文章，着力将长株潭打造成为创新的高地、产业的高地，建设成为全省乃至全国高质量发展的示范区、基本实现现代化建设的先行区、区域一体化发展的样板区。加快推进环洞庭湖经济区建设，做好绿色发展文章，以"守护好一江碧水"为总要求，找准抓手、打造特色，在现代农业发展、产业新区绿色发展和新型城镇化建设方面走在前列、做出示范。加快推进湘南湘西承接产业转移示范区建设，做好开放发展的文章，促进全省产业科学布局、有序承接、错位发展，进一步拓展开放发展新空间。罗霄山片区、武陵山片区要重点实现全面脱贫，做好协调发展的文章，湘鄂赣、湘桂黔在革命时期是红军起义作战的主战场，在改革开放新时代，也应该成为互相协作融合发展的新市场。要聚焦全面小康的薄弱环节，展开补短板强弱项的决战攻势。要以"全面小康决胜年"为抓手，努力实现"一脱贫三促进六覆盖"，即实现农村贫困人口全部脱贫，促进经济增长、促进充分就业、促进安全稳定，推动义务教育、社会保障、农村安全饮水、基层公共服务（一门式）、农村危房改造、农村通组道路"全覆盖"。各地各部门要对照全面建成小康社会各项要求，系统梳理薄弱环节，聚焦短板弱项，实施精准攻坚，集中优势兵力打好歼灭战。要聚焦基础设施短板，加快推进城镇老旧小区改造、城区老工业区搬迁改造、农村危房改造、城乡污水垃圾处理，加强农村水电路信建设，推动交通、能源、水利、信息、环保设施向农村延伸覆盖。要聚焦县域经济发展短板，研究出台促进县域经济高质量发展的政策措施，引导各地发展特色优势产业，改善城乡生产生活条件，激发创新创业热潮，着力提高基本公共服务均等化水平，缩小城乡和区域发展差距，提高全面小康的质量和"成色"。要聚焦民生特别是困难群众基本生活保障短板，用心用情办好民生实事，突出抓好高校毕业生、下岗失业人员、农民工、退役军人等重点群体就业，托底帮扶残疾人、低保对象等困难群体就业，确保零就业家庭动态清零；

加快城乡义务教育一体化发展，抓好乡镇寄宿制学校、乡村学校等建设，完善城校带村校机制，基本消除城镇大班额；健全基本医疗卫生制度，开展区域医疗中心建设，深化"三医"联动改革，缓解群众看病难、看病贵；全力做好新型冠状病毒肺炎疫情防控工作，认真贯彻坚定信心、同舟共济、科学防治、精准施策的总要求，落实落细各项措施，坚决打赢疫情防控的人民战争总体战阻击战；加大社会保障力度，全面推进养老、失业、工伤保险省级统筹，加大城市困难群众住房保障工作，健全社保兜底机制；改进创新社会治理，积极回应群众诉求，解决群众反映强烈的突出问题；落实安全生产责任，全力防范和化解重大安全生产风险，确保社会安全稳定。需要强调的是，全面建成小康社会是国家整体目标，不是平均主义，不能搞"一刀切"。

第三，全力以赴打好三大攻坚战。三大攻坚战是全面小康必经的关口。脱贫攻坚要聚焦"两不愁三保障"目标，一项一项查漏补缺，推动政策资金、项目布局、帮扶重心向深度贫困地区倾斜，落实产业扶贫、易地搬迁扶贫、特殊贫困人口保障等措施，将返贫人口和新发生贫困人口及时纳入帮扶，确保剩余贫困人口如期脱贫。要巩固脱贫成果，稳定脱贫政策，继续开展"户帮户亲帮亲，互助脱贫奔小康"行动，建立解决相对贫困的长效机制，推进脱贫攻坚与实施乡村振兴战略有机衔接。国务院扶贫办将组织考核组和第三方评估组，对湖南省脱贫工作开展年度考核评估，各地要认真做好迎检工作，扎实抓好问题整改。污染防治要突出精准治污、科学治污、依法治污，以"一江一湖四水"系统联治为重点，打好蓝天碧水净土保卫战，持续推进黑臭水体、垃圾污水、工矿企业污染、机动车排放污染、农业面源污染等问题整治，推动生态环境质量持续好转。对中央交办、督办的突出生态环境问题，要继续加大整改力度，组织开展"回头看"，确保见底清零。要抓好源头防控，加快完善相关治理机制，推动形成绿色发展方式。风险防范要认真落实中央及省委关于化债的各项部署要求，用好债务风险缓释政策，统筹化存量与控增量，加速推进平台公司转型，确保政府债务风险可控。明后年是隐性债务还本付息高峰期，各地要压实责任，运用多种手段削平峰值、平滑风险。严厉打击非法金融活动，重点做好P2P网贷平台退出后续处置工作，及时有效处置各类金融风险。加快结构性去杠杆，强化国有企业资产负债率和资本金约束，扎实推进国有企业市场化法治化债转股工作。

第四，持之以恒推进产业建设。产业是高质量发展的基础。坚持以创新为引领、以产业项目建设为重点，促进更多资源要素向实体经济集聚，加快建设现代化经济体系，着力推动高质量发展。遴选和确定 2020 年"5 个 100"建设重点项目，用好地方政府专项债券，引导资金投向先进制造、民生建设、基础设施短板等供需共同受益、具有乘数效应的领域，促进产业和消费"双升级"，发挥有效投资和消费对经济的拉动作用。更加注重与科技创新相结合，围绕产业发展配置创新资源，实施科技创新重大专项特别是"卡脖子"技术攻关，坚持招商引资与招商引智并重，努力在关键材料、基础零部件、核心元器件、高端检验检测装备等领域取得突破，为国家解决"卡脖子"问题做出湖南贡献。要舍得投入，看准了的项目，就要整合资金、加大投入、重点攻关、力求突破。更加注重信息化、智能化发展，加快传统产业数字化信息化智能化改造，积极承接高端制造业和新兴产业布局，争取在人工智能、区块链、5G 与大数据等领域培育形成一批新的增长点，实现传统产业和新兴产业共同发展。更加注重提升产业链水平、促进产业集群发展，继续抓好工业新兴优势产业链建设，打造更多像轨道交通、工程机械一样的先进产业集群；突出招大引强、抱团入驻，大力引进产业集群中的领军企业、关键企业带动关联企业进驻，形成集群集聚优势。更加注重产业园区集约化、专业化、特色化发展，打造"135"工程升级版，促进优势产业、企业向园区集聚，准确定位、特色发展，提高土地利用率和园区单位面积产出率。更加注重产业融合发展、全面发展，既抓工业、先进制造业，也抓农业、现代服务业；既抓附加值高的中高端产业，也抓能富民的劳动密集型产业；既抓顶天立地的大企业，也抓铺天盖地的小企业，以融合发展提升产业发展水平。湖南省是农业大省，承担着保障国家粮食安全的重大责任。要坚持走精细化路子，深化农业供给侧结构性改革，继续推进"百千万"工程和"六大强农"行动，保障粮食、生猪等重要农产品供给，推动农业同二三产业融合，以发展农产品精深加工、乡村旅游、电子商务等提高农业效益，带动农民增收和乡村振兴。服务业是经济发展水平的重要标志。湖南省服务业发展总体不够，缺乏龙头企业或大的平台，缺乏品牌和创新能力。要紧紧依靠市场机制和现代科技创新推动服务业发展，大力发展工业设计、会计审计、现代物流、博览会展、数字金融，推动生产性服务业向专业化和价值链高端延伸，与工业链更好结合；积极扶持和促进家政服务、文化旅游、体育健身、养老托育等产业发展，促进生活性服务业向高品质和多样化升级。更加注重营造透明公正便捷高效的营商环境，实行市场准入负面清单制度，规范政务服务标准，依法加强市场监管，平等对待各类市场主体，落实好减税降费政策，降低企业用电、用气、物流等成本，培育良好产业生态。

第五，全面深化改革开放。越是经济形势复杂，越要坚持改革开放。要继续抓好国资国企改革，有序开展国有资本投资、运营公司改革试点，稳妥推进国有企业混合所有制改革，推动国有资本优化布局调整和市场化运作机制。持续深化"一件事一次办"改革，打造"放管服"改革升级版。完善产权制度和要素市场化配置，加强社会信用体系建设。坚持"两个毫不动摇"，认真落实《中共中央 国务院关于营造更好发展环境 支持民营企业改革发展的意见》，构建亲清政商关系，创新民营企业直接融资机制，鼓励民营资本参与国企改制重组，保护企业家人身和财产安全，更好支持和引导民营经济发展。改革土地计划管理方式，推动工业用地、商服用地和居住用地合理转化、高效利用，规范农村土地流转，盘活存量土地。统筹抓好事业单位、环保体制、司法体制综合配套、医药卫生体制、产教融合建设和学前教育等改革。依托中非经贸博览会、湘南湘西承接产业转移示范区等平台，大力实施"引进来""走出去"，着力提升开放质量和水平。积极申报自由贸易试验区，落实外商投资"负面清单"制度。积极稳妥应对中美经贸摩擦，加强对美贸易企业生产经营状况监测帮扶，大力拓展多元化市场，积极培育跨境电商、市场采购、驻地综合服务等新业态，继续保持外贸增长势头。

第六，以求真务实作风狠抓工作落实。要主动适应治理体系和治理能力现代化要求，勤于学习、善于钻研、勇于实践，学深悟透习近平新时代中国特色社会主义经济思想，掌握科学的思想方法和工作方法，提高抓经济工作的能力和水平。要加强对经济社会发展重大问题的研究，高标准编制"十四五"规划。要突出实干实绩实效，健全干部考核评价机制，引导广大干部振奋精神强担当、扑下身子抓落实，把党中央和省委关于明年经济工作的决策部署一项一项抓到位。要厉行节约，坚持勤俭办一切事情，切实以党委、政府过"紧日子"换来老百姓的"好日子"。要坚决克服经济工作中的形式主义、官僚主义，继续落实基层减负措施，使广大干部从无谓事务中解脱出来，真正把注意力集中到抓产业、促发展上来。

B.2
确保全面建成小康社会和
"十三五"规划圆满收官

许达哲[*]

2019年，湖南省坚持以习近平新时代中国特色社会主义思想为指导，坚决落实党中央、国务院决策部署，在中共湖南省委的坚强领导下，认真贯彻习近平总书记对湖南工作的重要讲话指示精神，坚持稳中求进工作总基调，大力实施创新引领开放崛起战略，坚决打好三大攻坚战，着力构建"四大体系"、打造"五大基地"，经济运行质量稳步提升，结构持续优化，营商环境不断改善，人民群众获得感幸福感安全感进一步增强，全省地区生产总值增长7.6%，规模工业等主要经济指标增速位居全国前列，进出口总额突破4000亿元、增速居全国首位，全口径财政总收入突破5000亿元，全口径税收突破4000亿元，地方一般公共预算收入突破3000亿元，地方税收突破2000亿元，"四上"企业净增3000多家，高新技术企业突破6000家，迈出了高质量发展的坚实步伐，为庆祝新中国成立70周年交上了优异答卷。

一 坚决贯彻落实中央决策部署，确保经济
实现量的合理增长和质的稳步提升

2020年是全面建成小康社会和"十三五"规划收官之年，做好全年工作意义十分重大，我们必须以习近平新时代中国特色社会主义思想为指导，全面贯彻党的十九大和十九届二中、三中、四中全会精神，认真贯彻习近平总书记

* 许达哲，湖南省委副书记，湖南省人民政府省长。

对湖南工作的重要讲话指示精神，坚持稳中求进工作总基调，坚持新发展理念，坚持以供给侧结构性改革为主线，坚持以改革开放为动力，以"全面小康决胜年"为抓手，深入实施创新引领开放崛起战略，着力推动高质量发展，坚决打赢三大攻坚战，全面做好"六稳"工作，统筹推进稳增长、促改革、调结构、惠民生、防风险、保稳定，确保全面建成小康社会和"十三五"规划圆满收官。

坚持科学稳健。始终坚持质量第一、效益优先、安全至上、创新为要，落实国家宏观政策，优化财政支出结构，降低社会融资成本，引导更多社会资本投向实体经济。正确处理稳增长与防风险的关系，善于应对风险、化危为机，推动经济实现量的合理增长和质的稳步提升。

坚持系统优化。强化全局观念，增强改革发展的系统性、整体性、协同性，统筹区域协调发展，促进城乡一体化和三次产业融合，优化经济治理方式，在协调不同部门、地区和政策中增强治理效能，在系统谋划、重点推进中提升工作水平，在抓重点、补短板、强弱项中促进发展平衡。

坚持深化改革。构建系统完备、科学规范、运行有效的制度体系，推进治理体系和治理能力现代化。深化供给侧结构性改革，提高供给体系质量效益。推进"放管服"改革，进一步优化营商环境，处理好政府与市场的关系，让各类市场主体在科技创新和市场竞争中释放活力、大显身手。

坚持守住底线。坚持底线思维、增强忧患意识，保持对潜在风险的高度警惕，坚决守住安全生产、社会稳定、生态环境和民生工作底线，全面防范和化解自然灾害、地方债务、金融等领域重大风险，聚精会神办好湖南的事情，让党中央放心、让老百姓满意。

二 紧紧扣住全面建成小康社会目标任务，
确保实现第一个百年奋斗目标

确保实现脱贫攻坚目标任务。把确保所有贫困人口脱贫作为硬任务，推动政策和资金向深度贫困地区倾斜，集中兵力打好深度贫困歼灭战。着力巩固脱贫成果，加快补齐"两不愁三保障"和农村饮水安全短板，逐村逐户对账销号，并及时将因病、因灾等返贫人口纳入帮扶。着力提升脱贫质量，严格落实

"四个不摘"要求，开展脱贫攻坚"三落实""三精准""三保障"问题"回头看"，确保脱贫成果得到人民认可、经得起历史检验。着力推动脱贫攻坚与乡村振兴有效衔接，统筹贫困地区和非贫困地区的基础设施建设、公共服务覆盖，推进产业扶贫、就业扶贫和对口帮扶，探索解决相对贫困问题的长效机制。

确保实现污染防治攻坚战阶段性目标。坚持污染防治攻坚的方向不变、力度不减，坚决遏制增量、化解存量。打好碧水保卫战，推进"一江一湖四水"全流域治污，加快实施山水林田湖草生态保护修复工程，整治长江岸线湖南段排污、排渍（涝）口，继续落实洞庭湖水环境综合治理规划实施方案、湘江保护和治理第三个"三年行动计划"，不断提高国家地表水考核断面水质优良率、地级城市集中式饮用水水源水质达标率，以及黑臭水体消除比例。打好蓝天保卫战，突出抓好大气污染联防联控，加强重点行业、企业大气污染防治，深入推进柴油货车污染治理，开展扬尘、餐饮油烟等面源污染治理。打好净土保卫战，开展"三磷"专项排查整治，加强尾矿库污染防治，推动矿业绿色发展，继续推进长株潭地区重金属污染耕地种植结构调整。以继续开展"夏季攻势"为抓手，重点抓好城镇饮用水水源地环境整治和生活污水处理设施提质增效、行政村生活污水治理试点示范等工作，解决好群众反映强烈的环境污染问题，增强群众环境获得感。

确保"十三五"规划圆满收官。对照规划目标，进一步找差距、抓落实，针对经济发展、创新驱动、民生福祉、资源环境等四大块主要指标，一项一项梳理分析、精准施策，确保约束性指标坚决完成、预期性指标有更好结果。按照党的十九届四中全会部署，认真梳理到2020年需完成的改革任务进展情况，抓好落实。对重大工程项目、专项行动计划和重点专项规划，做好监测评估，加强调度、加快进度，确保全面建成小康社会各项任务圆满完成。

三 紧紧扭住新发展理念，推动高质量发展

保持经济稳定增长。切实增加有效投资。加快市市通高铁的建设步伐，实现县县通高速、村村通硬化路；加快建设一批重大水利工程，加强自然灾害防治能力重点工程建设；加快实施"气化湖南"工程，推进天然气入户工作。

持续推进以产业项目建设为重点的"5个100"工程,力争一批重大产业项目竣工投产。推进城镇老旧小区改造、污水垃圾治理、市政管网、城市停车场项目建设。推动消费稳定增长。激发汽车、家电、家居等重点领域消费潜力,积极培育体验消费、网络消费,打造时尚消费、品质消费和"夜经济"地标。大力优化营商环境。深入推进"放管服"改革,在简政放权的同时加强事中事后监管,营造公平公正的市场环境;深化"一件事一次办"改革,推动"互联网+政务服务"一体化平台全覆盖,打破部门信息壁垒。不折不扣落实减税降费政策,持续降低企业用地、用气、用工、物流成本,缓解融资难融资贵问题,加大清理拖欠企业账款力度。继续开展市州营商环境评价,加强社会诚信体系建设,以市场化、法治化、国际化的营商环境持续增强市场主体内生动力。

做优做强实体经济。加快制造业高质量发展,依托工程机械、轨道交通装备、中小航空发动机等产业集群打造制造业高质量发展基地,大力培育工程机械、轨道交通装备、中小航空发动机等世界级产业集群,提升电子信息、新材料、节能环保、新能源、装配式建筑等产业集群规模和水平,壮大消费品工业集群,加快发展智能产品、推进智能应用、开展智能示范,鼓励引导食品、石化、有色等传统产业拓展"智能+"。坚持"两个毫不动摇",充分发挥各类市场主体作用,做强大企业、培育小巨人,不断提高全员劳动生产率。坚持精准帮扶,支持一批创新能力强、市场占有率高的大型企业和集团进一步做强做优做大;促进中小企业走"专精特新"之路,培育一批规模工业企业、高新技术企业和单项冠军企业。提升服务业发展水平。实施服务业高质量发展三年行动,在与先进制造业深度融合中推动生产性服务业迈向专业化、行业价值链高端,在满足群众多样化需求中提升生活服务业便利化、精细化、品质化水平,不断提高服务业对经济增长和财税、就业的贡献。充分发挥湖南文化优势,推进文化事业和文化产业发展。

大力发展战略性产业。继续抓好20个工业新兴优势产业链建设,着力引进一批带动力强的好项目、大企业,围绕领军企业培育一批产业链上下游配套企业。提升产业链现代化水平,支持企业加强关键共性技术攻关合作,在关键基础材料、核心基础零部件、先进基础工艺和产业技术基础能力等方面,以及新一代信息技术、高端装备、新材料、生物医药等新兴领域取得突破。大力发展数字经济，培育大数据交易中心，建设一批工业互联网平台。推进下一代互联网、区块链建设，推动自动驾驶、医疗健康、智慧城市等领域的 5G 应用，加快智能网联汽车和超高新视频等核心应用场景基础设施建设。

推进区域协调发展。以打造创新开放高地为目标，大力推动长株潭智能制造发展，打造先进制造业集群，加快长株潭城市群一体化发展，建设高质量发展的示范区、基本实现现代化建设的先行区、区域一体化发展的样板区。以生态优先、绿色发展为方向，推进洞庭湖生态经济区水域生态修复、产业转型，着力创建长江经济带绿色发展先行区，建设更加秀美富饶的大湖经济区。以承接产业转移为重点，支持湘南湘西地区建设粤港澳重要的产业配套基地，建设粤港澳重要的科技产业配套基地、制造业转移承接基地。继续推进娄底产业转型升级。

促进园区集约集群发展。打造"135"工程升级版，加快建设智慧园区、特色园区，推进园区循环化、智能化、自动化、数字化改造，引进一批优质企业落户。做强做优做大国家级园区，推动岳阳、娄底创建国家级高新区。开展标准地、承诺制、容缺预审、先建后验等改革，探索建立低效用地、高能耗企业退出机制，加强园区水电路气信、污水处理等基础设施建设。

统筹城乡发展。稳住农业这块压舱石，加快推动乡村治理体系和治理能力现代化。精心编制"十四五"农业农村发展规划，加快湘赣边区乡村振兴示范区创建，推进乡村产业、人才、文化、生态、组织"五个振兴"，探索乡村振兴新路径。对标农村人居环境整治"三年行动计划"，继续推进农村厕所革命、农村垃圾污水治理、村庄规划、美丽乡村建设等重点任务。落实"米袋子"省长负责制和"菜篮子"市长负责制，全面完成"十三五"高标准农田建设任务，稳定粮食播种面积和总产，做好生猪稳产保供工作，实施优质湘猪工程，推动畜牧业转型升级。统筹推进城市防洪和农村安全饮水、中小河流治理、水库除险加固、农村水系综合整治、灌区节水配套改造等农村水利建设，加强水利设施运营管护。深入实施"六大强农"行动，壮大农村集体经济，鼓励发展"公司+合作社+村集体+农户"等合作形式。坚持生态优先、就业优先、效益优先、农业农村优先，突出特色产业、品牌效应、融合发展，强化政策支持，推动 30 个农业、工贸、文旅特色产业小镇高质量发展。

四 紧紧把住中部地区崛起战略机遇，打造内陆创新开放高地

加快推进创新型省份建设。建设好长株潭国家自主创新示范区、郴州国家可持续发展议程创新示范区，支持有条件的地方创建国家创新型试点城市。加快岳麓山大学科技城、马栏山视频文创产业园"两山"建设，推进岳麓山工业创新中心和先进轨道交通装备、生物种业、耐盐碱水稻等技术创新中心建设。加快实施重大装备、自主可控计算机、人工智能等重大专项，开展生物与农业、环境与生态、新材料与先进制造、人口与健康等领域基础研究和原始创新。加强国防科技创新，积极创建国防科技工业军民融合创新示范基地。建立有利于科技成果转化、支持各类主体融通发展的创新生态体系，深入实施"芙蓉人才行动计划"，引进培养一批高层次创新团队和人才。

推进更宽领域、更深层次、更高水平开放。实施"外贸破零倍增""外贸综合服务""外贸融资服务"等举措，提高贸易便利化水平。积极对接长三角和粤港澳大湾区建设，重点引进"三类500强"企业、总部经济、行业龙头企业和外向型经济实体企业，推动招商引资提质升级。深化与"一带一路"沿线国家合作，落实中非、东南亚等重点合作项目，推动高质量"走出去"。积极创建中国（湖南）自贸区，支持中国（长沙）跨境电商综合试验区扩区扩容，强化高新区、经开区、海关特殊监管区的开放主阵地作用，巩固中非经贸博览会成果，推进中非经贸孵化园等项目建设，打造长沙"四小时航空经济圈"，推动开放平台做优做强。

五 紧紧抓住供给侧结构性改革这条主线，破解发展障碍

深化供给侧结构性改革。巩固"三去一降一补"成果，坚决淘汰落后产能，建立去产能长效机制。支持加大设备更新和技改投入，推进传统制造业优化升级，坚定不移抓好抓细抓实新兴优势产业链，不断提升产业链现代化水平。

深化国企国资改革。推进国有经济布局优化和结构调整，探索在省属监管

企业集团层面推进混合所有制改革,大力开展职业经理人制度试点,加大市场化改革力度,深入推进劳动、人事、分配三项制度改革,加快改组国有资本投资、运营公司,完善国资监督闭环管理机制,引导国有企业聚焦主业实业发展,做强做优做大国有经济。

深化财税体制改革。实施"提升税收占比三年行动计划",开展县级预算编制事前审核。推进省以下政府间事权和财权划分改革,改革完善一般性转移支付制度,建立权责清晰、财力协调、区域均衡的省和市、县财政关系。建立财政审计联动机制,加快推动全面预算绩效管理落地见效。出台深化政府采购制度改革实施方案。

深化农业农村改革。实施家庭农场高质量发展培育计划和农民合作社规范提升行动。深入推进农业专项资金"大专项 + 任务清单"管理改革,扩大新型农业经营主体贷款贴息和农业保险覆盖面。稳步实施农村承包地"三权"分置改革,全面完成农村集体产权制度整省试点改革任务,加快供销合作社综合改革。

六 紧紧盯住人民群众关注的热点
难点问题,办好民生实事

稳就业。全力落实稳岗补贴、社保降费、技能提升补贴等援企稳岗政策,深入推进就业服务和职业技能提升行动,抓好高校毕业生、农民工、退役军人等群体就业,对就业困难人员实行托底帮扶,确保零就业家庭动态清零,确保全省就业局势基本稳定。

补短板。推进义务教育、社会保障、农村安全饮水、基层公共服务(一门式)、农村危房改造、农村通组道路"六个全覆盖",加强和改进村小及农村教学点建设,改善办学条件,解决进城务工人员子女上学难问题,加强城市困难群众住房保障工作。

兜底线。实现城乡居民养老、医疗保险和最低生活保障应保尽保,调整提高退休人员基本养老金待遇和城乡居民基础养老金、医保财政补助标准,稳步提高农村低保、特困人员救助、残疾人"两项补贴"标准,认真执行社会救助和保障标准与物价上涨挂钩的联动机制。

办实事。持续加大民生投入，重点在稳就业、缓解看病难看病贵和入托难入托贵、保证饮用水源安全、乡镇污水处理、城镇老旧小区改造、残疾儿童康复救助、农村公路、乡村治理等方面，办好一批重点民生实事。

七　紧紧守住风险底线，确保经济持续健康发展

着力防范化解政府债务风险。按照"坚决控、重点防、着力还、加速转、确保化"的原则，加快政府债务化解。组建全省统一的专项债券项目库监管系统，加快发行专项债券，尽早形成实物工作量。建立重大项目立项管控机制，从严控制高风险地区新上政府投资项目。引导市州和县市区统筹用好财政结余资金、项目结转资金偿还隐性债务，严防虚假化债、把隐性债务转为关注类债务。加快地方融资平台市场化转型，细化转型标准，压减平台公司数量。政府必须真正过紧日子，特别是隐性债务风险红色或未完成清欠目标的市、县，把中央关于"2020年一般性支出压减20%以上，'三公'经费压减30%以上"的要求落实到位。

着力防范化解区域性金融风险。稳步推进互联网金融风险专项整治，继续清理整顿各类交易场所。严厉打击借养老之名、行非法集资之实的行为，规范养老服务。做好属地稳控工作，健全应急机制，加强舆情管控，密切关注动向，严防风险交织叠加。

着力维护社会稳定。聚焦平安湖南、法治湖南建设，推进"大巡防、大管控、大整治"常态化，加快完善立体化、信息化社会治安防控体系，打击突出违法犯罪，推动扫黑除恶常态化长效化。加强矛盾纠纷排查化解，切实将矛盾问题解决在一线、化解在基层。

着力抓好安全生产。深入开展安全生产风险隐患"大排查大管控大整治"行动，集中整治道路交通、危险化学品、烟花爆竹等行业顽瘴痼疾，大力整治铁路特别是高铁沿线的违法施工、私搭乱建、乱排乱放等行为，提升企业本质安全水平，推动落实领导责任、监管责任和主体责任，坚决杜绝重特大事故，坚决遏制较大事故，实现安全生产事故总量持续减少，确保全省安全形势稳定向好。着力防范化解自然灾害，增强应急救援能力，做好气象、地震、地质灾害、防汛抗旱等工作，坚决防范自然灾害导致重大人员伤亡。

B.3

抓好"三农"重点工作
提升全面小康成色

乌 兰*

党中央、国务院对做好 2020 年"三农"工作高度重视。习近平总书记多次做出重要指示批示，强调"小康不小康，关键看老乡"；脱贫攻坚质量怎么样、小康成色如何，很大程度上要看"三农"工作成效。李克强总理对做好 2020 年"三农"工作提出了明确要求。胡春华副总理在中央农村工作会议上对 2020 年"三农"工作进行了全面部署。我们要深入学习中央领导同志的重要指示讲话精神，结合湖南实际，认真抓好贯彻落实。

2019 年以来，面对错综复杂的国内外经济形势以及非洲猪瘟、洪涝干旱灾害等困难挑战，全省各级各部门勇于迎难而上、推进乡村振兴，保持了农业农村平稳健康发展良好态势。一是脱贫攻坚取得决定性胜利，"两不愁三保障"突出问题总体解决，63 万名农村贫困人口实现脱贫，718 个贫困村出列，贫困发生率降至 0.36%，最后 20 个贫困县全部摘帽。二是产业振兴迈出坚实步伐，粮食生产实现面积、产量"两稳"目标，生猪出栏实现止跌回升，优势特色产业发展步入快车道。三是乡村建设惠及更多群众，农村人居环境整治分类梯次推进，农村基础设施更加完善，公共服务水平稳步提升，农村面貌发生可喜变化。四是农村改革取得明显成效，农村承包地确权登记颁证工作基本完成，农村集体产权制度改革率先开展整省试点并取得阶段性成效，供销合作社改革实现乡镇社全覆盖，粮食收储制度改革、宅基地改革试点、农业社会化服务试点等改革顺利推进。五是乡村治理能力不断提升，省委出台加强基层建设意见及配套政策，农村基层党组织等基层建设显著加强，扫黑除恶专项斗争

---

* 乌兰，中共湖南省委副书记、省委党校校长。

取得群众满意成效，法治乡村、平安乡村、文明乡村建设深入推进。

2020 年是全面建成小康社会的决胜之年，做好"三农"工作具有特殊重要意义。做好 2020 年"三农"工作，要以习近平新时代中国特色社会主义思想为指导，以实施乡村振兴战略为总抓手，坚持农业农村优先发展，围绕全面建成小康社会和打赢脱贫攻坚战两大目标任务，突出补短板、兴产业、促改革、强保障，促进精细农业提质增效，促进农民收入增长提速，促进农村社会和谐稳定，促进城乡发展更加协调，为全面建成小康社会、开启基本现代化新征程奠定坚实基础。

一　聚焦全面建成小康社会总决战，
着力补上"三农"短板

习总书记指出，2020 年要继续抓重点、补短板、强弱项，对照完成相关的定性定量指标，确保全面建成小康社会。我们要贯彻落实中央和省委决策部署，以"一脱贫三促进六覆盖"为主要抓手，加快补上全面小康"三农"领域的短板弱项。

一是要奋力夺取脱贫攻坚全面胜利。目前全省还剩下 19.9 万贫困人口没有脱贫，其中已经纳入低保兜底的有 14.3 万户，对兜底户不仅要"应保尽保"，还要排查整改"三保障"等方面存在的问题，确保他们全部达到脱贫条件；对兜底户之外的未脱贫户，要进一步落实产业扶贫、就业扶贫措施，确保剩余贫困人口全部脱贫。2020 年扶贫工作的重点任务是巩固脱贫成果防止返贫。要落实"四个不摘"要求，继续加大产业扶贫、就业扶贫力度，强化易地扶贫搬迁后续扶持措施，对不稳定脱贫户、边缘户加强动态监测，将返贫人口和新发生贫困人口及时纳入帮扶。要深入开展"户帮户亲帮亲、互助脱贫奔小康"活动，动员先富带后富，一家脱贫众人相助。2020 年国家将对 20 个摘帽县中的 4 个县进行抽查，同时还将开展脱贫摘帽全面普查；湖南省在疫情渐好的基础上将陆续开展不落一户不漏一人的全面普查，争取在 6 月底国家普查之前完成。各地要把工作做得细之又细，对发现的问题要扎实抓好整改，确保脱贫成果经得起检验。同时要做好扶贫典型经验的总结宣传工作。

二是要把促进农民增收作为"三农"工作的"牛鼻子"来抓。总书记指出："农业农村工作，说一千、道一万，增加农民收入是关键"。从全国看，近5年湖南省农村居民人均可支配收入低于全国平均水平，但收入增速有3年高于全国平均水平，有2年低于全国平均水平，上年增速就比全国低0.4个百分点，实际收入比全国平均水平低626元。从收入结构看，上年湖南省农民经营性收入增速达到10.1%，比全国高出2.6个百分点，但工资性收入增速低1.9个百分点、转移性收入增速低2.9个百分点，财产性收入增速高于全国平均，但收入额比全国低168元。从中部六省看，上年湖南省农民收入超过中部地区平均水平，但由于增速靠后，收入排位从中部地区第三掉到了第四。我们初步考虑提出一个目标，就是要做到"增速赶超、差距缩小、中部领先"，即力争湖南省农民收入增速超过全国平均水平，不断缩小农民收入与全国平均水平的差距，力争农民收入排在中部地区前列。2020年起要把农民增收情况作为实施乡村振兴战略的关键指标来考核。各市州和县市区都要明确目标任务，加大工作力度，强化责任落实。2020年是近十年农民增收形势最严峻的一年，各地要组织进行认真研究，结合本地实际，从农民收入构成的四个方面，分门别类拟订农民增收计划。要通过大力发展优势特色产业特别是农产品加工业，促进农村一二三产业融合，增加农民经营性收入。要对农民外出务工加强组织和引导，对农民工就业创业提供支持和帮助，扩大农民工资性收入来源渠道。要全面落实各项强农惠农富农政策，稳定农民转移性收入。要抓好农村承包地、宅基地和集体产权制度等改革，挖掘农民财产性收入增长潜力。

三是要着力补上农村基础设施和公共服务短板。主要是抓好省委提出的"六覆盖"，同时还要抓好农村公共卫生文化服务和生态环境治理等补短板工作。"六覆盖"等工作都是关乎老百姓切身利益的民生工程，一定要强化投入保障，抓好项目建设，加强督查调度，切实将好事办实、实事办好。在农村教育方面，2020年要推广好泸溪经验，加快推动城乡义务教育一体化发展；农村公共卫生服务方面，要总结新冠肺炎疫情防控的经验教训，进一步加强农村公共卫生服务体系建设，做好农村重大疾病、传染病应急预案制定和防控工作。

四是要有序推进农村人居环境整治。各地要以农村疫情防控为切入点，进一步学习借鉴上年岳阳现场会推介的经验，以"一拆二改三清四化"为抓手，有力有序推进各项重点任务落实。要重视抓好村庄规划编制工作，要做到有需求、有条件的行政村应编尽编。要稳步推进农村厕所革命，确保改厕质量，一类县 2020 年要基本完成改厕任务。要全面推进农村生活垃圾治理，梯次推进农村生活污水治理，继续抓好农村"空心房"整治，切实加强农村面源污染治理。农村人居环境整治是民生工程，也是系统工程，一定要坚持因地制宜、循序渐进，坚持进度服从质量，决不能搞层层加码和形式主义。同时，要做好群众思想工作，强化群众的主体意识，条件成熟的地方可探索建立农户适当付费等长效机制。

二 按照发展精细农业总定位，持续推进产业振兴

无论是脱贫攻坚，还是乡村振兴，都离不开产业的支撑。近些年来我们对推进乡村产业振兴进行过多次研究部署，总体上要以农业供给侧结构性改革为主线，以发展精细农业为总定位，以打造优势特色千亿产业为总目标，以农业"百千万"工程和"六大强农行动"为总抓手，持续推进农业强省建设。各市州、县市区要结合自身实际，抓好产业规划和政策措施的落实落细。

1. 抓好粮食、生猪等重要农产品稳产保供

对粮食生产，不仅要稳步提高粮食产能，近年来国家还要求我们做到稳面积、稳产量。要完成稳定粮食生产的战略任务，关键是提高种粮效益、保护好农民种粮积极性，必须进一步扩大优质稻种植，争取粮食产量和效益双丰收。对生猪生产，中央的要求是，2020 年底前生猪产能要基本恢复到接近正常年份水平，明年恢复正常。我们要全面落实粮食安全省长责任制和"菜篮子"市长负责制，切实做好粮食、生猪等稳产保供，并以此为契机推进粮食和畜牧业高质量发展。

2. 对打造优势特色千亿产业加大推进力度

为发展壮大优势特色产业，2019 年湖南省委在南县召开现场会进行了全面部署，必须按照既定思路持之以恒抓下去，逐级逐项抓落实落地，省里落实到市、县，市、县落实到园区，园区落实到项目。

省级层面，主要是按照"一县一特、一特一片"的思路，做好各个产业发展的顶层设计和统筹推进，在继续推动粮食、畜禽、蔬菜等现有千亿元产业发展再上新台阶的同时，对油料、茶叶、水果、水产、中药材、南竹等产业，按照精细精准的要求，逐个研究制定发展规划和行动方案，每

个产业明确 1~2 个市州为核心产区，相关扶持政策和项目资金要向核心产区、重点园区和龙头企业倾斜，进行精准扶持。14 个市州要结合本地实际，制定各自发展优势特色产业的总体规划，并积极申报争取成为相应产业的核心产区。各地要把大力发展精细农业与壮大优势特色产业高度统一起来，在发展路径上坚持精准定位、精细生产、精深加工、精明经营、精密组织，在发展目标上坚持集聚要素、集群发展、彰显特色、形成优势，为全省打造几大千亿元产业提供支撑。

对各市州、县市区而言，尤其要把现代农业产业园建设作为培育壮大优势特色产业的主要抓手，形成梯次推进、分级负责、各有侧重的国家级、省级、市县级现代农业产业园建设体系。关于现代农业产业园建设的基本思路和总体要求，有以下几个方面的考虑。第一，生产规模化。产业园要以规模种养基地为依托，就全省而言，没有一大批规模基地的支撑，要打造千亿元产业也是空中楼阁。因此规模化生产是产业园的基本要求，要"有边界、无围墙"，通过完善利益联结机制、标准化生产体系，把农户和合作社、家庭农场都带动起来，吸引多元主体参与产业园建设，并分享产业园发展成果，带动精细农业发展。第二，要素现代化。产业园必须聚集现代生产要素，包括生产设施条件、装备水平、科技支撑、信息化、质量追溯管理等，都要达到领先水平。从这个角度看，无论是农业产业园还是农业科技园，实质上都是以产业发展为本的，可以做到二园合一。总书记多次强调，要给农业插上科技的翅膀。湖南省农业领域有 6 位在湘院士，还有 6 位在外工作的湘籍院士，以及众多专家，一定要把他们的作用发挥好。要建立健全优势特色农业产业技术体系，发挥科技创新战略联盟作用，集中力量攻克一批关键技术。要更加注重抓好新品种、新技术的推广应用，加快农产品品种更新换代。第三，运营市场化。产业园必须依托市场主体来建设和运营，政府做好规划引领、机制创新、政策支持和配套服务等工作，而在产业发展、投资建设、产品营销方面，必须让市场主体发挥主导作用。特别是要加快农业新型经营主体的培育。对家庭农场，各地要按照"规模适度、生产集约、管理先进、效果明显"的要求去发展一批、规范一批、提升一批、推介一批。对农民专业合作社，要抓好"空壳社"清理工作，让合作社真正发挥作用，通过订单农业、入股分红、托管服务等途径，带动小农户融入现代农业产业链发展，各级供销合作社在其中要发挥好牵头组织、运营发展的作用。第四，园区专业化。产业园要突出发展本地的优势特色产业和支柱产业，在一定范围内形成较强的竞争优势，主导产业产值占产业园总产值的比重要达到50%以上。目前湖南省一些农业产业园的主导产业还不突出，像安化黑茶、宁乡花猪、靖州杨梅、南县小龙虾这样优势特色突出的产业园还不多，许多地方还是大有潜力的，如湘潭的湘莲、衡阳的油茶、华容的芥菜、江永的"三香"、邵东的中药材等，都要往专业化产业园方向发展。第五，发展集群化。要以产业园为载体，培育"生产＋加工＋科技"一体化的现代农业产业集群，拓展产业链，集成科技链，提升价值链，带动产业发展和农民增收。各地要把农产品加工业转型升级作为农业高质量发展的主攻方向，支持一批农产品加工龙头企业做大做强，努力在产业园内创建一批农产品精深加工基地。要以市场需求为导向，注重做好农产品加工的创意谋划，解决好湖南省农产品结构单一等问题。

此外，对于市、县而言，推进农业产业强镇建设也是发展"一县一特"的重要抓手之一。自2018年起，国家计划用5年时间支持建设1500个农业产业强镇，全省每年支持30个省级农业产业强镇建设。近年来，全省涌现出了不少农业产业强镇典型，比如芥菜小镇、茶叶小镇、特色水果小镇，等等。各地要因地制宜，科学规划，努力建设一批主导产业突出、产村融合发展、宜业宜居宜游的农业产业强镇。

3. 大力发展乡村富民产业

湖南省农民收入中，经营性收入、工资性收入占70%以上，发展乡村产业对于这两块收入都有很大的促进作用，必须想方设法把发展产业的增值收益和就业创业机会更多留在农村、留在县城、留给农民。目前有一个切实可行的办法，就是支持引导现有的一些扶贫车间逐步转化为乡村企业，既扶持了产业，也稳定了农民的就业，关键是支持政策将来如何做好衔接，如何做到可持续。发展乡村产业要因地制宜，适宜在县城发展的就放在县城，适宜在村里发展的就放在村里，引导以县带村、城乡互动。此外，推进农村一二三产业融合发展，通过拓展农业多种功能延长农业产业链。各地要加大对返乡下乡双创人员的支持力度，为乡村产业发展提供希望的田野、广阔的天地。

4. 加强现代农业设施建设

中央提出，要把加强现代农业设施建设作为一项战略性任务来抓。各地要继续抓好农田水利设施建设，提高防汛抗旱能力。加快推进农业机械化和农机装备产业转型升级，更加注重发展适合丘陵山区作业的小型农机和适应特色种养业需要的专用农机，着力调整完善农机补贴政策，大力推动农产品加工装备制造业的发展。2020 年国家将启动农产品仓储保鲜冷链物流设施建设工程，湖南省发展冷链物流业的规划和政策措施也即将出台，各地要抓住政策机遇，支持家庭农场、农民合作社、供销社、邮政快递企业、农产品加工企业等做好冷链物流各个环节的项目建设。要加快 5G、物联网、大数据、区块链等现代信息技术在农业领域的应用，积极探索发展智慧农业。

三 用好改革创新总钥匙，激发农业农村发展活力

2020 年是深化农村改革的关键一年，湖南要认真落实中央决策部署，以农村土地制度改革为重点，统筹推进农村各项改革，进一步释放改革的红利。

一是要深化"三农"领域重点改革。继续深化农村承包地"三权分置"改革，鼓励发展适度规模经营，实现特色产业发展和促进农民增收"双赢"目标。深入推进农村集体产权制度改革整省推进试点工作，2020 年重点做好集体经营资产股份合作制改革的有序推进，建好全省农村集体产权制度管理和交易平台，基本完成试点任务。做好农村宅基地和集体建设用地房地一体登记颁证，是农村土地制度改革的重要基础性工作，2020 年要基本完成，颁证率达到 90%。各地要以此为契机，加强农村宅基地和建房管理，并按照"三权分置"的思路，探索盘活农村宅基地和闲置住房。供销系统要按照"三大体系、五级贯通、覆盖到户"的思路，继续将改革往纵深推进，进一步提升基层组织覆盖面和对农民的组织、带动、服务功能。同时要统筹抓好粮食收储制度、农垦、国有林场、集体林权制度、农业综合水价、农业综合行政执法等各方面改革。

二是要推进农业社会化服务体系建设。建立健全面向小农户的农业社会化服务体系，是促进小农户和现代农业发展有机衔接的主要途径。各地要积极培育一批专业化、科技化、市场化服务组织，支持各类组织开展统防统治、代耕代种、土地托管等服务，推动农业社会化服务向市场信息、冷藏保鲜、冷链运输、加工营销等全产业链拓展，提升小农户生产经营能力和组织化程度。

三是要加强和创新乡村治理。坚持以党建为引领，以自治为基础，以法治为根本，以德治为保障，构建现代乡村治理体系。加强基层治理能力建设，推动社会治理和服务重心向基层下移。继续加强村规民约建设，深入开展移风易俗行动，持续推进平安乡村、法治乡村建设，完善农村矛盾纠纷排查化解机制。在乡村治理方面，湖南省一些地方探索积累了一些好的经验做法，要组织进行总结和推介。

四 落实农业农村优先发展总方针，强化乡村振兴各项保障

坚持农业农村优先发展，是党的十九大做出的重大决策部署，各地各部门要不折不扣将这个方针落到实处。

一是要落实五级书记抓乡村振兴的责任。切实加强党对"三农"工作的全面领导，深入学习贯彻党的农村工作条例，切实把党的领导这个政治优势转化为"三农"工作的实际效能。尤其是县市区要发挥"一线指挥部"作用，落实好中央关于县委书记的主要精力要放在抓"三农"工作上的要求。2020年湖南省委、省政府还将进一步完善实施乡村振兴战略考核办法，重点对县委书记抓"三农"工作情况和各县市区乡村振兴实际成效进行科学考核评价，更好发挥考核指挥棒作用，切实把各地各部门的责任压实压紧，形成推动乡村振兴的强大合力。

二是要强化乡村振兴投入保障。2020年的财政收支压力很大，但日子再紧也要优先保障完成"三农"重点任务的投入。各地要在加大财政资金投入的同时，用好一般债券、专项债券、耕地指标、城乡建设用地增减挂钩结余指标跨区域交易等支持政策，拓宽融资渠道。要加强涉农资金整合工作，优化资金使用结构，把有限的资金用在刀刃上。同时，要抓好乡村建设用地、人才下乡、科技支撑等方面的政策落实，集中资源完成好"三农"领域补短板任务。

三是要持续加强基层组织建设。上年省委出台了加强基层建设的意见和配套措施，2020年关键是要抓好落实，把政策的含金量转为基层干部群众的获得感。要按照《中共湖南省委关于全面加强基层建设的若干意见》要求，落

实各级抓基层党建的责任，全面加强基层党组织建设，不断增强基层党组织的凝聚力和战斗力。

四是要认真谋划"三农"领域"十四五"规划。2020 年是"十三五"规划的收官之年，在承前启后之际，各地要抓紧谋划和编制好"十四五"规划。要围绕当前"三农"发展面临的突出问题，谋划一批加快"三农"发展的重点建设项目，力争纳入国家"十四五"规划之中。

B.4
以新发展理念引领发改工作
推动湖南经济高质量发展

谢建辉*

2019 年 12 月，习近平总书记在中央经济工作会议上强调："新时代抓发展，必须更加突出发展理念，坚定不移贯彻创新、协调、绿色、开放、共享的新发展理念，推动高质量发展。"我们必须从整体观、系统论出发，切实把思想和行动统一到习近平总书记关于新发展理念重要论述和中央决策部署上来，推动湖南经济高质量发展。

一 扛起新时代发改工作的责任使命，
全省高质量发展迈出了坚实步伐

2019 年是极不平凡的一年。在经济运行环境、背景、条件极其复杂，国内外风险挑战明显上升，经济下行压力持续加大的情况下，全省发改系统坚决贯彻新发展理念，不折不扣落实党中央、国务院和省委、省政府决策部署，迎难而上、攻坚克难，经济保持总体平稳、稳中有进、稳中向好发展态势。

一是着力加强形势研判，在复杂环境中有效应对经济下行压力。落实中央"六稳"工作要求，着力扩大有效投资，一批铁路、高速公路、机场、能源、水利、信息基础设施项目加快推进，吉浩（蒙华）、黔张常铁路和怀芷、益南高速公路正式通车，长益常、张吉怀铁路等加快建设。持续推进产业项目建设年活动和"5 个 100"工程，建设了一批标杆项目，产业项目建设氛围更加浓厚。发挥应对中美经贸摩擦会商联席机制办公室作用，有力有效分析研判形

---

* 谢建辉，中共湖南省委常委，湖南省人民政府常务副省长。

势、应对外部风险。得益于这些措施，全省地区生产总值增长 7.6%，规模工业、投资、进出口等主要指标增速居全国前列；在减少税费超过 500 亿元的情况下，全口径财政总收入突破 5000 亿元、税收突破 4000 亿元，地方一般公共预算收入突破 3000 亿元、同比增长 5.1%，地方税收突破 2000 亿元、同比增长 5.2%。

二是着力推动创新开放，不断培育高质量发展新动能。创新驱动方面，以"两山"为代表的重大创新平台建设成效显著，马栏山视频文创园、岳麓山大学科技城新增企业 1800 多家，一批国家级创新平台落地，吸引聚集大批高端人才。新兴优势产业链方面，引进或新建三一智联重卡暨道依茨发动机、中联智慧产业城、华为智能终端、新金宝喷墨打印机等好项目、大项目，形成了工程机械、轨道交通装备两个世界级产业集群，电子信息产业加快发展。开放崛起方面，主动融入"一带一路"建设，积极对接粤港澳大湾区，成功举办首届中国－非洲经贸博览会等重大活动，长沙"四小时航空经济圈"加快形成，对外开放质量水平不断提升。

三是着力优化经济布局，促进区域经济协调发展。长株潭城市群，"三干两轨"项目加快建设，公共服务、环境治理、产业发展一体化进程积极推进；湘南湘西承接产业转移示范区方案获国家正式批复，并出台相关政策措施，编制了示范区规划，示范区引进外资和到位内资第一次超出全省平均水平；长江经济带生态环境突出问题整改、洞庭湖生态经济区产业转型升级等卓有成效；湘赣边区域合作示范区创建、湘江新区和长株潭自主创新示范区建设稳步推进。

四是着力推动重大改革，有效激发经济发展内生动力。推进供给侧结构性改革，以壮士断腕的决心推进关停并转，引导钢铁、有色、煤炭、烟花爆竹等领域过剩产能、"散小乱污"企业加快退出，环洞庭湖区制浆造纸生产线全部停产。取消下放省直部门行政权力 105 项，承担行政职能事业单位改革、乡镇机构改革全面完成。省属国有企业"压层级、减法人、去僵尸"进展顺利，重组整合企业 6 家。谋划推进优化营商环境执行年活动，出台优化经济发展环境规定，开展优化营商环境试评价工作，"一件事一次办"改革深入推进，营商环境不断改善。

五是着力加强民生保障，持续提升群众获得感幸福感安全感。12 件民生实事全部办成，财政民生支出占比稳定在 70% 以上。城镇新增就业 80.8 万人。消除义务教育大班额 2 万个。涉及 69.4 万人、105 个县（市区）的易地扶贫搬迁工作得到国务院扶贫办、国家发改委、财政部肯定。连续 15 年调整提高企业退休人员基本养老金。医疗卫生、保供稳价、公共文化服务等持续推进。社会治理、扫黑除恶、安全生产、信访维稳等扎实有效，确保了大庆之年平安稳定。

二 科学研判新形势，推动发改工作实现新作为

习近平总书记在中央经济工作会议上指出，当前形势依然复杂严峻。完成全年目标任务，保持经济社会持续健康发展的任务十分艰巨。必须深刻学习领会新发展理念的核心要义，掌握科学方法论，妥善应对各项挑战，实现新的发展。

（一）坚定不移贯彻新发展理念

新发展理念具有政治性、科学性、实践性和整体性，是引领中国高质量发展的指挥棒，是湖南走中国特色社会主义道路、发展中国特色社会主义经济的根本之策，也是关系发展全局的一次深刻变革。贯彻新发展理念要坚持"三个结合"。一是坚持逆周期调节与推进供给侧结构性改革相结合。在经济下行、环境复杂的情况下，为做好"六稳"工作，党中央、国务院加大了逆周期调节力度，在政府专项债、降准降息、降低资本金比例、减税降费等方面采取了更大力度调节政策。但这种逆周期调节一定要与供给侧结构性改革和高质量发展结合起来。专项债必须用到符合新发展理念、高效的、老百姓有获得感的项目上，不能用到那些没有效益的项目上，这样才不会走老路。二是坚持实施长期战略和抓好当前攻坚相结合。三大攻坚战体现了新发展理念的根本要求，是实现两个一百年奋斗目标和中华民族伟大复兴的基本条件。从湖南看，有短期、中期和长期三个目标的统一。短期是稳增长、打好三大攻坚战，中期是推进供给侧结构性改革，长期是推进高质量发展，实现两个一百年奋斗目标和中华民族伟大复兴。实现两个一百年奋斗目标需要每一代人履行自己的使命，坚持久久为功、添砖加瓦。三是坚持创新驱动与改革开放相结合。通过深

化体制机制改革落实党的十九届四中全会精神，实现治理体系和治理能力现代化，是贯彻落实新发展理念的内在要求。当前，要重点做好创新、改革、开放这三篇文章。创新着力于科学技术，改革着力于体制机制，开放着力于用好两个市场、两种资源，这是动力所在。我们现在的原动力是城镇化、工业化、农业现代化和国际化。下一步，创新、改革、开放要围绕这几个领域，加快形成新的动力源。

（二）对标对表落实新发展要求

核心就是贯彻中央经济工作会议和党的十九届四中全会提出的新要求。一是坚持以稳为先。政策取向上，坚持宏观政策要稳、微观政策要活、社会政策要托底的政策框架；工作策略上，强化全局观念，在多重政策目标中寻求动态平衡，防止政策效能相互抵消，切实优化经济治理方式、提高经济治理能力；施力重点上，激发和增强微观主体活力，以供给侧结构性改革最大限度激发内生动力、释放市场潜能和市场主体创新力。既营造良好的营商环境、公共服务环境，又守住债务风险、金融风险、社会风险底线，为发展创造条件、提供保障。二是坚持以质为要。习近平总书记指出："我们要清醒认识国际国内各种不利因素的长期性、复杂性，妥善做好应对各种困难局面的准备。最重要的还是做好我们自己的事情，统筹研究部署，协同推进改革发展稳定各项工作，谋定而后动，厚积而薄发。"从湖南讲，就是坚持以质为要，通过创新驱动和供给侧结构性改革推动高质量发展，促进产业和消费"双升级"，坚持创新和开放"双驱动"，以创新提升内生动力，以开放拓展国际市场、抢占更多国际资源。三是坚持以民为本。制定规划和战略时，要坚持就业优先，经济和社会同步谋划；建设项目时，重大基础设施、重大产业项目和重大民生补短板项目同步推进；制定政策时，经济政策和社会政策同步考虑。

（三）科学研判把握新发展机遇

面对当前复杂严峻的发展环境，我们要科学研判"时"与"势"，辩证把握"危"与"机"，从三个方面积极寻找发展新机遇。一是从"两个大局"中把握机遇。要始终胸怀中华民族伟大复兴的战略全局、世界百年未有之大变局这"两个大局"。围绕决胜全面建成小康、决战脱贫攻坚、"十三五"规划收官等重大目标，坚定信心、保持定力，保持清醒、找准路径、立足自身、补齐短板，集中围绕解决"卡脖子"问题、承接产业转移、提升对外贸易水平、打造内陆开放新高地、加大科技创新力度等把握新机遇，在重构经济治理体系中发挥作用，办好自己的事情，促进高质量发展。二是从超大规模市场中把握机遇。习近平总书记指出，我们有超大规模的市场优势和内需潜力。这要求我们必须不断寻找机遇开拓国际市场、深耕国内市场、做强细分市场，在市场竞争中不断强化自身优势、补齐发展短板、倒逼机制改革，进一步提升湖南省经济发展质量。三是从发展基础和条件中把握机遇。从区位看，湖南连接粤港澳、长江经济带，形成天然的自由贸易走廊；从产业生态看，拥有工程机械和轨道交通两个世界级产业集群，以自主可控为代表的电子信息产业快速成长；从发展环境看，得益于相关基础配套、城市功能完善、基础教育质量较高等有利因素，长株潭等地高端人才加快集聚，营商环境显著改善。这些优势条件为讲好湖南故事、做好招商文章提供了有利条件，是实现更高质量发展的难得机遇。

（四）努力奋进实现新发展成就

发改工作贯彻新理念、把握新机遇、落实新要求，关键是抓住"六个重大"，实现新的成就。一是大战略。就是抓好牵一发动全身的，对一个地方、一个地区起带动性、关键性、全局性作用的工作。二是大政策。战略确定后，所有政策都要为战略服务，要把大政策抓在手上、统筹到位，确保有限的资金用在刀刃上，有限的资源配置到高效的项目上。三是大项目。要抓符合战略要求的、事关本级党委政府工作大局的重大项目，从谋划到前期储备，从落地建设到竣工投产，每个环节都要盯死盯牢，抓落地、抓见效。四是大改革。经济和社会领域改革，要抓牵一发而动全身的、有影响力、起关键性作用的改革，坚决贯彻党中央和省委重大改革决策部署，同时结合自身实际梳理一批新的改革举措，既能解决存量问题，又能解决增量问题。五是大平台。要切实抓好包括区域经济发展平台、符合大战略的科技创新平台、促进更高水平开放的创新平台。要抓好国家级平台和省级园区，不断提升投入产出效益。要抓好长株潭自主创新示范区、湘江新区等国家级试点示范区平台，为发展提供动力。六是大趋势。要研判大趋势，对政策走势、改革态势、发展趋势进行科学研判，做到心中有全局、脑中有全盘，在谋划中做到站位要高、底子要清、措施要准，提早布局、顺势而为。

三　深入贯彻落实新发展理念，引领全省经济高质量发展

湖南必须牢牢把握稳中求进工作总基调，以新发展理念为引领，深入推进供给侧结构性改革，全面做好"六稳"工作，保持经济运行在合理区间，确保全面建成小康社会和"十三五"规划圆满收官，实现经济社会更高质量、更有效益的发展。

（一）决战决胜全面建成小康社会

2020 年是"全面小康决胜年"，实现全面建成小康社会目标，必须把握"一脱贫三促进六覆盖"整体要求，以三大攻坚战工作目标、"十三五"规划目标、省十一次党代会战略目标为具体对照，下大力气补齐全面小康建设工作的"四块短板"。一是补齐基础设施短板。抓好脱贫攻坚、铁路、公路、水运、机场、水利、能源、农业农村、生态环保等基础设施建设，重点补齐与全面小康目标相关的水电路气网等公共服务基础设施。二是补齐县域经济短板。着力破解县域财政主要来自土地收入、烟草专卖和金融机构的传统依赖，立足县域经济资源禀赋，布局特色小镇，发展县域产业，多渠道开拓财源税源。三是补齐要素市场短板。强化土地、融资、水电气等要素保障，大力发展总部经济和平台经济，进一步优化发展环境，凝聚发展动能。四是补齐风险防控短板。提升对各种风险源调查研判、动态监测、实时预警的能力，推进风险防控工作科学化、精细化、规范化，确保全面小康建设不出现重大风险或出现风险时扛得住、过得去、走得稳。

（二）千方百计稳定经济增长

切实抓好"六稳"工作，千方百计把经济增长稳定在合理区间，这是重中之重的任务。2020 年，省委确定 7.5% 左右的经济增速，这是一个科学合理的目标。没有 7.5% 左右的增速，就不能稳定预期，就带动不了就业，各方面

发展也会受到制约。所以习近平总书记强调"确保经济实现量的合理增长和质的稳步提升"。我们要实现经济增长稳定在合理区间，就要在提升质量的基础上保持一定增速。一要抓政策引导，贯彻中央稳增长政策措施，结合湖南实际出台完善相关支持政策，引导经济更加稳健、更加合理、更有效益的增长。二要抓营商环境优化，落实《优化营商环境条例》，坚持开展市州营商环境评价，加快打造市场化、法治化、国际化营商环境。深化"放管服"改革，持续推进"一件事一次办"，以更加公平、高效、优质的服务激发市场活力。三要抓实体经济难题破解，巩固拓展减税降费成果，引导金融机构更好服务实体经济。

（三）助力推进经济高质量发展

一是抓区域经济高质量发展。区域发展要有竞争优势和竞争力，关键是特色化、差异化发展，这是区域经济高质量发展的基本要求。要立足湖南省"四大板块""五大基地"建设，突出重点、错位发展，形成有特色的竞争力和竞争优势。二是抓产业高质量发展。围绕制造业高质量发展要求，既要抓好新兴优势产业链、"5个100"、世界级产业集群，又要抓好产业生态建设。坚持喜"新"不厌"旧"，在推动新兴技术形成新动能、高质量的同时，注重传统产业技术、工艺、产品升级，推动安全、品牌、质量提质改造，通过推进供给侧结构性改革，促进消费升级。坚持抓"大"不放"小"，大企业都是由小企业发展起来的，没有成千上万的小企业就形不成生态，要勇于做配角、搞配套，形成大企业顶天立地、小企业铺天盖地的局面。坚持"二产"带动"一三产"，以制造业为发力点，带动生产性服务业和农业高质量发展，为制造业高质量发展提供更多保障。三是抓城镇高质量发展。城镇化、工业化都是湖南"十四五"发展的动力。要立足湖南省城镇化水平不高、城镇化率低于全国平均水平、质量有待提升的发展现状，突出功能、突出品质，把大城市、县城和中心镇的高质量发展作为最重要的动力，促进产业和城市联动、园区和城市联动，把提高老百姓幸福感获得感和城市高质量发展结合起来。四是抓投资高质量发展。要落实中央经济工作会议要求，引导资金投向供需共同受益、具有乘数效应的领域。政府投资方面，要抓好铁路、公路、机场特别是通用航空等重大基础设施建设，围绕全面小康"六覆盖"尤其是社会民生、公共服务、三大攻坚战等补短板工作重点推进。产业投资方面，要谋划好的项目、出台好的政策、提供好的服务，充分发挥社会力量作用，有效吸引社会投资。

（四）着力保障和改善民生

坚持把民生放在最重要位置，把民生补短板、强弱项作为决胜全面小康的着力点。一是坚决打好脱贫攻坚战。坚持精准扶贫、精准脱贫基本方略，集中兵力打好深度贫困歼灭战，确保现行标准下剩余的19.9万农村贫困人口全部脱贫。加快补齐"两不愁三保障"和饮水安全短板，加大产业扶贫、就业扶贫力度，扎实抓好易地扶贫搬迁后续帮扶工作，确保脱贫成果得到人民认可、经得起历史检验。二是统筹城乡民生保障。建立促进创业带动就业、多渠道灵活就业机制。完善覆盖全民的社会保障体系，全面推进养老、工伤保险省级统筹，健全基本医疗卫生制度，缓解群众看病难看病贵问题。稳步提高社会保障水平。深化教育领域综合改革。三是用心用情办好重点民生实事。加快推进省政府工作报告明确的12件民生实事，把老百姓最急、最忧、最盼的事办好。

（五）科学编制"十四五"发展规划

规划管理、规划引导是重要的治理方式之一。2020年是"十三五"规划收官之年，要在总结归纳基础上，高质量谋划"十四五"规划。一要把握大局。把"十四五"规划编制放在贯彻落实习近平总书记关于中部崛起和湖南工作重要指示批示，放在党和国家工作大局，放在省十一次党代会提出的战略和全省发展大局中，认真看待、深入思考、科学谋划、扎实推进。二要做好对接。做好与国家部委、周边区域、兄弟省市以及部门之间的对接，在对接中进一步搞清楚自己的方位、找到自己的坐标。三要认真谋划。重点做好重大政策、重大改革、重大项目"三个重大"谋划，要谋划得实一点、精一点、细一点、准一点，使之更加符合湖南实际和发展需要，确保能够落地落实。

B.5
主动担当作为，推动湖南省
开放型经济可持续发展

何报翔*

一 认真总结2019年湖南开放型经济发展成绩

2019年，湖南省开放型经济发展成绩亮眼、来势喜人。一是发展迅速。在外部环境复杂多变、中美贸易摩擦跌宕起伏、全球经济和贸易增长放缓的大背景下，全省商务和开放型经济乘风破浪、逆势上扬，各项主要指标高于全国平均水平，综合排名不断攀升。其中，外贸增速全国第1，增量全国第3，总量在全国的排名上升4位，排第15位；外商直接投资增长33%，增幅全国第6、中部第1；岳阳城陵矶港平行汽车进口量位列全国内陆港第1；新增国家级"绿色商场"5个，总数达14家，居全国第4、中部第1。二是亮点突出。成功举办第一届中非经贸博览会，习总书记亲致贺信，春华副总理出席并作主旨演讲，53个建交非洲国家、31个省区市派团参加；常德桃花源机场临时口岸对外开放，14个市州实现海关服务全覆盖，全省进出境人数突破300万大关；累计开通国际全货机航线8条，"红土航空"成为湖南省第一家本土航空公司；中欧班列—湘欧快线跻身全国第一方阵；继长沙之后，岳阳成为湖南省第二个获批的国家跨境电商综试区；招大引强成效显著，引进首次落户湖南的"三类500强"企业11家。三是协调推进。破零倍增、外贸综合服务、三单融资、外贸新业态、四个百亿美元项目、万企闯国际等外贸发展举措逐步显现，外贸、外资、外经、口岸、平台、内资等出现竞相发力、齐头并进的局面，且各项指标结构更趋优化，

---

* 何报翔，民革中央副主席、湖南省主委，湖南省人民政府副省长。

对全省经济的贡献度进一步提升，实现了协调、均衡发展，为全省经济高质量发展打下了基础，贡献了力量。

二 科学分析，准确把握当前开放型经济发展形势

2020 年，突如其来的新冠肺炎疫情席卷全球，截至 3 月中旬，100 多个国家和地区受到疫情影响，给全球经济社会发展都带来巨大冲击，同时区域竞争加剧等不利因素仍然存在，给湖南省开放型经济发展带来了巨大压力。国际方面，在全球经济增长放缓，贸易持续低迷，中美经贸摩擦长期性、复杂性、反复性的趋势未发生根本改变的背景下，又叠加新冠肺炎疫情的冲击，全球经济面临极为严峻的考验，存在引发世界经济危机的风险。国内方面，中国正处在转变发展方式、优化经济结构、转换增长动力的关键期，经济下行压力较大。疫情发生以来，国内的投资、消费和出口均受到巨大冲击，很多企业因资金周转、原材料供应、国际通道受阻等问题陷入困局。省内方面，湖南省紧邻疫情暴发的中心湖北，尽管采取了十分有力的防控措施，短期内经济发展仍受到了巨大影响。以外贸为例，省内大部分外贸企业在生产、订单、通关、物流、经营、市场开拓等方面出现困难和问题，问卷调查显示，有近 1/5 的企业只能完成全年 50% 的进出口任务，仅有 1.4% 的企业能完成全年进出口任务，企业的预期和信心受到挫伤。与此同时，在国际和沿海地区产业加快转移、国家促进中部崛起的背景下，区域发展竞争更趋激烈，你追我赶的态势日益明显。以外贸为例，虽然 2019 年湖南省对外贸易实现了提质进位，总量进入全国第 15 位，但与湖南省经济总量全国第 8 位仍不匹配，与排在湖南省后面的湖北、陕西、河北、江西等省之间的差距不到 100 亿美元，随时有被赶超的可能。

虽然面临风险和压力，但也要看到我们的优势、潜力和有利条件，进一步坚定信心，做到危中识机、化危为机。从大的环境来看，我们有党的坚强领导和中国特色社会主义制度优势。这次新冠肺炎疫情，相比中国政府的强硬高效，很多西方发达国家政府在新冠肺炎疫情面前显得软弱无力，这正是党的领导坚强有力和制度优越性的体现。同时，中国有超大规模的市场优势和内需潜力，中国经济长期向好的基本面没有变。疫情发生后，党中央、国务院、国家有关部委以及省以下各级各相关部门及时出台支持政策，目前，很多政策和措

施已经落地生效，这些政策措施，将在较长一段时间起到刺激经济、修复发展的作用。此外，新冠肺炎疫情一定程度上加速了消费升级；国际大宗商品价格下跌，为加大进口、促进外贸均衡带来契机；被抑制、被冻结的消费会逐步释放出来，经济也会出现补偿性的恢复。从自身发展情况来看，近年来，全省的营商环境持续优化，开放型经济发展主体不断壮大、平台不断优化。特别是近年来落地的汽车平行进口试点、跨境电商综试区、市场采购贸易方式试点、湘南湘西承接产业转移示范区、中非经贸博览会五大国家级开放平台，为湖南省开放型经济发展提供了源源不断的动力。中国（湖南）自贸试验区申报目前已经取得重大进展，有望在 2020 年落地，将成为湖南省开放发展的又一重大引擎。这些，都是湖南省开放发展的优势条件。

三　担当作为，推动湖南省开放型经济可持续发展

2020 年是"十三五"规划的收官之年，也是全面建成小康之年，站在新的历史起点，面对新任务、新挑战，全省上下应以习近平新时代中国特色社会主义思想为指引，深入贯彻落实省委、省政府"创新引领、开放崛起"战略，主动担当作为，努力推动全省开放型经济可持续发展，为建设富饶美丽幸福新湖南添油加力。

一要进一步解放思想。30 多年前，习近平总书记带领正定人民打开封闭的大门，拆掉思想的围墙，迎来八面来风，这体现的正是思想解放的重要性。湖南要发展开放型经济，在思想上的解放程度上还有差距。例如，省委提出"创新引领、开放崛起"战略已经有 5 个年头，各市州都通了高速和高铁，基础设施条件早已今非昔比，但有的县市区、园区在利用外资、外贸进出口等方面甚至没有实现零的突破，这充分说明，很多地方还存在思想解放不到位的问题。发展开放型经济，不能封闭思想，不能瞻前顾后，不能裹足不前，需要以世界的眼光、国际的视野、全球的胸襟，大胆试、大胆闯；需要锐意创新的勇气，敢于突破条条框框的束缚，探求新体制、新机制和新思路；需要抢抓机遇，克服畏难情绪，主动作为、逆势而上，加快发展；需要时刻保持如履薄冰的谨慎、见叶知秋的敏锐，加强对苗头性、倾向性问题的预研预判；需要"逆水行舟，不进则退，慢进也是退"的危机感和强烈的追赶意识。

二要着力强化"稳"的基调。2019 年底中央经济工作会议，强调 2020 年经济工作要继续坚持稳中求进的工作总基调，会议精神通稿 29 次提及"稳"字。会议提出的"六稳"工作，多项与开放型经济发展有关，包括稳外贸、稳外资、稳投资等。因此，必须将"稳"字作为 2020 年全省开放型经济工作的总基调，在"稳"字上做足文章，提早谋划，杜绝出现大起大落。要坚持发展定力，对那些已经被认定为正确的措施、正确的办法和正确的路径，如近年来探索形成的外贸发展六大举措，要坚定不移地推进，要做好复制推广、完善创新。要提早谋划"十四五"规划，为今后一个时期开放型经济发展做好顶层设计。"十四五"规划既要与"十三五"做好衔接，更要找准定位，科学谋划发展目标、重点任务等，保持战略定力，做到久久为功。

三要着力加强政策支持。新冠肺炎疫情对经济的影响巨大，2020 年一个突出的任务，是要为企业和市场提供实实在在的关心和支持。对此，要密切跟踪形势变化，准确把握企业和市场需求，出台既管当下、又谋长远的帮扶政策和支持举措，帮助企业克服困难、渡过难关。对于国家和湖南省已经出台的各项政策，要弄通吃透、用足用好，确保政策能落地见效。要加强分类指导和精准帮扶，积极为开放型经济领域企业解决返工、原材料供应、物流运输、资金周转等方面的问题，帮助企业保客户、保渠道、保市场。要坚持点面结合，对重点企业开展贴身服务，实行"一企一策"帮扶。要加强研究，对"一带一路"沿线的重点市场，要实行"一国一策"，促进贸易畅通，要研究出台阶段性支持政策，畅通国际物流通道。

四要着力强化主体培育。实践证明，强大的市场主体对经济发展具有极强的带动作用。目前，湖南省开放型经济领域企业数量不少，但龙头企业还不强。以外贸为例，近几年培育了几个进出口额达到几十亿美金的企业，但与兄弟省区市相比差距还很大。海关总署 2019 年发布的全国进口、出口 200 强企业中，湖南省仅衡阳富泰宏一家企业上榜，以 72.6 亿元位列全国出口企业第 150 位，而排第 1 位的鸿富锦精密电子（郑州）有限公司，当年的出口额为 2128.4 亿元，是衡阳福泰宏的近 30 倍；又如农产品，湖南是农业大省，农产品品种丰富，质量也非常好，很多还外销到了国际市场，但目前为止，还未形成真正的农产品龙头企业。近几年，全省开放型经济逆势崛起、来势很好，这是我们寻求突破、实现高质量发展的重大机遇，一定要顺势而为，找准突破口，加快培育湖南的龙头、湖南的品牌。

五要着力优化开放平台。近年来，湖南省开放平台取得了较快发展，海关特殊监管区数量中西部第一，跨境电商综试区、市场采购贸易方式试点、汽车平行进口、湘南湘西承接产业转移示范区，以及中非经贸博览会等国家级经贸平台相继获批。下一步，湖南重点抓好三方面工作：第一，要全力以赴申报自贸试验区。近几年，湖南在自贸试验区申报上做了大量工作，在经验复制推广方面也取得了很好的成绩，打下了坚实的基础。2019 年以来，习近平总书记等党和国家领导人对湖南省申报自贸试验区做出了重要批示，我们一定要铆足干劲、全力以赴，争取自贸试验区早日获批。与此同时，要提前谋划，聚焦湖南省特点和开放发展中的痛点、难点，突出地方优势，围绕打造世界级先进制造业产业集群、联通长江经济带和粤港澳大湾区的自由贸易走廊、中非经贸深度合作先行区和内陆开放新高地的目标，扎实推进各项准备工作。第二，要用好用活开放平台。要继续加强口岸、海关特殊监管区、园区、对外通道等建设；加强对国家级经开区和省级园区科学考核和评价，启动实施省级经开区末位淘汰制。加快湘南湘西承接产业转移示范区建设，积极对接粤港澳大湾区；要强力推进临空临港经济区建设，拓展四小时航空经济圈客货航线和对非航线，布局一批临港物流业、服务业和制造业集群，打造岳阳"一区一港四口岸"升级版。第三，要发挥好交流平台作用。没有交流就没有合作，交流不一定产生合作，但合作一定来自交流。近年来，我们在"走出去""请进来"方面做了一些工作，取得了一些成绩。要进一步用好中非经贸博览会，推动中非博览城、孵化园、经贸促进会等平台建设，谋划好第二届博览会，推动博览会在非洲落地。要继续办好"港洽周""沪洽周"等重大经贸活动，进一步拓宽合作的范围和领域，拓展湖南的国际"朋友圈"。

B.6
坚持目标导向　抓住关键环节
为收官之年交出"三农"的合格答卷

隋忠诚*

习近平总书记对全国春季农业生产工作做出重要指示强调，要把"三农"工作摆到重中之重的位置，统筹抓好决胜全面建成小康社会、决战脱贫攻坚的重点任务，把农业基础打得更牢，把"三农"领域短板补得更实，为打赢疫情防控阻击战、实现全年经济社会发展目标任务提供有力支撑。为做好2020年全省"三农"工作指明了方向、提供了根本遵循。2020年是决胜全面建成小康社会、决战脱贫攻坚和完成"十三五"的收官之年，需要完成的硬任务、硬指标很多，尤其是在统筹做好疫情防控和经济社会发展形势下，切实抓好"三农"工作、确保如期完成各项目标任务，具有十分重大的意义。做好2020年"三农"工作，必须坚持以习近平新时代中国特色社会主义思想为指导，落实农业农村优先发展总方针，大力实施乡村振兴战略，紧扣打赢脱贫攻坚战和补上全面小康"三农"领域突出短板两大重点任务，积极应对新冠肺炎疫情影响，以发展精细农业为统揽，突出抓好十个关键环节，确保脱贫攻坚战圆满收官，确保农村同步全面建成小康社会。

一　坚决完成脱贫攻坚目标任务

2020年的头等大事就是努力把新冠肺炎疫情对脱贫攻坚的影响降到最低，不折不扣、坚决如期全面完成脱贫攻坚目标任务。一是完成脱贫任务防遗漏。全面完成全省剩余19.9万名贫困人口脱贫，确保不落一人。突出解决好"三

---

* 隋忠诚，湖南省人民政府副省长。

保障"和饮水安全问题，落实好常态化动态清零工作机制，确保所有农村贫困人口义务教育、基本医疗、住房安全、饮水安全得到保障。统筹做好非贫困县、非贫困村脱贫工作，防止留下脱贫死角。二是巩固脱贫成果防返贫。突出抓好产业、就业、兜底保障等"两业一兜"工作，全面落实支持贫困地区发展产业促进就业的意见。全面开展脱贫攻坚"回头看"，对已脱贫人口进行全面排查，认真查找漏洞缺项，一项一项整改清零，一户一户对账销号。对不稳定脱贫户、边缘户加强动态监测，将返贫人口和新发生贫困人口及时纳入帮扶。三是抓好督导整改防反弹。督促做好2019年脱贫攻坚成效考核排名靠后市县的问题整改。聚焦"三保障、三精准、三落实"，全面排查整改落实脱贫攻坚突出问题。结合常态化联点督查，对脱贫难度较大、巩固脱贫成果任务较重的县、村和易地扶贫搬迁集中安置点进行挂牌督战。认真做好国家脱贫攻坚普查配合工作。四是落实脱贫措施防风险。积极防范化解已脱贫对象返贫、扶贫小额信贷逾期、光伏扶贫管理不到位、扶贫信访不良舆情等风险，确保脱贫成效经得起检验。抓紧梳理总结、宣传推介全省精准扶贫精准脱贫生动实践的经验做法。切实转变工作作风，深入推进扶贫领域腐败和作风问题专项治理。

二 认真落实粮食安全省长责任制

湖南省是农业大省、产粮大省，保障国家粮食战略安全，认真落实粮食安全省长责任制，是必须坚决扛稳扛牢的政治责任。一要突出抓好"两稳"。重点是要抓好早稻面积落实工作，全省双季稻面积占粮食面积的近50%，稳面积的重点是稳早稻，稳早稻的关键是抓好集中育秧，力争2020年全省早稻集中育秧面积达到1000万亩以上。近期，全省"两稳"指导性任务指标已经分解到了各市州，省政府明确将粮食安全省长责任制工作纳入了全省2020年真抓实干督查激励的25项重点工作之中。各地要对标对表，按部署要求将工作任务落到实处，坚决遏制抛荒撂荒情况发生，确保完成全年"两稳"目标任务。二要推进湖南优质粮油工程。继续实施"中国好粮油"行动计划，抓好22个国家级示范县、6个省级示范企业、12个粮油产业发展特色县建设，推动粮油质量安全监测体系全覆盖。三要抓好种植结构调整。全面完成长株潭地区种植结构调整任务，加快发展专用型早稻、高档优质稻和特色旱杂粮，推广

"稻渔""稻虾"等高效综合种养模式。四要完成高标准农田建设任务。2020年3月底必须完成2019年度364万亩建设任务，2021年3月底必须完成390万亩年度建设任务和"十二五"以来的3342万亩建设总任务，督促各县市区对照任务要求，加快工作进度，确保如期保质完成建设任务。五要加快提高农业科技能力。推广以品种为核心的关键技术，确保粮食主推技术到位率达到95%。加快建设省南繁科研育种园、杂交水稻中心南繁基地、部省共建木本油料资源利用国家重点实验室和"中国油茶科创谷"。六要强化粮食安全储备管理。巩固政策性粮食库存数量和质量大清查成果，强化地方储备责任，优化储备粮品种结构，增加优质稻省级储备规模。

三　积极拓宽农民增收渠道

受新冠肺炎疫情影响，如何拓宽农民增收渠道、确保农民收入不下滑，这是2020年迫切需要解决好的突出问题。一是以农民工返岗复工为抓手提高工资性收入。对跨区域外出务工人员，做好检查登记、健康证明出具、返岗对接和接送服务工作，确保及早返岗复工。充分发挥驻外就业工作站点、商会和劳务公司等作用，调度收集和及时发布省内外用工需求信息，引导农民工就业。加强农民工失业保障，及时进行失业登记。二是以农产品产销对接为抓手提高经营性收入。利用好农产品产销对接公益服务联盟和网红等力量，着力打通采收、加工、物流和销售供应链环节。继续办好贫困地区农产品北京、广州、济南等产销对接活动。提高农业生产效益，扩大高档优质稻、旱杂粮种植，推进"稻油""稻稻油"等水旱轮作，支持稻渔、稻虾、荷渔综合种养发展。想方设法降低农业生产经营成本。三是以惠农政策落实和困难群体帮扶为抓手提高财产性和转移性收入。2019年，中央和省里密集出台了一批政策，各地各部门应当结合实际，用足用好用活这些政策。持续抓好农村低保制度与扶贫开发政策有效衔接，调整提高城乡低保标准和城乡低保救助水平；落实好特殊贫困群体低保、医保、养老保险、特困人员救助供养、临时救助等综合社会保障政策。不断释放政策信号，调动农民和政府的积极性，如稻谷最低收购价保持稳定并适时提高、生猪生产贴息补贴门槛从5000头降至500头等，把这些积极政策信号宣传好、贯彻好。

四 着力加强生猪稳产保供

生猪稳产保供是当前工作的一件大事。上年省政府促进生猪生产"十二条"颁布以来，全省生猪生产恢复较快，实现止跌回升。但是，完成2020年生猪出栏任务依然艰巨。一是生猪产能恢复的基础仍然薄弱。到2019年底，全省生猪存栏2698.3万头、能繁母猪存栏248万头，仅相当于2017年末的68%、63%。从2019年10月份以来，湖南省生猪存栏虽然连续4个月增长，但累计增幅只有7.8%，而且发展不平衡，一些市、县的能繁母猪存栏同比降幅在40%以上，恢复难度仍然很大。二是2020年保供压力仍然很大。由于上年三季度的生猪存栏、能繁母猪存栏下降幅度较大，母猪从怀孕、产仔到出栏需要10个月左右时间，可以预见2020年上半年乃至第三季度的生猪出栏将比正常年份明显减少。三是新冠肺炎疫情带来新的冲击。带来了建筑材料运输、施工人员返岗、项目选址落地等难题，一些地方新开工项目没有正常复工，一些签约项目没有正常推进。

目前，全省恢复生猪生产任务全部下达，并纳入2020年省政府真抓实干督查激励考核中，这是2020年必须完成的硬任务。在目前新冠肺炎疫情防控形势下，一是加快恢复生猪产能。压实"菜篮子"市长负责制，强化县级抓落实责任，将生猪稳产保供工作纳入省政府绩效考核和真抓实干督查激励范畴，落实支持生猪生产发展的财政、金融、保险、用地、环保等各项政策，确保产能到年底基本恢复到接近正常年份水平。大力开展生猪养殖招商引资，引进养殖、屠宰、加工等大型龙头企业，全力推进项目落实落地。鼓励大型养殖企业采取"公司＋农户"等方式，帮助符合复产条件的中小规模养猪场及时补栏增养。抓好母猪扩群，加快培育与养殖规模相适应的现代种猪企业。加强市场监测预警，落实地方储备，做好困难群众和学校等单位猪肉供应，做好保供稳价工作。二是促进产业转型升级。全面落实优质湘猪发展规划，推动生猪繁育、养殖、屠宰、加工全产业链一体化发展，打造优质湘猪区域公用品牌、地方特色品牌和企业品牌。加强地方种猪保护和产业发展。优化屠宰产能区域布局，引导生猪屠宰加工向养殖集中区转移，创建20家标准化屠宰企业，加快由"运猪"向"运肉"转变。三是保障肉品市场供应。畅通肉类产品运输绿色通道，确保肉类产品运得出生产一线、运得到消费一线，防止出现"卖难"和"断供"现象。同时保证屠宰场正常运转，可采取代宰、代销、设立临时集中屠宰点等方式，鼓励建立"点对点"调运制度，增加市场肉类供应。

五　大力推进农产品品牌建设

将继续按照"区域公用品牌＋特色品牌＋产品品牌"的思路，向品牌要市场、要质量、要效益，既抓顶天立地的大品牌、区域公用品牌，又抓铺天盖地的特色品牌，加快形成百花齐放的农业品牌发展格局。一是进一步抓好区域公用品牌。2020年省里在继续支持"两茶两油"省级区域公用品牌和"南县小龙虾""南县稻虾米""崀山脐橙""岳阳黄茶"片区品牌基础上，再新增支持打造"湘江源"蔬菜、"湖南辣椒"等省级区域公用品牌和"湘赣红""洞庭香米"等片区品牌，合力唱响"湘味农产品、香飘百姓家"。二是进一步抓好"一县一特"品牌。2020年，省里要进一步推动标志性"一县一特"名牌的打造，力争形成30～50个知名品牌，如宁乡花猪、炎陵黄桃、君山银针、华容芥菜、樟树港辣椒、石门柑橘、安化黑茶、南县小龙虾、临武鸭、隆回金银花、东安鸡、靖州杨梅、保靖黄金茶、古丈毛尖、龙山百合等等。进一步提升这些特色品牌县的标志度、美誉度，做到耳熟能详，使湖南省的"一县一特"品牌走出湖南、走向全国，实现"湘品"出湘。三是进一步抓好"三品一标"农产品。目前湖南省"三品一标"农产品已有4187个，其中有机、绿色农产品数量分居全国第3和第4位。我们要在努力增加"三品一标"认证数量的同时，重点借助地理标识农产品优势，把品牌价值挖掘好、开发好。四是进一步抓好农产品"身份证"管理。结合全国农产品"三化"试点，进一步抓好管理平台功能优化、产品赋码标识等工作，特别严格农产品"身份证"赋码标识准入。支持湖南茶油、"湘江源"蔬菜、湖南菜籽油等公用品牌开展试点示范。五是进一步抓好农产品展示展销。宣传湖南特色优质农产品品牌，讲好品牌故事，提高品牌知名度。继续办好中国中部（湖南）农业博览会，推进湖南特色优质农产品展示展销平台建设，实施好对接粤港澳大湾区建设"米袋子""菜篮子"工程，重点打造好湘南对接粤港澳大湾区的优质蔬菜工程。六是注意抓好"网红"等新型平台发展。近年来，网红代言、网红直播带货、网红销售等新型业态成为农产品营销畅销的一大特色亮点，有力地促进了农业产业发展。湖南省上年已推动了一批"网红"。比如，城步县的杨淑亭，身残志坚，利用淘宝、快手平台进行网络直播，积极推介家乡牛奶、红薯干、风味竹笋等优质特色农副产品，带动 1200 多名贫困户。又如，保靖县副县长葛晓红，上年自当"网红"在网络平台推销柑橘，效果很好。需要各地进一步解放思想，支持"网红"等新型业态发展，不仅要推动"产"、推动"加"，更要学会推动"销"，把农产品卖出个好价钱、好品牌、好声誉，真正实现一二三产融合发展。

六　加快发展农产品加工业

发挥市场主体作用、促进农产品加工业发展，是着力推进农业现代化的重要内容之一。一是抓龙头企业带动。目前湖南省有国家级农业龙头企业 60 家、省级农业龙头企业 695 家、市级农业龙头企业 3230 家，这些都是带动产业发展的主力军。比如，湖南粮食集团、长康集团、汇美食品有限公司、湖南茶业集团、唐人神集团、顺祥食品有限公司等龙头企业，需要更好地发挥好引领带动作用。二是抓企业品牌打造。帮助企业做好品牌定位、文化提升、人才培养、发展规划等服务工作，学习全国知名农业企业的成功经验。积极引导同类企业开展品牌合作，联合开拓市场，不断增强企业品牌的核心竞争力。三是抓企业股份制改造。进一步加大企业股改挂牌宣传引导和支持激励力度，推动 46 个涉农企业股改挂牌空白县市区尽快实现零突破。支持引导涉农企业通过 IPO、并购重组等途径在主板、中小板、创业板上市，在"新三板"挂牌。四是抓企业政策措施支持。继续实施"百企"培育项目，重点支持 100 家左右省级以上龙头企业。支持龙头企业股改上市，省财政给予每家股改挂牌涉农企业 30 万元中介费用补助。省区域性股权交易市场涉农板块实行零收费制度，由省财政通过政府购买服务方式对湖南股权交易机构实行定向费用补助。五是抓企业家培养。企业家是企业的核心和灵魂。对于农业企业家，我们要多鼓励少指责，多服务少干预，构建"亲清"的政商关系。要保护企业家的合法权益，形成尊重企业家、关爱企业家、支持企业家的良好社会氛围。六是抓产值和效益。既抓大企业，也抓小企业，关键是要抓质量和效益。进一步推动农产品加工企业提质升档，实现农产品加工业产值比上年增长 9% 左右，带动就业新增 6 万人，农产品加工产值与农业产值比达到 2.6∶1。

七　着力加快设施农业发展

设施农业是高质量现代农业、精细化农业发展的显著标志。湖南省标准化、成规模的设施农业不多，见得比较多的是一些比较零星、标准很低的简易塑料薄膜大棚。很多地方认为，湖南省相对于北方，一年四季温度湿度适宜，高寒低温区域少、时间短，没有发展中小拱棚、钢架大棚、日光温室等高标准设施农业的必要。事实上，设施农业的比较优势十分明显，有四个鲜明特点：一是能够提高品质。设施大棚能够很好调节种养殖的环境，有效降低酸雨、冰雹、大雨、狂风、病虫害等的影响，同时还能有效调节光照、保水保肥，产出的农产品品相、色度、口感、营养价值等比较好，能够产生更高的附加值。二是能够提高效益。设施大棚种植便于科学管理，能够大大提高农作物的产出率，并可实现农产品"春提前"和"秋延后"反季节供应，卖出好价钱，产生好效益。比如，山东寿光的日光温室蔬菜，叶类菜每年最多可产出18茬，比露天种植多出了十多茬。又如，郴州市北湖区华塘镇石山头蔬菜基地露天栽种的菜薹一年最多可收3～4茬，而普通拱形大棚年均可收7～8茬，钢架大棚甚至可收12茬左右，产出和经济效益可实现成倍翻番。三是能够提高竞争力。湖南省一直是种养大省，既对接全国大市场，也对接粤港澳大湾区高端市场，设施种植带来的高品质具有很强的辨识度，能够大大提升湖南省农产品的市场竞争力和美誉度。现在市场消费者购买农产品，既要看色度又要讲甜度，既要好吃又要好看，如果没有设施农业，这些都将无法实现。四是有专门政策、合法化。这主要是针对"大棚房"而言的，上年清理整治的"大棚房"都是农用地上违法违规的设施，我们一贯支持合法合规的设施农业发展。

从2020年开始，全省应加快补齐设施农业这块短板。一是抓规划布局。通过前期调研，今后几年初步计划在长株潭周边地区建设都市设施农业区；利用临近粤港澳大湾区地理优势，在郴州、永州、衡阳建设"湘江源"有机蔬菜设施栽培区；配合落实重点水域退捕禁捕要求，建设环洞庭湖、张家界生态水产设施养殖区；抓住丘陵山区机械化发展有利时机，建设大湘西优质果茶设施种植区。二是抓项目建设。围绕制种育苗工厂化、控温控湿棚膜化、节水施肥一体化、冷链烘干自动化、生态精养智能化，谋划实施设施果蔬棚膜网推进工程，启动农产品仓储保鲜冷链物流设施建设工程。支持建设全省十大设施农业示范园项目。三是抓政策引导。坚持政府引导、市场运作、企业主导、协会推动，用足用好已有的国家支持政策措施，加快出台湖南省推进设施农业发展的政策措施。积极推动将日光温室、钢架大棚、养殖设备等纳入农机购置补贴范围。

八 深入推进农村人居环境整治

这既是硬任务，更是民生工程，关键是把这项民生实事办好。一是把经验做法总结推广好。近年来，各地认真落实农村人居环境整治三年行动，探索形成了一批好的经验和做法，比如，全域推进农村人居环境整治的岳阳模式，农村生活垃圾处理的长沙就地分类减量模式、津市"绿色存折"模式、邵东"一村一站一员"模式，农村厕所革命的宁乡"54321"模式、大通湖"三格化粪池 + 人工小微湿地"模式，农村生活污水治理的韶山"生态种养殖 + 污水处理站"模式。2020 年，各地要进一步总结推广，做好宣传引导。同时，积极探索创造新的经验。二是把年度任务高质量完成好。抓农村厕所革命，坚持把群众满意度、项目标准和工程质量放在第一位，全面完成全年改（新）建农村户用厕所和农村公厕任务，防止出现化粪池质量不过关、改厕施工不规范等情况。抓农村垃圾污水，重点支持农村垃圾就地减量化，新（扩）建一批农村生活垃圾无害化末端处理设施，建设生活污水治理示范村 300 个，完成行政村生活污水治理任务 1000 个以上。抓农村清洁卫生，在全省广泛开展以"干干净净迎全面小康"为主题、以"三清一改"为主要内容的村庄清洁行动，继续开展"十佳、十差"乡镇和村庄评比，真正把农村环境卫生搞干净。三是把突出问题防范处理好。从近两年实际工作看，仍存在工作推进不平衡、方式方法简单、群众参与度不高、公共投入压力大、长效管护机制不健全等突出问题，需要我们在今后的工作中着力防范解决好。这里要特别强调一下，各地推进农村人居环境整治，一定要实事求是、量力而行，决不能额外借钱贷款，决不能新增地方债务。

九 纵深推进农业农村各项改革

重点抓好五项改革：一是农村集体产权制度改革。全面完成集体经济组织登记赋码、证书颁发工作，加快建立农村集体资产监督管理平台，确保按时完成整省试点任务。二是农村承包地"三权分置"改革。做好农村承包地二轮延包到期后再延长 30 年政策研究工作。对 2024 年底二轮延包到期的地区，要选择 1 个村或村民小组启动土地延包政策试点。三是农村宅基地制度改革。深入推进浏阳市国家宅基地制度改革试点，探索城乡合作建房、农宅合作社改革试点。基本完成农村宅基地房地一体确权登记颁证工作。四是粮食收储制度改革。2020 年国家将进一步完善最低收购价政策，粮食收购压力尤其是超标粮食收购处置压力将全面传导到市县。各地要继续实施精准弹性启动最低价收购政策，稳定农民基本收益，全面推进"先检后收"收购方式。五是供销合作社综合改革。巩固"三大体系、五级贯通、覆盖到户"供销改革模式成果，加快推进发展生产、供销、信用综合合作，确保如期完成供销改革目标任务。

十 切实破解农业农村发展难题

重点抓好六个方面工作：一是坚决抓好动植物疫病防控。各地要按照全省春耕生产视频会议的部署安排，持续做好非洲猪瘟防控，坚决防控好高致病禽流感，抓紧开展口蹄疫、小反刍兽疫等动物疫病春季集中强制免疫。着手做好草地贪夜蛾、沙漠蝗虫等病虫害防控准备。二是全面推进退捕禁捕。扎实抓好退捕协议签订、船网回收拆解、渔民生计保障、渔政执法监管等工作落实，按期完成禁捕退捕目标任务。三是高质量完成小水电清理整治任务。各市县要严格按照省里同意的综合评估意见，补充完善"一站一策"方案，不折不扣完成清理整改任务。四是加快推进农业产业小镇建设。认真落实好湖南省支持省级特色产业小镇发展的政策措施，大力推进全省首批十个农业特色小镇建设。五是认真落实推进河湖长制。加快建立河湖监控体系，加快推进河道采砂管理立法，扎实开展河湖"清四乱"回头看。六是务实推动湘赣边区域合作示范区建设。开展跨省现代农业合作"四个一"行动，推进"湘赣红"品牌建设，加强渌水流域综合治理。抓好省内乡村振兴"六个十"工程。

总 报 告

General Reports

B.7
2019~2020年湖南经济发展研究报告

湖南省人民政府发展研究中心课题组*

摘　要： 2019年，湖南经济社会发展延续总体平稳、稳中有进、进中向好的发展态势，实现质量双升。展望2020年，遭受新冠肺炎疫情冲击，国内外环境发生大逆转，湖南面临巨大的风险和挑战，预计全省经济增速降至5.5%左右，规模工业、固定资产投资等增速也将回落。要实现全省经济高质量发展的目标，湖南需做好打赢精准脱贫攻坚战、扎实做好稳增长、助推实体经济发展、推动制造业和物流业高质量发展等工作。

关键词： 湖南　经济　高质量发展

---

* 课题组组长：谈文胜，湖南省人民政府发展研究中心党组书记、主任；副组长：唐宇文，湖南省人民政府发展研究中心副主任、研究员；成员：李学文、龙花兰、黄玮。

2019年，面对国内外更趋复杂多变的形势，湖南省委、省政府坚持以习近平新时代中国特色社会主义思想为指导，深入贯彻落实党中央、国务院的决策部署，坚持新发展理念，稳中求进、精准施策，进一步推动创新引领开放崛起战略有效实施，继续打好三大攻坚战，全省经济社会发展延续总体平稳、稳中有进、进中向好的发展态势，实现"质量"双升。

一 2019年湖南经济发展情况

（一）湖南经济运行的主要特点

1. 经济发展迈上新台阶，主要指标增速居全国前列

一是GDP增速升至全国第5位。经国家第四次经济普查和GDP数据核实修订，2018年湖南经济总量调减96.1亿元，排名下降1位至第9位。2019年，湖南GDP达到39752.1亿元，仍居全国第9位、中部第3位；全年GDP增长7.6%，比全国同期高1.5个百分点，居全国第5位、中部第2位，在全国和中部的位次分别比上年上升4位、1位。二是规模工业、固定资产投资和进出口等主要经济指标增速排名快速提升。全年规模工业增加值增长8.3%，高出全国平均水平2.6个百分点，居全国第4位、中部第2位，在全国的排位较上年提升8位。全年固定资产投资增长10.1%，较上年同期上升0.1个百分点，比全国同期快4.7个百分点，居全国第4位、中部第2位，在全国和中部的排位分别提升7位、2位。2019年全省进出口总额增长41.2%，比全国同期高37.8个百分点，领先优势扩大22.4个百分点，增速居全国第1位。其中出口增速排名全国第1位，进口增速居全国第4位、中部第1位。三是"四上"企业队伍不断壮大。2019年，全省新增"四上"企业7425家，同比增长12.9%；其中，规模工业企业新增2547家，增长27.7%。四是税收规模不断扩大。2019年，全省财政总收入突破5000亿元，其中，地方财政收入超过3000亿元，同比增长5.1%，较上年加快1.4个百分点；地方税收迈过2000亿元门槛。

2. 产业项目建设成效显著，创新能力进一步提升

一是产业项目投资快速增长。2019年，湖南继续深入推进"产业项目建

设年"活动,全省产业项目建设完成投资增速和高新技术产业投资增速分别高出全部投资增速10.8个和27.7个百分点。二是500强和重大项目引进态势良好。全年全省新引进120家"三类500强"企业投资项目201个,投资总额达4188亿元,其中世界500强企业51家、投资项目107个;首次落户湖南的有11家。全省新引进总投资2亿元(外资3000万美元)以上的重大项目712个,其中16个项目投资过百亿元。三是重大产品创新项目成果丰硕。2019年,全省实施重大产品创新项目117个,突破关键技术296项,获得专利授权378件。其中,长沙29个重大产品创新项目贡献新增税收3.84亿元、研发投资6.62亿元、专利授权数111件、就业岗位750个。

3. 新动能加快成长,高质量发展特征进一步显现

一是新兴产业保持较快增长。2019年,全省高新技术企业总数超过6100家,较上年增长30.9%,提前超额完成"十三五"规划4800家的目标任务;完成技术合同成交额490.7亿元,同比增长74.2%。全省高加工度工业、高技术产业增加值分别增长13.1%、16.3%,增速分别高于规模工业4.8个、8.0个百分点。全省互联网和相关服务、研究和试验发展、软件和信息技术服务等新兴服务行业的营业收入分别增长50.1%、33.4%、19.2%。全年快递业务量、快递业务收入分别增长30.6%、25.4%。二是对外开放水平不断提升。2019年,湖南与"一带一路"沿线国家进出口总额增长53.6%,比上年同期提高17.1个百分点;民营企业进出口总额占全省进出口总额的比重达到76.6%,较上年提高7.6个百分点。全省外贸破零企业超千家,倍增企业600多家;贸易额过亿元和过10亿元的企业分别新增277家、9家。成功举办首届中非经贸博览会、世界计算机大会、国际工程机械展、国际轨道交通和装备制造产业博览会等重大活动。三是政策红利催化新动能。湖南开展优化营商环境执行年活动,出台招商引资"十个严禁",深入落实减税降费政策,全年新增减税降费超过400亿元;进一步深化"放管服"改革,取消各类行政权力105项,公布200件"一件事一次办"事项,企业开办时间压缩至3个工作日以内。截至2019年底,全省市场主体首次突破400万户大关达到434.38万户,其中新登记市场主体78.13万户。四是财政收入质量有改善。在2019年全国各省区市非税占比普遍提升的形势下,湖南非税收入占地方财政收入的比例降至31.4%,较上年下降0.1个百分点。

4. 三大攻坚战取得关键性进展，高质量发展基础更坚实

一是有效防范化解地方债务风险。2019年，湖南疏堵、开源两手抓，一方面设立省级债务化解基金，清理整合、推动地方融资平台转型，超额完成全年债务化解计划；另一方面发行专项债券保障重点项目融资需求；取缔辖内全部P2P网贷业务，集中整治、严厉打击"一非三贷"等金融活动。二是精准脱贫成绩斐然。2019年，全省63万名农村贫困人口脱贫，718个贫困村脱贫出列，20个贫困县脱贫摘帽，全部贫困县、贫困村摘帽出列，贫困发生率降至1%以下，形成了"四带四推""百里脐橙连崀山"等产业扶贫的新经验、新模式。三是污染防治成效显著。2019年，湖南率先建立省级环保督察和自然资源督察体制机制，稳步推进"一江一湖四水"系统联治，全省地表水水质总体为优，国省考核评价断面Ⅰ～Ⅲ类水质比例提升，全省森林覆盖率达59.9%，湿地保护率达75.8%。

5. 民生改善取得新成效，群众幸福感显著提升

一是就业稳步增长。2019年，全省城镇新增就业80.8万人，城镇登记失业率降至2.9%；农村劳动力转移就业45.5万人。二是居民收入保持较快增长。全年全省城、乡居民人均可支配收入分别增长8.6%、9.2%，分别高出GDP增速1.0个、1.6个百分点。三是民生保障不断增强。全年全省财政民生支出占财政支出的70.3%，比上年提高0.2个百分点。湖南率先实施企业职工养老保险省级统筹，建立城乡居民基本养老保险待遇确定和基础养老金正常调整机制，企业退休人员基本养老金实现"十五连调"；实现村卫生室、乡镇卫生院、县市二甲公立医院全覆盖；消除义务教育大班额2万个，创造了城乡义务教育一体化发展新局面，群众幸福感和获得感不断增强。

（二）湖南经济运行中存在的突出问题

1. 工业生产隐忧仍然存在

一是工业用电量增速回落幅度较大。2019年，全省工业用电量增长3.0%，同比回落4.9个百分点，增速仅居中部第5位，与安徽、江西和湖北仍有较大差距。二是规模工业利润增速放缓。2019年，全省工业品出厂价格指数（PPI）下滑至99.6，同比下降3.6个百分点，挤压了湖南省规模工业企业的利润空间，全年规模工业企业利润总额同比增长6.6%，增速较上年回落

2.7个百分点。三是规模工业产销率下降。全年规模工业产品销售率为98.35%，较上年下降0.1个百分点。四是部分重点行业增加值、重点产品产量明显下滑。同上年相比，石油加工、炼焦和核燃料加工业增加值增速下降102.1个百分点，计算机通信业和其他电子设备制造业增加值增速回落5.9个百分点；原油加工量和轿车产量分别下降1.5%、21.4%。

2. 市场主体发展依然不够充分

一是市场主体数量相对不多。2019年，全省新登记市场主体78.13万户，比安徽全年新登记的各类市场主体少近21万户；全省市场主体总量比湖北、安徽分别少107.58万户和80.07万户，其中企业数量比安徽少49.85万户。二是企业总体实力不强，如至2019年11月，工信部共认定了四批单项冠军示范企业和培育企业，湖南省共有6家企业入选，入选企业数量仅多于山西居中部第5位，不到安徽、河南入选企业的一半，比湖北、江西也分别少5家和1家。

3. 交通投资和货运周转量增长缓慢

一是交通基础设施投资短板明显。2019年，湖南基础设施投资同比下降0.1%，与中部其他五省中增速最慢的江西相比，差距达到8.8个百分点；受政府财力有限、部分项目审批进程慢等因素影响，1~11月湖南公路水路完成固定资产投资总量居中部最后一位，增速居中部第5位，513.0亿元的投资额还不及湖北的一半。二是货运周转量增长缓慢。受货物运输的需求不足、物流成本较高、车货资源外流等因素影响，2019年湖南水路货运周转量下降8.2%，是中部地区唯一增速下降的省份，5.9%的公路货运周转量增速虽居中部第三，但比排名前两位的湖北、河南低了8.2个、3.5个百分点。

4. 园区发展面临的制约因素依然较多

一是部分园区用地严重不足。如截至2019年底，长沙经开区工业项目仅供地342亩，而17个在谈重大项目供地需求达2000亩；长沙高新区可供工业用地仅剩199亩，经营用地将在三年内基本出让完毕；常德高新区用地需求为4820亩，仅到位250亩；浏阳经开区、岳阳经开区、郴州高新区均反映项目用地不足或用地紧张。二是园区自身资金短缺制约土地报批、招商政策配套等。长沙高新区未来三年资金收支缺口高达91.49亿元；湘潭高新、岳阳经开区等园区也都存在自身资金短缺的问题。

二 2020年湖南经济发展环境分析和走势预测

（一）2020年湖南经济发展环境展望

1. 世界经济整体将陷入衰退

2020年世界经济发展将遭遇疫情严重冲击。4月摩根大通全球综合PMI指数为26.5，创22年来新低；其中制造业PMI指数降至2009年3月以来新低，服务业PMI指数跌至历史新低。受新冠肺炎疫情全球蔓延的冲击，消费者和企业家信心遭受严重打击，消费和投资将出现明显下降；多个国家和地区采取了严厉的限制往来措施，大面积的停工停产、居家隔离和物流受阻，将导致部分零部件供应链中断及大宗商品需求减少，全球供应链遭受前所未有的严重冲击，旅游、交通、贸易等服务行业受到重创。在针对疫情的恐慌情绪影响下，全球股市、大宗商品价格大幅下挫，企业经营环境恶化、盈利能力下降，或将导致违约率上升，金融风险随之扩大。近年来，各国采取的宽松货币政策和积极财政政策的拉动效应递减，难以对冲抵消疫情造成的负面影响。加之贸易保护主义高企、地缘政治、债务困境等诸多不确定因素的综合作用，2020年全球经济增长将明显减速，部分主要经济体增长趋稳向好的势头也被打断。各大国际组织和研究机构纷纷下调对世界经济增速的预测。4月14日，国际货币基金组织（IMF）将2020年全球经济增长预期下调6.3个百分点至-3%，衰退程度显著高于2008年金融危机，并称若疫情下半年继续恶化，将继续向下修正经济预测；联合国5月最新报告预计2020年全球经济萎缩3.2%。

发达经济体整体增速将出现萎缩。受新冠肺炎疫情影响，IMF预计2020年发达经济体经济萎缩6.1%。美国经济明显减速或至负增长。宽松货币政策和税改政策的边际效应逐步减弱，总统大选、中美经贸关系的不确定性导致宏观政策变数加大，疫情暴发成为全球"新震中"，严重冲击经济表现和市场情绪，高收益债利差走高，伴随企业债务规模居高不下、融资成本上升，债务危机爆发风险加大，IMF预计全年美国经济增速为-5.9%。日本经济再遭重创。日本经济与美国经济、世界贸易高度相关，由于世界经济和美国经济放缓，加上与韩国等国的贸易摩擦，以及上调国内消费税率对内需的负面影响，特别是疫情"黑天鹅"的影响，日本将同步陷入衰退，IMF预测2020年日本经济增速降至 -5.2%。欧元区经济将陷入衰退。为控制新冠肺炎疫情，各国采取的措施将严重抑制居民消费，制造业、服务业等受到巨大冲击；长期实施零利率或负利率货币政策，几乎没有可用的政策空间；各国各自为战应对疫情，互不信任和疑欧情绪将进一步加深，加之政治风险尚未完全消逝，原本增长乏力的欧元区经济将雪上加霜，经济低位徘徊的趋势被打破，总体陷入衰退，IMF预测2020年欧元区经济将萎缩7.5%。

新兴市场经济体同时降入衰退。受贸易保护主义、全球经济复苏受挫和地缘政治风险影响，以及新冠肺炎疫情冲击，IMF预测2020年新兴市场和发展中经济体全年经济增速降至 -1.0%。部分因改革红利逐步释放或逐渐摆脱政治冲突、严峻经济困局的国家，如巴西、俄罗斯、墨西哥、土耳其、阿根廷等，2019年开始自低位恢复增长，存在一定的增长空间，但新冠肺炎疫情造成的负面影响将阻碍其复苏进程，经济增长幅度低于预期。

2. 国内经济增速降至4%以下的风险加大

2019年，我国GDP增长6.1%，同比回落0.5个百分点。虽然外部风险挑战明显增多、内部多方面矛盾交织，国内经济下行压力持续加大，但通过持续深化供给侧结构性改革、加强逆周期调节，新动能持续成长，经济结构不断优化，质量效益有所提升，国内经济运行总体保持平稳，较好地实现了发展主要预期目标。

展望2020年，虽短期内受新冠肺炎疫情扰动影响，但我国经济发展仍具有强大韧性。一是多领域开放增添新活力。通过加快金融等现代服务业开放、扩大自贸区布局、加大知识产权保护力度、缩减负面清单、深化制造业和农业开放等措施，经济增长被赋予更多活力。二是改善营商环境塑造新环境。《外商投资法》《优化营商环境条例》正式实施，其有助于改善外商投资和营商环境，激发我国市场活力和社会创造力。三是优化供给体系壮大新动能。把握全球科技变革加速推进的机遇，加快建设现代化协同产业体系，打造完整的产业链、供应链和价值链。四是释放消费潜力扩展新空间。我国拥有全球最庞大的中等收入群体和最大的成长性市场，扩大内需潜力巨大。

国内经济面临的问题和风险不容小觑。一是新冠肺炎疫情造成冲击比预期严重，力度甚于2003年非典和2008年金融危机。国内疫情控制阶段，第三产业尤其是涉及"吃、游、看、运、学"的行业短期受损严重，众多企业特别是小微企业生存面临巨大压力；财政收入增速明显放缓和财政支出快速增长的矛盾更为突出；海外疫情高速扩散后，全球产业链供应链受损严重，外需进一步走弱，资本市场动荡和大宗商品波动加剧，金融市场震荡风险传导到我国的可能性加大。二是中美贸易摩擦影响仍在。一方面，已征关税的影响短期内难以消除，另一方面，美国试图通过重构全球产业链布局，遏制中国创新活力。三是制造业面临经营成本较高、技改投资短期经济效益不显著、内外需求不旺、发展信心受到冲击等多重困境。四是企业债务和地方政府融资平台到期债务风险有所加大。

2020年，我国经济增速有可能回落至4%以下。我国经济发展的外部不确定性因素依然较多，总需求持续偏弱的影响将继续向生产端传导，导致经济下行压力不减，疫情对经济造成的冲击也需要时间修复；政策逆周期调节的力度继续加大，稳健基调下货币、财政政策合力提效，在加快全面开放、支持小微及民营企业发展、完善收入分配制度等各项改革措施加速落地的作用下，投资或将筑底企稳，消费将呈现前低后高态势，预计2020年我国经济增速明显回落，或将降至4%以下。

（二）湖南经济发展前景预测

1. 全省经济增长放缓，预计GDP增长5.5%左右

2019年，湖南GDP增长7.6%，较上年回落0.2个百分点。展望2020年，虽然面临错综复杂的内外环境，但考虑到2020年是"全面小康"宏伟目标的实现之年、"十三五"规划的收官之年和"三大攻坚战"的最后攻关之年，在完成三大目标的工作思路下，国家的宏观政策环境有利于湖南发展，湖南在实施创新驱动战略、全面扩大开放、新旧动能转换等方面的向好因素也在不断累积。综合判断，虽然疫情冲击短期扰动全省经济发展，但湖南平稳向好趋优的发展态势和发展基础仍然不变，预计全年全省GDP将达到4.2万亿元，增长5.5%左右；其中第一、第二、第三产业分别增长3.3%、5.2%、6.0%左右。

2. 工业生产受疫情冲击的影响相对较小，预计全年规模工业增加值增长6%左右

2019年，湖南规模工业增加值同比增速达8.3%，高出全国平均水平2.6个百分点，同比加快0.9个百分点。展望2020年，支撑工业生产的有利因素

不断发酵，一是未来产业、财政和货币政策的效果进一步显现，围绕5G、区块链、人工智能等高新技术发展，我国和湖南省将出台系列产业政策加强引导；减税降费、改善融资等系列政策进一步落实落细将继续支撑实体经济发展；再加上连续两年的产业项目年建设，引入了大量的三类500强项目，这些都将对工业生产形成新的支撑。二是高质量发展成效显著，随着供给侧结构性改革深入推进，湖南省工业不断向中高端迈进，工业行业的供需关系、产能利用水平和企业效益持续改善，这些都是保障工业投资和生产稳步增长的"定锚"。三是工业新动能快速成长，2019年1~12月，全省工业投资增长17.8%，其中高新技术产业投资同比增长37.8%，增速超出全部工业投资增速20个百分点，预示着未来高新技术和战略性新兴产业有望继续较快增长。四是疫情倒逼省内诸多工业企业加快向智能化、数字化转型，新的生产模式、生产技术和产品或将催生，企业管理经营能力和生产效率也将提升。此外，规模工业企业抵御风险的能力较中小企业强，受疫情影响的程度相对要小，是规模工业增加值增长的"压舱石"。

影响工业生产的不利因素有：一是行业发展不平衡。高技术制造业和战略性新兴产业虽然增速较快，但对工业整体增长的推动力比较有限，而作为湖南省工业发展主要推动力的烟草制品、农副食品加工、汽车等重点行业增长放缓的态势短期内难以扭转。二是企业发展面临的结构性困难依然存在，融资难、融资贵、人力成本高企、技术工人招聘难、劳动密集型企业集中用工阶段招工难等问题将持续困扰企业经营，而工业品出厂价格指数连续走弱还将继续压缩企业的利润空间。三是疫情带来的不利影响。新冠肺炎疫情在供需两端以及供应链、产业链、资金链等多个环节影响企业发展，尤其是中小微企业面临诸多困境。

综合判断，虽然新冠肺炎疫情对工业造成一定影响，但影响是短期性的，从全年看，全省规模工业生产仍将保持平稳较快发展，预计全年全省规模工业增加值增长6%左右，增速较2019年回落2.3个百分点。

3. 稳投资政策有成效，预计全年固定资产投资增长8%左右

2019年，全省全年固定资产投资增长10.1%，较上年上升0.1个百分点。展望2020年，从推动投资增长的有利因素看，一是2020年是实现"三大目标"的决战决胜之年，在"六稳"基调下，国家逆周期调节政策有望进一步加码，

财政政策也将加力提效，湖南省在新型基础设施建设、民生补短板等领域有望获得国家更大力度的支持，全省基建和民生投资有望进一步回暖。二是产业投资有支撑，应对疫情的各项帮扶政策落地，减税降费政策继续发挥效用，以及"稳定制造业投资"措施落实落细，都有利于稳定企业投资意愿；在产业转型升级和消费升级的推动下，高技术产业以及旅游、文化、体育、健康、养老、教育培训等幸福产业投资将继续发挥结构性支撑作用。三是房地产开发有韧性，在城镇老旧小区改造、住房刚性需求及房地产政策精细调控的推动下，房地产开发投资不会出现明显失速。四是疫情带来新机遇。疫情的冲击将使政府、资本市场和企业加大对公共卫生、医疗健康等领域的投资，投资或将出现新增长点。

从不利因素看，全省财政收支之间的矛盾突出，将使得政府在基础设施、民生、生态环保等领域的投资增长上限承压；国内外环境的不确定性加大，一定程度上影响企业投资信心。综合判断，2020 年全省固定资产投资增速将有所回落，预计全年固定资产投资增长 8% 左右。

4. 消费增速下滑，预计全年社会消费品零售额增速降至7%左右

2019 年，全省社会消费品零售总额增长 10.2%，较上年增长 0.2 个百分点。展望 2020 年，消费将继续发挥经济发展"稳定器"的作用。从促进消费增长的有利因素看，一是消费有基础，全省就业形势总体稳定，城乡居民收入持续稳定增长，居民有钱花、敢于花，是消费温和增长的良好基础，也是疫情过后补偿性消费的有力保障。二是政策有红利，近年来促消费政策密集出台，针对服务消费"提质扩容"、实物消费"提档升级"，有效供给的增加和供给质量的提升，能更好地满足全省居民消费升级以及消费多样化、个性化、智能化的需求，有利于进一步释放消费需求。三是潜力更激发，消费业态的创新和消费短板的补齐有利于释放消费潜力，夜经济、网红经济、宅经济等带来新的消费增长，互联网技术对居民消费业态、方式的影响明显，线上线下联动的新型零售有利于推动消费增长；农村流通体系建设取得明显进展，交通、通信等消费基础设施建设水平明显提高，这些都将高效拓展农村消费市场。四是疫情存机遇。出于对自身安全的考虑，民众加大对防护用品、医疗卫生、体育健康等产品和服务的消费；出于对外界疫情的担心，部分原计划外流的消费需求或将留在本地，消费新增长点有望扩大。五是物价上涨将拉动名义销售额上升。

从不利因素看，一是疫情冲击下，旅游、餐饮、交通运输、电影等消费领

域受损严重，这部分损失恐难全部弥补。二是居民消费能力快速提升受限，购房等大额支出对消费的挤出效应依旧存在，疫情使得部分人群的工资性收入、财产性收入等减少，物价持续上涨导致居民收入实际增速放缓，这些都将制约居民消费能力的提升。三是石油制品以及家具家电等商品消费增长放缓，其对消费品市场增长有下拉作用。四是化妆品、奢侈品等可选消费以及必选消费、服务消费存在外流现象，挤占了湖南省消费品市场的空间。综合判断，2020年湖南消费品市场增长放缓，预计全年社会消费品零售总额增长7%左右。

5. 对外贸易受疫情影响严重，预计全年进出口总额将达到5000亿元，增长15%左右，其中出口总额增长13%左右，进口总额增长20%左右

2019年，湖南进出口总额突破4300亿元大关，创历史新高，同比增长41.2%，居全国第1位。其中，出口3076.1亿元，增长51.9%；进口1266.1亿元，增长20.4%，增速分列全国第1、第4位。

展望2020年，从支撑全省外贸增长的有利因素来看，一是湖南省实施开放崛起战略的成效进一步显现，近年来湖南省一方面继续巩固与韩国、德国及欧盟、东盟等传统贸易伙伴的关系；另一方面有力开拓并深耕"一带一路"沿线国家和地区以及非洲地区的市场，随着经贸往来的进一步密切，与这些贸易伙伴的良好合作将为未来湖南省保持出口快速增长提供充足动力。二是国家层面进一步推动全面扩大开放，为企业提供了广阔的海外市场空间和国际产能合作机会，湖南省企业抓住机遇实现外贸"破零"行动，为外贸平稳增长增添新动力。三是中非经贸博览会、进博会等重大对外开放平台的成立，有利于湖南省外贸进出口的稳定增长。

从不利因素看，一是全球经济增长乏力，贸易保护主义影响加深，国外疫情高速扩散蔓延导致多个国家和地区"闭关"，外需进一步减弱，全球贸易或将出现萎缩，全省外贸进出口形势明显恶化，进出口增长受抑。二是中美贸易摩擦存在反复和升级的可能，全省外贸增长面临的不确定性没有缓解。三是受高基数效应的影响，近三年湖南省进出口都保持高速增长态势，2019年进出口总额增速更是保持在40%左右，在持续快速增长后，增速放缓的压力加大。综合判断，全省进出口总额增速明显放缓，预计全年湖南省进出口总额将达到5000亿元，增长15%左右，其中出口增长13%左右，进口增长20%左右。

6. 物价平稳上涨，预计全年CPI上涨3%左右

2019年，湖南省居民消费价格指数（CPI）同比上涨2.9%，符合全省3%左右的预期安排，工业生产者出厂价格指数（PPI）下降0.4%。展望2020年，CPI保持平稳上涨态势。从支撑物价上涨的因素看，一是猪肉价格仍将在高位运行，虽然政府采取的多重措施初见成效，猪肉价格近期也有所回落，但生猪产能仍需一定时间恢复，因此短期内猪肉供应紧张的局面难以根本缓解，较高的猪肉价格将推动其他替代类食品价格保持高位。二是服务项目价格仍将持续上涨。三是CPI涨幅提高和居民通胀预期增强的双向作用，或将继续推升物价涨幅。从抑制物价上涨的因素看，其一是宏观需求总体偏弱，稳定物价具备需求基础。其二是粮食丰收、库存高企和最低收购价格下调将使粮食市场价格保持基本稳定，为稳物价奠定了物质基础。其三是多项减税降费政策措施落地，企业负担明显降低，运营成本有所下降。综合判断，2020年全省CPI保持平稳上涨态势，但涨幅将略有收窄，预计全年CPI上涨3%左右。受生产资料价格下降和下游产业需求不旺的影响，生产价格指数（PPI）仍将低位运行，预计全年全省PPI下降0.8%左右。

表1　2020年湖南主要宏观经济指标测算

指　　标	单位	2019年实际		2020年预测	
		数值	增长率(%)	数值	增长率(%)
国内生产总值*	亿元	39752.1	7.6	42000	5.5
第一产业*	亿元	3646.9	3.2	3800	3.3
第二产业*	亿元	14947.0	7.8	15750	5.2
第三产业*	亿元	21158.2	8.1	22450	6
规模工业增加值	亿元	—	8.3		6
固定资产投资	亿元	—	10.1		8
社会消费品零售总额	亿元	17239.5	10.2	18400	7
出口总额	亿元	3076.1	51.9	3500	13
进口总额	亿元	1266.1	20.4	1500	20
居民消费价格指数	上年＝100	102.9	2.9	103.0	3.0

注：①带*指标绝对数为当年价，增长速度按可比价计算；

　　②2013年起，规模工业增加值绝对数不对外公布；2019年固定资产投资绝对值未公布。

三　2020年对策建议

2020 年，是全面建成小康社会和"十三五"规划收官之年，是"三大攻坚战"的决胜之年，也是"十四五"规划编制年。全省上下应紧扣全面建成小康社会目标任务，坚持稳中求进工作总基调，坚持新发展理念，坚持以供给侧结构性改革为主线，坚决打赢打好三大攻坚战，全面做好"六稳"工作，统筹推进稳增长、促改革、调结构、惠民生、防风险、保稳定，推动湖南省经济高质量发展，确保全面建成小康社会和"十三五"规划圆满收官。

（一）坚决打赢精准脱贫攻坚战

如期全面完成脱贫攻坚目标任务。一是精准施策，打好深度贫困歼灭战。全面检视已开展的工作，查漏补缺清弱项，特别聚焦深度贫困地区和特殊贫困群体，落实特殊贫困人口保障政策，加大大湘西等深度贫困地区基础设施、基本公共服务补短板项目的投入，确保如期实现现行标准下剩余农村贫困人口全部脱贫，实现"两不愁三保障"及饮水安全突出问题动态清零。二是加大产业扶贫、就业扶贫力度，继续推进"千企帮村、万社联户"、区域协作和对口帮扶等有效扶贫模式，确保扶贫成果经得起历史检验。三是强化返贫监测预警，及时做好因病、因灾等返贫和新发生贫困人口的监测和帮扶工作。四是用好"互联网＋监督"工具，持续开展扶贫领域腐败和作风问题专项治理。五是探索建立解决相对贫困问题的长效机制，推进脱贫攻坚与实施乡村振兴战略有机衔接。

（二）扎实做好稳增长工作

着力扩大有效投资。一是抓住国家宏观政策逆周期调节力度加大的机遇，围绕基础设施、社会民生事业、老旧城区改造、农村环境整治和公共医疗卫生等领域，积极谋划储备一批重大项目，加强与国家相关部委的沟通衔接，积极争取国家支持。二是善用政府产业基金，更好地发挥其导向作用，引导社会资金投向先进制造、民生建设、基础设施短板等领域，放大投资的乘数效应。三是深化"迎老乡、回故乡、建家乡"活动，搭建多层次平台，着力高效优质推动湘商回归。

着力扩大消费需求。一是实施消费重启升级计划。着力推动生产性服务业向高端化、专业化转型，推动生活性服务业向高品质、时尚化、体验化、定制化和智能化升级；抢抓"宅经济"机遇，支持传统服务企业加速向线上转型，加快培育线上线下融合发展的新型市场主体，积极培育在线教育、线上文化娱乐、网络诊疗、智能家居等新兴消费热点。二是继续实施内贸流通促进工程，深入推进"互联网＋"农产品出村进城，加快城乡商品要素流动，提振农村消费活力。三是深入开展放心消费行动，改造提升特色商业街区，繁荣活跃夜间经济，打造安全卫生、公平公正的消费环境，提升百姓出门消费的安全感。

全力稳外贸稳外资。一是实施稳外贸行动。进一步提升对外贸企业服务的力度和精准度，尤其加强对涉美经贸企业的运行监测和政策支持，引导外贸企业在做好订单和客户稳定工作的同时，大力拓展多元市场。二是牢牢把握国家扩大对外开放的政策机遇。积极融入"一带一路"建设，深化对非合作，加大境外经贸合作区建设的参与力度，推动产业集群"组团出海"，扩大制造业产品和其他优势产品出口；推动传统服务贸易转型升级，培育服务贸易新业态；积极申创中国（湖南）自由贸易试验区。三是打造中部地区高质量外资集聚地。认真贯彻落实外商投资法，扩大制造业、服务业、农业等领域对外开放，提升外商投资便利，大力度引进优势外资项目，全力做好项目的立项、开工、投产全过程服务，确保项目尽快落地。

（三）助推实体经济发展

持续发力推进产业项目建设。着力实施建链补链延链强链计划，在产业内部，以龙头企业为依托，搭建创业、公共技术服务等上下游对接平台，鼓励中小企业进入龙头企业供应网络，构筑良好产业生态；在产业之间，围绕产业链关键产品、环节和项目，找到招商引资突破口，着力填补空白领域；在新兴领域，从建链开始，着力培育引进平台经济、共享经济等新经济、新业态，通盘谋划好整个产业链条，提高产业集中度和竞争力。

精准服务为企业纾困解难。一是进一步给企业减负。坚持休养生息、放水养鱼的原则，巩固拓展减税降费成果，出台实施一批新的降本减负措施，进一步降低企业用电、用气、物流等成本。二是畅通企业诉求表达渠道。推广长沙

"链长牵总、盟长搭台、校长支撑、行长帮扶"的联动体系，建立省、市、县各级领导联系企业和企业家的常态化制度；打造涉企"一站式"移动服务平台，着重突出用于企业反映问题的模块功能，及时帮助企业解决反映的各类难题。三是开展融资畅通行动。着力拓展中小企业融资渠道，设立优质中小企业发展基金，打造覆盖全省的区域供应链金融科技平台，在省股权交易中心设立"专精特新"版，通过股权质押、银行贷款、定向增资等多种融资方式，为"小巨人"企业提供融资支持。四是进一步优化人才政策，尽快在全省实现五险统筹，加强各市州之间的社保基数监管与调剂；对于新技术、新产业、新业态、新模式企业，给予更多的人才政策倾斜；对大企业高管人员实施个人所得税按比例返还政策。

（四）推动制造业和物流业高质量发展

加快提升制造业竞争力。一是推动传统制造业优化升级，鼓励企业加快数字化、智能化技术的改造提升，开展工业互联网建设应用；持续推动工业增品种、提品质、创品牌。二是推进战略性新兴产业集聚发展。动态优化战略性新兴产业重大基地布局，启动新一批重大工程、重大专项，壮大战略性新兴产业基地后续梯队；坚持以20个新兴优势产业链为抓手，以工程机械、轨道交通、中小航空发动机、电子信息、新材料等为重点，打造卡不住、拆不散、搬不走的优势产业集群；加快推动先进制造业与互联网融合发展，推动物联网、下一代互联网、区块链等技术和产业创新发展；抢先布局未来产业，加快推动人工智能、工业互联网、智能网联汽车等新业态的产业化进程。三是大力发展工业设计、现代供应链管理等生产性服务业，支持共享生产、柔性定制、网络协同等新业态发展，推动制造业向产业价值链高端发展。

推动物流业固基提质发展。一是加快重点交通基础设施项目进度，进一步完善交通基础设施网络。全面梳理"十三五"规划的重大交通项目建设情况，加强与中央、各部委对接协调，推动省直各部门密切协作，认真研究破解目前影响重大交通项目建设的用地、环评、资本金、征地拆迁等方面难题，确保规划目标的顺利实现。积极谋划"十四五"，抓住新时代中部崛起新机遇，谋划一批重大投资项目进入国家"笼子"，推动具备条件的高速铁路、城际铁路、高速公路、机场、国省干道、水利水运重大项目提前开工建设。二是进一步推动物流业降本增效。出台吸引物流资源的专项优惠政策，对大型物流企业在省内建立总部、分拨中心等加大奖补力度，对外省货物经省内中转、省外资源来湘采购的予以一定补贴优惠政策，增加始发货运量。在物流车辆购置税优惠政策上加大支持力度，开展高速公路差异化收费试点，降低进出港集装箱运输车辆收费标准，降低物流企业运营费用。完善物流园区和基础设施建设，统筹规划建设和改造一批集仓储、分拣、流通加工、配送、信息服务等于一体的功能齐备的物流园区，加快布局建设城市物流中心、货运站场、物流基地等枢纽，引导企业集约化发展。大力发展水铁联运、公铁联运和集装箱多式联运，完善中转联运设施，实现公、铁、水、航运输方式及城际通道与市区道路的无缝对接和高效贯通；引导大宗货源加快"公转铁""公转水""散改集"运输结构调整，推动运输结构升级。

（五）打造营商环境高地

让门槛低于周边。进一步深化"放管服"改革，持续缩减市场准入负面清单事项、压减行政许可事项、压减企业开办时间、治理各种不合理收费；进一步深化公共资源交易管理体制改革，真正破除在招投标过程中对民营企业、外商投资企业设置的各种限制和壁垒；进一步深化"证照分离"改革，强力推进"照后减证"，破解"准入不准营"顽疾。

让服务优于周边。以服务便利化为抓手，不断提升"互联网＋政务服务"智能化、标准化水平，扩大要素统一范围，大力推进信息"互联"，规范化建设各级政务大厅，加快行政审批"三集中三到位"落实。针对开办企业、登记财产、电力获取、办理施工许可、跨境贸易、纳税等方面优化环节，提升效率、降低费用，进一步提升企业办事的便利化程度，增强企业的获得感。不断规范审批中介服务，完善行政审批中介服务事项清单管理制度，清理和取消省级及以下政府部门自行设定的区域性、行业性或部门间的中介服务机构执业限制、限额管理，禁止指定中介服务。

让市场好于周边。规范并严格落实行政程序、行为、时限和裁量权，约束各级政府基于文件、政策、纪要、批示等的干预市场、行政垄断和打压微观主体的行为，真正改善基于规则和法治的可预见的政府监管，降低制度性交易成本。全面实行公平竞争审查制度，对市场准入、产业发展、招商引资、招标投标、政府采购、经营行为规范、资质标准等涉及市场主体经营活动的规章、规范性文件和其他政策措施进行公平竞争审查,严禁设置歧视性准入条件、歧视性补贴政策。持续改善政府诚信环境,健全全省政务信用管理体系和政务诚信监督体系,推动招商引资、政府采购和政府债务等重点领域的政务诚信显著改善。

(六)破解园区发展要素瓶颈

优化土地要素配置。探索创新土地供应模式,增强土地管理供应的灵活性,打破行政区域的限制,开展"标准地 + 承诺制"工业用地供应制度试点,探索"先租后让"、"先租后售"以及混合供地、租赁供地、分段供地等土地供应方式和模式。开展全省低效利用土地处置专项行动,对园区购地企业开展招商效益分析,对低效用地,通过依法收回土地使用权、限期开发建设、按照评估地价给予补偿、用地置换、限期理顺经济利益关系开发建设等方式进行处置,提升土地产出效益。优化用地指标分配管理,对财政保障充分、项目投资用地需求较大的国家级经开区和高新区,适当增加计划用地指标;对工业用地率偏低的工业主导型园区,适时核减面积或调整园区布局。

推动平台公司转型破解资金难题。提升平台信用,通过建立政府持续资本金投入机制、与央企等优质信用主体组建联合体、提升运营能力实现盈利等方式,提升平台信用等级。优化资产结构,通过注入优质经营性资产、剥离或以PPP 模式运营公益性资产、收购并购外部优质资产等方式,优化平台资产结构。丰富项目类型,通过提供专营门槛较高的政府投资项目、社会资本方参与的跨区域 PPP 项目、竞争性综合性项目,实现投资项目多元化。强化融资功能,通过发行企业债券、公司债券、永续债等,发展与期限结构相匹配的债务融资;组建产业投资基金,发展类房地产信托投资基金等股权融资;推动存量项目 TOT 转化、资产证券化、发行房地产信托投资基金及项目收益债等进行项目融资。

B.8

2019~2020年湖南产业经济发展研究报告

湖南省人民政府发展研究中心课题组*

摘　要： 2019年，湖南产业高质量发展亮点纷呈，工程机械、轨道交通、移动互联网、5G+视频、工业互联网、智能网联汽车等产业"质"与"量"齐升。展望2020，短期来看，新冠肺炎疫情对湖南省经济造成较大冲击，对第三产业、消费、进出口影响尤其大；长期来看，经济稳中向好的基本面没有改变，要打造一批有国际竞争力的产业集群、大力发展数字经济、完善技术创新体系、积极承接产业转移、推动重点项目建设和培育新的经济增长点。

关键词： 产业经济　宏观经济形势　湖南

　　2019年，在湖南省委、省政府坚强领导下，全省上下凝心聚力，坚持稳中求进总基调，坚定不移地抓产业项目建设，湖南产业经济高质量发展迈出坚实步伐。2020年是全面建成小康社会和"十三五"规划收官之年，虽然面临新冠肺炎疫情暴发、国际贸易环境恶化等诸多不利因素，但我国经济稳中向好、长期向好的基本趋势没有改变。在分析宏观经济形势基础上，我们提出打造一批有国际竞争力的先进制造业集群、大力发展数字经济和推动产业数字化

---

* 课题组组长：谈文胜，湖南省人民政府发展研究中心党组书记、主任；副组长：唐宇文，湖南省人民政府发展研究中心副主任、研究员；成员：禹向群、李银霞、侯灵艺、贺超群、戴丹、言彦。

转型、以先进技术为引领构建完善创新生态体系、积极承接沿海高端制造业和新兴产业布局等对策建议。

一　2019年湖南省产业高质量发展亮点纷呈

经初步核算，2019年湖南省实现地区生产总值39752.1亿元，位居全国第九，同比增长7.6%，高于全国平均水平1.5个百分点。增速在全国各省自治区、直辖市中仅次于贵州、云南、西藏和江西，排在第五位。其中，第一产业增加值3646.9亿元，同比增长3.2%；第二产业增加值14947.0亿元，同比增长7.8%；第三产业增加值21158.2亿元，同比增长8.1%。按常住人口计算，人均地区生产总值57540元，增长7.1%。全省优势产业和新兴产业齐发力，"质"与"量"共进。

湖南工程机械产业跻身世界级产业集群。湖南是全国最大的工程机械产业基地，"全球工程机械制造商50强"湖南有4家，按主营收入排名的中国工程机械前5强湖南有3家，可生产12大类100多个小类400多个型号规格的产品，占全国工程机械品种总类的70%。2019年工程机械行业规模企业主营业务收入突破2000亿元，主要经济指标达到历史最好水平。全省99家规模企业、300多家配套企业，80%以上集聚在省会长沙及周边城市。长沙采取延长产业链条、打造创新链、深化产业发展服务链等措施推动产业发展，已成长为享誉全国的"工程机械之都"。混凝土机械、建筑起重机械、挖掘机械、桩工机械等产品产销量居全国第一，其中混凝土机械、大直径硬岩掘进机等产品产销量居世界第一。工程机械产业已成为湖南推动制造业高质量发展的中坚力量，有力推动了湖南制造向湖南创造转变。

湖南轨道交通产业站上生态链顶端。湖南省拥有全国首个千亿元轨道交通装备产业集群，是世界轨道交通配套最完善、最集中的区域。长沙形成了有轨电车、磁浮车辆装备、轨道交通信号系统等产业布局，集聚了中车通号、铁建重工、中国通号、远大科技以及凌翔磁浮等知名企业；株洲形成了整机制造、核心部件研制协调发展的产业集群，集聚了近400家轨道交通装备企业，形成集产品研发、生产制造和售后服务、物流配送于一体的完整产业链。中车株机生产的电力机车、城际动车组、城轨车辆以及轨道交通装备衍生产品已出口世界20多个国家和地区，电力机车产品市场份额居全球第一。株洲国创轨道科技有限公司创新中心获评国家先进轨道交通装备创新中心，成为行业唯一的国家制造业创新中心。2019年上半年，湖南轨道交通装备产业产销两旺，铁路机车、城市轨道车辆产量分别增长32.1%和86.7%。

移动互联网产业成为湖南的一张亮丽"新名片"。长沙连续六年成功举办互联网岳麓峰会，已成为继北京、上海、深圳、杭州之后的中国移动互联网产业"第五城"。中兴通讯、58集团、奇虎360等一大批企业把全国总部或第二总部落户湖南，百度、腾讯、京东、华为等互联网巨头也先后布局长沙，"冬有乌镇，春有岳麓""北有北京、南有深圳、东有杭州、中有长沙"的中国互联网产业发展新格局正在逐渐形成。前三季度，全省移动互联网产业实现营业收入981亿元，同比增长24.1%，全年有望突破1300亿元。长沙高新区的移动互联网企业总数达到9187家，新引进（含新注册）移动互联网企业2516家，新签约引进了浪潮集团、ETCP、天融信等重点项目56个。社区电商成为产业新增长点，兴盛优选的月交易额较年初增长了170%，预计全年交易额将达100亿元，已经成为估值超过10亿美元的独角兽企业。

湖南5G+视频产业"异军突起"。5G的特性与超高清视频传输需求契合，5G的发展将助力超高清视频产业快速发展。湖南在内容创意产业方面拥有很好的基础，当前正加快推进5G技术与超高清视频产业融合。2019年4月，湖南发布《湖南省超高清视频产业发展行动计划（2019~2022年）》，计划在2022年将马栏山视频文创产业园打造成为具有国际竞争力的"中国V谷"，构建"制造+内容+传输+应用"的全产业链体系，推动湖南成为全国超高清产业集聚区和示范引领区。马栏山视频文创园抢抓数字视频和5G商用的发展机遇，推动传统媒体与新兴媒体、精品文化与现代科技等相关产业的融合发展，吸引了以乐田智作、芒果听见为代表的音视频企业相继入驻，已与腾讯、华为、爱奇艺、快手、梨视频、北京文化、国家超算长沙中心签约，将带动音视频采集、制作、传输、呈现、应用等产业链各环节的深刻变革。

湖南一批工业互联网综合性平台正在崛起。湖南省工业互联网发展水平居全国前列，中西部地区第一。全省各类型工业互联网平台近100个，具有一定区域、行业影响力的平台20多个。三一集团"根云平台"、中联重科的中科云谷、中国电子的中电互联平台获评全国工业互联网50强。长沙树根互联作为唯一中国工业互联网平台企业入选 Gartner 2019 年《工业互联网平台魔力象限》报告。中联重科工业互联网平台等 8 个工业互联网平台被认定为第一批省级工业互联网平台，他们在装备制造、钢铁、电力、陶瓷等多个领域催生一批新模式新业态，行业赋能效果凸显。株洲国创智轨云平台全新供应链协同云端应用开发完成，供应链上下游企业在生产制造与物流配送过程深度融合，实现近百家供应链上企业物流和生产计划系统上云。截至 2020 年 11 月底，长沙工业云平台的上网用户达 4 万多家，工业云的设备有 14000 多台。

长沙发展智能网联汽车产业打造"智能驾驶之城"。智能网联是新一代智能汽车的发展方向，智能网联技术是汽车产业变革中的战略性技术，以人工智能为核心驱动力的智能网联汽车产业将面临一场巨大的产业变革。长沙智能网联汽车产业从国家智能网联汽车（长沙）测试区起步，陆续开通试运行全国首条开放道路智慧公交示范线；启用了全国首条基于 5G + V2X 技术、支持 L3 级及以上自动驾驶测试与示范应用的智慧高速；开通了国内智能化改造范围最广、道路类型最全面、安全防护最严密的城市开放道路。测试区除自动驾驶乘用车外，还能提供商用车、无人机、智能机械、机器人等多种系统测试服务。百度自动驾驶出租车 Robotaxi 已经在长沙部分开放测试路段试运营，2019 年底 Robotaxi 车队在长沙的试运营道路覆盖 50 公里左右，2020 年上半年计划覆盖长沙当前开放的 135 公里道路。

二 2020年产业发展面临的宏观经济形势

2019 年，面对错综复杂的国际形势和国内经济下行压力，湖南省抵御了增速大幅下滑的风险，经济运行总体平稳，结构调整稳步推进，为 2020 年应对内外部复杂局面打下了基础。2019 年底，中央经济工作会议分析研判了当前宏观经济形势，我国经济基本面向好、长期向好的态势没有变化。随着全面落实十九届四中全会精神，制度红利将大幅度提高。中美贸易摩擦达成第一阶段协议，猪肉价格回落，以及库存周期、投资周期、汽车周期、金融周期会在触底之后出现反转，都将使 2020 年我国经济运行呈现一系列新亮点，从而带动经济预期和信心的回升，使经济下行压力有效抑制，经济依然会在合理区间运行。

（一）短期来看，新冠肺炎疫情对湖南省经济造成较大冲击

对第三产业的冲击最大。严格的交通管制和隔离措施下，服务业首当其冲。铁路客运量同比下降超七成，零售和餐饮几近腰斩，文化旅游业基本冻结，省内景区全部暂时关闭，文化场馆陆续闭馆；春节电影票房基本归零。与2003年SARS疫情相比，新冠肺炎疫情对服务业的冲击更大。2019年第三产业占湖南省GDP比重达53.2%，对GDP增长的贡献率为52%，而2003年这两个比例则分别为42.8%及42.3%。再加上节后疫情继续延续而不能如期复工，负面惯性将影响2020年全年产业发展。同时在居家隔离背景下，线上消费、线上教育、在线办公、视频会议等新业态快速发展。生鲜配送、社区团购等替代传统买菜，在线教育替代线下授课，VR旅游、短视频、直播等替代传统线下娱乐，无人机配送替代人工配送，分级诊疗、远程医疗替代现场就诊。

对第二产业的影响大小尚不确定。疫情致使劳动力流动受阻、物流不畅，企业可能面临"用工荒"的问题；加上各地开工时间不一、上下游产业链生产不配套、交通运输不畅通，将影响部分企业的正常生产，从而导致第一季度二产增速同比回落。中银报告显示，假期延长对一季度工业增加值的负面影响为0.3~0.4个百分点，对一季度GDP增速的负面影响约为0.1个百分点，仍在可以承受范围。从全年来看，湖南省推迟企业复产，在疫情控制得力的情况下，企业完全可以通过提高产能利用率来弥补。2019年湖南省累计工业产能利用率不到77%，且2020年1月制造业和非制造业景气调查生产和就业分项整体在底部，说明整体经济产能利用率偏低，可以通过疫情过后赶工挽回损失的工作量。防疫虽然造成部分企业停产，但如果市场需求变化不大，其产值就不会减少。同时，全社会对防止疫情的药品、医疗服务、医疗防护、卫生用品、医疗保健用品、健身器材等的需求将大幅增加，有利于湖南省制药、医疗防护、卫生用品等产业发展。特别是中药需求量的倍速增长，将极大地推进湖南省重要中医药产业基地建设。但是，如果疫情控制不好，将直接导致劳动密集型产业出现塌方式下降。

对第一产业的影响滞后。疫情对第一产业的影响主要表现在两个方面：一是餐饮业不景气会减少对农产品的需求，城市居民疫情期间减少了生鲜农产品消费，部分订单退订造成双方损失；二是畜牧养殖行业受影响较大，面临新冠

肺炎、非洲猪瘟、H5N1亚型高致病性禽流感三大疫情直接或间接影响，受冲击巨大。各地全面禁止市场销售活禽、关闭活禽市场阻断了供给途径，春节期间聚餐减少降低了市场需求，交通管制、农村封路等则导致供应链受阻，对仔苗交易、饲料供给及产品分销影响较大。由于禽类生产具有持续性，出栏不顺，且经历2019年11月末至今的亏损，中小养殖户现金相对紧张，市场信心不足，生猪存栏量减少、鸡苗价格下降，存在第二季度肉类供应紧张的潜在风险。

对消费短期冲击大。当前对人员流动实行了最严格的管控，要求全国人民在家隔离，消费欲望被限制。若疫情没有好转，餐饮、旅游、影院、商贸等相关企业收缩、破产、倒闭在所难免，以及由此导致的失业和居民收入减少，也会抑制人们的消费需求。如SARS期间，湖南省1~4月全省娱乐业经营收入比2002年同期下降80%。按照这个影响度预测，2020年湖南省消费对经济增长的贡献率将在2019年56.6%的基础上大幅度下滑。但也要看到，消费抑制只是暂时的，一旦疫情消除，人们的消费心理将逐渐恢复，全省贸易、交通、餐饮服务等受损行业将逐步恢复元气，市场消费将迅速回升。

对投资影响的不确定性增大。工人返城、工厂复工延迟，生产活动无法进行，制造业、房地产、基建投资短期基本停滞。但投资有其内在规律性，良好的经济增长势头和潜力巨大的消费市场是吸引外商投资的真正动力。因此疫情对投资的影响是短暂的，对整体的投资环境及投资信心并未产生根本性的影响。特别是湖南省工程机械、汽车制造、电子信息等支柱产业基本未受疫情影响。投资活动有较强的计划性、连续性，不是万不得已不会取消已经计划的投资或中断正在进行的投资。如果疫情控制不好，将直接影响后期项目储备和新项目入库。因此，总体来看，预计疫情对湖南省2020年投资的负面影响有限，但也增大了投资的不确定性。如SARS期间，湖南省固定资产投资仍保持30%以上高速增长。

进口短期下滑，出口增速或将滞后。疫情直接影响了内需，人们消费动力不足，将导致进口下滑，但疫情过后的修复也很快，甚至可能出现增长超预期的现象。对外贸出口的影响，明显不同于进口，它对当期外贸出口的影响不直接，有一个季度或半年的滞后期。如疫情发生后，原来已经签订的生产、交货、出口、投资协议，仍在继续执行，因此当期出口总量减少不会很明显。但是疫情导致人们不愿"见面接触",致使商务旅行减少、商务会谈被取消或推迟,"新签协议"数量减少和"新订订单"减少,会使下一阶段(一两个月甚至半年以后)出口减少和出口增长率下降。

进一步加大财政收支压力。2020年湖南省财政收支矛盾将加剧,省、市、县三级财政赤字会进一步扩大。一是财政支出扩大。疫情期间的防控支出属预算外支出,在避免挤压其他民生和稳增长支出前提下,财政支出将放大规模。截至1月31日,全省共投入疫情防控资金16亿元,主要用于公共卫生环境的改善、医疗卫生设备的购置、医护人员的额外费用支付、医疗卫生设施及环保设施的投资等。疫情得到控制之后,为刺激需求、稳定就业、提高经济潜在增长率,在预算投入基础上,必将进一步扩大基建和重点行业的投资规模。二是财税收入缩小。参照SARS时期财政数据,SARS暴发期(2002～2003年)的湖南财政总收入显著低于其余年份。此次疫情财政减收的方向基本确定,且由于财政政策效果的滞后性,预计减收周期将延续至二季度。由于当前财政收入总量、增速、结构和政策反馈速度完全不同于SARS时期,且中央税收优惠政策尚不确定,具体减收幅度尚不能确定。

(二)长期来看,稳中向好的经济基本面没有改变

稳中有进的态势没有改变。我国三次产业持续发展。11月,工业和服务业增长加快,41个大类行业中有33个行业增速比上月加快;市场销售加快,统计的18个大类商品类别中,有14类比上月加快;就业形势保持稳定,全年有望达到1300万人以上;外贸外资增长保持稳定,前11个月进出口总额增长2.4%,其中出口增长4.5%;经济结构继续改善,工业当中的高技术产业和装备制造业当月增长分别是8.9%和8.5%,明显快于规模以上工业的增长,服务业当中的信息传输、软件和信息技术服务业,租赁和商务服务业等现代服务业增速都快于全部服务业生产指数;市场预期改善,11月制造业PMI的指数是50.2%,达到荣枯线以上。

平稳增长"长期有基础,短期有支撑"。从长期看,我国积累了雄厚的物质基础,基础设施日益完善,产业体系逐渐完备,人力资源非常丰富,高素质人才不断增加,市场规模也在培育壮大。中国经济拥有足够的韧性、巨大的潜力,同时拥有蓬勃的活力。从短期看,经济继续保持平稳运行仍然有非常多的

支撑。消费潜力持续释放、产业升级动能持续增强、开放的活力持续显现、政策效果持续显现是中国经济平稳增长的有力支撑。就业形势的稳定带来了收入的稳定增加，从而为消费的提质扩容奠定了好的基础；高技术制造业和高技术服务业保持较快增长，传统产业转型升级不断向前推进，一些新产品增长势头非常强劲。我国采取了大量的政策措施，推进贸易多元化和贸易便利化，不断优化营商环境。2019 年前三季度，在全球资本流动规模萎缩的情况下，我国利用外资同比增长 6.5%，说明中国仍然是外资看好的热土。

整体 CPI 处于温和上涨态势。当前物价上涨继续呈现了结构性上涨的特征。整体 CPI 主要是食品价格带动的上涨，食品中上涨最快的是猪肉价格。2019 年 11 月 CPI 同比上涨 4.5%，比上月扩大 0.7 个百分点，食品价格上涨超过 10%，食品价格当中猪肉价格同比上涨了 1.1 倍，猪肉价格上涨对当月 CPI 涨幅影响在六成左右。从 11 月猪肉价格环比涨幅来看，已经出现了回落。从未来的情况来看，生猪的供应恢复可能还需要一段时间，价格的高位运行也可能会持续一段时间。各级政府重视恢复生猪生产，采取了多种措施增加猪肉供应稳定价格，猪肉价格逐步企稳甚至回落是可预期的。另外，工业消费品供给能力强，服务消费供给也在逐步增加，未来价格保持稳定是可预期的。

未来发展以内需为主、以消费拉动为主的趋势将更加明显。消费已经成为我国经济发展的第一动力。从未来发展看，中国拥有超大规模的市场优势和内需潜力，消费前景非常广阔。中等收入群体在未来 15 年将实现倍增，规模将从 4 亿人增长到 8 亿人；居民收入在逐步增长，未来将向高收入水平迈进；就业形势比较稳定，医疗、养老等社会保障覆盖面在扩大，有利于稳定消费预期，增强消费信心。同时，消费从过去的以实物消费为主逐步向更多的服务消费方向转变。消费升级不仅对传统商品的质量要求在提高，对旅游、健康、教育、养老等服务消费的需求也在逐步扩张，目前服务消费占到全部居民最终消费支出比重大概 50% 左右。2020 年以来服务消费保持两位数左右增长。

新一轮科技革命和产业变革即将引发质变。当前，人工智能、大数据、量子信息、生物技术、区块链等新一轮科技革命和产业变革正在积聚力量，催生大量新产业、新业态、新模式，给全球发展和人类生产生活带来翻天覆地的变化，人类将进入第四次工业革命时代，即"智能时代"（预计进入的时间为 21

世纪20～30年代）。在人工智能时代，"数据为王"，大数据成为第四次工业革命的稀缺资源。海量数据与巨大市场运用是我国的新兴优势，我国近年来网民数量不断扩大，互联网数据资源快速增长，人工智能有更丰富的应用场景；城镇化加速推进，消费结构加快升级，对医疗、教育、养老、安防等智能化产品和服务需求迫切。数字化大趋势下，金融与科技融合下的互联网金融和金融科技的新业态、新模式仍会层出不穷，将给金融业带来深刻、深远的影响。

中国经济存在很多可挖掘的潜在动能。我们存在中央和地方两个主体的积极性，这是中国特色社会主义制度的显著优势之一，也是世界发达国家或其他发展中大国都不具备的制度优势。地方政府之间的竞争是中国经济发展的强大动能，未来关键是要根据五大发展理念的要求，把"为GDP增长而竞争"的制度，改造为"为高质量发展而竞争"的制度。我们拥有超大规模的市场优势和内需潜力，这是中国参与全球竞争的新的资源和手段。随着人均收入增长，中国超大规模经济和市场新的比较优势甚至绝对优势正在形成。在发达国家逆全球化浪潮下，我们可以从利用西方的市场转向充分利用自己的市场，从而转换出口导向发展战略；依托自己的市场发展自主品牌和自主技术，从而发展创新经济。

三　2020年湖南产业发展对策建议

中央经济工作会议强调，要完善和强化"六稳"举措，确保经济运行在合理区间。湖南落实中央经济工作会议精神，应突出"稳"字当头，继续大力推进产业项目建设，提升产业链水平，增强微观主体活力，提升经济全要素生产率，发挥消费基础作用和投资关键作用，促进产业和消费"双升级"，确保全面建成小康社会和"十三五"规划完美收官。

（一）打造一批有国际竞争力的先进制造业集群

打造一批有国际竞争力的先进制造业集群，是湖南推动产业迈向全球价值链中高端的必然选择。一是构建具有国际竞争力的先进制造产业链。加强顶层设计，重点培育发展先进轨道交通装备（含磁浮）、工程机械等潜力巨大、比较优势明显的先进制造产业链，争取打造成世界级产业集群。围绕市场需求，加大先进制造业产品开发研发力度，以优质产品打开高端产品市场，通过建设先进制造业重点产业项目，向产业链的上下游、价值链的高端和微笑曲线两端进行延伸。摆脱国际分工中日益深化的"低端锁定"效应，深度参与全球价值链分工和结构调整，加快向全球产业链中高端迈进。二是强化政策支持，积极推进集群公共设施和服务的建设。完善培育先进制造业集群的政策措施，支持网络化集群促进组织建设，提升集群促进组织服务能力和影响力。支持集群内公共设施和服务建设，在 IT 服务平台、重大科学设施、培训等方面给予一定的经费支持，降低产业创新成本，加速信息扩散和技术溢出，支持集群对外开放合作，提升国际竞争力。三是把工业设计作为制造业转型升级的重要抓手。以提升产品品质与竞争力为核心，推动工业设计与制造业深度融合，以工业设计助推湖南制造向湖南创造跃升。通过精准高端设计服务，改变提升产品外观、结构、功能等，提高市场竞争力；通过工业设计带动产业链后端的产品制造、营销服务、衍生产品等环节，提高产业链后端的价值，打造形成基于工业设计优势的全产业链优势。借鉴河北、重庆经验，设立工业设计创新中心和工业设计研究院，激励引导各市州设立工业设计创新中心。

（二）大力发展数字经济和推动产业数字化转型

中央经济工作会议明确提出，要大力发展数字经济。湖南数字经济的发展具备坚实的基础与前提条件，数字经济对于湖南是一次难得的跨越性发展的良机。狠抓数字产业化发展，加快培育电子信息、软件和新兴服务产业集群，不断培育数字经济新动能。当前，以互联网、大数据、人工智能为代表的数字革命正在前所未有地重塑我们的生产、生活方式，数据作为新生产要素不断催生新产业、新业态、新模式，数字经济发展已经进入跨界融合、系统创新、智能引领的新时代。深化互联网、大数据、人工智能与实体经济融合发展，持续推进数字产业化、产业数字化，壮大融合产业，做大做强数字经济。产业数字化是数字经济发展的主阵地，制造业数字化转型是产业数字化的主攻方向。积极推进信息技术在制造业、服务业和农业等各领域的融合应用，持续推进以智能制造、工业互联网为核心的产业数字化，大力提高工业数字化率，推动从投入到产出全产业链全价值链的数字化转型，促进工业数字化转型发展迈上新台阶。稳步推进农业数字化转型。夯实数字经济时代新基础设施，不断强化数字经济发展基础。稳步推动5G商用部署，加强人工智能、工业互联网、物联网等新型基础设施建设，推动传统网络基础设施优化升级。加快万物泛在互联，推动新型基础设施共建共享，推进新技术新装备专业试验场所建设。加快制定数字经济特殊人才政策，突出"链式效应"，进一步优化人才发展环境。加强数字人才引进，通过人才带进项目，加快实现研发成果的产业化。利用省内高校、科研机构等，进行数字人才开发和培养，建立数字人才储备库，为数字经济发展提供全方面的人才支持。培育发展鼓励创新创业的创新文化，加快构建积极健康的创新创业生态系统。

（三）以先进技术为引领构建完善创新生态体系

创新生态体系是产业基础高级化和产业链现代化的核心内容，对于湖南省力争占据世界价值链和产业链有利位置具有重要战略意义。加强基础研究和应用创新，提高技术创新能力。将集中力量办大事的制度优势和超大规模的市场优势相结合，补齐产业链关键环节基础能力短板。加大政府"有形之手"的力量，弥补科技市场"失灵"。通过与国内外高校、科研院所合作，着力攻克产业发展重点领域的共性技术、核心技术、关键技术与产业化瓶颈，通过关键技术的产业化带动产业链现代化水平。把区块链作为核心技术自主创新的重要突破口，明确主攻方向，加大投入力度，着力攻克一批关键核心技术，加快推动区块链技术和产业创新发展。抓住区块链技术融合、功能拓展、产业细分的契机，利用区块链技术探索数字经济模式创新，积极推动区块链技术在民生领域的应用，利用区块链技术促进城市间更大规模的互联互通。聚焦共性关键技术，汇聚创新资源，创建一批制造业创新中心。打破地域限制，把全国在该领域的绝大部分、高质量的创新资源联合起来，以共性关键基础技术研究、技术转移扩散和首次商业化应用、创新公共服务为主要任务，通过成果孵化、人才培养、国际合作，加快实现科技成果转化。湖南已拥有国家先进轨道交通装备创新中心，争取在工程机械、先进复合材料、稀土功能材料、工业信息安全、工业云制造、工业大数据、资源循环利用等国家提出的重点领域中再创建一到两个国家制造业创新中心。

（四）积极承接沿海高端制造业和新兴产业布局

湖南承接沿海地区产业转移，推进产业转型升级、培育新动能，面临难得机遇。湘南湘西承接产业转移示范区获批以来，湘南对接粤港澳大湾区，外向型经济蓄势腾飞；湘西地区打造新高地，新材料、生物医药等特色产业在中西部腹地崛起。湖南把粤港澳大湾区作为招商引资主攻方向，积极参与产业分工，全力承接产业转移，推进产业发展协同协作。一是利用承接转移推动产业转型升级。围绕主导产业，积极引进上下游配套企业，做好基础配套，打造集研发、试验、展示、体验、交易、转化于一体的科技创新产业链聚集区。积极开展智能改造帮扶推动企业转型升级，实现经济高质量发展。设立产业发展引导基金，重点扶持高端高值环节；设立技改专项扶持资金，重点支持企业购置高端装备，实施机器换人、智能化改造；与国内著名科研机构合作，设立产品检测中心、工业设计中心等，为产业提供智力支持。二是抓住新外商投资法带来的重大机遇，打造更开放、更公平、更透明的营商环境。利用外资面临新情况新挑战，瞄准外资资源聚集地区和主要外资来源地，突出高端技术、高端人才、大企业等重点对象和重点要素，充分发挥中非经贸合作论坛等经贸平台作用，积极"走出去"开展优质招商、精准招商、以商引商。鼓励外资以并购方式参与企业优化重组，推动招商引资实效不断提升。三是强化载体支撑，促进协同创新。不断提升园区创新能力、增强发展动力、扩大带动张力，构建高水平开放平台。利用粤港澳大湾区的创新资源优势，推进区域协同创新体系建设，着力打造在全国有重要影响力的协同创新实验区、新兴产业集聚区、产城融合示范区。推进湖南企业与全国双一流高校、科研院所建立长期稳定的产学研合作关系，合作共建一批科创平台。与发达地区先进工业园区合作共建现代产业园。

（五）稳妥推进重点项目建设，强化逆周期调节

做好疫期招商引资工作。做好招商引资基础工作，征集重点产业招商项目，开展项目筛选、策划及包装工作。对洽谈签约的项目，与投资方保持密切联系，完善签约协议细节。加强投资者服务工作，了解并切实解决招商项目在应对新型冠状病毒感染的肺炎疫情防控中存在的问题。加强网络平台运用，通

过线上渠道集中宣传引资项目和招商政策。集中开工一批项目。围绕2020年省重大项目、五个"100"重点项目、"双招双引"项目等省级重点项目，适时组织开展"集中开工月"活动，营造抓项目促投资的浓厚氛围，发挥好重大项目的支撑带动作用。2020年省、市重点计划开工项目争取在6月底前全部实现开工建设，促进年度计划新开工项目按期开工，有序推进在建重大项目、重大工程及民生项目复工，春节未停工和已经复工的项目要确保连续施工。加快办理前期手续。要创新审批方式，鼓励探索"虚拟审批""容缺审批"模式，在依法合规的前提下最大限度地减少审批时限，确保疫情过后一批重点项目立即复工复产。建立复工复产调度保障机制，引导企业根据生产需要合理安排复工节奏，及时安排健康状况符合要求的员工上岗。实施灵活用工政策，鼓励企业综合调剂使用年度内的休息日，做好就近招工工作。强化项目服务保障。各级政府和园区要严格落实主体责任，统筹协调土地、环保、资金、电力、交通等服务保障，为项目建设创造良好条件。各保障部门也要落实项目前期工作的各项责任，明确任务、简化流程、限定时限，及时解决制约项目建设中的问题。每月召开省重点项目联席会，每季度召开一次全省项目观摩会或视频调度会。

（六）引导消费升级，培育新的经济增长点

重整文化旅游产业。利用疫情"淡季"为湖南省旅游产业"十四五"发展谋篇布局，围绕打造全国知名的全域旅游基地、长征国家文化公园（湖南段）、湘赣边国家红色旅游融合发展创新示范区，创新旅游项目和旅游方式，迎接疫情过后"井喷"行情。全面实施旅游刺激计划，在疫情好转之后率先在全省景区实施门票减免计划，刺激旅游业复苏。实施外省车辆高速通行费折扣、城市公共交通补贴等政策。建议国家相关部门，呼吁增加五一长假，提升旅游消费。创新实施消费补贴计划。疫情过后，全球发行"潇湘消费卡"，类似于日本大阪的西瓜卡。比如凡是外地游客，凭外地身份证或护照，通过在线申请，或者在机场、高铁站设置申请窗口，申请特殊的"潇湘消费券"，消费1000元以上，按照实际消费额的10%进行补贴奖励，这样能够刺激全球游客到湖南消费，增加消费类企业的收入，弥补此前的亏损。该卡甚至不应只限外地游客，应该全省居民都可以申领，以刺激更多消费。发展"非接触型"服

务消费。充分利用互联网医疗的远程、专业、便捷、高效特点，在疫情期间分流患者，筛查轻症，降低患者赴医过程中的交叉感染风险，鼓励社区医疗、居家医疗服务；培育壮大新型文化娱乐消费模式，推动湖南省在线教育、视频内容、动漫手游等消费发展；优化湖南省互联网消费环境，利用大数据提升产品偏好、物流配送等消费体验；推广线上生鲜、社区团购等消费模式，加强品质把控和卫生防疫措施，为其提供防护、消毒器材，甚至经济补贴。

经 济 篇

Economy Reports

B.9

2019年湖南国资国企改革
发展情况及2020年展望

丛培模*

摘　要： 2019年，湖南省国资委坚持以习近平新时代中国特色社会主
义思想为指导，认真落实省委、省政府决策部署，在国企经
济运行指标、国企重大风险防范、国企重点改革等方面取得
了新的成绩。2020年，省国资委将以习近平新时代中国特色
社会主义思想为指引，坚持"一张蓝图绘到底"，突出坚持
稳字当头，提高企业经营质效等七个方面的重点工作。为确
保全面建成小康社会和"十三五"规划圆满收官做出更大
贡献。

关键词： 国资国企改革　经济体制改革　经济发展　湖南

---

* 丛培模，湖南省国资委主任、党委副书记。

一 2019年湖南国资国企改革发展情况

2019年，湖南省国资委坚持以习近平新时代中国特色社会主义思想为指导，认真落实省委、省政府决策部署，不断加强国有企业党的建设，持续深化国资国企改革，国资国企改革发展取得了新的成绩。

（一）国企经济运行指标再创新高

截至2019年底，全省地方监管企业资产总额达3.1万亿元，净资产1.3万亿元；实现营业收入6401.3亿元，同比增长14.5%；实现利润269.7亿元，同比增长73.3%；上缴税收257.1亿元，同比增长5.4%。其中：省属监管企业资产总额达1.4万亿元，净资产5098亿元；实现营业收入5118.9亿元，同比增长10.1%；实现利润177.7亿元，同比增长112.4%；上缴税收190.6亿元，同比增长2.6%，主要经济指标均创历史新高。35户省属监管企业中，实现盈利的有29户，盈利面82.9%，盈利过亿元的企业有17户。

一是降本增效有实招。指导企业强化内部管理，挖潜、节支"双向发力"，增利、减亏"双轮驱动"，盈利能力稳步提高。华菱集团强化全流程精益生产体系建设，粗钢产能效率同比增加6%；华菱湘钢、华菱涟钢劳动生产率提高到1200吨/人年，进入行业先进水平；湘煤集团积极开展"降本增效"专题活动，全年节支创效近4亿元。二是聚焦实体有突破。坚持聚焦主业、聚焦新兴产业，助推实体经济发展。中联重科专注工程机械主业，深入推进"2+2+2"战略，经营效益、质量、规模均取得历史最好成绩；水运投集团控股组建省港务集团，推动港口码头建设，打造长江最美岸线。三是开放合作有贡献。成功承办"央企走进湖南"活动，签约项目56个，签约金额5000多亿元；设立总规模200亿元的"一带一路"基金，重点开展非洲、中东欧、东南亚、南美等区域的投资合作；省属监管企业有90多个项目在共建"一带一路"国家落地。四是稳定杠杆有成效。加强负债规模和负债率双重管控，把减债降负作为重中之重，着力推进"三降三转"工作。2019年底，省属监管企业资产负债率为62.3%，同比下降10.2个百分点；加大企业直接融资力度，全年直接融资214.6亿元，较上年增加136.6亿元。

（二）国企重大风险防范工作扎实推进

一是债务风险有效控制。2019年底，省属监管企业有息负债总额5748亿元，同比减少417亿元，下降了6.8%。二是投资管理更加规范。修订完善省属监管企业投资管理办法，全年对75个投资项目进行了备案审查，涉及金额408亿元。三是安全形势稳定向好。压实企业主体责任，对煤矿、非煤矿山、民爆、军工、建筑施工等重点行业和领域开展风险隐患排查1200余次，风险隐患整改率达95%。全年未出现较大及以上安全事故，建工集团等8户企业被评为全省安全生产工作优秀单位。

（三）国企创新引领作用充分发挥

始终坚持"创新是第一动力"，不断提升企业核心竞争力，助推企业高质量发展。一是科研平台不断增加。建设了一批以重点实验室和博士后工作站为依托的技术创新研发平台。省属监管企业中共有国家级创新平台16个，省级创新平台65个，高新技术企业101户。二是核心竞争力不断提升。省属监管企业研发投入近三年年均增长26%；2018年研发（R&D）经费投入强度1.43%，排名全国第四；2019年科研支出预计超过60亿元。创新成果不断涌现，省属监管企业拥有有效专利3433件，其中发明专利1125件；科技创新获奖150次，其中国家级奖项73次。海利集团、兵器集团、交通设计院、金天铝业等4家企业各有1个团队入选2019年湖南省企业科技创新创业团队支持计划；兴湘集团实现对上市公司博云新材的控股；黄金集团稀土高性能铝合金新材料项目已建成投产。三是重大项目不断推进。积极参与"产业项目建设年"活动，在20个工业新兴优势产业链中，省属监管企业参与了轨道交通装备、工程机械、人工智能等10个产业链，在"5个100"项目中，实施了16个项目；中联智慧产业城项目开工；高速集团完成全省高速公路ETC车道改造，实现全国并网切换，取消省界收费站；华菱集团为北京大兴国际机场建设、"蓝鲸2号"可燃冰开采等国家重点项目贡献了"湖南元素"。

（四）国企重点改革工作取得突破

持续推动国企改革向纵深发展，进一步做强做优做大国有资本，不断增强国企内生活力和发展动力。一是推进国有资本布局优化和结构调整。在产业布局上,湘投控股、华菱集团、高新创投等8户企业加大对先进装备制造、新材料、电子信息及人工智能、新能源、生物医药等5大战略性新兴产业的投资力度,投资总额近200亿元。在企业重组整合上,兵器集团与新天地集团整合组建的湘科集团已正式挂牌成立;湘投控股合并整合华升集团;高新创投重组整合省科学技术开发研究院;轻盐集团牵头组建省医药集团;湘水集团的组建工作正稳步推进。二是推进现代企业制度建设。出台落实董事会职权试点工作的实施意见,交水建集团、黄金集团、国资公司3家企业已启动试点;稳妥推进职业经理人制度,在湘投金天科技等11家竞争类二级企业开展试点;全面推行三项制度改革,出台深化三项制度改革工作指引、企业工资总额管理办法等文件,将三项制度改革工作纳入企业负责人综合绩效考核内容。三是推进混改及员工持股试点。目前,省国资委混合所有制企业达584户,占总户数的51%,其中2019年新增混改企业28户,引入非公资本370亿元。指导湘电动力、新天地保安公司等5户"双百企业"推进股权多元化和混合所有制改革;华菱线缆、湘投云储等7户企业已完成混改及员工持股试点工作;建筑设计院集团层面的混改正在履行报批程序。四是推进剥离办社会职能和历史遗留问题处理。全面启动国有企业退休人员社会化管理工作,提请省委、省政府出台工作方案,兵器集团、湘煤集团等企业已移交2.7万人;21户企业完成厂办大集体改革,安置职工1.2万人,安置率达到66.1%。已累计完成66户"僵尸企业"处置。

二 2020年湖南国资国企改革工作展望

2020年,省国资委将以习近平新时代中国特色社会主义思想为指引,深入贯彻落实党的十九大和十九届二中、三中、四中全会精神,按照省委省政府的决策部署,坚持稳中求进工作总基调,坚定不移贯彻新发展理念,以供给侧结构性改革为主线,坚持"一张蓝图绘到底",突出七个方面的重点工作:坚持稳字当头,提高企业经营质效;坚持战略引领,抓好布局结构优化;坚持转换机制,加快混合所有制改革;坚持激发活力,完善中国特色现代企业制度;坚持打赢三大攻坚战,彰显国资国企担当;坚持抓好职能转变,以管资本为主加强国资监管；坚持强"根"铸"魂"，推进国企党的建设。有力地推动国有资本做强做优做大、国有企业高质量发展，增强国有经济竞争力、创新力、控制力、影响力、抗风险能力，为确保全面建成小康社会和"十三五"规划圆满收官做出更大贡献。

B.10
2019年湖南全面深化改革情况及2020年工作展望

曾剑光*

摘　要：　2019年，省委深改委以习近平新时代中国特色社会主义思想为指导，坚持统筹协调、系统推进、分类指导、突出重点、督促落实、考评求效，经济体制改革、农业农村改革、生态文明体制改革等重点领域改革协同推进，基层改革亮点持续涌现。2020年，省委深改委将进一步突出"制度建设"这条主线，坚持新发展理念，坚持问题导向、目标导向、结果导向相结合，以改革的思路和举措补短板、强弱项、惠民生、防风险，着力推动高质量发展，坚决打赢"三大攻坚战"，确保全面建成小康社会和"十三五"规划圆满收官。

关键词：　改革开放　全面深化改革　基层改革　湖南

2019年是新中国成立70周年，是决胜全面建成小康社会第一个百年奋斗目标的关键之年。在党中央坚强领导下，省委深改委坚持以习近平新时代中国特色社会主义思想为指导，深入贯彻落实习近平总书记关于全面深化改革的系列重要论述和关于湖南工作的重要指示批示精神，树牢"四个意识"，坚定"四个自信"，做到"两个维护"，着力推动各项改革举措朝着"把党中央决策部署和习近平总书记的重要指示批示精神在湖南贯彻落实好"方向聚焦发力，全省全面深化改革工作呈现任务更加精准、落实更加有力、成效越来越好、成

* 曾剑光，中共湖南省委改革办专职副主任。

色越来越足的良好局面。全年共召开省委深改委会议 4 次，审议出台重大改革方案和改革事项 21 个。年初工作要点明确的 40 个重点改革任务、119 项具体改革事项全面完成。

一 提高政治站位，强化责任担当，全省改革持续推深做实

坚持统筹协调，系统推进。优化会议组织。省委深改委会议第一时间传达学习中央深改委会议精神，会议形式拓展为"审议方案与听取汇报相补充、汇报审议与书面审议相结合"，定期研究重大改革方案、听取重要改革情况汇报，研究解决改革中出现的重大问题。强化主导作用。明确省委改革办职能为"改革参谋、创新先锋、项目推手、落实监工"，赋予其牵头制定事关全局、跨部门跨领域重大改革方案的职能职责，对省委深改委上会审议议题进行全方位评估把关，推动"从程序型机关向主导型机关转变"。创新制定要点。坚持"分类推进、突出重点、精准施策""用数量的减法换质量的加法"的思路，创新"1＋N"模式制定年度改革要点，将改革任务从按领域铺排改为按"持续推进、重点突破、巩固提升、探索创新"等四类铺排重点改革任务，并同步制定"会议审议事项、督察评估事项、任务分解表"等附件清单，进一步精简数量，注重实效。加强系统集成。把事关全局，牵涉面广的系统性、整体性改革作为重要内容，列入年初省委深改委工作要点。大力推动供给侧结构性改革、深化机构改革、加强基层建设、矿业转型绿色发展等系统性改革取得扎实成效，彰显了改革的整体效应。

坚持分类指导，突出重点。在改革的具体推进落实上，主要分为三类：第一类，对中央改革方案要求较明确的，不再层层制定文件，充分利用信息化平台进行协调调度，推动牵头部门抓好贯彻落实。第二类，中央要求地方实化细化改革方案的，相关专项小组、牵头部门、参与部门各司其职、协同配合，尽快研究出台方案，经会议审议等相关程序后加快实施。第三类，根据发展实际需要推进的改革"自选动作"，由党政主要领导亲自谋划、亲自部署、亲自推动，集聚资源集中攻坚。比如，家毫书记亲自部署推进的绩效评估改革，实现了"考少考精考重点"，基层负担减轻，导向更加明确，得到中央办公厅高度

肯定。家毫书记还牵头推进地勘单位改革、降低药品耗材价格、保障粮食和食品安全等重大改革；达哲省长牵头推进国企改革、科技体制改革等，均取得了明显成效，带动全省各级各部门形成了主动抓改革、促改革的良好局面。

坚持督促落实，考评求效。以督察提效。根据中央要求，改进督察形式、创新督察方式，在省委省政府集中督察，省直部门调研前期主动对接。加入改革督察相关内容，避免多头、重复和频繁督察检查。对发现的问题下发《整改督办函》。通过组织"回头看"，形成"督察闭环"，确保整改到位。2019年对十八届三中全会以来中央推出的重大改革举措，以及省第十一次党代会以来省委部署的重点改革任务完成情况进行了全面督察。以考核问效。制定《省直部门改革工作绩效评估办法》，严格按照绩效考核内容和标准，简化考核程序，采取"线上报送""不见面、背靠背"等方式采集数据。2019年对未按期完成改革任务的2个省直单位予以扣分，切实发挥了考核"指挥棒"作用。以评估增效。充分借助第三方机构、社会组织、新闻媒体的力量，连续五年对重大改革举措组织开展第三方评估，着力破解"中梗阻"问题，确保改革落地见效。2019年下半年，邀请省内6家机构对"工程建设项目审批制度改革"等改革事项开展事后评估，为下步深化改革提供了决策参考。

二 聚焦重点领域，狠抓落地见效，改革整体效应不断显现

经济体制改革多点突破。高质量发展体制机制不断健全。供给侧结构性改革持续推进，累计关停取缔"散乱污"企业1563家，关停不安全小煤矿48处。出台支持物流等服务业发展政策，消费对经济增长的贡献率超过50%。创新引领开放崛起体制机制加快构建。创新型省份建设加快推进，出台实施科技成果转化、高新技术企业经济贡献奖励、科研人员股权和分红激励等13项政策法规和改革文件，高新技术产业增加值增长14%左右。优化长株潭国家自主创新示范区空间布局，郴州获国务院批准建设国家可持续发展议程创新示范区。军民融合重大示范项目进展顺利，省军民融合公共服务平台上线运行。完成144项自贸试验区经验复制推广，外商投资负面清单管理模式全面实施，国际贸易"单一窗口"主要业务申报率达100%，自贸区申报工作有力有序推

进。商贸流通领域示范试点建设加快，实现进出口4.3亿美元，达到历史最好水平。出台9方面激励政策支持湘南湘西产业转移示范区发展，湘南湘西承接产业转移示范区实际使用外资增幅超过全省平均水平。长株潭一体化取得新进展。"放管服"改革持续深化。推行市州营商环境试评价，长沙市获评中国国际化营商环境建设标杆城市。大力推进以放权赋权为主要内容的行政审批制度改革，取消各类行政权力105项，向乡镇（街道）赋权52项。全面推进"一件事一次办"改革，企业群众办事申报材料平均减少60%以上、办理环节压缩70%以上、办理时间缩减80%以上，获国务院办公厅肯定。出台省本级行政审批中介服务清单。深化商事制度改革，对106项涉企行政审批事项分类实施"证照分离"改革；企业开办时间比国务院要求提前一年压减至3个工作日。完善市场监管体制机制，建立健全以"双随机、一公开"监管为基本手段、以重点监管为补充、以信用监管为基础的新型市场监管机制。推进工程建设项目审批制度改革，审批时限大幅压减。加快不动产登记改革。出台省本级行政审批中介服务清单。岳阳市"一窗受理集成办""全域通办"等创新式便民服务收获群众好评。怀化市推行企业投资项目"标准地＋承诺制＋代办制"改革，促进工业项目快速落地。市场准入负面清单制度全面实施。财税金融价格体制改革全面加强。全面实施预算绩效管理，构建全方位、全过程、全覆盖的预算绩效管理体系，得到财政部的充分肯定，连续六年荣获全国一等奖。推动国家减税降费政策落地落实，新增减税超过460亿元。完善要素价格市场化形成机制，分两批降低一般工商业电价，继续推进天然气价格改革和农业水价综合改革。国企国资改革稳步推进。省属国有企业"压层级、减法人、去僵尸"进展顺利，重组整合企业6家。混合所有制改革、员工持股试点改革取得成效。深化省直党政机关和参公事业单位国有资产管理体制改革，国有资产统一监管取得突破。国有金融资本实行统一管理。

农业农村改革加快推进。农村土地制度改革扎实推进。加大城乡建设用地增减挂钩改革力度，完善新增耕地指标网上流转交易机制，全省累计批复城乡建设用地增减挂钩项目规模38.99万亩。农村房地一体宅基地使用权确权登记颁证工作加快推进。农村集体产权制度改革全面深化。全面完成农村集体资产清产核资工作，全省共核实农村集体资产1407.25亿元。加大农宅合作社试点探索力度，探索开展经营性资产股份合作制改革试点。现代农业体系加快构建。政策性农业融资担保体系和现代农业保险体系加快完善。加强体制机制创新，指导浏阳市沿溪镇等 13 个乡镇成功申报创建国家级农业产业强镇，确定宁乡市沩山乡等 30 个乡镇创建省级产业强镇；开展全省农业特色小镇创建工作，确定了浏阳市柏加镇等 10 个乡镇创建全省农业特色小镇。支持 10 个县市区继续开展三产融合整县推进。岳阳市整市推进供销改革示范创建，得到了中华全国供销合作总社的充分肯定。益阳构建一二三产业融合发展的新机制，推动休闲农业经营收入同比增长 20%。

生态文明体制改革全面发力。自然资源资产产权制度改革加速推进。深入开展自然资源统一确权登记。在省市县三个层面选择四个试点地区，对五类自然资源开展清查。推进公共服务用地基准地价体系建设。国土空间规划体系逐步建立。进一步探索提升空间治理能力和优化国土空间格局改革，18.2% 的行政村启动"多规合一"村庄规划编制，湘西十八洞村村庄规划获国务院肯定。生态保护与修复机制更加完善。南山国家公园体制试点按中央要求有序推进。出台全面推动矿业绿色发展的意见及试点方案，加快推动全省矿业转型绿色发展。湘江流域和洞庭湖区域山水林田湖草生态保护修复试点进展顺利。退耕还林还湿试点经验全面推广。建立"一湖四水"全流域生态补偿机制，与重庆、江西等省份签订补偿协议，出台《湖南省流域生态保护补偿机制实施方案（试行）》，补偿范围涵盖全省 14 个市州、123 个区县（市）。环境治理机制形成长效。省以下生态环境机构监测监察执法垂直管理制度改革已基本完成，湖南省排在全国前列；省级监测机构统一管理驻市监测机构人员、业务与经费模式获得生态环境部充分肯定。中央环保督察反馈问题整改落实长效机制和企业环保整治帮扶体系建立健全。"三线一单"管控体系更加完善，生态环境监管与执法责任体系更加健全，生态环境问题即时发现、有效整治、监督监控、再次发现的闭环机制逐步形成。

民主法制领域和司法体制改革纵深推进。民主法制改革方面。省委出台关于加强人大工作、政协工作的意见。党委领导、人大主导、政府依托、社会参与的地方立法工作体系逐步健全。人民政协党的建设制度体系不断完善。执法公示、执法全过程记录、重大执法决定法制审核"三项制度"改革深入推进。信用信息归集、共享、公示、应用和管理机制不断健全，诚信建设走向制度化。司法体制改革方面。全面落实司法责任制，健全司法权运行机制，完成新型办案团队和办案机制建设。健全执法司法监督机制，党委政法委监督、检察机关法律监督、案件评查、司法公开不断强化深化。深入推进诉讼制度改革，以审判为中心的刑事诉讼制度改革得到中央改革办督察组的充分肯定；公益诉讼改革、行政案件集中管辖改革不断深化；大力推进案件繁简分流、轻重分离、快慢分道，构建刑事速裁程序、刑事简易程序及普通程序的衔接机制；建立立案前多元化解与立案后"分调裁审"相结合的解纷模式。完善政法公共服务体系，推进诉讼服务中心现代化建设；深化涉诉信访机制改革，全面推进律师值班接访和代理申诉制度；深化公安"放管服"改革，将户政、交管等10个警种400个办事项目"打包上网"，实现"马上办、网上办、就近办、一次办"；整合法律服务资源，推动建成覆盖全业务、覆盖城乡、便捷高效、均等普惠的现代公共法律服务体系。优化队伍管理服务体系，员额法官、检察官增补、退出、交流机制进一步完善，实现进出常态化；司法人员职业保障制度机制不断完善；省以下法院、检察院人财物统管全面实施，财物统管"1＋X"政策体系逐步建立。

文化体制改革成效显著。文化类国有资产集中统一监管机制不断健全。广电、出版领域省属国有文化企业重组改革基本完成。出台3个规范性文件，优化文化类国有资本布局结构，明确监管底线和设定投资行为红线，完善文化企业工资分配监管体制。公共文化服务运行机制有效运转。鼓励社会资本参与公共文化设施建设和运营，公共文化机构法人治理结构改革有序推进。县级融媒体中心建设机制逐步理顺。建设工程区域文物影响评估机制建立健全，文物领域重要改革任务落地见效。网络综合治理体系日趋完善。健全规范全省互联网违法和不良信息举报一体化受理处置体系。完善网络综合执法协调机制，全年关闭违规网站570余家。

社会体制改革有序推进。创业就业制度有力健全。出台《关于落实湖南省进一步促进就业工作二十条措施等若干问题的意见》等系列文件，不断健全促进就业政策体系。鼓励支持返乡创业，加强整合创业平台建设。完善劳动关系协商机制。健全职业培训和职称评价制度。社会保障制度改革持续推进。加快推行基本公共服务均等化。完善养老保险制度，率先实施企业职工养老保险省级统筹，永州、衡阳、郴州被纳入第四批国家居家社区养老服务改革试点，建立城乡居民基本养老保险待遇确定和基础养老金正常调整机制。扩大医疗保障效应。长沙市获批全国住房租赁试点城市。社会救助和保障标准与物价上涨挂钩联动。建立健全退役军人服务管理保障制度。教育综合改革取得突破。消除义务教育大班额 2 万个，湘西州泸溪县教育改革在全省推介，创造了城乡义务教育一体化发展新经验。健全各级教育经费保障机制。获批国家首批产教融合建设试点省。深入推进高考综合改革，招生录取由单一高考录取向"分类考试、综合评价、多元录取"转变。医药卫生体制改革继续深化。加强医药卫生体制机制建设，深入学习三明医改，全面取消公立医疗机构医用耗材加成；全面推开公立医院薪酬制度改革；开展药品集中带量采购试点，部分药品价格非正常上涨势头得到有效遏制。郴州推进普通医用耗材"阳光采购"改革，每年节约交易服务成本 2000 余万元。全面推开公立医院薪酬制度改革。启动绩效考核信息系统建设。开展现代医院管理制度试点。优化医疗资源配置，全面推进分级诊疗。加强医疗卫生行业综合监管。社会治理体系加快创新。推进省级社区治理和服务创新实验区建设。"网格化＋信息化"社会治理广泛推行。"一村一辅警"实现全覆盖，"城市快警"平台全面铺开。"雪亮工程"省级共享平台进入试运行阶段。深入推进综合执法改革，整合组建市场监管、生态环境保护、文化和旅游市场、交通运输、农业等五支综合执法队伍。加强社会心理服务体系建设。加快应急管理体制机制改革。健全新时代涉军维稳工作机制。

党的建设制度改革和纪检监察体制改革持续深化。党的建设制度改革方面。完善干部理论学习制度。深化干部人事制度改革，完善政治建设考察制度，对 14 个市州、42 家省直单位、20 家省属高校和 10 家省管企业领导班子和领导干部开展政治建设考察；完善干部选拔任用制度，出台系列政策规定和措施，进一步规范干部选拔任用工作程序；完善干部管理监督制度，持续推进"1＋X"干部监督制度建设，先后出台制度文件 20 多项，积极构建从严管理监督干部工作体系；完善公务员管理有关制度，公务员职务与职级并行制度顺利实施，全省机构改革任务整体完成，地勘单位改革取得明显成效。深化人才发展体制机制改革，构建充分调动用人主体引才积极性的人才管理体制，量身定制个性化的人才评价机制，鼓励创新融合发展的人才培养机制，打破壁垒、有序灵活的人才流动机制。完善党的基层组织建设制度，制定全面加强基层建设的"1＋5"文件，出台配套政策文件 72 个，推动基层明职权、畅通道、提待遇、强人才、减负担。完善基层党建述职评议考核制度，完善党员队伍建设制度。纪检监察体制改革方面。深化派驻机构改革，分省直党政机关、省管企业及省属本科院校、高职高专院校等类别组织实施。市县两级派驻改革全部到位。批准13个市州向8个管理区和30个省级以上产业园区派出监察机构。全面推行县乡纪检监察一体化管理。配合做好中央企业、部属高校纪检监察体制改革工作。增设市县巡察组94个，开展专项、提级、交叉巡察。省检察院、省委教育工委、省国资委等单位设立巡视巡察机构，探索开展内部巡察。

三 鼓励探索试点，大力总结推广，
基层改革亮点持续涌现

统筹部署，强化指导。省委深改委创新性、有针对性地向相关部门或地区部署改革试点，由省委改革办与相关部门或地区共商共推共建，试点方案共同研商、试点部署协同推进。2019年省委深改委年度工作要点部署了"减轻基层负担与调动基层干部积极性相结合的体制机制""推进乡村振兴与巩固脱贫攻坚有机衔接的体制机制"等6项改革试点事项，部分改革试点已初见成效。其中，针对永州道县关于"解决形式主义突出问题为基层减负"的改革举措，中央办公厅督察局专题开展调研。同时，根据习总书记"三个区分开来"的重要思想，省委研究出台《关于建立容错纠错机制激励干部担当作为的办法（试行）》，明确了容错纠错的原则、界限和适用范围，为基层干部主动探索、大胆改革提供了制度保障。

及时总结，注重推广。对于基层涌现的经验亮点，注重总结提炼，加快在全省推广。比如，省委改革办总结的泸溪县教育改革经验，家毫书记先后三次做出重要批示，中央政策研究室主办的《学习与研究》全文刊发，改革经验融入《关于加强乡村教师队伍建设的意见》等相关文件中向全省推广；总结的湘西花垣县"党建引领、互助五兴，激活农村基层治理新模式"在中央电视台新闻联播"改革落实在基层"栏目中头条报道，中央改革办以宣传册的方式向全国推广。各市州也加大了总结推广改革经验的力度。比如，郴州市制定出台了"1＋9"系列政策文件，总结形成了推进乡村振兴与巩固脱贫攻坚有机衔接的体制机制，做好了贫困户脱贫后政策衔接，实现"脱贫"向"防

贫"的转变。常德探索总结"汤家山样本",为激活全省农村闲置房屋提供了"汤家山模式"。

大力宣传,营造氛围。始终把抓好宣传推介作为扩大改革影响力、提升群众感知度的重要举措,努力营造"比学赶超"的良好改革氛围。"县市区党政正职政治建设考察"得到习近平总书记肯定性批示,经验做法入选中组部编选的《贯彻落实习近平新时代中国特色社会主义思想、在改革发展稳定中攻坚克难案例》,并获《人民日报》等央媒推介。《湖南实打实硬碰硬落实减税降费举措》《党建统领城市基层治理的新探索——长沙市天心区大力推进"一统三化"基层治理改革》在中央改革办《改革情况交流》上刊发。推介的长沙县乡村振兴新模式,娄底市"查风险防事故保平安"入选"2019 中国改革年度十佳案例"。

2020 年是全面建成小康社会和"十三五"规划收官之年。全省全面深化改革的总体思路是:坚持以习近平新时代中国特色社会主义思想为指导,增强"四个意识",坚定"四个自信",做到"两个维护",全面贯彻党的十九大和十九届二中、三中、四中全会精神,紧扣统筹推进"五位一体"总体布局,协调推进"四个全面"战略布局。认真落实习近平总书记关于全面深化改革的重要论述和对湖南工作的系列重要指示精神,进一步突出制度建设这条主线,坚持新发展理念,坚持问题导向、目标导向、结果导向相结合,坚持"分类推进、突出重点、精准施策",对标"2020 年在重要领域和关键环节改革上取得决定性成果"的重要节点任务,以改革的思路和举措补短板、强弱项、惠民生、防风险,着力推动高质量发展,坚决打赢"三大攻坚战",确保全面建成小康社会和"十三五"规划圆满收官,加快推进治理体系和治理能力现代化。

进一步突出统筹谋划、系统协同。在推进区域系统性改革的基础上,分领域推出系统性改革,再部署一批系统性改革试点任务,力争推动各项关联改革和配套改革环环相扣,相互衔接,形成整体性系统性制度安排。巩固和深化在破除体制性障碍、打通机制性梗阻、推动政策性创新等方面,取得的改革成果。

进一步突出分类指导,聚焦重点。将改革事项分为"贯彻落实、重点突破、部署启动、整体推进、探索创新"等类别,聚焦重点、分类施策。紧扣全省重大战略,在破除各方面体制机制弊端上再推出一批重大改革。注重从老百姓身边事改起，抓紧推出一批切口小、获得感强的民生改革。

进一步突出试点探索，总结推广。坚持试点探索，在全省再部署一批改革试点。鼓励基层开展改革探索，营造激励各级各部门勇于探索创新的良好氛围。对已形成较好经验的抓紧总结和推广，未达到预期效果的提前预警、抓紧完善、督促落实。大力开展改革宣传，积极推介各方面涌现的改革典型经验。进一步突出压实责任、务求实效。对标中央要求，聚焦湖南实际，回应群众期盼，把更多的精力投入提升改革"成色"、狠抓改革落实上来。推动各改革专项小组、牵头部门、参与部门各司其职、加强协同，形成集聚资源、合力攻坚的良好局面。持续健全督察考核机制，不断调整优化对改革工作的考核办法与指标体系，力戒改革中的"形式主义"，切实增强改革的实效性和获得感。

B.11

2019年湖南发展与改革情况
及2020年展望

胡伟林*

摘　要： 2019年，湖南省聚焦年度经济社会发展计划，加大"六稳"
工作力度，大力实施创新引领开放崛起战略，扎实打好三大
攻坚战，坚定不移走高质量发展之路。全省经济保持了总体
平稳、稳中有进、稳中向好的发展态势。全年经济社会发展
主要目标任务较好完成。2020年，重点抓好全力打好三大攻
坚、强化实体经济支撑能力、充分挖掘释放内需潜力等10项
工作。

关键词： 发展改革　高质量发展　创新　湖南

一　2019年湖南发展与改革情况

2019年，面对经济风险挑战明显上升的复杂局面，各级各部门坚持以习
近平新时代中国特色社会主义思想为指导，坚决落实党中央、国务院决策部
署，认真贯彻习近平总书记对湖南工作的重要讲话指示精神，在省委、省政府
的坚强领导下，聚焦年度经济社会发展计划，加大"六稳"工作力度，大力
实施创新引领开放崛起战略，扎实打好三大攻坚战，坚定不移走高质量发展之
路。全省经济保持了总体平稳、稳中有进、稳中向好的发展态势，全年经济社
会发展主要目标任务较好完成。

---

* 胡伟林，湖南省发展和改革委员会党组书记、主任。

1. 着力促进平稳运行，主要指标增速位居全国前列

坚持超前谋划、跟踪监测、精准调控，主要经济指标稳中有升。全年地区生产总值增长7.6%，保持在目标区间，增速居全国第5。规模工业增长8.3%，较上年提高近1个百分点，增速居全国第4，全省千亿元工业企业达到3家，规模工业利润增幅高于全国9.9个百分点。投资增长10.1%，增速居全国第4；常益长铁路全面开工，张吉怀铁路加快建设，浩吉、黔张常铁路开通运营，长沙地铁3号、5号线试运行，怀芷、南益高速公路建成通车。技改投资、民间投资分别增长35.7%和18.3%。社会消费品零售总额增长10.2%，增速居全国第7，最终消费对经济增长的贡献率超过50%。进出口增长41.2%左右，增速居全国第1，机电和高技术产品出口保持高速增长。在坚决兑现减税降费政策、做实地方收入的情况下，地方一般公共预算收入增长5.1%，全口径财政总收入突破5000亿元，全口径税收突破4000亿元，地方一般公共预算收入突破3000亿元，地方税收突破2000亿元，财税收入质量持续改善。

2. 持续推动创新开放，高质量发展的态势更加明显

紧紧扭住供给侧结构性改革不放，以创新开放引领结构、质量升级。继续实施产业项目建设年，新开工投资5000万元以上的产业项目2300多个，开工建设或建成投产100亿元以上重大产业项目12个。三一重卡暨道依茨发动机、中联智慧产业城、新金宝喷墨打印机、彩虹盖板玻璃、水口山铜铅锌基地等一批重大产业项目开工或投产，舍弗勒汽车零部件湘潭生产基地等一批项目进展顺利。新引进112家"三类500强"企业投资项目200个。打造"135"工程升级版，新增千亿元园区4家。支持30个特色产业小镇建设。加快创新型省份建设，新增"两院"院士7名，31个项目荣获国家科学技术奖，全省技术合同交易额增长74%，马栏山视频文创产业园、岳麓山大学科技城新增企业1824家，科技进步贡献率提高到58.7%，高新技术企业突破6000家，移动互联网主营业务收入超过1300亿元。着力推进现代农业发展，粮食产量保持稳定，生猪产能逐步恢复，农产品加工业营业收入增长9%。持续推进"五大开放行动"，积极应对中美经贸摩擦影响，着力打造长沙"四小时航空经济圈"，成功举办首届中非经贸博览会、"中国航天日"主场活动、世界计算机大会、国际工程机械展等重大活动，成功组建湖南首家航空公司。实际使用外资、到位内资分别增长11.8%和18.8%。积极推动区域协调发展，长株潭一体化加

快推进，洞庭湖生态经济区转型发展、湘南湘西地区承接产业转移来势良好。

3. 深入实施三大攻坚，全面小康短板弱项加快补齐

紧盯短板弱项精准发力。有效防控重大风险，实施一批风险缓释措施，清理整合融资平台，超额完成全年化债任务。全面取缔 P2P 业务。集中力量解决深度贫困地区"两不愁三保障"突出问题，将有 20 个贫困县摘帽，718 个贫困村出列，63 万名农村贫困人口脱贫。易地扶贫搬迁建设任务全部完成，入住率达 99% 以上。宜章县金融扶贫、邵阳市易地扶贫搬迁群众社区融入等经验做法受到国家肯定推介。持续打好蓝天、碧水、净土保卫战，狠抓长江经济带、洞庭湖、湘江等重点区域生态环境问题整治，开展污染治理"夏季攻势"，持续推进湘江保护和治理"一号重点工程"，全面铺开农村人居环境整治。全省地表水水质总体为优，森林覆盖率达 59.9%，湿地保护率达 75.8%。

4. 大力深化改革创新，综合营商环境得到显著改善

坚持通过深化改革、优化管理，激发市场潜力和吸引力。不折不扣落实减税降费政策，新增减税超过 460 亿元，降低企业电、气、油、运输成本 86.3 亿元，制造业贷款增长 10% 左右。深化"放管服"改革，出台优化经济发展环境规定，推行市州营商环境试评价，公布 200 件"一件事一次办"事项，"互联网＋政务服务"网上可办率达 90%，货物通关时间较 2017 年缩短了 70%，长沙成为中西部唯一全国营商环境十佳城市。深化国企改革，重组整合省属国有企业 6 家。深化农村改革，农村集体产权制度改革整省推进。着力推进"信用湖南"建设，大力保护企业家合法权益，破解了一批执行难题，清偿了一批拖欠账款，特别是通过扫黑除恶进一步净化了经济生态。

5. 切实加大民生投入，基本公共服务质量不断提升

坚持以人民为中心的发展思想，财政民生支出占财政支出的 70.3%。着力稳就业，落实促进就业二十条措施，做好重点群体就业保障和援助，全省新增城镇就业 80.8 万人。城乡居民人均可支配收入分别增长 8.6% 和 9.2%。居民消费价格涨幅 2.9%。普遍提高企业退休人员基本养老金，继续提高城乡低保标准。"芙蓉学校"加快建设，建成启用 24 所，新开工 37 所。提高乡村教师待遇，消除义务教育大班额 2 万个。村卫生室、乡镇卫生院全科医生、县市二甲公立医院实现全覆盖。制定生猪市场保供稳价实施方案，启动社会救助和保障标准与物价上涨挂钩联动机制，向困难群众发放价格临时补贴 3.4 亿元。

圆满完成12件重点民生实事项目。有效应对旱涝灾害。安全生产事故起数、死亡人数明显下降。社会大局和谐稳定。

二 2020年湖南经济社会发展的主要任务

主要预期目标是：地区生产总值增长7.5%左右，第一产业增长3%以上，规模工业增长7.5%，服务业增长8%左右，投资增长10%左右，消费增长10%左右，进出口增长15%以上，地方一般公共预算收入增长4%左右。R&D经费投入占GDP比重提高0.1个百分点以上，力争达到全国平均水平。高新技术产业增加值增长12%左右。城镇化率达到58%。能源消费增量700万吨标准煤左右，万元GDP能耗下降1%，二氧化碳、化学需氧量、氨氮、二氧化硫、氮氧化物等主要污染物减排完成国家下达目标。市州城市PM2.5年平均浓度42微克/立方米以下，大气环境不断改善。国家地表水考核断面水质优良比例达到93.3%以上。实际利用外资、实际到位内资分别增长10%和15%。农村贫困人口全部脱贫，居民收入增长与经济增长同步。居民消费价格涨幅3.5%左右，新增城镇就业70万人，城镇调查失业率和城镇登记失业率分别在5.5%左右和4.5%以内。重点抓好以下10项工作。

1. 坚持补短板强弱项，全力打好三大攻坚战

打赢打好脱贫攻坚战。聚焦"两不愁三保障"，推动政策资金、项目布局、帮扶重心向深度贫困地区倾斜，确保现行标准下农村贫困人口全部脱贫。开展"三落实""三精准""三保障"、问题"回头看"工作。完善易地扶贫搬迁安置区配套设施、公共服务设施建设和社会管理工作。加大产业就业扶贫力度，深入实施消费扶贫行动。抓好脱贫攻坚成果巩固，做好返贫人口与新发生贫困人口帮扶，探索建立解决相对贫困问题的长效机制。加大对条件相对落后非贫困村基础设施建设支持力度，推动脱贫攻坚与乡村振兴有效衔接，加快消除集体经济空白村，吸引更多人才参与脱贫攻坚和乡村振兴。精准化解重点领域风险。做实专项债券项目，尽早形成实物工作量，从严控制高风险地区新上政府投资项目。加快平台公司市场化转型，开展政府资产负债管理试点，优化债务期限结构。严厉打击非法金融活动，稳步推进互联网金融风险专项整治，做好P2P网贷平台退出后续处置工作。持续打击非法集资特别是涉老非

法集资，清理整顿各类交易场所。全力推进污染防治攻坚。坚决打赢蓝天、碧水、净土保卫战。深入开展长江经济带生态环境污染治理"4＋1"工程。加快制定《洞庭湖保护条例》，扎实推进洞庭湖水环境综合治理。实施湘江保护和治理第三个"三年行动计划"，建设湘江生态廊道。推进长株潭地区重金属污染耕地种植结构调整。抓好大气污染联防联控和钢铁等行业超低排放改造。发布市州年度绿色发展指数。

2. 巩固培育发展动能，强化实体经济支撑能力

深化产业项目建设行动。持续抓好"五个100"工程，加快推进三一能源装备产业园、惠科超高清显示器、华为智能终端、岳阳己内酰胺搬迁扩能等一批重大产业项目建设。对重点行业、产业和企业，实施"一业一策、一企一策"精细化服务。深入推进工业用地市场化配置改革试点。发展总部经济培育龙头企业。出台专项鼓励扶持政策，布局一批有行业和资源特色的总部经济区。全面争取国内外知名企业来湘设立区域总部和中国区总部，着力培育一批本土企业总部。提升产业基础能力和产业链水平。继续抓好工业新兴优势产业链建设，优化市州主导产业布局，聚焦重点行业补链延链强链，着力构建现代产业体系。持续推进现代制造业基地建设，以长株潭装备制造产业集群为重点，加快壮大集成电路、半导体、智能终端等新兴产业，巩固提升新能源汽车产业优势。实施制造业重大技术改造升级工程，推进冶金、建材、石化等传统产业向智能化、绿色化、高端化发展。推进军民融合发展，积极创建国防科技工业军民融合创新示范基地，打造一批具有重要影响力的军民科技协同创新平台，强化军民两用基础设施建设。促进先进制造业和现代服务业深度融合，实施服务业高质量发展三年行动。支持工业设计、技术转移转化、会计审计等生产性服务业发展。支持长沙、衡阳、岳阳、郴州、怀化加快建设国家物流枢纽城市。出台冷链物流发展规划和支持政策，实施城乡冷链物流设施建设补短板工程。增强金融服务实体经济能力。完善再担保体系，推动政府、银行、担保机构风险分担机制落地。建立湖南股交所"科技创新"专板。深入开展中小企业应收账款融资专项行动。探索开展商业价值信用贷款改革试点。健全信贷风险补偿机制。建设覆盖全省的中小企业融资综合信用服务平台，全面推进"信易贷"。建设科创项目路演中心。实施上市公司"破零倍增"行动。提升园区产出效益。继续实施"135"工程升级版。出台园区高质量发展的支持政

策。开展园区体制机制改革创新试点。推动园区专业化发展。加快园区循环化、智能化、数字化改造。实施银园对接、污染防治设施全覆盖等专项行动。

3. 着力扩大有效投资，充分挖掘释放内需潜力

加快基础设施补短板。发挥投资对稳定经济运行的关键作用。加快构建综合交通枢纽体系。推进黄花机场改扩建、湘西和郴州机场项目建设。加快常益长、张吉怀铁路建设，全力做好长赣、邵永、铜吉等铁路前期工作，争取渝怀复线、焦柳铁路怀柳段电气化改造、石长铁路联络线建成投运。加快平益、衡永等高速公路建设，以及醴娄扩容、炉慈、张官、茶常、桑龙等规划内高速公路项目前期工作，建成长益扩容、安慈高速慈利至石门段、龙琅等3条高速公路，全面实现"县县通高速"目标。实施一批保障房建设、老旧小区改造、污水垃圾处理、城市停车场修建等领域项目。加快建设永州电厂、华容电厂、雅中直流工程湖南段、泛在电力物联网、"气化湖南"、岳阳LNG储配基地、西气东输三线等能源项目，推进莽山水库、毛俊水库、涔天河水库扩建工程灌区项目，加快"四水"干支流堤防加固及椒花水库建设，开工建设犬木塘水库。加快5G基站建设和商用步伐，加大人工智能、工业互联网、物联网、智能电网等新型基础设施投入。强化各类要素保障。改革土地计划管理方式，盘活存量土地，保障重大项目用地需求。加大地方政府发行专项债、优质企业发债、险资入湘工作力度，保障重大项目资金需求。着力激发消费潜力。加强社区养老服务设施建设，实施普惠养老专项行动。促进家政服务业提质扩容。推动农村消费转型升级。创建国家体育消费试点城市。引导老旧汽车、家电、公交车等报废更新。支持长沙创建国际消费中心城市和文旅消费试点城市。探索以张家界为中心建设四小时旅游经济圈。持续推进以锦绣潇湘为品牌的全域旅游基地建设，推动文旅融合发展，争创全域旅游示范省，充分激发旅游消费。

4. 加快建设创新型省份，增强科技创新引领优势

建强一批创新平台。加快长株潭国家自主创新示范区建设，持续打造以长株潭为核心的科技创新基地。推动郴州国家可持续发展议程创新示范区建设，创建一批国家创新型试点城市。加快岳麓山大学科技城、马栏山视频文创产业园"两山"建设，抓好岳麓山工业创新中心和先进轨道交通装备、生物种业、耐盐碱水稻等技术创新中心建设。积极创建岳麓山国家实验室。完善一批创新机制。继续实施加大全社会研发投入三年行动计划。推动科技创新体系建设，

深化科技成果"三权"改革和技术收益分配制度改革,加快构建以增加知识价值为导向的收入分配机制,建立有利于科技成果转化、支持各类主体融通发展的创新生态体系。鼓励设立市场化运作、效率更高、机制灵活、开放包容的新型研发机构。推进一批创新项目。实施重大装备、自主可控计算机、人工智能与机器人等重大专项。开展生物与农业、环境与生态、新材料与先进制造、人口与健康等领域基础研究和原始创新,努力在关键材料、基础零部件、制造工艺、核心元器件、高端检验检测装备等领域取得重大突破。力争在人工智能、区块链、5G与大数据等领域培育一批新增长点。集聚一批创新人才。深入实施"芙蓉人才行动计划"。加快推进"双一流"建设,完善院校高层次人才引进和本土人才培育激励机制。创新职称评审机制,推动省属科研院所改革和转型发展。

5. 对接融入国家战略,全面提升对外开放水平

完善提升开放平台。积极创建中国(湖南)自由贸易试验区,推动高新区、经开区、海关特殊监管区等平台提质升级。建立健全对非经贸合作长效机制,组建中非经贸孵化园、研究院等平台。加快长沙临空经济示范区建设,支持黄花机场增开国际航线和常态化货运班机。深化对外经贸合作。加快阿治曼中国城、波兰工业园、泰国湖南工业园等境外园区建设,完善"湘企出海+综合服务"平台。持续推进外贸六大行动。加快园区外贸综合服务中心建设,加强国际贸易"单一窗口"应用推广。打造中部地区进口商品集散中心。加快长沙、岳阳跨境电商综合试验区建设。积极培育市场采购、驻地综合服务等新业态。落实外商投资"负面清单"制度。积极对接长三角和粤港澳大湾区建设,深入开展"迎老乡、回故乡、建家乡"活动。聚焦产业链产业集群精准招商。积极应对经贸摩擦。积极落实国家稳外贸、稳外资政策措施,加强重点企业帮扶,支持企业优化进口结构,开拓多元化出口市场。

6. 实施乡村振兴战略,着力推进农业现代化

加快发展现代农业。稳定粮食播种面积和总产量。深入实施三个"百千万"工程、"六大强农行动"、优质粮油工程,着力打造优质农副产品供应基地。大力培育优势特色千亿产业。扶持龙头企业,壮大农村集体经济。推动农业与二三产业融合,开展休闲农业与乡村旅游示范创建,支持家庭农场高质量发展。全面完成"十三五"高标准农田建设目标任务。推进农业机械化和农

业装备产业升级。加快推动农村信息化。大力改善农村人居环境。全面完成农村人居环境整治三年行动计划。加快推进农村厕所革命、农村垃圾污水治理、村庄规划等重点任务。大力发展绿色循环农业，开展种养循环农业试点示范，推进畜禽养殖废弃物资源化利用。实施"千村美丽、万村整治"工程，全域推进美丽乡村建设。深化农业农村领域改革。全面推进农村集体产权制度改革，稳步实施农村承包地"三权"分置和宅基地制度改革。扎实推进供销合作社、粮食收储制度、集体林权制度等改革。加大涉农资金统筹整合力度，创新农村项目管理机制，提高资金使用效率。完善农村金融服务体系，扩大新型农业经营主体贷款贴息和农业保险覆盖面。

7. 推动区域协调发展，释放融合共进发展潜力

推进长株潭一体化。着力推动长株潭城市群高质量发展，提升城市群辐射带动能力，打造高质量发展示范区、基本实现现代化建设先行区、区域一体化发展样板区。推动湘江新区拓展新片区。加快"三干两轨"项目建设，共建"一网、一环、一江"综合立体交通体系，打造长株潭半小时经济圈。推进医疗、教育、养老等公共服务共建共享和生态环境共护共治。支持益阳、娄底、岳阳等城市在交通、产业方面与长株潭协同协作发展。支持洞庭湖区绿色发展。引导洞庭湖生态经济区产业转型，加快创建长江经济带绿色发展先行区，建好城陵矶新港，建设综合立体交通走廊，积极参与长江黄金水道建设与发展。支持益阳深化现代农业综合配套改革。加快湘南湘西承接产业转移示范区建设。加快完善基础设施与配套政策，大力引进创新型企业和先进制造业企业，打造粤港澳重要的科技产业配套基地、制造业转移承接基地。推动省际协同发展。加快建设湘赣边区域合作示范区，办好红色旅游国际博览会，建好一批红色教育培训基地，支持跨区域基础设施建设。持续深化龙山来凤经济协作。研究编制湘鄂渝黔革命老区振兴规划。推动县域经济发展。出台支持县域经济高质量发展政策措施，引导各地发展优势特色产业，改善城乡生产生活条件，激发创新创业热潮。支持特色产业小镇建设。加大融资、创新创业、产业发展等方面支持，打造一批具有较大知名度和影响力的特色产业小镇品牌。同时，持续推进新型城镇体系建设，推进津澧融城等一批新型城镇化试点，支持一批城区30万人口左右的重点县（市）建设。

8. 营造更好发展环境，支持民营经济高质量发展

进一步放开市场准入。修订出台市场准入负面清单。鼓励民营资本参与国企改制重组。深入开展促进民间投资"六大专项行动"。抓好公平竞争审查，开展限制民营企业市场准入各类壁垒的排查清理行动。支持长沙创建民营经济高质量发展示范区。持续优化营商环境。打造"放管服"改革升级版。深入推动"一件事一次办"改革。进一步压减省级行政许可事项。建立规范化、机制化政企沟通渠道。推动"互联网+政务服务"一体化平台全覆盖。开展中介服务领域专项整治。全面完成行业协会商会与行政机关脱钩。加强社会信用体系建设。加快信用立法，推进"双随机、一公开"监管全覆盖。改造提升各级信用信息平台。完善推广信用承诺制度。健全信用修复和异议处置机制。深入推进"信易+"创新。开展"新官不理旧账"、拖欠农民工工资等重点领域失信问题专项整治。支持长沙、衡阳、郴州等城市创建全国信用示范城市。降低企业生产经营成本。完善产权制度，保护民营企业合法权益。进一步清理规范政府性基金和经营服务收费，深化水电气等资源性产品价格改革。推动各项减税降费红利精准传导到最末端，增强各类市场主体获得感。创新民营企业直接融资机制。争取国家物流降本增效综合改革试点。加大清理拖欠民营企业、中小企业账款力度。

9. 深化重点领域改革，激发市场主体活力动力

深化供给侧结构性改革。落实"巩固、增强、提升、畅通"八字方针，持续巩固"三去一降一补"成果，坚决淘汰落后产能。推进城镇人口密集区危险化学品生产企业和"沿江一公里"化工企业搬迁改造。完善住房市场体系和保障体系，建立健全促进房地产市场平稳健康发展长效机制。加力推进国资国企改革。有序开展国有资本投资、运营公司改革试点。积极稳妥推进混合所有制改革。完善国资监管方式，强化资金债务、项目投资等重点领域风险防控。优化调整国有资本布局，推进企业重组整合，健全市场化运作机制。深化财税体制改革。实施"提升税收占比"三年行动计划。推进省以下政府间事权和财权划分改革，改革完善一般性转移支付制度。深化税收征管体制和政府采购制度改革，推进全省电子卖场一张网建设。同时，深化排污权、用能权有偿使用和交易试点。推动工业用地、商服用地和居住用地合理转化、高效利用。按照国家部署，加快建立完善促进高质量发展的指标体系、统计体系、绩

效评价办法。

10. 强化基本公共服务，提高社会民生保障水平

促进充分就业。开展失业保险援企稳岗、技能提升补贴行动。突出抓好高校毕业生、下岗失业人员、农民工、退役军人等群体就业，确保零就业家庭动态清零。推进产教融合试点，建设区域性职业技能培训中心、就业创业培训中心。完善创业担保贷款贴息和创业资金奖补政策。推动"六覆盖"。推动义务教育、社会保障、农村安全饮水、基层公共服务（一门式）、农村危房改造、农村通组道路全覆盖。抓好乡镇寄宿制学校、乡村学校、农村公办幼儿园、"芙蓉学校"建设，基本消除义务教育大班额。稳步提高农村低保、特困人员救助、残疾人"两项补贴"标准。建设国家医学中心、国家区域医疗中心。加强县级医院综合能力建设和基层医疗卫生服务体系建设。加快数字广播电视户户通建设，推动县级公共图书馆、文化馆、档案馆全面达标升级。做好保供稳价工作。落实"菜篮子"市长负责制，加大生猪等畜禽养殖生产扶持力度，做好猪肉储备投放工作。执行价格补贴联动机制，保障困难群众基本生活。促进安全稳定。加快完善立体化、信息化社会治安防控体系。加大安全生产隐患排查治理力度。持续抓好防汛抗旱。全力以赴打好扫黑除恶攻坚战。全面做好食品安全、信访维稳、治安防控等工作。

科学编制"十四五"规划。在广泛征求意见、集聚民智、加强重大问题研究的基础上，科学提出今后五年发展目标、工作思路、重点任务，研究谋划一批重大政策、重大项目、重大改革，为湖南未来高质量发展提供战略支撑。

B.12
2019年湖南工业和信息化
发展情况及2020年展望

曹慧泉*

摘　要： 2019 年，湖南工业经济逆势上扬，实现规模工业增加值同比增长8.3%，增速排名全国第4位。20个工业新兴优势产业链整体规模突破1万亿元，千亿元工业企业达到3家，新增规模以上工业企业2547户，高质量发展态势愈加明显。2020年，湖南将以供给侧结构性改革为主线，以工业新兴优势产业链为抓手，坚决打好产业基础高级化和产业链现代化攻坚战，加快新旧动能转换，预期实现规模工业增加值增长7.5%以上、数字经济增长15%以上，以先进制造业挺起湖南经济高质量发展脊梁。

关键词： 高质量发展　产业基础高级化　产业链现代化　工业经济　湖南

一　2019年湖南工业和信息化发展情况

2019 年是国内外风险挑战明显上升、经济下行压力不减的一年。全省工信系统以习近平新时代中国特色社会主义思想为指导，坚决贯彻习近平总书记关于工业和信息化工作的重要论述、对湖南工作的重要指示批示精神，按照中央和省委省政府的决策部署，加快推进制造强省建设，全面完成省委经济工作会议和省政府工作报告确定的各项任务，全省工业经济逆势上扬，新旧动能转

---

* 曹慧泉，湖南省工业和信息化厅党组书记、厅长，省国防科技工业局局长。

换加快，高质量发展态势愈加明显。

1. 工业经济为全省"六稳"做出重要贡献

省政府及时分析研判全省工业经济形势，运行监测实现常态化。充分运用信息化手段加强监测分析，工业数据云建设初步成形。开展百户重点骨干工业企业和纳税过10亿元企业精准帮扶和在湘涉美贸易工业企业专题调研活动。全年实现规模工业增加值同比增长8.3%，增速排名全国第4位，为省第十一次党代会以来最高值；工业投资、技改投资分别增长17.8%、35.7%，排名全国第6位、第9位。华菱集团加快向全球500强冲刺，三一集团营业收入迈上千亿元台阶，千亿元工业企业达到3家。全省新增规模以上工业企业2547户。

2. "国字号"平台创建捷报频传

先进轨道交通装备获批国家制造业创新中心。长沙工程机械、株洲轨道交通装备入围国家先进制造业集群竞赛初赛。长沙获批全国第二家国家网络安全产业园。株洲获评创建国家安全产业示范园区。湖南航天天麓获批国家新材料测试评价平台区域中心，铁建重工获评国家级工业设计中心。国务院批准的世界计算机大会以及中国"航天日"主场活动、长沙国际工程机械展等重大活动顺利举办，互联网岳麓峰会、网络安全·智能制造大会影响力持续扩大，成为聚人气、引产业的重大平台，一批产业巨头投资湖南。

3. 工业新兴优势产业链建设实现新的突破

出台航空航天、信息安全等专项政策，省委省政府领导同志联系产业链制度持续实施，20个工业新兴优势产业链调整优化工作完成。开展产业链精准招商，各类产业对接合作活动签约项目800余个。三一智联重卡暨道依茨发动机、中联智慧产业城等项目开工，工程机械产业链主要经济指标达到历史最好水平。中车株机获时速250公里动车组生产制造任务，全球首个轨道交通转向架智能制造车间投产运行，先进轨道交通装备产业链链条延伸。航空航天产业链一批产品进入产业化阶段，中国商飞首度牵手湖南民企成立合资公司，大飞机地面动力学联合实验室等一批创新平台落地，承担"两机"专项等国家重大战略的能力提升。自主可控计算机及信息安全产业链形成以CPU和操作系统为核心的PK、鲲鹏产业生态。IGBT大功率器件产业链全面突破国际最先进的第六代产品，实现从"跟随"到与国际巨头"并行"的重大跨越。比亚迪动力电池生产基地等一批项目开工和建成投产，先进储能材料产业链影响力提升。

4. 重大工业项目扎实推进

集中制造强省等专项资金支持产业链重点项目，实施亿元以上的建链、补链、强链、延链重大项目超过 200 个。250 个制造强省建设重点项目累计完工 156 个，发布制造强省建设重点项目 207 个。117 个重大产品创新项目竣工投产 63 个，重大产品创新项目授权专利 378 件，完成销售收入 212.57 亿元。新金宝年产 1300 万台喷墨打印机等一批项目形成新的增长点，威马新能源三电系统智能制造产业园等一批投资 50 亿元以上的项目开工建设，投资额超 200 亿元的三安光电三代半导体等一批项目落户，铁建重工超级地下工程智能成套装备关键技术研究与应用等一批项目有望形成强大带动效应。

5. 产业发展新旧动能加快转换

坚决落实习近平总书记对湖南工作的"三个着力""守护好一江碧水"等重要批示指示精神，以及中央环保督察"回头看"反馈意见，深入推进供给侧结构性改革。坚决防止"地条钢"死灰复燃，开展"散乱污"企业整治工作，启动沿江化工企业搬迁改造，推进 45 家城镇人口密集区危险化学品生产企业搬迁，71 家造纸企业 339 条落后生产线淘汰整改。支持企业转型升级，525 家企业获技术改造税收增量奖补 3.5 亿元。获批国家级绿色工厂 19 家、绿色园区 2 家、绿色设计产品 10 个、绿色供应链管理企业 1 家，3 家企业入选国家能效"领跑者"，在全国率先将绿色产品纳入政府采购首购目录。郴州、耒阳、湘乡获批国家工业资源综合利用基地，新能源汽车动力蓄电池回收利用试点启动实施。出台原材料工业、消费品工业高质量发展三年行动计划，继宁乡之后浏阳市再获国家消费品工业"三品"战略示范城市称号。获批国家技术创新示范企业 3 家。智能制造湖南模式、长沙现象引起国内广泛关注，7 个国家智能制造专项项目通过验收，楚天科技中标成为国家智能制造系统解决方案供应商。

6. 数字经济率先进入新赛道

打造享有盛誉的电子信息产业集群，继出台 5 项政策之后，发布人工智能、大数据、超高清视频、5G 应用创新、工业 App 培育等 5 个三年行动计划，形成"5 + 5"数字经济政策体系。布局 12 个省级大数据产业园、首个人工智能产业园，深度参与中德在智能网联汽车领域的国际合作。328 家工业企业启动两化融合贯标工作，获证企业98家，是过去三年总数的8倍以上。新增省级工业互联网平台8个，中小企业"上云"11.5万家、"上平台"5136家，培育"上云上平台"标杆企业40家。移动互联网营业收入突破1300亿元。发布5G应用场景18个，全国首辆运用5G技术控制的新能源公交车亮相，国家智能网联汽车（长沙）测试区占据无人驾驶和人工智能发展高地。

7. 市场主体发展活力持续迸发

评选表彰第六届湖南省发展非公有制经济和中小企业先进单位及先进个人，出台促进中小企业健康发展、"个转企"等政策措施，增强企业发展信心。鼓励中小企业创新创业，衡阳高新区、郴州经开区入选第二批国家双创升级特色载体，新获批国家小型微型企业创业创新示范基地4家。第二届"创客中国"湖南省中小微企业创新创业大赛达成融资意向6.2亿元，湖南中晟全肽生化公司的多肽库构建和新药筛选研发项目获"创客中国"全国总决赛企业组冠军。完善中小企业公共服务体系，获批国家中小企业公共服务示范平台6家，培育省级中小微企业核心服务机构142家，新建县市区公共服务平台25个。累计培育小巨人企业760家，10家成为全国首批"专精特新"小巨人企业，新增国家级制造业单项冠军4个。

8. 发展环境持续优化

全面落实减税降费政策，湖南省企业负担综合评价指数连续三年全国最低。牵头清理政府部门和国有企业拖欠中小企业民营企业账款，超额完成国家下达的年度清欠任务，得到国务院减负办肯定和推介。入股国家制造业转型升级基金，组织全省工业新兴优势产业链股权融资撮合对接会，湖南企业对接资本市场增添新渠道。出台"专精特新"企业、重点名单企业融资促进方案，895家企业进入2019年产融合作"白名单"。着力降低小微企业担保成本，争取国家担保降费奖补资金8142万元。协调主流媒体围绕产业链、项目建设等特色亮点开展全方位宣传，营造了良好的舆论氛围。

二 2020年工作思路和重点工作

2020年是决胜全面小康的关键之年，是"十三五"规划收官之年。做好2020年工作，全省总体要求：以习近平新时代中国特色社会主义思想为指导，全面贯彻党的十九大和十九届二中、三中、四中全会精神，按照中央和省委省政府的决策部署，坚持稳中求进工作总基调，坚定不移贯彻新发展理念，以供给侧结构性改革为主线，以工业新兴优势产业链为抓手，坚决打好产业基础高级化和产业链现代化攻坚战，加快新旧动能转换，以先进制造业挺起湖南经济高质量发展脊梁，为决战决胜全面小康、建设富饶美丽幸福新湖南做出重要贡献。

围绕推动高质量发展，2020 年主要预期目标：全省规模工业增加值增长7.5% 以上；数字经济增长 15% 以上；新旧动能接续转换步伐加快，产业基础能力和产业链水平明显提升；圆满完成"十三五"规划和制造强省建设第一个五年行动计划各项目标任务。

1. 以"六稳"为要求，保持工业经济运行在合理区间

一是提高运行监测精度。建设工业数据云是精准监测分析的重要基础，也是落实放管服改革的重要举措。要把工业数据云建设成科学监测分析、融通产业发展、服务企业转型、辅助领导决策的支撑平台。提高平台的活跃度和实用性，实现资金申报、项目管理、资质申请统一管理调度，把工业数据云信息填报作为资金申报的重要依据。建立重点监测企业联系和信息报送机制，上下协同监测重点企业、重点项目、重点产业，加强主导产业和工业新兴优势产业链的趋势分析。加强部门对接和数据共享，综合运用大数据分析等信息化手段对电力、税收、信贷、进出口等重点关联指标进行跟踪分析，准确研判形势。二是保持工业投资热度。实施重大技术改造工程，推荐一批重点项目列入国家专项，争取国家制造业转型升级基金支持。发挥工业企业技术改造税收增量奖补政策作用，引导相关产业基金和各类社会资本加大投入，带动企业加大设备更新和技改投入。优化制造强省建设重点项目推进机制，对重点项目实现全程调度和滚动管理，适时纳入大项目好项目，坚决剔除久拖不建的"胡子工程"，推动蓝思科技视窗防护玻璃生产、中航发南方工业航空动力产业园、株洲联诚轨道交通装备部件制造扩能等一批项目年内形成生产能力。三是加大企业帮扶力度。落实规模企业培育工作奖励政策，对上年度营业收入 1000 万～2000 万元工业企业培育对象进行入库管理，力争全年新培育 1000 家以上规模工业企业。继续开展纳税过亿元企业等重点骨干企业精准帮扶。落实国家减税降费等政策措施，继续抓好清理政府部门和国有企业拖欠民营中小企业账款，帮助企

业轻装上阵。继续实施产融合作制造业重点企业名单制度，并进行动态管理，开展中小企业应收账款融资专项行动，落实小微企业融资担保降费奖补政策，帮助企业纾解融资难题。

2. 以20个工业新兴优势产业链为抓手，提升产业链水平

一是明确发展目标。力争到2025年，全省20个工业新兴优势产业链产值突破20000亿元，占全省工业产值比重达到40%以上；发展壮大先进制造业集群，工程机械、先进轨道交通装备（含磁浮）、航空航天（含北斗）产业链成为参与国际竞争的产业集群，自主可控计算机及信息安全（含IGBT）、生态绿色食品、生物医药、先进储能材料及动力电池、新型轻合金等产业链成为国内具有重要影响力的产业集群；形成完整产业链条，新型能源及电力装备、环境治理技术及应用、化工新材料、先进陶瓷材料、碳基材料、装配式建筑、农业机械等产业链整体实力明显提升；构建较为完备的产业生态，新型显示器件、新能源及智能网联汽车、人工智能及传感器、5G应用、3D打印及机器人等产业链占据竞争高地。二是突出重点任务。持续落实"外学华为、内学长沙"，探索积累并大力推广抓产业链的好经验好做法。组织抓产业链工作竞赛，每个产业链制定年度推进计划，列出重点解决问题、重点培育企业、重点引进项目等目录清单和工作进度表，挂图作战。率先形成优势的产业链，优先纳入省级先进制造业集群培育对象，对制造强省等专项资金和项目安排优先考虑和重点倾斜。开展产业链诊断，找出产业链之间、市州和园区之间发展不平衡的症结所在，找准产业链短板弱项和潜在增长点，组织精准招商、精准引智、精准帮扶，提升产业链水平。三是强化工作措施。抓紧出台支持工业新兴优势产业链发展的政策2.0版。健全省委省政府领导同志联系产业链的具体工作机制，定期向联系产业链的省领导汇报工作，争取高位推动，协调与产业链相关的省直部门和市州提出具体措施。

3. 以技术创新为驱动，增强产业基础能力

一是突破一批"卡脖子"技术。落实国家部署，支持省内骨干企业和科研机构整合产业链技术、装备、人才、市场等各类资源，协同攻克制约全省工业新兴优势产业链发展的核心技术、短板装备和关键材料等。二是开发一批创新产品。进一步完善首台（套）重大技术装备、首批次重点新材料产品奖励措施，加快创新技术和产品的推广应用。重点围绕20个工业新兴优势产业链，

继续筛选发布"100个重大产品创新项目",在自主可控计算机及信息安全、人工智能、智能网联汽车、工业互联网、新材料等战略关键领域开发一批重大创新产品。三是搭建一批创新平台。继续开展国家制造业创新中心创建,对现有省级制造业创新中心加强评估和动态管理,再培育4家左右省级制造业创新中心。加快国家新材料测试评价平台区域中心建设,再认定20家左右省级企业技术中心,进一步完善以企业为主体的技术创新体系。促进工业设计与制造业融合发展,培育一批设计创新企业和产品,认定20家左右省级工业设计中心。

4. 以供给侧结构性改革为主线,加快新旧动能转换

一是加快推进智能制造。再认定省级智能制造示范企业10家、示范车间20个,加快经验模式在重点领域推广,放大试点示范效应。遴选发布省级智能制造系统解决方案供应商推荐目录,培育发展一批系统解决方案供应商和公共技术支撑平台,降低传统企业智能化改造门槛和成本。促进两化深度融合,力争50家企业获颁国家两化融合贯标证书。二是加快发展绿色制造。坚决防止"地条钢"等落后产能死灰复燃,稳步推进沿江化工企业搬迁改造和城镇人口密集区危化品生产企业搬迁工作,全面完成"散乱污"企业整治。支持企业开展节能降耗、清洁生产和资源综合利用,力争再创建15家以上国家绿色制造示范单位,完成11个国家绿色制造系统集成项目验收,评估认定20个省级绿色设计产品,20家省级绿色工厂和绿色园区。支持郴州、耒阳、湘乡工业资源综合利用基地建设通过国家考核验收,持续推进新能源汽车动力蓄电池回收利用试点。三是加强质量品牌建设。推进装备制造业和原材料工业质量提升、消费品工业"三品"专项行动,支持一批企业通过诚信管理体系评价,在食品、药品领域试点应用区块链、物联网等技术建设产品质量溯源体系。以装备制造领域拳头产品,以及消费品领域的白酒、烟花、陶瓷、服装、中药等具有较高品牌价值的产品为重点,通过媒体宣传、展览展会等方式提高曝光度和知名度,打造一批优势品牌。四是推动产业集群集聚。支持入围国家竞赛初赛的长沙工程机械、株洲轨道交通装备产业集群进入决赛,打造成为世界级先进制造业集群。将航空航天、电子信息、新材料、节能环保、新能源等打造成为国家先进制造业集群。开展省级先进制造业集群竞赛,打造一批特色优势产业集群。落实"135"工程升级版部署,加强国家及省级新型工业化产业示范基地建设与管理,推动产业向园区集聚、企业向园区集中。

5. 以分业施策为思路，持续优化传统产业

装备工业领域，工程机械重点围绕打造世界级产业集群，加快补齐液压件、发动机及底盘等关键零部件短板，支持三一、中联等龙头企业进军世界500强；轨道交通装备发挥国家制造业创新中心的引领作用，争取高铁项目，加快衡阳比亚迪云轨、中高速磁浮研发等项目进度，形成新的增长点；电力装备顺应能源形态变化，支持新能源装备企业加快布局智慧能源，拓宽市场领域。原材料工业领域，冶金行业加大创新力度，瞄准国内外中高端需求，以及省内工程机械、轨道交通装备、航空航天等优势产业配套，开发新产品；有色行业延长产业链条，有针对性地引进企业和项目，向精深加工、向下游市场延伸，提高附加值；化工行业支持省内优质企业发展壮大，并抓住化工产业结构和区域布局调整的机遇，瞄准巴斯夫等国际巨头引进一批好项目；建材行业扩大新型、绿色建材的生产和应用，压减低效产能，优化行业布局和组织结构。消费品工业领域，食品行业通过招大引强，提高产业集中度和产品知名度；医药行业着力破除当前创新投入不足、创新能力不强的局面，引导支持省内龙头企业加大创新投入；轻工和纺织行业适应个性化、高端化需求提升品牌影响力，充分运用工业互联网等新技术加快数字化网络化智能化转型。对民爆行业加强日常监管，打击非法违法行为，确保安全生产，实现高质量发展。

6. 以数字经济为突破口，抢抓机遇培育新的增长点

电子信息制造业领域，加快打造享有盛誉的国家级产业集群，以高端设计、第三代半导体及特色工艺制造、重大装备为重点，加快发展集成电路产业，巩固发展电池和电子材料、应用电子、电子陶瓷、印制电路板等特色产业，做大做强智能终端及配套、新型显示器件等新兴产业。自主可控计算机及信息安全领域，抓紧编制《湖南省计算机产业招商地图》，以"PK""鲲鹏"两大体系打造为突破口，发挥世界计算机大会和长沙国家网络安全产业园等平台作用，强化精准招商，提升国产计算机本地配套能力；支持长城整机株洲基地加快向200万台产能扩充。5G领域，重点争取国家支持，加大5G基础设施建设力度；面向智能制造、交通物流、能源电力等领域打造20个左右示范应用场景，形成一批可复制可推广的行业应用标杆；大力发展5G产品，加快推进岳阳新金宝代工华为高端制造、长沙比亚迪电子智能终端等项目建设；发挥

无线电管理在 5G 干扰协调等方面的重要作用。人工智能领域，以创新应用为重点，开发一批新产品，培育一批骨干企业；发挥国家智能网联汽车（长沙）测试区、先进轨道交通装备国家制造业创新中心等平台作用，支持智能运载、智能工程机械、智能机器人等智能终端产品研发及产业化。大数据领域，重点发挥 12 个省级大数据产业园的集聚效应，强化大数据基础治理，开展工业大数据应用示范。区块链领域，组织开展区块链集成创新应用示范，结合工业互联网、智慧城市、中小企业服务体系建设等，应用区块链探索数字经济模式创新。超高清视频领域，重点支持马栏山视频文创产业园与腾讯合作打造全球领先的 5G 视频基地，推进华为超高清视频共享制作云平台建设，促进超高清视频内容创作企业集聚；支持建设计算媒体研究院、设立光电显示研究院，推动超高清视频及光电显示领域技术研发。工业互联网领域，挖掘 10 个左右"5G +工业互联网"典型应用场景，争取工程机械或轨道交通装备进入工信部 10 个"5G + 工业互联网"重点行业之一；推动产业链骨干企业建设企业级平台，提升产业链协同发展水平；开展产业集群工业互联网创新发展示范，面向特色产业集群遴选一批工业互联网服务商和"上云上平台"标杆企业；开展工业 App大赛，推动成立湖南省工业技术软件化创新中心。移动互联网领域，把握消费互联网加快转入产业互联网发展期的趋势，推动出台支持移动互联网发展政策3.0 版，支持长沙市创建中国软件名城。

7. 以重大展会活动为载体，促进产业开放融合发展

一是加强省内产业合作对接。举办好 2020 世界计算机大会等重大活动展会。充分发挥行业协会、产业联盟作用，发掘省内产业链上下游、产学研用金、军民融合等方面的需求，提高合作对接的精准度。支持厅属单位积极对接省内企业和园区，在产品开发、人才培养等方面深化合作。支持各市州、园区之间加强沟通协作，实行定向招商、专项合作。二是深化区域产业合作。进一步用好与京津冀地区、长三角地区、泛珠三角区域尤其是粤港澳大湾区的产业合作机制作用，引导和鼓励企业积极参加跨区域产业合作交流活动，加快承接产业转移。有针对性地组织省内企业参加境内外重大展会展览，帮助企业加强产品推介、寻求合作机遇，提高市场占有率和影响力。支持省内优势企业参与"一带一路"建设，扩大国际产能合作。三是加快推进军民融合产业发展。

8. 以专精特新为导向，加快发展非公经济和中小企业

一是营造更利于发展的政策法治环境。加强《中小企业促进法》宣讲贯彻，做好《湖南省实施〈中华人民共和国中小企业促进法〉办法》修订工作，争取年内出台实施。指导督促市县两级政府根据实际情况安排中小企业发展专项资金，探索设立中小企业发展基金。继续开展"政策进园区、进企业"宣讲，做好惠企政策汇集解读、执行调度和督促落实，打通政策落地"最后一公里"。二是健全更加精准的公共服务体系。加快建设湖南省中小企业融资服务平台，打造成企业的"娘家"和政府服务的"窗口"。继续推进县市区中小企业公共服务综合平台建设，培育15家以上省级示范窗口服务平台，实现省市县三级中小企业实体服务平台、工业新兴优势产业链窗口服务平台、重点园区服务平台全覆盖。三是完善更有效率的双创服务机制。建设中小企业创新创业基地，积极创建国家双创载体升级项目，联合高校、科研院所、行业协会等力量深度服务中小企业创新创业。继续组织"创客中国"中小企业创新创业大赛。推行现代企业制度，组织开展"千家企业管理创新对标"行动，提升中小企业专业化能力和管理水平。提升领军企业家研修班、领军企业高级经营管理人才研修班品质，培养更多经营管理人才。四是培育更有影响力的示范标杆企业。聚焦工业新兴优势产业链、工业"四基"创新、区域特色产业转型升级等重点领域，再认定省级小巨人企业240家以上、累计达到1000家，继续培育一批国家专精特新小巨人企业。积极组织华菱、三一等大型企业申报国家级单项冠军项目，培育20个左右省级单项冠军。

B.13
2019年湖南财政运行情况及2020年展望

石建辉[*]

摘　要： 2019年湖南财政运行稳中有进，积极财政政策加力提效，推动三大攻坚战取得关键进展，民生保障水平不断提升，财政改革持续深化，财政管理进一步规范，有力服务了全省改革发展稳定大局。当前，财政经济面临错综复杂的形势，诸多利好因素不断累积，但困难和风险也明显增多。2020年，全省财政系统将紧紧围绕中央和省委、省政府决策部署，提质增效实施积极财政政策，全力以赴打赢疫情防控阻击战，全面提升财政收支工作质量，坚决打赢三大攻坚战，持续保障和改善民生，全面加强财政管理监督，纵深推进财税改革，努力为湖南全面建成小康社会和"十三五"规划圆满收官提供坚实财力保障和政策支持。

关键词： 财政政策　财税改革　财政管理　高质量发展　湖南

一　2019年全省财政运行情况

2019年，全省财政系统坚持以习近平新时代中国特色社会主义思想为指导，全面贯彻落实中央和省委、省政府决策部署，积极应对复杂严峻的经济形势，知难而进、迎难而上，财政运行稳中有进、稳中趋优、稳中提质，有力服务了全省改革发展稳定大局。

---

[*] 石建辉，湖南省财政厅党组书记、厅长。

（一）收入规模再上新台阶，财政运行保持总体平稳

坚持量质并举抓收入，有增有减保支出，财政实力进一步增强。一是财政收入全面迈上"5432"新台阶。深入开展财税收入大调研，加快推进财税综合信息平台建设，出台推动创新发展4条财税政策，研究制定税收稳增长20条措施。2019年，全省财政总收入突破5000亿元大关，达到5064亿元；全口径税收突破4000亿元大关，达到4119亿元；地方一般公共预算收入突破3000亿元大关，达到3007亿元，同比增长5.1%，超额完成增长4%左右的预期目标；地方税收突破2000亿元大关，达到2062亿元，同比增长5.2%。二是支出保障更加有力。全省一般公共预算支出突破8000亿元大关，达到8034亿元，同比增长7.4%；加上政府性基金预算、国有资本经营预算，"三部预算"总支出突破1万亿元。民生支出5644.4亿元，增长7.7%，占一般公共预算支出的比重达到70.3%。一般性支出压减10%，"三公"经费继续只减不增。加快资金下拨，2019年省级专项按期下达率达到99.2%，比上年提高24.6个百分点，预算执行进度稳居全国前列。三是收入质量大幅提升。在岳阳试点的基础上，从5月起在全省推开做实地方收入工作，收到了良好成效。非税占比下降到31.4%，三年连降11.1个百分点，已基本接近中部地区平均水平，"收入质量提升三年行动计划"顺利收官，财税收入步入高质量发展新阶段。四是争取中央支持成效明显。全年中央财政共下达湖南各类补助3691.2亿元，增长5.7%，规模居全国第3位。其中均衡性转移支付、县级基本财力保障机制奖补两项主要财力性转移支付，增量均居全国第一。争取新增债券1136亿元，增长35.2%。

（二）加力提效实施积极财政政策，着力增强经济发展动力活力

充分发挥财政政策精准调控优势，推动全省经济加快实现质量变革、效率变革、动力变革。一是落实减税降费政策得到中央肯定。按照"就高不就低"原则出台地方配套政策，2019年，全省新增减税460多亿元，社保降费60多亿元，规模超出过去三年的总和，拉动GDP增长超过0.8个百分点。湖南减税降费工作行动快、措施实、效果好，中央深改办在《改革情况交流》第64期进行了专题推介。二是支持创新引领开放崛起战略落地见效。推动出台创新型省份建设"财政十条"。将高校、科研院所纳入财政研发奖补范围，继续实

施工业企业技术改造税收增量奖补政策。综合运用财政补助、转贷债券和税收奖补等措施，着力支持岳麓山大科城和马栏山视频文创园建设。支持实施开放崛起五大专项行动，成功举办首届中非经贸博览会等重大国际展会。三是助力"产业项目建设年"活动。出台支持现代服务业、道路货运物流业、冷链物流业加快发展一揽子政策。建立纳税骨干企业对口服务机制，发布税收贡献百强榜单，表彰奖励优秀高新技术企业。积极推动"五个100"重大产业项目落地见效，安排债券资金110亿元支持园区建设。省财政筹资33亿元，支持实施"135"工程升级版。参股国家制造业转型升级基金、军民融合产业投资基金。指导财信金控加快运营新兴产业投资基金，母基金规模200亿元，组建马栏山文创基金等9只子基金，规模达380亿元。支持财信金控投资红土航空，推动其迁址湖南，实现湖南省航空公司零的突破。四是推进供给侧结构性改革。实行退坡财政奖补政策，引导煤炭、烟花爆竹、造纸等行业落后企业"多关、早关"。在长沙实施房地产价格调控一揽子税收政策。支持融资担保集团纳入国家融资担保基金第二批合作单位，获得200亿元授信，信用等级提升至AAA，再担保体系实现14个市州全覆盖，再担保业务综合排名全国第八。启动省本级政府采购合同线上融资。在35个贫困县和湘赣边区县试行省、县两级财政信贷风险补偿机制。五是促进城乡区域协调发展。筹集国省预算内基建资金220亿元，支持城乡基础设施补短板。省财政安排资金22.6亿元，加快推进农业"百千万"工程和"六大强农行动"。支持实施优质粮油工程。国省补助60.9亿元，建成高标准农田364万亩。省级投入34.8亿元，支持重大水利工程建设。做优做精政策性农业保险，全省保费总额突破40亿元。规范财政惠民惠农补贴"一卡通"管理，向6883万人次发放各类补贴329亿元。支持推进"厕所革命"，建设美丽乡村。

（三）始终保持战略定力和韧劲，着力打好三大攻坚战

紧盯重点任务，保持坚如磐石的定力，推动三大攻坚战取得关键性进展。一是全力防控政府债务风险。督促市、县增收节支化解债务，促进债务合规转化，隐性债务超额完成向中央备案的化债任务。成功争取财政部相关试点政策，获数百亿元额外置换债券支持。协调金融机构实施"六个一批"措施，上千亿元平台公司到期债务风险得到缓释。定期开展风险预警，建立跨部门联合监管机制。在全国率先出台平台公司融资负面清单和转型指南，全省超过

2/3 的平台公司被注销或合并，推动省高速公路集团和长沙轨道集团成功转型。全年发行政府债券 2560.16 亿元，发行成本下降 32 个基点，可节约利息 114 亿元。首次发行 15 年期、30 年期政府债券和棚户区改造、园区建设、"两供两治"专项债券，尝试将专项债券资金用作重大项目资本金。全国首个 DPL 项目（世界银行发展政策贷款）顺利通过验收，获世界银行"高度满意"评价。二是加力推进精准扶贫。国省扶贫专项突破 100 亿元，51 个贫困县统筹整合涉农资金 163 亿元，新增统筹资金的 50% 投向深度贫困地区。省级补助 14.6 亿元，实施四类对象危房改造 3.4 万户，提前完成"十三五"任务。完善扶贫资金动态监控系统，实现信息共享、风险预警等功能。出台政府采购贫困地区农副产品政策。三是大力支持污染防治。省级投入 50.25 亿元，重点支持打好蓝天、碧水、净土保卫战。"四水"流域市、县全部纳入流域生态补偿范围，兑现环境空气质量奖惩政策，与重庆、江西共建跨省流域横向生态补偿机制。安排国省资金 20.21 亿元，推进湘江流域和洞庭湖山水林田湖草生态保护修复工程试点。在全国率先出台两型（绿色）产品首购政策。

（四）坚持保基本、兜底线、建机制，着力提升民生保障水平

保持民生投入稳定增长，有效提升了人民群众的幸福感、获得感和安全感。一是支持一批重大民生政策提标扩面。义务教育生活补助政策覆盖所有家庭经济困难学生，农村基层教育人才津贴政策扩展到非贫困县。企业退休人员基本养老金"十五连调"，达到每人每月 2500 元。城乡居民养老保险基础养老金最低标准达到每人每月 103 元。持续提高城乡居民医保和基本公共卫生服务财政补助标准。城乡低保指导标准分别达到每人每月 500 元、308 元。残疾人"两项补贴"均提高到每人每月 60 元。二是支持一批重大民生实事圆满办成。筹集国省资金 28.9 亿元，支持落实稳就业政策。从全省失业保险基金结余中拿出 28.6 亿元，支持实施职业技能提升行动。省级补助 21.49 亿元，消除义务教育大班额 2 万个，建成芙蓉学校 24 所。支持提升基层公共卫生服务能力，村卫生室、县市二甲公立医院实现全覆盖，所有乡镇卫生院至少有一名全科医生。支持实施基层公共文化服务体系建设三年达标行动，省美术馆正式开馆并免费开放。打好财政补贴、农业保险、贷款贴息"组合拳"，防控处置非洲猪瘟疫情。三是支持一批重大民生制度不断完善。建立学前教育生均公用经费拨款制

度，实现各个教育阶段全覆盖。在全国率先实施企业职工养老保险省级统筹。设立省级特殊困难援助资金，落实退役士兵社保接续等解困政策。启动社会救助和保障标准与物价上涨联动机制。支持建立防灾救灾减灾长效机制。

（五）聚焦财政工作痛点、难点和堵点，着力深化财税改革、规范财政管理

坚持以问题为导向，向改革要红利，向管理要活力，推动财政法治水平不断提高。一是纵深推进预算制度改革。省级专项由75项整合到47项，深入推进涉农领域"大专项＋任务清单"管理改革。出台全面实施预算绩效管理实施意见，探索对重大项目开展事前绩效评估，重点绩效评价范围拓展到政府债务项目、PPP项目、部门整体支出等领域。首次向省人大常委会报告省本级重大投资项目资金安排情况，选择24个省级专项报告绩效目标。下大力气盘活存量资金资产，全年收回省直部门结转结余资金15亿元，是近年来力度最大的一年。二是稳步推进省以下财政体制改革。出台基本公共服务、医疗卫生领域省与市、县共同财政事权和支出责任划分改革办法。优化省对下转移支付制度，一般性转移支付比重提高到81.1%。省对下财力性转移支付规模增长18.1%，是近年来力度最大、增幅最高的一年。建立经费分类保障机制，加强基建项目资金管理，确保了省以下法检"两院"高效运转。三是进一步理顺财政监管职能。按照"四个一批"原则，分类推进省级党政机关和事业单位经营性国有资产集中统一监管。连续两年代表省政府向省人大常委会报告国有资产管理情况，首次向全省人民亮出全省行政事业性国有资产家底。积极履行国有金融资本出资人职责，融资担保集团、湘诚担保、省长株潭试验区小额贷款公司划转财政厅管理。四是不断提升财政规范化管理水平。选择14个县市区开展县级预算编制审核试点，持续清收财政暂付款，国库资金调度由每月1次改为2次，全年没有市县发生"三保"风险事件。加强内控建设，聚焦重大政策、重大专项开展财政监督。全面推进政府会计制度改革，2.5万家单位实施新政府会计准则制度。加快投资评审职能转型，省本级审减率达到20%。省本级电子财政一体化系统上线运行，财政大数据中心初步建成，17个市县试点有序推进。规范乡村财政财务管理，星级财政所达到569个。

（六）突出党建引领作用，着力推进全面从严治党

扎实开展"不忘初心、牢记使命"主题教育，认真学习贯彻习近平新时代中国特色社会主义思想，深入开展调查研究、问题剖析和专项整治，高质量开好专题民主生活会。坚持党建与业务同谋划、同部署、同考核，探索党建与业务深度融合新路径。举办全省财政系统庆祝新中国成立70周年文艺汇演，编撰《党的十九大以来湖南财政改革发展纪实》，展示了全省财政干部爱党爱国、砥砺前行的精神风貌。出台厅机关整治形式主义官僚主义10条措施，推动"基层减负年"各项要求落实落地。深入推进反腐败斗争，支持纪检监察机构运用"四种形态"监督执纪问责。编印《湖南省财政系统违纪违法典型案例警示录》，以身边事教育身边人。组建省财政事务中心，启动职务与职级并行改革。坚持新时期"好干部"标准，将一大批德才兼备的优秀青年提拔交流到重要岗位。拓宽干部培养锻炼渠道，连续选派干部援疆援藏、基层扶贫，推荐3名同志到中央党校中青班学习。建立干部职工厚爱机制，树立先进典型，激发奋进力量。

与此同时，也要清醒看到，当前全省财政工作还存在一些困难和短板，主要表现为"五对矛盾"：一是减收与增支的矛盾。近年来财政减收的因素很多，各种支出却还在刚性增长，一减一增，导致财政收支的"剪刀差"不断扩大。二是保增幅与提质量的矛盾。在税收增长乏力的背景下，部分市、县虚增空转非税收入的冲动依然存在，保增幅与提质量时常陷入两难境地。三是稳增长与防风险的矛盾。许多市、县存量债务包袱沉重，财政运行处于一种动态弱平衡。既要保增长，落实"六稳"要求，又要防风险，偿还债务本息，"稳"与"防"的度难以把握。四是保障支出与规范管理的矛盾。各级要重点保障的支出类别很多，不少市县捉襟见肘、难以兼顾，就不管轻重缓急，拆东墙补西墙，甚至搞赤字预算安排一些当地自定项目，突破了最基本的规矩和底线。五是支出规模增长与资金绩效不佳的矛盾。这些年各个口子的支出规模都在刚性攀升，但财政资金使用绩效提升较慢，一些部门单位重分配、轻绩效的惯性思维还根深蒂固，纳税人的钱没有发挥出应有的价值。这些矛盾和问题，迫切需要采取有效措施，努力加以解决。

二 当前财政经济形势研判

做好财政工作，要善于观大势、谋全局，从中发现机遇、为我所用，积极应对挑战，努力化危为机、变不利为有利，牢牢掌握财政工作主动权。

从有利的方面看，诸多利好因素在不断累积。我国发展仍处于重要战略机遇期，经济稳中向好、长期向好的基本趋势没有改变。全省近几年发展势头强劲，经济发展的质量和效益显著增强。特别是创新引领开放崛起战略深入实施，"产业项目建设年"活动扎实推进，为财政经济持续健康发展积蓄了强劲动能。同时，2020年中央将继续加大宏观政策逆周期调节力度，积极的财政政策大力提质增效，减税降费持续发力放水养鱼，专项债券规模和中央基建投资大幅增加，一般性转移支付向财力薄弱地区倾斜。此外，财政部正研究出台推动高质量发展、鼓励科技创新、支持长江经济带发展、促进中部地区崛起的财税支持政策，这些重大利好为全省财政经济高质量发展提供了难得的政策窗口。

从不利的方面看，预计2020年财政经济形势将更加复杂严峻。世界经济运行风险和不确定性显著上升，经济发展的困难和风险明显增多。从湖南来看，投资增长后劲不足，烟草、钢铁、有色、化工等传统支柱产业发展明显放缓；消费增长受到瓶颈制约，石油、汽车消费低迷；出口增长不确定性增多，难度加大；企业生产经营困难，就业矛盾凸显，小微企业、民营企业融资难、融资贵问题仍然突出，营商环境有待进一步优化；金融短板仍未补齐，金融风险不容忽视，经济下行压力将不可避免地传导和反映到财政运行上。从财政收入来看，大规模减税降费带来的减收效应持续释放，价格对财政收入的拉动作用减小，财政增收动力减弱，收入增速换挡综合征更加明显，持续低增长已经成为新常态。特别是2019年底突发的新冠肺炎疫情，给实体经济和"六稳"工作带来了较大冲击，尤其对酒店餐饮、文化旅游、影视娱乐、交通运输等消费型服务业影响较大。为应对疫情，中央出台了许多减税降费政策，比如在疫情期间，对重点保障物资生产企业实行税收优惠，免征部分行政事业性收费和政府性基金，免收全国所有收费公路通行费，阶段性减免企业社保费及缓缴住房公积金，等等，这将对一季度的收入组织造成直接影响。从争取中央支持的角度看，2020年中央对地方转移支付增幅较低，新增一般债券增量十分有限，扶贫开发支出重点向"三区三州"等深度贫困地区倾斜，建设发展支出重点向雄安新区、粤港澳大湾区等重大战略聚焦，各省区市普遍加大了向上争资的力度，湖南要在高基数上争取更多中央转移支付，难度较大。综合预判，2020年收支平衡将更加趋紧，平衡压力将是近年来最大的一年，个别市、县财政运行将更为艰难。

三　2020年全省财政工作重点

2020年，全省财政系统将紧紧围绕中央和省委、省政府决策部署，加力提效实施积极财政政策，努力为全省全面建成小康社会和"十三五"规划圆满收官提供坚实财力保障和政策支撑，重点做好八项工作。

（一）以"坚定信心、同舟共济、科学防治、精准施策"为总要求，全力以赴打赢疫情防控阻击战

进一步提高政治站位，加强联防联控，做好坚强保障。一是全力保障疫情防控资金供给。根据疫情态势和防控需要，继续做好经费保障工作。开辟支付和采购"绿色通道"，确保防控资金及物资以最快速度直达相关单位和企业。强化防疫资金监管，确保资金安全高效使用。二是打好财税政策"组合拳"。根据疫情防控需要，继续出台和完善相关财税政策。特别是围绕支持企业复工复产、帮扶企业渡过难关、刺激居民消费等方面，做好政策储备，最大限度减少疫情对"六稳"的影响和冲击。三是加快完善重大疫情防控体制机制。针对这次疫情暴露出来的问题，进一步优化医疗卫生投入结构，着力支持基层防控能力和公共卫生队伍建设，完善重大疫情防控救治体系和应急物资保障体系，健全重大疾病医疗保险和救助制度。

（二）以新发展理念为指引，全面提升财政收支工作质量

按照新发展理念和高质量发展要求，坚持量质并举抓收入，持续优化支出结构，稳步提高GDP含金量。一是确保完成收入目标。研究实施税收稳增长"1＋N"政策措施，持之以恒拓财源，齐心协力抓征管，确保圆满完成全年地

方一般公共预算收入增长4%左右的目标任务。进一步提升收入质量，对虚增空转紧盯不放、严惩不贷，确保全省非税收入占比下降到30%以下。二是下大力气压减一般性支出。牢固树立"过紧日子"思想，在2019年压减10%的基础上，进一步加大一般性支出压减力度。运用零基预算理念对支出安排进行全面梳理，按照"有保有压""能增能减"的原则深度调整支出结构，大幅压减非刚性、非重点项目支出、低效无效支出和标准过高的支出。坚守财政保障优先次序，优先安排疫情防控支出和"三保"支出，全力保障"一脱贫三促进六覆盖"民生项目支出，足额保障中央和省重大部署支出。三是启动实施"提升税收占比三年行动计划"。通过压实省直涉税部门源头管税、协税护税责任，形成横向联动、齐抓共管的工作合力；压实市州党委政府责任，以税收贡献论英雄，形成纵向贯通、齐头并进的工作合力，力争通过三年时间的努力，使湖南税收占GDP比重达到中部地区平均水平，缩小与全国平均水平的差距。

（三）以推动经济高质量发展为导向，大力实施积极财政政策

充分发挥财政逆周期调控职能和结构调整优势，巩固提升全省稳中向好发展态势。一是着力推进创新开放。继续实施企业、高校和科研院所研发后补助、工业企业技改税收增量奖补政策。大力支持岳麓山大科城和马栏山视频文创园建设。支持郴州建设国家可持续发展创新示范区。持续增加开放型经济投入，重点支持"一带一路"沿线国家合作、中非经贸交流、国际客货运航线开辟、湘南湘西承接产业转移示范区建设。积极争取自贸区财税支持。二是大力支持产业建设。重点支持特色产业小镇、产业转型升级等重点领域和项目。分档精准奖补，推动实施创新创业园区"135"工程升级版。采取"一事一议"方式，支持市县招引重大产业项目、发展总部经济。将市县上划省级增值税、企业所得税当年增量的30%奖励给市县。充分发挥新兴产业投资基金"投""引"双重功能，支持省内私募股权投资机构加大投资，做优做强区域性股权市场。扩大省、县两级信贷风险补偿机制覆盖范围。三是加快实施乡村振兴战略。支持湘赣边区域合作示范区发展。研究出台促进县域经济高质量发展的财政支持措施。继续实施三个"百千万"工程、"六大强农行动"、优质粮油工程，做强农业特色优势产业。全面完成"十三五"高标准农田建设任

务。培育壮大集体经济，努力消除"空白村"。开展政策性农业保险承保机构竞争性遴选。全面完成农村人居环境整治三年行动计划，实施农村"厕所革命"整村推进奖补政策。四是推进基础设施补短板。完善省、市、县分担机制，创新融资方式，加快推进市市通高铁，推动实现县县通高速、村村通硬化路。多元共建推进城镇老旧小区和农村危房改造。支持犬木塘、莽山、椒花水库等重大水利工程建设。专项债券重点支持交通、生态环保、市政和产业园区等领域，将20%左右额度用作重大项目资本金。

（四）以精准补短板为着力点，全力打赢三大攻坚战

在巩固已有成果的基础上，聚焦短板、精准发力，力争取得更好成效。一是确保全面实现脱贫攻坚目标任务。省级扶贫专项突破50亿元，全力保障脱贫攻坚决战决胜。聚焦"两不愁三保障"，推动政策和资金向深度贫困地区和特殊贫困人口倾斜。落实贫困县涉农资金统筹整合、产业扶贫、就业扶贫、消费扶贫等政策，巩固提升脱贫成果。优化动态监控平台，进一步加强扶贫资金监管。研究财政接续推进减贫工作的支持政策。二是推动实现污染防治攻坚战阶段性目标。加大资金统筹力度，创新资金管理模式，资金分配与水质优化、空气质量改善情况挂钩。支持长江流域重点水域退捕渔民转产就业。加快推进乡镇污水处理设施建设四年行动计划，实现洞庭湖区建制镇全覆盖。大力支持生态廊道建设。对省内流域上下游市县签订横向生态补偿协议给予补助，推动与广东、湖北等省建立跨省流域生态补偿机制。出资认缴国家绿色发展基金。三是大力防范化解政府债务风险。建立涵盖专项债券全生命周期的管理制度和项目管理系统。改革专项债券分配模式，加快债券发行使用进度。建立重大项目立项管控机制，从严控制高风险地区新上政府投资项目。严格执行化债方案，积极稳妥化解存量隐性债务，严禁搞虚假化债隐蔽后移风险。对重点地区、重点平台的债务风险实行重点调度、重点预警和重点提示，对存在重大风险的地区依法实施财政重整。充分发挥金融机构作用，加大"六个一批"措施落实力度，重点推进"债转股"。着力破解转型瓶颈，选择3~5个市、县城投公司开展市场化转型试点。严格实行交办制、台账制、销号制、通报制和约谈制，对违法违规举债问题，核实一起、问责一起、查处一起。

（五）以加强普惠性、基础性、兜底性民生建设为重点，让更多发展成果惠及三湘百姓

聚焦"一脱贫三促进六覆盖"，持续加大民生投入，精准落实帮扶措施，切实把以人民为中心的发展思想落到实处。一是支持就业优先政策。把稳就业作为重中之重，省级就业专项达到4亿元。落实稳岗补贴、技能提升补贴、社保降费等援企稳岗政策，支持抓好受疫情影响失业人群、高校毕业生、退役士兵、下岗失业人员等重点群体就业工作。完善创业担保贷款贴息以及创业资金奖补政策，对农民工回乡首次创业给予支持。二是支持办好优质公平教育。学前教育生均公用经费拨款制度扩大到普惠性民办幼儿园，大幅增加公办幼儿园学位。落实奖补政策，基本消除义务教育大班额，新开工建设一批芙蓉学校。支持推广"泸溪经验"，促进城乡义务教育优质均衡发展。高中生均公用经费标准提高到每年1000元。支持创建国家职业教育改革先行示范区，规范高校财务管理和债务审批管理。三是支持医疗卫生及文体事业发展。支持建设区域医疗中心，方便群众就近就医。继续提高城乡居民医疗保险和基本公共卫生服务财政补助标准。改善乡镇卫生院医疗条件，缓解村卫生室运行困难。健全财政保障机制，促进基本公共文化服务标准化、均等化，大力发展文化事业，推动文化旅游产业融合发展。四是筑牢社会保障网。全面推进养老、失业、工伤保险省级统筹。调整提高企业退休人员和城乡居民基本养老金水平。继续提高优抚对象、企业军转干部生活困难补助标准，农村低保标准每人每年不低于4000元。建立事实无人抚养儿童基本生活补贴制度。加强社保基金运行管理，划转部分国有资本充实社保基金。

（六）以"市县财政管理规范年"行动为抓手，全面加强财政管理监督

健全制度，强化问责，进一步提升法治管理水平，防范财政运行风险。一是划定"六条红线"。严禁脱离实际虚增收入来源、编制隐性赤字预算；严禁留有"三保"支出硬缺口；严禁超越发展阶段和财力可能出台增支政策、无预算超预算安排支出；严禁违规出借、拨付库款；严禁违规举借和使用债券资金；严禁低效无效使用和浪费财政资金。二是建立健全"四项机制"。建立

市、县政府"一把手"负责制,明确市县政府主要负责人、分管负责人承担财政管理主要责任;健全预算编制审核机制,选择48个县市区开展县级预算编制事前审核;健全预算执行监控机制,根据市、县财政运行风险情况,列出"重点关注名单",实行动态监控;建立民生政策备案制,市县对民生政策提标扩面,及时报送省财政厅备案。三是大力清理消化历年结转应付未付款项及财政暂付款。对历年来在财政总账之外反映的应安排或承诺安排的未拨付资金,分类处理,不必兑现的,一律予以取消;必须安排的,纳入当年预算统筹考虑。加快推进暂付款清理工作,确保完成年度清理任务,严禁违规新增暂付款,严禁通过调整财务报表搞虚假清理。四是强化财政监督职能。加大预算管理监督力度,抓好重大财税政策执行监督,全力配合省人大开展预算联网监督。加强会计监督,推动会计信息质量和中介机构执业质量双提升。完善内控制度,建立健全财政资金分配使用全程留痕、责任可追溯的监管机制。在省、市、县三级全面上线电子财政一体化系统。强化财政惠民惠农补贴基础数据审核管理。加强财政执法监督,做好"七五"普法总结验收工作。

(七)以实现治理现代化为目标,纵深推进财税改革

以踏石留印、抓铁有痕的韧性,创造性地推动财税改革迈向纵深。一是进一步完善省以下财政体制。紧跟中央改革步伐,力争基本完成主要领域省以下财政事权与支出责任划分改革。大幅压减专项转移支付,进一步下放项目审批权和资金分配权。加大一般性转移支付力度,推动基本公共服务均等化,促进区域均衡发展。加强对困难地区的帮扶支持,防止出现"三保"风险。研究完善财政省直管县体制机制,调动省、市、县三级积极性。在长沙开展下放省级税收收入规模试点,积累经验后在全省推开。二是深化预算管理改革。建立项目支出分级管理制度,完善预算支出标准体系。将所有省级专项绩效目标提请省人代会审查。出台预算支出绩效评价、绩效评价结果应用、政府债务项目绩效管理等一系列管理办法。以教育、科技、文化等重点民生专项为突破口,严格将绩效评价结果与预算安排及政策调整挂钩,逐步实现省级专项全覆盖。建立健全财政审计联动机制,推进绩效管理工作与人大、纪检监察等部门信息共享。三是落实减税降费和税制改革部署。全面落实中央2020年新出台减税降费措施,实质性降低企业税费负担。完善财税综合信息平台,密切关注各行

业税负变化，做好效果监测和总结评估。跟踪中央部分品目消费税下划地方改革进展，提前做好预案。完成资源税地方配套立法。四是加快推进其他重点改革。在8个试点县开展公共财政管理能力评估。出台全省深化政府采购制度改革实施方案。健全国有金融企业出资人职责、工资总额决定、产权登记等一揽子制度办法。开展政府资产负债管理试点。全面完成省级党政机关和事业单位经营性国有资产集中统一监管改革。盘活用好存量资产，推动资产大数据管理，建立资产处置公示制度。建立省以下法检"两院"公用经费动态调整机制，完善跨部门涉案财物管理制度，出台办案成本补偿办法。强化投资评审事前控制，完善部门预算评审制度，健全项目支出标准体系。全面实行财政授权支付。

（八）以新时代党的建设总要求为标准，全面提升党建工作水平和干部队伍素质

深入学习贯彻习近平新时代中国特色社会主义思想，巩固深化"不忘初心、牢记使命"主题教育成果。强化政治建设统领地位，把纪律和规矩挺在前面，确保财政工作始终保持正确的政治方向。持之以恒纠治"四风"，从讲政治的高度整治形式主义、官僚主义。大力支持和配合纪检监察机构履行监督责任，推动主体责任和监督责任协调贯通、层层落实，共同维护风清气正的政治生态。在全省财政系统推行"三个第一时间"的工作理念，不断提升财政工作的主动性和执行力。以提高治理能力为重点，创新干部培训锻炼模式，打造高素质专业化财政干部队伍。落实新时代好干部标准，大力选拔培养优秀年轻干部，强化干部梯队建设，建立省级人才库、专家人才池、复合人才池，用好专家工作室。完善财政干部厚爱机制，探索建立干部容错纠错机制，激发干部担当作为。

B.14
2019年湖南住房和城乡建设情况及2020年展望

鹿　山*

摘　要： 全省住房和城乡建设系统深入实施"创新引领开放崛起"战略，主动对标高质量发展要求，发挥新型城镇化建设指引作用，持续打造"人文住建、绿色住建、智慧住建、廉洁住建"，全力构建"政府＋协会学会＋科研院校＋企业"的住建大格局体系，努力实现更高质量、更有效率、更可持续的发展。

关键词： 住房市场　城乡发展　高质量发展　湖南

2019年，在住建部和湖南省委、省政府的坚强领导下，全省住房和城乡建设厅系统坚持以习近平新时代中国特色社会主义思想为指导，深入实施"创新引领开放崛起"战略，主动对标高质量发展要求，着力发挥新型城镇化建设指引作用，持续打造"人文住建、绿色住建、智慧住建、廉洁住建"，全力构建"政府＋协会学会＋科研院校＋企业"的住建大格局体系，努力实现更高质量、更有效率、更可持续的发展，各项工作取得了新的进展和成效。

一　2019年发展回顾

（一）着力构建新型城镇体系，新型城镇化质量不断提高

城镇发展持续优化。推进以人为核心的城镇化，着力提高户籍人口城镇化

率，调整完善户口迁移政策，推动邵东撤县设市，平江、湘阴、双峰、衡南等县城镇撤镇设街道，2019 年全省常住人口城镇化率达到 57.22%，比 2018 年提高 1.2 个百分点。长株潭一体化取得新进展，"三干两轨"重点项目加速推进。长沙市地铁 4 号线，湘府路快速通道改造竣工通车。郴州市大十字城镇群、邵阳东部城镇群等区域城镇群基础设施互联互通进展顺利。

城镇品质稳步提升。公共停车场、城市慢行系统等城镇基础设施、公共服务设施水平不断提高，湖南省城市停车设施建设经验获国办推介。在全国率先提出整县推进农村环境整治模式。醴陵市创建国家园林城市，耒阳市、洪江市、祁阳县、宁远县、蓝山县等 2 市 3 县建成省级园林城市（县城）。全省县以上城市已划定历史文化街区 38 片，确定历史建筑 1020 处。

城管改革加快推进。持续推进城管执法体制改革，省市县三级建立城管执法机构。完成了省级数字城管云平台（一期）项目建设，推动市县数字城管终端建设落地。开展"强基础、转作风、树形象"三年行动，加强城管执法人员轮训，规范城管执法行为。

（二）坚持以人民为中心，住房市场和保障体系逐步健全

房地产市场平稳健康发展。强化城市主体责任，指导长沙制定房地产长效机制试点工作方案，建立全省房地产调控政策"储备库"。坚持"房住不炒"定位，在全国率先取消长沙市二套住房契税优惠政策，遏制房地产投机和房价过快上涨势头，稳定了市场预期。2019 年全省新建商品住宅均价排名全国第27 位。长沙市域新建商品住宅均价在直辖市、省会城市（除拉萨外）中排名第 28 位。建设全省房地产市场监管平台，搭建省市县三级行政管理平台，强化网签备案管理，集中开展住房租赁中介机构乱象整治，有力整肃了房地产市场。长沙市获批全国住房租赁试点城市称号。

住房保障水平不断提高。全年争取棚改专项债券 200 亿元、中央专项补助和省级配套资金 85.55 亿元，完成 8 万套开工建设任务。湖南省被国务院连续三年表彰为棚户区改造积极主动、成效明显地区。农村危房改造成效显著，全覆盖鉴定 4 类重点对象房屋 280.2 万户，完成危房改造 7.66 万户，助推 718 个贫困村出列，20 个贫困县摘帽。《湖南省农村住房建设管理办法》印发实施。全年争取城镇老旧小区改造中央补助资金 47.43 亿元，居全国第二，1916

个老旧小区开工改造。全年基本建成公共租赁住房9558套，发放公租房租赁补贴14.32万户，累计分配入住108.77万套，分配入住率居全国第一。2019年全省归集住房公积金683.69亿元，发放个人住房贷款415.56亿元。

（三）坚持生态优先、绿色发展，不断提升城乡人居环境幸福指数

政策资金持续倾斜。搭建政策框架体系，出台《关于推进城乡环境基础设施建设的指导意见》等系列文件。打通资金渠道，全年争取中央资金204亿元，其中城市管网及污水处理补助资金居全国第三。召开城乡环境基础设施建设座谈会和项目对接会，搭建政银企合作平台，签约项目183个。开辟绿色通道，出台全省城乡生活污水治理PPP项目操作指引及通用合同，指导项目入库166个，总投资774亿元。联合省直八部门建立绿色通道，加快设施建设前期工作，城乡污水处理项目审批时限缩短一半。

六大工程全面启动。2019年全省城乡环境基础设施建设完成投资337.15亿元，同比增长62.3%；供水提质、污水处理、垃圾治理、黑臭水体整治工程共开工项目773个，完工371个，新改建城市供水管网1676公里、排水管网1068公里；"气化湖南"工程省内支干线完成管道焊接219公里，国家干线新粤浙全线贯通，超额完成年度任务。

人居环境显著改善。2019年全省地级城市建成区黑臭水体消除比例达到92.93%，岳阳市、湘潭市入选国家级黑臭水体治理示范城市。全省新增垃圾焚烧处理能力3150吨/日，整治农村非正规垃圾堆放点1134个，对生活垃圾进行基本处理的行政村比例达到92%。全省城市地下综合管廊已开工223.66公里，海绵城市试点建设已累计完工项目275个。常德市海绵城市国家试点，岳阳、津市、凤凰、望城省级试点完成验收评估。长沙、常德等地集镇公共空间整治成效明显。建立省、市两级建筑垃圾资源化利用工作联席会议制度，长沙、郴州建筑垃圾治理示范工作稳步推进。

（四）坚持高质量发展，建筑业转型升级步伐加快

"湖湘建造"品牌影响力不断提升。2019年全省建筑业完成产值1.08万亿元，同比增长12.7%，首次突破万亿大关。推进工程总承包和全过程咨询服务，2019年新签合同工程总承包份额超过2500亿元。积极开展全过程咨询

项目试点示范，项目准备阶段用时平均减少 1 个月以上。鼓励企业增加研发经费投入，全省特、一级建筑业企业研发经费达 48.95 亿元。传承工匠精神，支持行业创优创奖，全年创建鲁班奖 7 项、国家优质工程奖 17 项，评选芙蓉奖 108 项、省优质工程奖 281 项；绿色建材评价标识个数全国第一；6 名行业技能能手荣获省"五一劳动奖章"。

装配式建筑发展走在前列。启动全国首个省级装配式建筑全产业链 BIM 智造平台研发工作，联合长沙市成功举办第四届湖南"筑博会"。初步建成"天河微云"全省 BIM 公共数据服务平台，形成了全国规模最大的工程建筑 BIM 构件库。联合四部门印发《关于推进装配式建筑发展有关工作的通知》，召开全省推进装配式建筑工作现场会。在全国首届装配式建筑技能大赛中，湖南省企业获冠、亚军各 1 名，"吉首市一中"获全国唯一装配式建筑国家优质工程奖。湖南省入选全国首批装配式钢结构住宅建设试点省份，新增省级装配式建筑示范城市 3 个、省级产业基地 9 家。

（五）深化"放管服"改革，营商环境持续优化

工程建设项目审批制度改革深化推进。优化再造工程建设项目审批制度体系，实现审批流程、数据平台、管理体系、监管方式"四统一"。建成全省统一的工程建设项目审批管理系统，实现与国家数据 100% 实时共享。率先出台省级统一的审批工作指南和"多测合一"标准，实现审批事项、时限、环节、材料、跑动次数"五减少"，改革成效居全国前列。

"最多跑一次"改革成效明显。设立厅行政审批服务办公室，集中行使行政审批权。下放审批权限 34 项，取消 13 项。合并对外服务窗口，群众办事"只进一扇门"，行政许可事项 13 个工作日办结。上线"互联网＋政务服务"平台，推行电子化申报和审批，审批事项基本实现了"零见面、零跑腿、零纸张"。

图审改革效能不断提升。施工图审查全用时缩短至 14.7 天，审查时效同比提升 2/3。实现省内县市政府（含园区）购买施工图审查服务全覆盖。长沙数字化联合审图模式被住建部列入首批复制推广清单。在全国率先研发 BIM 审图系统。

招投标政策体系不断完善。制定出台《湖南省房屋建筑和市政基础设施工程施工招标投标管理办法》等一系列规范性文件，在全国率先出台《湖南

省房屋建筑和市政基础设施工程造价咨询招标评标暂行办法》。建立招标投标信用制度，完善"1＋X"招投标政策体系。建立施工和监理企业信用评价系统，推进招投标全流程电子化，推行保函替代现金担保。

（六）强化质量安全监管，安全生产水平稳步提升

质量安全监管有新作为。制定《湖南省建筑施工安全生产专业委员会工作规则》，明确建筑施工安全监管职责。开展"一活动两行动""双随机一公开"季度执法检查和质量管理标准化和安全生产标准化考评，开展"三包一挂"专项整治。将《城市房屋白蚁预防实施证明》纳入工程竣工验收备案管理，强化白蚁防治监管职能。统建"互联网＋智慧工地"施工现场监测和项目管理模块。开展保障农民工工资支付专项整治，打造"无欠薪工地"。加强工程造价"源头"管理，完成2019建设工程消耗量标准和《全国房屋建筑与装饰工程预算定额》部分项目编制工作。

消防安全监管有新局面。全面承接建设工程消防设计审查验收职能，系统新增消防编制191个，有效落实了人员、编制、经费等保障。建立了全省建设工程消防验收技术专家库，推动消防设计审查融入"多图联审"，消防验收与工程质量安全监督体系实现有机衔接。

运营安全监管有新力度。规范清理燃气特许经营市场，强化燃气设施安全生产管理。集中整治住房城乡建设系统交通问题顽瘴痼疾，加强城市桥梁信息管理系统应用，推动城市桥梁护栏升级改造。

（七）坚持党建引领，以工作成效提升群众满意度

扎实开展主题教育。针对省纪委反馈的住建民生领域突出问题，在全系统深入开展专项整治工作。查处291家违法违规中介机构，整肃住房租赁中介机构乱象。在系统深入推进扫黑除恶专项斗争，移送问题线索20余条，完成中央督导组反馈意见整改工作。在全省开展农村危房改造质量安全大排查大整改专项行动，农村危房改造典型做法被中纪委在主题教育"漠视群众利益问题专项整治"工作中推介表扬。

推动"共同缔造"活动。以农村自然村为单位，在长沙县金井镇蒲塘村等42个自然村启动美好环境与幸福生活共同缔造活动，安化县大园村入选第一

批住建部试点村。联合省委组织部、省民政厅印发了《关于加强城市居民小区党建工作的指导意见（试行）》，强化对居住小区的党建引领。出台《湖南省业主大会及业主委员会指导细则》，推动建立街道党工委、社区和小区党组织、业主及业委会、物业服务企业等多方主体共同参与的小区建设联动运行机制。

二 2020年发展展望

（一）聚焦新型城镇化，着力提升城乡发展品质

1. 优化发展体系

明晰"城镇群＋县域经济＋重点镇＋园区发展"的城乡融合新型城镇体系。以中心城市引领城市群发展，推进"三干两轨"建设，打造长株潭高质量发展示范区。加快洞庭湖生态经济区、长江经济带绿色发展先行区、大湖经济区、湘南湘西承接产业转移示范区建设。抓好县域城镇化试点，大力推动县城和中心镇扩容提质。

2. 拓展发展空间

深化扩权强县改革，进一步提高户籍人口城镇化率。统筹城市地上地下空间开发利用、城市特色风貌营造和历史文化保护，加大城市公共基础设施建设改造力度，推进停车设施、绿色空间、海绵城市、智慧城市管理建设。推动城镇基础设施、公共服务向农村延伸。开展全域推进美丽乡村示范创建。

3. 提升治理能力

从片面注重城镇规模扩大、空间扩张，转变为以提升城镇文化、公共服务等内涵为中心，通过共同缔造基层"党建＋"，推进党组织领导下的自治、法治、德治"三治结合"，进一步完善城乡治理结构，创新城乡治理方式，提升城乡治理水平。

（二）聚焦住房发展，着力提升安居乐居品质

1. 持续稳控房地产市场

指导各地建立房地产调控政策"储备库"。坚持分类调控，因城施策，制定住房发展规划，引导住房有序建设和有效供给，既要防控过快上涨，也要预

防过快下行。推动全省新建商品房、存量房网签备案系统全覆盖,提升房地产市场监测功能。推动存量房契税改革和"四价合一"。全面开展房地产市场乱象整治行动,坚决打击"黑中介"等侵害群众利益的违法违规行为。

2. 着力完善住房保障体系

推进棚户区、老旧小区、城市零星 D 级危房改造,探索城市成片老旧区域更新改造。开展公租房示范小区创建和公租房运营政府购买服务试点工作。指导长沙开展住房租赁试点和完善住房保障体系试点工作,促进解决新市民阶段性住房困难。全面核查全省农村 4 类重点对象住房安全保障情况,开展突出问题"回头看"排查和整改,对发现的存量危房做到"应改尽改"。认真落实《湖南省农村住房建设管理办法》,细化农房管理职责。督促各地制定农村住房建设标准,严控农房层数和高度,开展农房建设试点。

3. 提升住房公积金监管水平

开展住房公积金支持政策性租赁住房发展、老旧小区改造和省级监管功能试点。深化区块链技术应用,全方位打造"互联网 + 住房公积金"服务体系。全年住房公积金归集增长率保持在 6% 以上,个贷率控制在 85% 左右,贷款逾期率控制在 0.03% 以内。

(三)聚焦建筑管理,着力提升内涵发展品质

1. 加快推进建筑业"四化"发展

加快开展 BIM 审图,启动全省 BIM 审查系统上线运行,探索城市信息模型(CIM)平台建设,推进行业管理精细化。加快装配式建筑全产业链智能制造平台研发,建立涵盖装配式建筑设计、生产、施工的标准与定额体系,推动工程建造工业化。搭建国际工程项目信息平台,进一步完善"外拓服务中心 +战略合作联盟 + 产业集群"的"走出去"格局体系,推进经营管理国际化。

2. 加强建筑市场主体行为监管

深入推进"无欠薪工地"行动,实现信息共享,实施联合惩戒。严厉打击"三包一挂"等违法行为,强化建设工程消防施工监督,规范全省消防验收备案抽查工作。推进"互联网 + 智慧工地"集成联动和推广应用,部署"6 + X"物联网监测模块,推进项目管理模块应用。构建全省统一的招投标市场,提高事中事后监管水平,推进诚信体系建设,建立红黑名单。加快造价立

法，完善工程计量和计价规则，强化业主工程造价管控责任。

3. 大力推进绿色建筑发展

推进《湖南省绿色建筑发展条例》立法。制定《"绿色住建"三年行动实施方案》，实施"绿色住建+"工程。稳步推进湖南省装配式钢结构住宅建设试点工作，建立完善湖南省钢结构住宅技术标准体系。完善市州中心城市公共建筑能耗监测平台，推动浅层地热能等新能源利用。

4. 扎实推进工程建设项目审批制度改革

严格落实全省统一的审批事项和审批流程。推进"一张蓝图"统筹项目实施、"一个窗口"提供综合服务、"一套机制"规范审批运行，强化市场参建主体和市政中介服务单位监管，推动改革全面落地显效。

（四）聚焦城乡建设，着力提升人居环境品质

1. 推进污水处理及黑臭水体整治

各地要按照"系统化、源头化、流域化、数字化"治理思路，新区建设全面实行雨污分流，老城区结合老旧小区改造实施管网更新改造，消除管网空白区，稳步提高污水集中收集率和进水 BOD 浓度。探索提高县以上城市污水处理收费标准，建立乡镇污水处理收费机制。推动岳阳、常德、益阳、株洲、衡阳等地实现乡镇污水处理设施全覆盖。

2. 推动垃圾治理和生活垃圾分类

打好农村人居环境整治三年行动收官战，推进农村垃圾治理扩面提质，加强收集、转运和处置体系建设，全面完成农村非正规垃圾堆放点整治。全面启动地级城市垃圾分类工作，2020 年长沙市要基本建成生活垃圾分类处理系统，其他地市实现公共机构生活垃圾分类全覆盖，至少一个街道基本建成生活垃圾分类示范片区。深入推动长沙、郴州建筑垃圾治理示范工作，加快构建建筑垃圾资源化利用标准体系。

3. 推进城镇供气和"气化湖南"工程

实施"气化湖南"新三年行动计划，建设长输管线 300 公里（含国家干线 25 公里）。推动国家干线新粤浙广西支线开工建设，解决上游气源问题。健全燃气特许经营中期评估和违约退出机制，支持省属国有骨干企业进入下游城镇燃气市场，打通上中下游产业链。

（五）聚焦城市管理，着力提升精细化管理品质

1. 深化城管体制改革

探索建立城管执法行政管理与行政处罚衔接机制、城市管理执法工作考核评价机制，推动城市管理综合执法机构纳入政府行政执法机构保障序列。落实贯彻习近平总书记重要批示精神，推进城市精细化管理工作方案要求，建立完善城市管理和综合执法标准体系。

2. 推进省、市城市综合管理服务平台建设

推进城市综合管理服务平台建设试点，提高城市精细化管理服务水平。基本建成省级和长沙市城市综合管理服务平台，实现与国家平台联网互通。

3. 加强城市管理执法队伍建设

制定城市管理执法监督办法，推广城管执法"721"工作法，全面规范执法行为。继续开展"强基础、转作风、树形象"活动，落实全省城市管理执法科级干部三年轮训方案，开展城管执法实务比武和知识竞赛。

（六）聚焦保障支撑，着力提升能力建设品质

1. 切实发挥党建引领作用

坚持把党的政治建设摆在首位，深入推进"三表率一模范"机关建设。运用"基层党建＋"，以老旧小区改造、生活垃圾分类、城管网格管理等工作为载体，下沉公共服务和社会管理资源，推动美好环境与幸福生活"共同缔造"。推进住宅小区党组织建设，构建"党建引领、行业主管、基层主抓"的治理新模式，组织开展住宅物业住房品质和智慧物业试点。

2. 持续加强党风廉政建设

巩固拓展主题教育成果，把"不忘初心、牢记使命"作为党的建设的永恒课程和全体党员干部的终身课题，不断加强对党忠诚教育和优秀传统作风教育，常态化开展廉政警示教育。加强党员干部全方位监督管理，突出对权力、资金、资源集中的重点部门和关键岗位的日常监管，进一步健全完善廉政风险防控机制，做到防患于未然。

3. 夯实业务基础提升队伍素养

结合住建部3法19条例修订工作，做好全省住房城乡建设法规制度"废

改释"工作。推进行业信息化治理能力和治理水平，建好全省城乡环境基础设施建设运营一体化智慧监管、省级住房监管等管理平台，夯实基础工作数据，切实提高系统统计数据真实性、准确性、时效性。编制全省住建系统"十四五"规划、住建人才发展规划。深入贯彻激励新时代新担当新作为的政策措施，完善激励约束、容错纠错机制，厚植干事氛围，彰显人文关怀。

（七）聚焦安全生产，着力提升管理效能品质

1. 加强建筑设计施工安全监管

加强设计质量监管，深入推进工程质量和安全标准化考评管理，开展"打非治违""强执法防事故""大排查大管控大整治"建筑施工安全专项治理等，强化执法检查和安全生产目标管理，严防较大及以上事故发生。加强农村危房改造质量安全管理，开展易地扶贫搬迁工程质量安全集中排查。抓好建筑白蚁防治工作。

2. 加强市政公用行业设施运行安全

建立健全市政设施安全运行管理制度。加大城镇燃气、污水垃圾、道路桥梁隧道等市政设施隐患排查整治力度。强化水质信息公开，保障城市供水安全，重点抓好备用水源配套设施、二次供水设施建设和改造，管网漏损控制等工作。

3. 加强社会安全联动响应

巩固扫黑除恶斗争成果，加强综治信访、反恐维稳等工作统筹结合。加强住建领域违法违规行为稽查处理。以高度的政治责任感抓好新冠肺炎疫情联防联控工作，严格医疗废物废水、废弃口罩等特殊有害垃圾的收集、运输和处置工作。强化一线作业人员防护，确保供气、供水、城管、环卫等正常运行，做好全省房屋市政工程复（开）工和施工现场疫情防控工作。

B.15
2019年湖南交通运输发展情况及2020年展望

赵　平*

摘　要： 2019年以来，湖南省交通人勠力同心、奋力拼搏，统筹推进稳增长、促改革、调结构、惠民生、防风险各项工作，圆满完成年度目标任务。湖南交通工作取得历史性成就，实现了跨越式发展。全省公路总里程达到24万公里，全国第6，是新中国成立初期的76倍。

关键词： 交通运输　综合交通枢纽　湖南

一　2019年全省交通运输发展情况

2019年是新中国成立70周年。70年来，在省委省政府、交通运输部的坚强领导和全省交通人的不懈奋斗下，湖南交通取得了历史性成就、实现了跨越式发展，全省公路总里程达到24万公里，全国第6，是新中国成立初期的76倍，其中高速公路通车里程6802公里，全国第4。航道通航里程1.2万公里、全国第3，安全便捷、优质高效、绿色智能、一体畅联的现代化交通运输服务体系逐步形成，治理体系不断完善，治理能力稳步提升。今天的湖南交通，高速公路内联外畅、国省干线纵横三湘、农村公路进村入户、水运航道通江达海，开启了从交通大省阔步迈向交通强省的新征程。以史观今，振奋人心。2019年以来，全省交通人勠力同心、奋力拼搏，统筹推进稳增长、促改革、调结构、惠民生、防风险各项工作，圆满完成年度目标任务。

---

* 赵平，湖南省交通运输厅党组书记、厅长。

（一）三大攻坚战成效明显

交通扶贫成果丰硕。51个贫困县完成交通投资221亿元，为全省脱贫攻坚提供了强力支撑。就业扶贫精准有效，累计吸纳1万多名建档立卡贫困群众参与农村公路养护，200多名贫困青年通过海员培训实现上岗就业。对口帮扶工作和常态化联点督查扎实推进。污染防治成效突出。长江经济带生态环境问题整改销号全部完成。长江岸线湖南段40个泊位提质改造稳步推进。400总吨以下货船防污染改造全面完成。组建船舶污染物接收企业19家。全国首艘LNG动力客船在湘投运。部港口岸电布局任务全部完成。债务风险防控有力。主动研究进一步完善高速公路建设投融资长效机制。高速公路差异化收费试点有序实施。招商引资成效较好。争取交通建设和运行资金347亿元。一般性支出较上年压减10%以上。厅属单位审计实现全覆盖。

（二）服务稳增长强劲有力

重大项目扎实推进。全年交通固定资产投资554亿元，超额完成年度任务。南益、怀芷高速公路全线贯通，新增通车里程94公里，完成9条约690公里高速公路项目前期工作。新改建国省干线873公里，启动建设路网有效衔接项目35个。建成农村公路2.4万公里。大源渡航电枢纽二线船闸建成通航，湘江2000吨级主航道上溯至衡阳。建成长沙汽车南站综合交通枢纽等综合客货运枢纽。交通战备建设稳步实施。工程质量安全、造价可控。运输服务保障有力。全省公路水路客运量、旅客周转量、货运量、货物周转量分别完成8.6亿人次、437亿人公里、23.8亿吨、3719亿吨公里。春运、国庆70周年湖南彩车运输、国防等重点运输保障任务圆满完成。全省具备条件建制村实现通客车全覆盖。全省所有县市区实现交通一卡通互联互通。绿色公交、新能源公交占比均居全国首位。高速公路路网通信和信号全覆盖工作基本完成。大件运输审批优化提速。6个高速公路重点路段拥堵整治有力。航道战枯保畅成效明显。累计降低企业物流成本21亿元。重大规划编制进展顺利。"十三五"规划中期调规顺利完成。"十四五"规划编制全面启动。新形势下湖南水运发展规划形成专题研究成果。《湖南省综合立体交通网规划（2021～2050年）》工作进度全国靠前。《湖南省国家公路、省级公路国土空间控制规划》基本完成。湖南成功入选第一批交通强国试点省份。

（三）行业治理提质增效

重点领域改革取得实质进展。交通运输综合行政执法和承担行政职能事业单位改革基本完成，湖南省公路事务中心和水运事务中心正式挂牌。"放管服"改革取得新成效，高速公路路政执法和省管干线航道航政执法职责有序下放。获评全国首批"信用交通省"典型示范省份。法治部门建设持续深化。《湖南省货物运输车辆超限超载治理办法》以政府规章出台。重大行政决策合法性审查不断加强。潭衡西、长浏、常安等项目历史遗留问题依法稳妥处理。39条高速公路完成竣工验收。管理养护全面加强。公路航道养护率保持良好。农村公路群众性养护体系经验全国推介。4个县获评"四好农村路"全国示范县。国省干线桩号传递与指路标志体系更新完成。高速公路路况服务质量与收费标准挂钩管理办法及考评细则出台并实施。平汝、新溆等6条400公里高速公路限速调整顺利完成。科技治超有序推进。在全国率先制定招投标标准文本地方范本。取得重要科技研究成果40多项。内控管理效能进一步提高。在厅直系统推广内控标准化管理，全面实现预警提醒、过程管控，787项重点任务全部督办落实，有效提升了执行力，被省政府评为督查创新举措，在全省政府系统作经验推介。

（四）重点工作取得突破

取消高速公路省界收费站如期完成。25个省界收费站主线全部拆除，并网切换和收费政策调整按期完成，高速公路运行总体稳定。全年新增ETC用户481万人，为前6年总和的1.8倍。自然村通水泥（沥青）路建设取得决定性成果。全年完成1.66万公里建设任务，累计建成自然村通水泥（沥青）路3.8万公里，为实现全省"组组通"奠定了坚实基础。农村客运改革取得初步成效。第一批示范县创建工作进展顺利，第二批示范县创建全面启动，农村老百姓出行便捷度和安全性进一步提升。"两客"智能监管平台建设全面完成。全省近1.6万台"两客"车辆全部安装主动安全防范智能终端，已于2020年1月1日上线试运行，实现对不安全驾驶行为事前预警、事中干预，此举将推动由"人海战术"向"技防为主"的重大转变。

（五）安全生产平稳有序

全年安全生产事故起数和死亡人数同比分别下降51%、61%。安全生产责任有效落实。制定领导干部安全生产责任清单等系列规章制度。开展"两客一危"车辆、重点船舶等监督检查。压实企业安全生产主体责任。安全发展基础不断筑牢。完成危桥改造751座、普通公路安防1.8万公里。事故多发路段整治扎实有效。全省危化品水路运输视频监控系统基本建成。1369艘100总吨以上运砂船全部安装船载定位设备。专项整治扎实有效。开展交通问题顽瘴痼疾集中整治。升级"隐患清零"行动，排查整改隐患546项。开展"强执法防事故"行动，责令停产停业838家，问责领导干部118人。高铁安全环境隐患整治完成。强力开展省域内高铁安全环境集中整治，排查清零安全隐患2978处，整治力度和速度居全国前列。

（六）政治生态持续向好

"不忘初心、牢记使命"主题教育高质量开展。紧扣"守初心、担使命，找差距、抓落实"总要求，实行"清单式"管理，整改落实问题28项，得到省委巡回指导组高度肯定。全面从严治党纵深推进。以政治建设为统领，开展"三表率一模范"机关建设。党建工作全部纳入内控管理和绩效考核。厅直系统支部标准化合格率超过90%。持续开展党政负责人家访制度。深化收送红包礼金、违规借贷等自查申报。深入开展民生领域突出问题等专项整治。积极配合招投标专项巡视。强力推进扫黑除恶专项斗争，移送线索302条。省交通职业技术学院汽车工程学院一支部被教育部评为"全国党建工作样板支部"。干部队伍活力进一步增强。启动实施公务员职务与职级并行制度，积极稳妥推进职级套转和晋升工作。加大干部提拔、调整、交流力度，干部队伍结构进一步优化。教育培训工作有序开展。精神文明建设和宣传工作成效明显。全系统6个单位被授予"全省文明窗口单位"。圆满完成庆祝新中国成立70周年文艺汇演。评选出行业"五个十佳"。评选推荐部先进集体5个、先进工作者4名和劳动模范8名。开展主题宣传37次，充分彰显了湖南交通良好形象。

二 2020年湖南交通运输工作展望

2020 年是全面建成小康社会和"十三五"规划收官之年，也是湖南省交通强国建设试点工作开局之年。2020 年工作总体要求是：以习近平新时代中国特色社会主义思想为指导，全面贯彻落实党的十九大、十九届二中、三中、四中全会和中央、省委经济工作会议、全国交通运输工作会议和省"两会"精神，坚持稳中求进工作总基调，坚持新发展理念，坚持以供给侧结构性改革为主线，着力推动高质量发展，大力发挥交通建设稳增长作用，坚决打赢三大攻坚战，全面提升运输服务品质，持续推进行业治理体系和治理能力现代化，坚持不懈抓好安全生产，纵深推进全面从严治党，加快构建综合交通枢纽体系，努力建设人民满意交通，奋力开启湖南交通强国建设新征程，为全面建成小康社会、建设富饶美丽幸福新湖南当好先行。主要预期目标为：完成交通投资 500 亿元；实现县县通高速、村村通硬化路；实质性开工 9 条约 690 公里以上高速公路；新改建农村公路 10000 公里；实施国省道危桥改造 100 座、农村公路安防 10000 公里；全面完成"十三五"规划各项目标任务。重点做好七个方面工作。

（一）全力确保"十三五"圆满收官

大力推进交通基础设施建设。高速公路方面，进一步加快长益扩容、龙琅、安慈等续建项目建设，建成通车 130 公里，全面实现"县县通高速"；全力推进醴娄等 9 条约 690 公里开工。干线公路方面，大力推动国省干线路网改造升级，建成通车 400 公里；建设路网衔接项目 35 个，基本解决高速公路与干线公路衔接不畅问题。农村公路方面，提质改造 4000 公里；完成自然村通水泥（沥青）路建设 6000 公里，实现全省农村通组道路"全覆盖"；持续抓好"四好农村路"示范创建。水运建设方面，继续加快湘江永州至衡阳三级航道一期工程建设，扎实推进岳阳港城陵矶港区二期和长沙港霞凝港区三期工程建设。站场建设方面，大力推进张家界综合客运枢纽、长沙铜官港区水运物流园等建设，全面完成 45 个乡镇运输服务站和 2000 个招呼站建设。加强交通战备建设。全力加快重点项目前期工作。完成炉红山至慈利等 5 条约 460 公里高速公路项目和湘江永州至衡阳二期、三期工程等水运项目前期工作，争取项目尽早开工。统筹推进京港澳高速未宜段扩容、高速公路展望线、沅水常德至鲇鱼口、普通国省道等项目前期工作，做好项目储备，确保"十三五"与"十四五"交通发展衔接紧密、避免"断档"。

（二）坚决打赢三大攻坚战

进一步巩固脱贫成果。持续完善贫困地区交通基础设施，2020 年 51 个贫困县交通基础设施计划投资 220 亿元。继续吸纳建档立卡贫困群众参与农村公路养护工作。深入开展贫困地区海员就业培训。认真做好慈利县脱贫攻坚督查工作。扎实推进交通污染防治。深化船舶港口、洞庭湖生态环境等交通污染防治专项整治。加快长江岸线湖南段港口码头提质改造。全面开展"一湖四水"非法码头整治。加快推进岸电应用。继续推广水运 LNG 等新能源车船。配合完成超标排放柴油货车淘汰任务。积极防范化解债务风险。完善高速公路建设投融资长效机制。支持省高速公路集团防范化解债务风险。继续实施高速公路差异化收费试点。用好收费公路专项债。做好招商引资。深化厅内部审计工作。

（三）科学编制交通发展规划

继续完善湖南省综合立体交通网规划。进一步完善总报告和 6 个行业规划报告，推动国家规划目标任务落地湖南、湖南规划对接邻省，实现"抱团取暖"，力争更多项目进入"国网"。高质量编制交通运输"十四五"发展规划及专项规划。按照"1＋2＋7"规划体系和规划编制工作方案明确的任务分工、时间节点、质量要求，加快推进编制工作。加强与部规划对接，尽可能多地争取国家倾斜支持；加强与市、县衔接，合理确定发展目标、重点与任务。编制完成新时代水运发展规划。全面摸清水运发展基础，深入分析关联产业发展布局，深度评估水资源承载能力，加快完善新时代水运发展规划，争取省政府尽早颁布实施。主动加强与自然资源部门对接。继续完善全省高速公路、普通国省道国土空间规划，确保在规划阶段做好重大工程项目用地预留，有效化解重点项目在实施过程中的生态红线、基本农田控制线等刚性制约。

（四）持续提升运输服务品质

优化群众出行服务。坚持公交优先发展，争取省政府出台支持公交发展政策文件。指导、支持常德、娄底开展公交都市创建，启动省级示范城市创建工作。加大非法营运打击力度，全面清理不合规网约车平台、车辆和从业人员。开展专项整治，彻底清除"黑服务区"。深化城乡客运一体化示范县创建。推进货运物流降本增效。确保完成运输结构调整三年行动计划。扎实推进网络货运发展。道路危险货物运输全面实行电子运单制度。持续推进"司机之家"建设。积极配合做好普通货车"三检合一"工作。提升公路水路管养水平。认真做好迎接"十三五"全国干线公路养护管理评价工作，力争取得好成绩。完善公路养护和路政管理制度体系。统筹干线公路大中修工程、预防性养护和日常养护工程。提升航道养护管理服务水平。做好航道战枯保畅工作。进一步加快绿色智慧交通建设。推进交通大数据共享平台、治超联网管理信息系统等建设。加强智慧高速示范应用等创新性工作。实现全省渡口分级视频监控全覆盖。实施普通国省道绿色公路建设。提升新能源公交和绿色公交比例。

（五）切实增强行业治理能力

纵深推进重点领域改革。深化"放管服"改革。完成中央明确的交通运输综合执法改革任务。加快工程建设项目审批改革。推进交通运输领域省级财政事权与支出责任改革。推动出台深化农村公路管理养护体制改革实施方案。持续加强高速公路管理。强化高速公路联网收费管理。加强高速公路服务区管理。实施路况服务质量与收费标准挂钩管理办法等制度。加强车辆救援服务管理，坚决杜绝天价施救。扎实推进高速公路拥堵路段排查治理。继续强化建设市场和工程质量管理。深化在建项目从业人员履约专项整治。实现公路建设项目电子招投标全覆盖。深化工程造价精细化管理。开展质量安全专项督查行动。加强从业单位信用管理。深化"品质工程"示范创建。大力建设法治政府部门。做好铁路安全管理条例出台、高速公路条例调研论证工作。依法妥处高速公路BOT项目历史遗留问题。全面推行行政执法"三项制度"。加强综合执法监管。推动内控标准化管理向全省交通运输系统推广。

（六）深入推进平安交通建设

完善安全生产体系。修订安全生产监督管理制度。推进水上交通安全隐患排查分级管控体系建设。推动实施交通运输行业安全生产责任保险。加强铁路沿线安全隐患整治。完成全省普速铁路沿线安全隐患整治任务和铁路人行立交通道建设、平交道口立交改造。提升安全生产科技化水平。确保全省"两客"车辆智能监管平台正常运行。推进安全生产监管监察信息系统建设，促进安全生产业务协同联动发展。强化交通问题顽瘴痼疾整治。深化"隐患清零"行动。强力推进超限超载治理。完成隧道、桥梁和连续长陡下坡安全能力提升"三个专项"行动任务。加强应急管理。强化应急值守、培训与演练。加快国家区域性公路交通应急装备物资（湖南）储备中心建设。稳步推进水上搜救体系建设。坚决杜绝重特大事故，坚决遏制较大事故。

（七）全面提高行业党建水平

始终把政治建设摆在首位。扎实推进学习贯彻习近平新时代中国特色社会主义思想往深里走、往心里走、往实里走，继续深化"三表率一模范"机关创建。严肃党内政治生活，严格执行重大事项请示报告制度，建设风清气正的政治机关。建强抓实基层基础。巩固深化"不忘初心、牢记使命"主题教育成果。健全完善党建内控考评和基层党组织书记述职评议考核机制。深入推进党支部"五化"建设。开展学习型机关建设。持之以恒正风肃纪。深入贯彻落实中央八项规定及其实施细则精神。深化民生领域突出问题、群众身边腐败和作风问题等治理。推进扫黑除恶专项斗争。推进廉政警示教育常态化。强化工程招投标、扶贫领域、行政审批等重点环节廉政风险防控。切实加强干部队伍建设。加强厅直单位领导班子政治建设。做好干部培育、选拔、管理、使用工作。加快推进省交通职院一流高职院校建设。支持交通医院改革发展。加强党对工会、群团、青年、妇女、统战工作的领导。做好离退休干部工作。进一步提升行业发展软实力。加强网络意识形态阵地建设和管理。做好重大突发事件和热点敏感问题舆论引导。抓好新闻宣传工作，讲好湖南交通故事，传递交通正能量。

B.16

2019年湖南农业农村发展
情况和2020年展望

袁延文*

摘　要： 2019年，湖南省各级农业农村部门深入实施三个"百千万"工程和"六大强农"行动，着力打造优势特色千亿元产业，保持了全省农业农村工作稳中有进、稳中向好的发展势头。全年农林牧渔业增加值增长3.5%；农村居民人均可支配收入达15395元，增长9.2%，高于上年0.3个百分点；农业农村面貌出现喜人变化。2020年，湖南将盯紧打赢脱贫攻坚战和全面建成小康社会两大重点任务，突出保供给、保增收、保小康，为确保经济社会大局稳定提供有力支撑。

关键词： 农业　农村　乡村振兴　绿色发展

一　2019年湖南省农业农村发展情况

2019年，是全省农业农村系统机构改革后的第一年。面对中美贸易摩擦、非洲猪瘟疫情、严重旱涝灾害等重大风险挑战和改革发展的繁重任务，全省各级农业农村部门坚持以习近平总书记"三农"思想为指导，认真贯彻落实中央和省委、省政府决策部署，深入实施三个"百千万"工程和"六大强农"行动，着力打造优势特色千亿元产业，加快推进以精细农业为特色的优质农副产品供应基地建设，保持了农业农村稳中有进、稳中向好的发展势头。全年农

---

* 袁延文，湖南省农业农村厅厅长、党组书记，省委农村工作办公室主任。

林牧渔业增加值增长 3.5%；农村居民人均可支配收入达到 15395 元，增长 9.2%，高于上年 0.3 个百分点；农业农村面貌出现喜人变化。

1. 农业农村各项硬任务顺利完成

粮食生产实现"两稳"。支持 63 个县市区开展专业化水稻集中育秧，在 40 个县创建绿色高档优质稻生产基地，有力有效应对低温阴雨、旱涝等灾害，切实抓好草地贪夜蛾防控，全省粮食面积 6924 万亩、产量 595 亿斤，高档优质稻面积增长 10%。生猪生产加快恢复。持续加强非洲猪瘟防控，启动实施优质湘猪工程，推动出台并落实省政府生猪稳产保供 12 条措施。上年 10 月起，全省生猪生产开始恢复，全年出栏 4812.9 万头，超额完成了目标任务，出栏量由全国第 3 位上升至第 2 位。家禽、牛、羊、水产品出笼（出栏）及产量分别增长 20.2%、6.4%、6.6%、6%。"厕所革命"扎实推进。全年改厕 117 万户，圆满完成省政府确定的 100 万户以上的民生实事任务。深入开展村庄清洁行动，在长沙市和 10 个县市区、62 个乡镇全域推进美丽乡村建设，创建美丽乡村示范村 300 个以上。怀化市村庄清洁行动和祁阳、浏阳、大通湖农村改厕等经验在全国推介。产业扶贫深入实施。实施"千企帮村、万社联户"产业扶贫行动，组织 867 家龙头企业对接帮扶 1805 个贫困村，12875 家农民合作社联结帮扶 33.3 万户贫困户，在贫困地区创建"一村一品"专业村 1840 个。全省累计 350 万贫困人口通过发展产业增收脱贫。"大棚房"整治顺利完成。共清查农业大棚 15.9 万个，整治"大棚房"问题 2135 个，有力遏制了农地非农化。

2. 农业发展质量效益明显提升

优势特色产业加快发展。全省蔬菜、茶叶、特色水果、中药材、名特优水产品等面积稳步扩大，稻渔综合种养面积达到 470 万亩，增长 20%，由全国第 3 位提升至第 2 位。认定"汝城朝天椒"等国家级特色农产品优势区 6 个。评选了安化县黑茶小镇（田庄乡）等 10 个省级农业特色小镇。鼎城水稻、芙蓉种业获批创建国家现代农业产业园，国家现代农业产业园总数居全国第 4 位。累计创建优质农副产品供应示范基地等省级园区 655 个。产业融合步伐加快。在渌口等 10 个县市区整域推进农村一二三产业融合，平江县加义镇等 13 个乡镇、宁乡市沩山乡等 30 个乡镇分别创建国家级、省级农业产业强镇。新增国家级龙头企业 13 家、省级龙头企业 173 家，遴选 20 家龙头企业为全省标杆企业，全省农产品加工业销售收入达到1.8万亿，增长9%，规模居全国第7位，列全省3大万亿元产业第2位。休闲农业与乡村旅游实现经营收入480亿元，增长8.9%。农产品质量安全水平持续提升。绿色食品、有机食品和地理标志农产品总数达到2175个，增长21.2%。其中绿色食品1860个，居全国第4位；有机食品235个，居全国第3位。全面推行农产品"身份证"管理，1700家企业的5000个农产品入驻管理平台。在赫山等9个县市区开展第二批国家农产品质量安全县创建。全省农产品例行监测合格率达到99%。农业"走出去"富有成效。重点打造"湖南红茶"等4个省级区域公用品牌、"湘江源"蔬菜等4个片区品牌和"湘潭湘莲"等20个"一县一特"品牌。"湘品堂"在全国高铁站开设湖南优质农产品经营连锁店225家，年销售额达4.6亿元。成功承办中非经贸博览会、第21届中部农博会、深圳和北京产销对接会等活动。积极开拓欧洲、南美洲、亚洲等国际市场，全省农产品出口91.2亿元，增长6.2%。农业科技服务与机械装备积极改善。省级现代农业产业技术体系由7个调整扩大到10个。选育和示范推广了隆晶优4013、水果绿色生产等一批新品种、新技术。南繁科研育种园建设进度居全国首位。完成农民教育培训20.7万人次，优秀农民境外培训得到广泛认可。新增湘阴等6个主要农作物生产全程机械化示范县，全省主要农作物耕种收综合机械化水平达到51.5%，提高3个百分点。

3. 农业绿色发展取得重要进展

耕地建设积极推进。全面完成高标准农田建设任务364万亩，同步发展高效节水灌溉面积32万亩。划定水稻生产功能区和油菜籽、棉花生产保护区5677万亩，进度全国第一。基本完成耕地土壤环境质量类别划分工作。扎实推进果菜茶有机肥替代化肥行动，发展绿肥生产1005万亩。水生生物资源保护切实加强。44个水生生物保护区退捕工作顺利完成。完成洞庭湖区精养池塘改造23.7万亩，全省水产健康养殖示范面积达到68%以上。华容县江豚自然保护区江豚数量由2014年的11头增加到23头。农业资源利用水平稳步提升。整省推进畜禽粪污资源化利用，全省畜禽粪污资源化利用率达83.3%，高于全国平均水平9.3个百分点。建成病死畜禽无害化处理中心29个、收集储存转运中心88个。秸秆综合利用率、农膜回收率分别达到86%、80%。深入开展农机"三减量"行动，水肥一体化应用面积达到62.5万亩，化肥农药使用量实现负增长。农业污染问题治理扎实推进。启动受污染耕地安全利用集中推进区建设，累计调整长株潭地区种植结构 111 万亩，落实休耕 20 万亩，修复治理 10 万亩，推广"淹水法"治理技术 18.9 万亩。认真落实河（湖）长制，全面完成生态环保督察反馈问题整改。在洞庭湖区 15 个县市区开展化肥农药废弃物污染治理。浏阳市、新宁县获批建设第二批国家农业绿色发展先行区。

4. 农业农村发展动能持续增强

农村集体产权制度改革进展顺利。全面完成集体资产清产核资工作，成立集体经济组织 8742 个，扶持 951 个村发展壮大集体经济。株洲市、韶山市、临湘市、娄星区等第三批全国农村集体产权制度改革试点基本完成。农村承包地"三权分置"深入推进。全面开展农村承包地确权登记颁证"回头看"，在岳麓、衡南等 20 个县市区开展农村土地经营权流转交易规范化管理服务建设试点。全省流转耕地占耕地面积的 53.7%，提高 4.1 个百分点，居全国前列、中部六省第一。新型经营主体加快发展。家庭农场、农民合作社分别发展到 4.79 万户、10.5 万个，分别增长 23%、7.6%；在 25 个县开展农业社会化服务试点，全省社会化服务组织达到 3.29 万个、服务农户 248 万户。农垦改革任务如期完成。农垦改革"两个三年任务"全面落实，65 个国有农场办社会职能实现全部剥离。执法改革积极推进。稳步推进农业综合执法改革，13 个市州、49 个县市区建立综合执法机构。

5. 实施乡村振兴战略迈出新步伐

推动出台打造优势特色千亿元产业、乡村人才振兴行动计划、做好乡村振兴金融服务等政策措施。开展乡村振兴实绩考核，把产业兴旺、高标准农田建设和农村人居环境整治等工作列入省政府真抓实干督查激励重点内容。与省建行、省农行签订了金融服务"三农"战略合作协议，省建行新增"三农"贷款 113 亿元。构建了全省农村改厕、产业扶贫、产业建设、秸秆综合利用等信息管理平台，累计建成村级益农信息社 1.9 万个，农业综合信息服务体系覆盖率达到 95%。修订出台省实施《种子法》办法。韶山市等 6 个市县、宁乡市大成桥镇等 5 个镇、衡南县茶市镇怡海村等 50 个村被列为全国乡村治理体系建设试点。开展惠农减负政策落实情况督查。推动湘赣边乡村振兴示范区建设，成功举办第二届农民丰收节庆祝活动。据民意调查，96% 的村干部和97%的村民对实施乡村振兴战略给予好评，普遍认为农村面貌发生了可喜变化。

二 2020年湖南农业农村经济展望

2020年，以习近平新时代中国特色社会主义思想为指导，全面贯彻落实中央和省委、省政府农业农村工作决策部署，盯紧打赢脱贫攻坚战和全面建成小康社会两大重点任务，坚持新发展理念，以实施乡村振兴战略为总抓手，以促进农民增收为主线，深入实施三个"百千万"工程和"六大强农"行动，着力打造优势特色千亿元产业，加快推进以精细农业为特色的优质农副产品供应基地建设，突出保供给、保增收、保小康，为确保经济社会大局稳定提供有力支撑。

1. 确保粮食面积和产量稳定

全省粮食生产面积计划达到7150万亩，比上年增加226万亩，增长3.3%；总产量达到605亿斤，增加10亿斤，增长1.7%。把落实粮食安全省长责任制纳入真抓实干督查激励内容。要千方百计稳面积。早稻集中育秧是稳面积的关键。把300万亩早稻专业化集中育秧任务下达到市县，带动全省发展早稻集中育秧1000万亩以上。引导有条件的地方恢复发展双季稻生产，因地制宜发展旱杂粮生产。要全力遏制耕地抛荒，弃耕耕地不得发放耕地地力保护补贴，确保水稻生产功能区至少种上一季水稻。长株潭休耕到期的10万亩耕地要如期复耕，恢复粮食安全生产。要多措并举增产量。着力推广以品种为核心的关键技术，鼓励推广水稻简易场地旱育秧、机抛秧等技术，着力控制直播，减少除草剂过量使用。牢固树立"抗灾夺丰收"思想，加强农业防灾减灾特别是草地贪夜蛾等重大病虫害防控。鼓励温光条件两季不足、一季有余的地方发展再生稻。要精准发力提效益。在全省发展450万亩专用早稻、1300万亩高档优质稻。调改10万亩饲用旱杂粮为特色旱杂粮，进一步扩大水旱轮作面积。积极发展适度规模种粮，力争30亩以上的适度规模经营面积达到1700万亩。推进粮食生产社会化服务，促进种粮节本增收。

2. 确保完成生猪稳产保供任务

各地要以实施优质湘猪工程为抓手，确保年度目标任务顺利完成。要狠抓政策落实。继续推动落实生猪稳产保供国17条、省12条和前不久省厅等三厅局出台的10条政策，着力推进养殖用地、环保评价、金融保险、信贷担保补贴、规模场建设补助、良种补贴等支持政策落实落地、到场到户。要突出项目建设。上年，湖南省已动工建设及审批的重点项目102个，全部建成投产可新增产能1000万头以上，要尽快复工建设、形成产能。还有签约的77个养殖项目，要尽早促成、尽快落地。同时，要帮助饲料、种畜禽等养殖上下游企业尽早开工复产，满足养殖补栏增养等生产需求。要严格防控非洲猪瘟。完善动物防疫体系，落实生猪调出大县动物防疫员特聘计划，坚持"内防外堵"，既抓高风险区生猪及产品调入监管，又抓省内重点场所和关键环节防控，确保疫情不反弹。要抓好猪肉市场供应。加强生猪生产和市场供应定点监测，落实产销衔接等保供措施，确保猪肉市场供应和价格基本稳定。

3. 切实抓好产业扶贫

2020年是脱贫攻坚决胜年，要进一步完善"四带四推"模式，推动产业扶贫取得更大成效。要培育壮大扶贫产业。现有的扶贫产业多为短平快项目，链条短、效益低、竞争力弱。各地要按照"一特两辅"指导目录，引导扶贫产业对接融入优势特色产业，促进扶贫产业发展壮大。要健全联贫带贫机制。目前只有30%的贫困户自主发展项目，其余大多是委托帮扶，存在"一股了之""一分了之"的现象。要深入推进"千企帮村、万社联户"行动，完善直接帮扶、股份合作等帮扶机制。省厅将开展帮扶主体"回头看"行动，重点整治利益分配不到位、签订合同不履行等问题。要推进产销对接。因新冠肺炎疫情，部分贫困地区农产品积压滞销。要加大产销对接力度，着力打通运输堵点，抓好消费扶贫和扶贫产地市场、政府采购电子卖场扶贫馆等建设，拓展销售渠道。省里正在筹建贫困地区农产品产销对接服务中心，各地特别是贫困县要积极参与。要强化风险防范。产业扶贫面临项目选择、资金接续、合作经营等风险，稍有不慎可能给贫困户带来损失。要强化县级风险防范主体责任，开展风险大排查活动，尤其要抓好带贫主体风险排查，严惩失信行为，防止不良影响。

4. 大力发展富民乡村产业

应对新冠肺炎疫情对农民增收的不利影响，必须把发展富民乡村产业摆在突出位置。要调优调特产业结构。加快油菜冬闲田开发，推进供粤港澳蔬菜基地建设，加快柑橘和茶叶品改，抓好棉花、中药材、蚕桑等绿色精细高效示范基地建设。推进草食动物优势产区建设，提升牛羊肉供给能力、奶产品本省自给能力。加快打造特色家禽产业带，抓好稻渔综合种养示范县建设，发展名特优养殖品种池塘放养面积200万亩。要继续打造高效园区。新创建现代农业特色产业园省级示范园100个、优质农副产品供应基地30个以上、现代农业特色产业集聚区10个，争创一批国家级现代农业特色产业园、国家农业高新技术产业示范区。加快推进农村一二三产业融合发展，打造一批三产融合示范县、农业产业强镇和特色小镇，评选20个省级农业强县、100个农业强村。要做强做优农产品加工业。深入实施农产品加工业提升行动和"百企"培育工程，培育标杆龙头企业20家以上，力争创建国家重点龙头企业10家左右，新增规模以上企业200家左右，培育农业产业化省级示范联合体100家以上。实施休闲农业和乡村旅游精品工程，开展休闲农业重点县建设。要深入推进品牌农业建设。按照省委农村工作会确定的品牌建设任务，有关处室和相关市县要迅速制定实施方案、拿出具体计划，配合"湘味农产品、香飘百姓家"主题宣传，搞好形象策划和市场营销，尽早把品牌形象树起来、推出去。要高度重视农产品产销对接。发挥各类展示展销活动的示范引领作用，精心组织中国中部（湖南）农业博览会，继续开展湖南贫困地区优质农产品产销对接系列活动，推动湖南农产品对接京津冀、长三角和粤港澳市场，积极开拓美国、东南亚、香港等境外市场。

5. 大力发展设施农业

设施农业是2020年"三农"工作的突出重点，中央农村工作会议、省委农村工作会议都作了部署，省委、省政府还将出台专题政策。要抓好高标准农田建设。高标准农田建设是被纳入国务院真抓实干督查激励的重点工作，是必须向国务院交账的硬任务。2020年要建设390万亩，同步发展高效节水灌溉32万亩。1月中旬，任务已下达到各县市区。各地要抓紧做好项目选址、初步设计、实施方案编制等工作，把项目落实到镇村和丘块，加快施工进度，严格质量管理，确保按时交账。要推进设施农业基地建设。全省将创建10大设施农业示范基地，重点打造长株潭都市圈设施农业栽培基地、粤港澳大湾区设施蔬菜供应基地、大湘西优质果茶设施苗木繁育基地。各地要立足优势特色产业，积极抓好制种育苗工厂、节水施肥一体化、畜禽智能饲喂、渔业工厂化循环水养殖等技术设施应用。省厅将把钢架大棚、畜禽养殖、废弃物处理与利用、饲料加工等设备纳入农机补贴范围。要提升农业机械化水平。深入推进粮油主产县全程机械化，优化实施"千社"工程，加快补齐丘陵山区和经作林果业、畜牧水产养殖业农机短板。引导农机装备企业建立农机装备制造基地，探索综合农事服务中心开展农机作业与租赁服务。2020 年省里将择优建设 20 家"全程机械化＋综合农事"服务中心。要推进冷链物流设施建设。省里将在长株潭核心区块打造国家中南地区农产品冷链物流枢纽，在湘南、环洞庭湖、大湘西三大片区建设农产品冷链物流区域中心，在特色农产品优势区及蔬菜、水果、肉类和水产品生产大县建设区域性农产品产地仓储冷链物流设施。这是农业发展的重要机遇，各地要积极把握。要扎实推进农业农村信息化。推进信息进村入户工程，益农信息社覆盖全省所有行政村。启动实施"互联网＋"农产品出村进城工程。开展农业农村大数据中心建设，创建农业物联网应用示范县 20 个、示范基地 50 个。

6. 实施农产品质量安全保障工程

越是农业发展形势复杂，越要守住农产品质量安全底线。要严格风险管控。大力开展"利剑"专项整治行动，重点整治蔬菜、禽蛋、水产品等生产领域存在的质量安全问题。强化农产品"双随机"和"三前"环节抽样，推动将小农户纳入监测范围。要推进"两证"制度。全面推行农产品"身份证"管理，选择"湖南茶油"和"湘江源"蔬菜区域公用品牌开展试点示范。积极推行食用农产品合格证制度，力争蔬菜、水果、畜禽、禽蛋、水产品五大品类实现全覆盖。同时，抓好县域农产品质量安全追溯与"身份证"管理体系建设。要提升监管能力。支持常德市和宁乡、南县、零陵、永顺创建第三批国家农产品质量安全县（市），创建 100 个省级乡镇监管"五个规范化"示范站。落实新《农药管理条例》，建立监管执法全过程记录制度。要支持发展"两品一标"农产品。继续实行"两品一标"农产品检测、标志使用、认证费用补贴政策，力争全省绿色食品、有机食品和农产品地理标志总数达到 2350 个以上。

7. 扎实推进农业绿色发展

这是推进农业高质量发展的重要保障。要抓好受污染耕地安全利用。根据国家安排，2020 年湖南省要完成 489 万亩轻中度污染耕地安全利用，47.55 万亩以上重度污染耕地严格管控治理工作任务。省农业农村厅已会同生态环境厅制订工作方案，召开专题会议部署。要重点抓好长株潭地区种植结构调整，大力推广"淹水法"降镉技术，扎实做好休耕治理。要抓好重点水域禁捕退捕。2020年要对"长江湖南段和一湖四水"水生生物保护区以外的天然水域实行全面禁捕。各地既要抓好上年禁捕退捕扫尾工作，也要落实好2020年任务，争取在2020年6月底前全面完成。组织开展"中国渔政亮剑2020"行动，严厉打击"电毒炸"等破坏水生物资源环境的犯罪行为。要抓好农业面源污染治理。持续推进畜禽粪污资源化利用工作，全面推广病死畜禽无害化集中处理。深入推进化肥农药减量增效，扎实开展果菜茶有机肥替代化肥试点示范，推进秸秆、农膜综合利用。积极推进屈原管理区、澧县、浏阳市、新宁县国家农业绿色发展先行区建设。

8. 强化农业科技和人才支撑

认真实施科技支撑优势特色千亿元产业行动，抓紧突破一批技术瓶颈。2020年相关科研项目重点向"两油""两茶"倾斜。充分发挥湘籍农业院士和在湖南省工作的农业院士多的优势，推动农业院士领衔产业发展。深入实施"万名"工程，加快省南繁科研育种园、生物种业技术创新中心、国家耐盐碱水稻技术创新中心建设，支持永州国家农业科技园区升建国家农业高新技术产业示范区、益阳创建国家农业科技园区。实施农村实用人才带头人和高素质农民培育计划，开展"千名优秀农民境外培训计划"提质行动，抓好"三农"干部赴经济发达省份"走出去"培训。实施农技特岗人员培养计划，制定湖南农业系列专业技术职称申报评价地区标准，继续开展"湖南省十佳农民""湖南省十佳农技推广标兵"评选活动。

9. 完成农村人居环境整治三年行动任务

2020年是农村人居环境整治三年行动收官之年，要确保如期完成各项任务。抓好统筹协调。继续把农村人居环境整治纳入全省实施乡村振兴战略实绩考核和省政府督查激励内容。督促抓好村庄规划编制、农村生活垃圾和污水处理、村庄道路建设等工作。要高质量完成农村改厕任务。按照中央要求，结合湖南实际，调整了全省农村改厕计划。100万户改厕任务按"一年下达、两年实施"的方式实施。2020年一类县要确保完成90%以上农村户厕无害化改造，二三类县在确保质量的前提下稳步推进农村改厕工作。省里将重点考核一二三类县改厕质量和一类县任务完成情况，各地要严把改厕质量关，真正把好事办好、实事办实。全面推进村庄清洁行动。广泛开展以"干干净净迎全面小康"为主题、以"三清一改"为主要内容的村庄清洁行动，评选一批村庄清洁行动成效明显的县、乡、村和星级"清洁庭院"。省里将建立全省农村人居环境整治监督平台，对脏乱差现象进行曝光。深入实施"千村美丽、万村整治"工程。全省创建300个以上美丽乡村示范村，评选70个左右省级美丽乡村示范村，打造50个左右精品乡村，持续推进1个市、10个县、62个镇全域推进美丽乡村建设。

10. 抓好重点农村改革任务落实

按照"扩面、提速、集成"要求，加快推动改革关键环节取得新突破。要培育壮大新型经营主体。实施农民合作社规范提升行动，省、市、县三级联创示范社1000个，培育20家左右有影响力的旗舰示范社。全面启动家庭农场高质量发展培育计划，创建省级示范家庭农场1000个。抓好农业社会化服务试点。要基本完成农村集体产权制度改革整省推进试点任务。全面完成集体经济组织登记赋码、证书颁发，指导有经营性资产的村有序开展股份合作制改革，加快建立农村集体资产监督管理平台，确保10月底前完成整省试点任务。同时，管好用好盘活集体资产，扶持壮大村级集体经济。要深入推进农村承包地"三权分置"改革。做好农村承包地二轮延包到期后再延长30年政策研究工作，对二轮延包2024年底到期的地方，相关市州、县市区要选择1个村或村民小组启动土地延包政策试点。建立农村承包地确权登记成果运用机制，稳步推进农村承包地有偿退出、抵押担保等改革。要稳慎推进农村宅基地管理与改革。加强农村宅基地管理，压实县、乡两级宅基地管理工作责任，指导乡镇政府建立宅基地和农房联审、联批、联合执法的管理机制。配合相关部门抓好农村宅基地确权登记颁证工作，年底前要基本完成任务。深入推进浏阳市国家宅基地制度改革试点，探索推进城乡合作建房、农宅合作社改革试点，统筹抓好农垦等改革。

B.17

2019年湖南商务和开放型经济
发展情况及2020年展望

徐湘平*

摘　要： 2019年，湖南省大力实施"创新引领、开放崛起"战略，各项目标任务全面超额完成，主要指标逆势攀升。2020年，全省将致力推进开放强省五大行动，着力稳增长、促消费、强龙头、抓重点、补短板、建平台，努力争取更好结果，冲刺更高目标。各项工作指标为，社会消费品零售总额增长10%左右，进出口增长15%以上，实际使用外资增长10%以上，实际到位内资增长12%以上，对外承包工程和劳务合作增长15%以上。

关键词： 商务　开放型经济　创新　湖南

一　2019年湖南商务和开放型经济发展情况

2019年，湖南省商务系统坚持以习近平新时代中国特色社会主义思想为指导，深入贯彻落实党中央国务院、省委省政府决策部署，充分发挥"一带一部"区位优势，大力实施"创新引领、开放崛起"战略，推进"四个致力"（致力于开放强省五大行动，致力于湘南湘西示范区建设，致力于形成强大国内省内市场，致力于对非经贸合作），主攻"两稳三促"（稳外贸、稳外资，促消费、促外经、促就业），各项目标任务全面超额完成，发展规模和质量全面提升。

---

* 徐湘平，湖南省商务厅党组书记、厅长。

（一）全力稳增长，主要指标逆势攀升

1. 对外贸易升级进位

全省实现进出口总额 4342.2 亿元，增长 41.2%，高于全国平均水平约 37.8 个百分点，进出口增速居全国第 1、中部第 1，进出口增量居全国第 3。其中：出口 3076.12 亿元，增长 51.9%，增速居全国第 1、中部第 1；进口 1266.08 亿元，增长 20.4%，增速居全国第 4、中部第 1。与中国香港、韩国、德国、欧盟、东盟等传统贸易伙伴进出口额保持增长，分别为 634.08 亿元、236.86 亿元、161.13 亿元、614.15 亿元和 619.05 亿元，增长 43.6%、42.9%、49.7%、55.7%、62.7%。对美国进出口额 412.05 亿元，增长 15.4%。与"一带一路"沿线国家实现进出口额 1230.38 亿元，增长 53.3%。

2. 招商引资稳中有进

全省招商引资实际到位资金 8376.63 亿元，首次突破 8000 亿元，增长 18.5%；实际使用外资 181.01 亿美元，增长 11.8%，完成年目标任务的 101.5%；实际到位内资 7133.34 亿元，增长 18.8%，完成年目标任务的 106%。新引进招商引资重大项目 712 个，投资总额 9922.77 亿元。

3. 外经合作持续推进

全省对外承包工程新签合同额 55.00 亿美元，增长 22.09%，完成营业额 30.30 亿美元，增长 1.61%。新增对外投资企业 84 家，对外直接投资 9.6 亿美元。派出各类"走出去"人员 16.38 万人，增长 24.17%。

4. 消费市场平稳运行

全省实现社会消费品零售总额 17239.54 亿元，比上年增长 10.2%，比上年同期高 0.2 个百分点，比全国平均水平高 2.2 个百分点。限额以上法人批发和零售业商品零售额 5350.8 亿元，比上年增长 10.7%。全年实物商品网上零售额 1351.8 亿元，比上年增长 26.8%，占社会消费品零售总额的比重为 7.8%，比上年提高 1.2 个百分点。消费对经济增长贡献率超过 50%，保持经济增长第一拉动力。全年居民消费价格比上年上涨 2.9%。

（二）合力办大事，首届中非博览会成功举办

中非经贸博览会是党和国家批准落户湖南的第一个国家级、国际化、常设

性的开放平台。第一届中非经贸博览会成功举办，成效远超预期。习近平总书记亲致贺信，国务院副总理胡春华、乌干达总统、索马里副总理、佛得角副总理等160余名中外副部级以上政要出席，53个非洲国家、10余个国际组织、31个省区市、1600多家中非企业踊跃参会，签署81项合作文件，成交金额201.2亿美元，观展人数超10万人次，132家中外媒体近600名记者报道盛会。开设网上中非经贸博览会和高桥非洲商品馆，意向成交金额突破10亿美元；创新推出101个中非经贸合作案例方案，备受中非各界赞誉；建成对非经贸合作项目库，232个项目入库，金额突破千亿美元；开通湖南省首条非洲定期航线——长沙至肯尼亚内罗毕直航；探索地方对非经贸合作新模式，与乌干达签订农业、矿业、园区、能源电力、旅游五大领域合作协议，等等。乌干达总统表示"印象深刻、期待继续"，商务部评价"非常不错、远超预期"。

（三）着力强龙头，商务主体发展壮大

1. 外贸主体不断壮大

全省有进出口实绩企业近6000家，其中进出口额过亿元企业854家，分别较上年增加945家、277家。外贸"破零倍增"持续推进，全省"破零"企业超1000家，"倍增"企业超600家，"破零倍增"企业新增进出口额占全省进出口总额比重超30%。民营企业保持第一大主体地位，进出口额3325.95亿元，增长56.6%，高于总体增速近15个百分点，占同期全省进出口总值的76.6%。14家企业获评国家文化出口重点企业，5家企业项目获评国家文化出口重点项目。

2. 招大引强成效显著

全省新引进120家"三类500强"企业投资项目201个（"三类500强企业"不重复统计），投资总额4188亿元。其中，世界500强企业51家、投资项目107个；中国500强企业58家、投资项目78个；民营500强企业11家、投资项目16个。首次落户湖南的"三类500强"11家。在湘投资并存续的世界500强企业175家。2018年"长三角洽谈周"和2019年"粤港澳洽谈周"省级签约项目履约率分别达74.4%、63.4%。

3. 流通千百工程稳步推进

全省限额以上贸易业单位11950家，比上年同期增加1546家，提前一年

完成限上企业三年行动计划。发布批发百强、零售百强、电商百强和商贸综合体百强名单。商贸流通载体建设发布重点招商项目 125 个，引进资金 1739 亿元，重点支持项目 237 个。创建电子商务示范基地 5 个、示范企业 21 家、重点培育项目 30 个。御家汇、安克创新、兴盛优选入选全国首批数字商务企业，数字商务企业总数居中西部第 1。

4. "湘企出海"势头强劲

全省全年新增境外企业 84 家，与上年同期持平，总量超 1600 家，规模居中西部省份前列。实施跨国并购 8 起，6 家企业设立海外研发中心，19 家企业设立新的海外生产基地。长沙戴卡在摩洛哥建设的 1.2 亿欧元轻量化轮毂工厂，成为中国在摩洛哥最大投资项目。爱尔眼科 1.2 亿美元收购新加坡国际眼科中心。湖南路桥进入国际承包商 250 强。

（四）大力促消费，内贸流通创新发展

1. 保供促销机制不断健全

出台《关于完善促进消费体制机制激发居民消费潜力行动计划》，开展湘品网上行、金秋购物消费节等系列促销活动。在全国率先出台《关于应对非洲猪瘟增加我省冻猪肉储备稳定市场供应的方案》，启动投放 3000 吨冻猪肉储备。商务诚信工程建设、重要产品追溯体系建设初见成效。成品油市场"自流黑"集中整治、马路市场安全隐患专项整治、大型商业综合体消防隐患整治等工作取得阶段性成果。

2. 流通创新试点深入推进

湖南省成功获批"推动农商互联完善农产品供应链项目"支持省份。长沙、株洲、衡阳国家级流通领域供应链体系建设试点、湘潭国家城乡高效配送专项行动试点取得阶段性进展。指导长沙市黄兴路步行街申报第二批国家级示范试点，启动"湖南省示范步行街"创建活动。5 家企业获评国家级"绿色商场"，总数达 14 家，居中部第 1、全国第 4。11 家餐饮企业、21 家仓储企业通过"两型餐饮、两型仓储企业标准"认证。

3. 电商产业蓬勃发展

全省电商交易额达 12900 亿元，增长 22%，网络零售额 2550 亿元，增长 25%。新增岳阳获批国家跨境电子商务综合试验区。新增 4 个全国电子商务进

农村综合示范县，总数达 54 个县，实现 14 个市州和国家级贫困县全覆盖。浏阳市作为全国"推进农产品流通现代化、积极发展农村电商和产销对接成效明显"的地方，获得国务院通报表扬。

4. 商务扶贫成效明显

构建"电商扶贫+家政扶贫+劳务扶贫+驻村帮扶"的湖南商务扶贫新模式。聚焦农产品上行，深化电商大平台合作，打造网销"一县一品"品牌，推进直播电商发展，推广"湖南电商扶贫小店"，实施电商消费扶贫，助推贫困地区农产品销售。全省农产品网络零售额 188.9 亿元，增长 39.7%，其中，51 个贫困县农产品网络零售额 83.6 亿元，增长 76.8%，带动超过 100 万名贫困人口增收。"百城万村"家政扶贫和劳务扶贫稳步推进，实现就业 3 万人，其中，建档立卡户 1.5 万人。驻村帮扶带动城步平南寨村、新梘水村 132 户 540 人脱贫、整村出列。

（五）致力保重点，各项工作协调推进

1. 重大举措全面突破

"破零倍增、综合服务、融资支撑、新业态突破、四个百亿美元项目、万企闯国际"稳外贸六大举措成效显著。累计认定园区外贸综合服务中心 62 家，实现全省主要园区全覆盖。"三单"融资政策深入推进，中芯供应链、岳阳观盛等外贸供应链企业带动进出口额超过 300 亿元。跨境电商进出口总额突破 10 亿美元，市场采购贸易方式出口额超 6.5 亿美元。岳阳城陵矶综保区二期竣工验收，全省海关特殊监管区域进出口总额增长 64.9%，占比提升至 24%。新引进外向型实体项目 141 个，预计带动进出口额超 800 亿元。开展"万企闯国际"行动，引导企业开拓多元化国际市场 3000 家次。

2. 重点平台作用增强

湘南湘西承接产业转移示范区实际使用外资和到位内资分别增长 11.7% 和 19.1%。建成指定口岸 10 个，岳阳城陵矶口岸预计进口汽车 7547 台，增长 165.1%，贸易额约 3 亿美元，增长 120%，居全国内陆港第 1、同类口岸前 4。长沙航空口岸进口冰鲜水产品 1.33 万吨，成为全国进口优质海鲜重要集散地。"湘企出海"综合服务平台 8 个市州分平台上线。波兰工业园、乌干达产业园等境外经贸合作园区建设稳步推进。阿治曼中国城获批国家级国际营销服务公

共平台。全省承办 188 个援外培训班，总数和人数全国领先。

3. 重点区域来势向好

长沙市扎实推进外贸发展"双四"目标，即连续三年增长 40%、2020 年达到 400 亿美元的目标，全年完成进出口额超 2000 亿元，总额占全省的比重为 46.1%，增长 56.4%。岳阳狠抓"一区一港四口岸"，引进新金宝、华为等实体项目，在连续几年高速增长的基础上，完成进出口额 330 亿元，增长 60.9%。邵阳发挥优势、精准施策，外贸增速连续 4 年高达 35%，外贸总量上升至全省第 5。湘潭推动内贸流通提质升级，社会消费品零售总额增长 10.4%，增速居全省第 1。益阳推进"千百工程"成效显著，新增限上企业 247 家，占全省新增限上企业比重为 16%。县市区"112"专项行动取得积极进展，有 23 个县市区外贸增幅超过 100%，52 个县市区完成进出口总量增长 2000 万美元，占比达 41.3%。

4. 重大活动成果丰硕

2019 年湖南－粤港澳大湾区投资贸易洽谈周成果丰硕，签约省级项目 183 个，引资 2847 亿元。湘南湘西承接产业转移示范区重点项目推介会签约省级项目 60 个，引资 276.36 亿元。2019 年中国国际食品餐饮博览会 3 天吸引 19 万余人次参观。组团参加第二届进口博览会、第十一届中部博览会、厦门投洽会、广交会、高交会、东盟博览会等国家级重大经贸活动，均取得积极成效。全年举办各类展会活动 650 场，展览面积达 700 万平方米，展会直接收入超过 35 亿元。

（六）强力打基础，开放环境更加优化

1. 国际物流体系初步建成

全省客运航线实现五大洲全覆盖。全省航空口岸开行航班 2.04 万架次，增长 14%；进出境人数突破 300 万大关，达到 326.4 万人次，增长 16%。常德桃花源机场实现对外临时开放。全省累计开通国际全货机航线 8 条，国际货邮吞吐量 5.1 万吨，增长 73%。湘欧班列开通直达欧亚的 10 条线路，覆盖沿线 30 个国家和地区，开行 446 列，增长 133.5%；货值 11.5 亿美元，增长 50%，跻身全国第一方阵。株洲班列成功开通，怀化班列持续运营。日韩江海联运、东盟澳洲接力航线稳定运营，城陵矶集装箱吞吐量完成 50.7 万标箱。

2. 放管服改革不断深化

全省全面复制推广140项自贸区改革试点经验，正在加快推广40项。两个"单一窗口"走在全国前列，国际贸易"单一窗口"覆盖率达100%，通关时间大幅缩短；外商投资企业商务备案与工商登记"单一窗口、单一表格"受理模式全面实施，企业开办时间压缩到3个工作日内。对外贸易经营者备案登记已下放至14个市州和83个县级商务主管部门。全面放开加工贸易企业经营状况和生产能力证明审批，实现机电进出口管理全程无纸化电子化。取消了成品油批发、仓储经营资格审批，全国第二个将成品油零售经营资格审批权限下放至市州。

3. 政策支撑体系逐步完善

出台高质量发展、支持湘南湘西示范区建设、完善促进消费体制机制等系列政策文件，深入开展"稳外贸"督导调研，开展外贸高质量发展、农产品物流、商业街建设等课题研究，配套政策体系不断完善。

二　2020年湖南商务和开放型经济工作展望

2020年是全面建成小康社会和"十三五"规划收官之年，也是实现第一个百年奋斗目标和"十四五"发展的奠基之年。展望2020年，世界发展面临百年未有之大变局，虽然外部环境更趋复杂，但我国发展仍处于并将长期处于重要战略机遇期，当前和今后一个时期，我国经济稳中向好、长期向好的长期趋势没有变，商务高质量发展的基础和条件没有改变。从国际形势看，全球化虽然遭遇"回头浪"，中美贸易摩擦不断，但大势浩浩荡荡，信息、资金和技术跨境流动更加频繁，全球治理格局朝着更加公平、更加合理、更加民主的方向加快调整。从国内形势看，虽然面临诸多结构性矛盾，经济下行压力较大，但我们具备应对各种风险挑战的物质基础和制度优势，特别是在中央"六稳"政策作用下，经济一直运行在合理区间。从湖南形势看，省第十一次党代会确立了"创新引领、开放崛起"战略，推出开放强省五大行动，构建了"1+2+5+N"的开放崛起推进体系，开放合力不断增强，开放氛围不断浓厚，开放平台竞相发力，开放成效日益显现。

（一）指导思想

坚持以习近平新时代中国特色社会主义思想为指导，认真贯彻落实党中央国务院和省委省政府决策部署，坚持稳中求进工作总基调，坚持新发展理念，立足"一带一部"区位优势，深入实施创新引领开放崛起战略，致力推进开放强省五大行动，着力稳增长、促消费、强龙头、抓重点、补短板、建平台，推动商务和开放型经济高质量发展，打造内陆开放新高地，为决胜全面建成小康社会、圆满收官"十三五"做出新的更大贡献。

（二）工作目标

2020年，全省社会消费品零售总额增长10%左右，进出口增长15%以上，实际使用外资增长10%以上，实际到位内资增长12%以上，对外承包工程和劳务合作增长15%以上。

（三）重点任务

1. 创建中国（湖南）自由贸易区

创建自贸区是2020年湖南商务的核心任务。一是建立健全工作机制。加强统筹协调，明确长沙、岳阳、郴州三个片区及领导小组各成员单位的工作责任，形成工作合力。二是加快完善申报方案。深入贯彻习近平总书记对湖南开放型经济指示精神，特别是对中非经贸博览会贺信精神，突出湖南开放发展的特色优势，进一步完善申报方案。三是大力夯实工作基础。全面总结已有经验，探索创新做法，确保各项改革试点经验在湖南落地生根。四是大胆推进先行先试。抓好已获批的长沙、岳阳跨境电商综试区、市场采购贸易方式试点、平行车进口试点等平台项目，进一步创新试点政策和机制，鼓励支持长沙、岳阳、郴州三市及相关单位率先开展有湖南特色的先行先试，做到边申报边试验边创新。

2. 推进外贸持续增长

推动"确保5000亿、冲刺6000亿"外贸目标如期实现。一是贯彻落实《湖南省人民政府办公厅关于推进外贸高质量发展的实施意见》，指导市州出台配套政策。二是继续复制推广六大举措。推动县市区、园区结合本地实际复制推广，一项一项抓落实求突破。三是突出主攻"三重一点"。"三重"是重点区域、重点平台、重点项目；"一点"是新的经济增长点，即实施"1231"计划，全省各县市区对接或自建1个融资平台、实现20家以上企业破零倍增、新增进出口额3000万美元以上、全省市区外贸新增100亿美元以上。四是完善四大体系。推动组织考核、国际物流、综合服务和金融支持体系不断完善。五是推动外贸均衡协调发展。扩大进口，重点支持先进技术设备、关键零部件、紧缺能源资源、特殊消费品及非洲非资源性产品进口。开展二手车出口业务，探索机电产品国际流通新模式。探索发展保税维修、再制造等加工贸易新业态。加快服务贸易创新发展，引导外包企业积极拓展离岸业务，促进文化和技术贸易发展。

3. 坚持高水平"引进来"

2020年努力争取内外资引资总额突破万亿大关。一是抓好建章立制。深入贯彻《外商投资法》及其实施条例、《国务院关于进一步做好利用外资工作的意见》等新法规政策，出台配套政策措施，推动招商引资高水平发展。二是突出招大引强。重点引进"三类500强"、优势产业链龙头企业、总部经济和研发中心、结算中心以及外向型实体企业、商贸流通载体项目，力争新引进"三类500强"项目100个以上。三是做好承接产业转移。抓好示范区方案实施和政策落地，深化与粤港澳大湾区等东部沿海地区的对接合作，加快推进湘南湘西承接产业转移示范区建设，争当中西部地区承接产业转移"领头雁"。探索推进招商引资市场化运作方式，复制推广到长三角、香港地区。四是创新务实办好长三角经贸洽谈周，推广招商引资市场化模式。五是组织对近三年重大招商活动签约项目"回头看"，对照项目表进行考核督查，抓牢抓实重大项目履约落地。

4. 推动高质量"走出去"

一是深耕重点区域。优化国际市场布局，综合考虑市场规模、贸易潜力、产业互补、国别风险等因素，引导企业开拓、深耕非洲、东盟等"一带一路"沿线重点市场。二是引导境外经贸合作区规范发展。加快推进阿治曼中国城、波兰工业园、乌干达产业园等境外园区建设，带动湖南产能、技术、标准和服务走出去。三是推动湘企"抱团出海"。积极推动贸易、投资、工程承包相关企业互动合作，加强轻纺、建材、能源、矿业、农业等产业链上下游协作，深化湘企与央企和省外大型企业对接合作。四是完善"走出去"综合服务体系。优化对外投资管理方式,加强"湘企出海"综合服务平台建设,增加对外投资合作公共产品服务供给。完善海外风险评估和安全预警机制,提高政策针对性和实际效益。五是强化"三外"联动、业绩驱动。聚焦重点国别、重点领域、重点项目,实现"破零倍增"。

5. 建设强大消费市场

一是继续深入推进"流通千百工程"。培育壮大商贸流通企业主体,新增限上企业1000家以上。推进商贸流通载体建设,新建一批高品质流通载体,逐步向县乡一级延伸,促进县域和农村消费。二是持续推动消费升级。推动长沙市黄兴南路步行街申报商务部示范步行街,开展"湖南省示范步行街"创建活动,推动长沙争创国际消费中心城市。挖掘汽车、家电、家居等重点领域消费潜力,积极培育体验消费、网络消费,打造时尚消费、品质消费和"夜经济"地标,力争新增限上企业1000家、总数突破1.2万家。推进"老字号"传承创新。持续推进长沙、株洲、衡阳供应链试点工作,扩大省级物流标准化试点范围。三是着力改善消费环境。推进重要产品追溯体系、商务诚信工程建设,开展商贸领域安全生产集中整治,完善和规范拍卖、再生资源、特许经营等特殊行业监管。完善成品油市场管理实施办法,建立事中事后监管机制。四是加快推进数字商务发展。加强省级电子商务示范体系创建,积极培育数字商务企业。大力发展农村电子商务,着力解决农产品销售难问题。五是深入推进商务扶贫攻坚。推动湖南特色商务扶贫新模式深入开展,坚决打赢脱贫攻坚战。

6. 发挥开放平台作用

一是推进海关特殊监管区高水平开放高质量发展,复制推广岳阳综保区等地成功模式,推动综合保税区高水平开放高质量发展。二是持续打造国际物流体系。推进长沙四小时航空经济圈建设,加快发展临空产业,实现区港一体化,新开2~3条国际货运航线。进一步发挥整车、粮食、冰鲜水产、药品、水果等指定口岸功能,发展口岸大宗贸易。推进经开区、海关特殊监管区提质升级,确保海关特殊监管区完成进出口额200亿美元以上。开通湘欧班列500列以上。三是做强做优园区平台。贯彻落实国家级经开区创新提升意见,推动园区创新发展,提高开放型经济发展水平。对2020年外贸外资依旧为零的园区，推进淘汰机制落地实施。四是持续打造中部会展高地。办好首届湖南（岳阳）口岸经贸博览会。办好中国国际食品餐饮博览会，不断提高展会市场活力，争取长期落户。

7. 打造中非经贸合作示范高地

深入贯彻落实习近平总书记贺信指示精神，巩固第一届中非经贸博览会成果，探索合作新路径，建立长效机制，开辟新增长点。一是提前筹备第二届博览会。提升办会实效，创新展会形式，聚焦贸易成交和项目合作，以"超市"型展会满足各方所需，提高参与度和获得感。汇集各方资源力量，精准邀商招展，进一步提升展会市场化、专业化、国际化水平。二是建立健全对非经贸合作长效机制和保障举措。强化运作机构能力建设，出台对非经贸合作政策。建设中非经贸促进会、中非经贸促进创新示范园、中非经贸合作研究院、跨境人民币中心和永久会址等，完善项目库和网上博览会。三是着力解决信息不对称问题。整合现有的对非合作各项信息平台资源，切实解决中非政府之间、企业之间、国内对非各方面信息交流不畅、不及时、不对称等问题。四是充分激发市州和县市区作用。鼓励和支持各市州、县市区和园区发挥自身优势特色，与非洲重点国家、重点产业、重点企业积极对接，找到突破口，形成新增长点。

B.18
2019年湖南省文化和旅游发展情况及2020年展望

湖南省文化和旅游厅政策法规处课题组*

摘　要： 2019年是湖南省文化和旅游厅落实文化和旅游融合发展的开局之年。一年来，湖南省文化和旅游厅圆满完成厅机关机构改革的任务，文化和旅游厅职责得到强化，机构设置更加合理，人员编制全面加强，办成了许多标志性大事，开展了许多创造性工作，文化和旅游改革发展势头强劲、亮点纷呈，厅系统共有12类100余项工作获得国家级省级表彰奖励。2020年是全面建成小康社会和"十三五"规划收官之年。湖南省文化和旅游厅将大力实施创新引领开放崛起战略，加快推进"两大工程五大体系"，做到点线面整体推进，省市县协同发力，不断推进文化和旅游融合高质量发展，加快建设文化强省和旅游强省，为建设富饶美丽幸福新湖南做出更大贡献。

关键词： 文化旅游　融合发展　湖南

一　2019年湖南文化和旅游发展情况

2019年是新中国成立70周年。70年来，在省委、省政府的坚强领导下，

---

* 课题组组长：王鹏，湖南省文化和旅游厅副巡视员；副组长：向才平，湖南省文化和旅游厅政策法规处处长；成员：王朝辉、梁金田、郑康如、吕晓飞、段南风。

全省各族人民扎根优秀湖湘传统文化和红色精神沃土，砥砺奋进、薪火相传，推动文化和旅游取得巨大成就，成为湖南70年发展巨变的生动缩影。面对文化和旅游融合发展的新形势、新任务，全省文化旅游系统以习近平新时代中国特色社会主义思想为指导，大力实施创新引领开放崛起战略，坚定文化自信，坚持改革创新，坚持真抓实干，圆满实现了预期目标。

（一）深入学习贯彻习近平新时代中国特色社会主义思想，以更大自信展示了文化和旅游系统守初心担使命的新形象

一年来，省委、省政府以上率下推动习近平新时代中国特色社会主义思想在文化旅游领域的贯彻落实，专题研究全域旅游基地、文化创意基地和文旅小镇建设等工作，将文旅工作纳入省政府督查激励考核项目。各市州党委、政府更加重视文化和旅游融合发展，把文化事业作为惠民工程，把文化产业和旅游产业作为富民工程。全省文化旅游系统以高度的政治自觉，坚持学深悟透、学用结合，省文化和旅游厅党组组织中心组学习13次，第一时间学习党的十九届四中全会精神，各单位开展了多种形式学习活动。各级党组织坚持全面从严治党，切实加强基层党组织建设，持续推进正风肃纪，有效运用"四种形态"，干部职工的政治意识、担当意识进一步增强。扎实开展"不忘初心、牢记使命"主题教育，有效化解一批遗留问题，着力推动文旅工作更有作为。这一年，湖南革命文物保护利用、红色旅游"五好讲解员"建设、文化保护生态区建设、文旅消费、文旅扶贫、文艺院团社会效益评价考核等近20项经验在全国文化旅游系统大会上做典型发言，省文化和旅游厅荣获全省综治、安全生产、"七五普法"等工作先进单位称号。湖南省7个项目（单位）进入2019中国旅游影响力风云榜，其中"湖南送客入村"入选年度营销推广活动，长沙市入选年度夜游城市，南岳衡山入选年度文化景区，武陵源区入选全域旅游发展年度优秀案例，十八洞村入选旅游扶贫年度典型案例，湖南慧润农业科技有限公司入选年度双创企业，长沙雨花非遗馆入选非遗与旅游融合发展优秀案例。

（二）稳步推进改革创新，以更高站位推动文化和旅游融合发展取得新进展

一年来，省文化和旅游厅、省文物局和市、县两级文旅部门圆满完成机构改革任务，机构职能融合、班子精诚团结、工作成效明显。组织开展了文化和旅游融合发展、"十四五"规划前期研究等重大课题研究，出台了文化和旅游规划管理办法，引领文旅互融互助。各地各领域积极探索融合发展，越来越多的文物保护单位、博物馆、公共文化场馆、非遗传习所、展演展览、节会活动被纳入旅游线路，文物开放单位全年接待游客突破1亿人次，旅游演艺持续火爆。岳阳市率先召开文旅融合发展大会，平江县、宁乡市、溆浦县、洞口县、花垣县、凤凰县、江永县等地文旅融合呈现新亮点。推动文旅和科技融合，建立全国第一家旅游新场景实验室和数字化文旅体验实验室。文化机构法人治理结构改革、县级文化馆图书馆总分馆建设等试点工作取得阶段性成果。"放管服"和文化市场综合执法改革深入推进，对营业性演出、旅游市场等领域进行持续治理，立案查处一批经营单位，36家企业被列入黑名单和重点关注单位。组建了全省文化和旅游安全生产专业委员会，安全大排查大管控大整治等专项行动成效明显。扫黑除恶斗争扎实推进，文化和旅游市场确保了平安有序。文旅融合成为助推脱贫攻坚的重要力量，出台了旅行社送客入村奖励办法，"非遗+扶贫"工作深入开展，设立非遗扶贫就业工坊160余家，全省1400余个乡村旅游区（点）初具规模，11个村入选全国乡村旅游重点村。省文化和旅游厅联点扶贫的会同县雪峰村、凤凰县竹山村正在打造文旅扶贫新样板。

（三）坚持从区域发展布局入手，以更广视野拓展文化旅游高质量发展新空间

一年来，认真贯彻省委、省政府关于全域旅游基地和文化创意基地建设的新部署，以短板和痛点为导向，梳理并分办整改问题890个，推动高质量发展。2019年前三季度，全省规模以上文化企业3476家，实现营业收入2145.9亿元，同比增长3.9%，其中，规模以上文化装备制造企业营业收入同比增长22.4%；湘潭、郴州、永州、衡阳等市州规模以上文化企业营业收入增幅超过10%。2019年，全省接待国内外游客8.32亿人次，同比增长10.41%，实现旅游总收入9762亿元，同比增长15.56%。在工作中，着眼构建以"五大功能板块和五小协作区"为重点的文旅融合区域，启动建设了湘赣边全国红色文化旅游融合发展创新示范区，与其他周边省区合作更加广泛。韶山市、武陵

源区、南岳区成功创建国家全域旅游示范区，确定浏阳市文家市镇等十大文旅特色小镇建设。株洲炎帝陵晋升 5A 景区，新增 19 个 4A 景区、3 个省级旅游度假区。"锦绣潇湘"极致旅游线路甄选和设计工作全面铺开，推动各类资源向精品线路覆盖。成功举办了粤港澳大湾区湖南文化创意产业园区推介会、中国长沙 2019 年第五届湖湘动漫月、第二届中国旅游景区创新大展暨长沙创谷文化旅游嘉年华、阳光娱乐节等活动，省文化和旅游厅与北京银行、中国移动湖南分公司、腾讯公司等达成战略合作，推动新业态、新场景、新领域快速成长。398 个入库项目完成年度投资 33.36 亿元，其中 23 个项目竣工运营。全省年收入过亿元的文旅企业达到 39 家。马栏山视频文创园获评国家文化和科技融合示范基地。高规格承办 2019 年全国文化和旅游消费工作推进会，推动长沙市、株洲市试点示范深入开展，全省文旅消费持续升温，涌现一批全国著名的网红景区、网红商店。

（四）努力提供优质文化旅游产品和服务，以更实举措开创文旅为民惠民新局面

一年来，紧紧围绕新中国成立 70 周年，举办了全国名家书法作品邀请展、"欢乐潇湘"展演、"祖国颂"合唱大赛、全省红色题材优秀剧目展演、"祖国长盛·非遗常青"非遗展示等系列庆祝活动，营造了欢乐喜庆的节日氛围。启动艺术创作三年规划，新创花鼓戏《洄水湾》《云阳壮歌》等重点剧目，花鼓戏《桃花烟雨》剧本荣获第二十三届曹禺戏剧文学奖。完成"双送"文化惠民 1 万余场。106 个县市区现代公共文化服务体系建设达标。全省建成村级综合性文化服务中心 2.7 万个。乡镇文化站专项治理完成 95.2%。新建和改扩建旅游厕所 993 座，新三年行动计划完成 86%。实施一批公共文化服务"进村入户"惠民项目，让群众享有更多获得感。文化遗产保护传承呈现新气象，与国家文物局签署战略合作协议，新增 50 处国保，湖南全国重点文物保护单位总数达到 228 处，位居全国第八。新增中国传统村落 401 处，总量增至 658 处，位居全国第三。52 个县进入全国革命文物保护利用重点片区。万里茶道入选世界文化遗产预备名录，湖南省 23 处文物被列入申遗范围。成功举办"5·18 国际博物馆日"中国主会场活动、第 21 届湖南文物国际博览会和湖南（金秋）文物博览会，反响强烈、效果好。贯彻落实《国家级文化生态保护区

管理办法》，着手编制省级文化生态保护区规划。出台了《湖南省传统工艺振兴计划》。推荐 30 个项目申报第五批国家级非遗代表性项目。炎帝陵祭典被列入中华文明发源地重点保护项目，长乐抬阁故事会、九芝堂传统医药文化获评"全国优秀保护实践案例"。文化遗产展演展示活动丰富多彩，第二届上海国际博览会湖南非遗展得到许达哲省长充分肯定。

（五）围绕打造锦绣潇湘品牌，以更强担当扩大了对外交流合作新领域

一年来，着眼从更高层面来系统谋划锦绣潇湘品牌，编制了锦绣潇湘文化旅游品牌创建工程五年规划、营销工作三年实施方案。持续在中央电视台投放形象广告，与湖南卫视合作推出 26 期《乡村合伙人》，召开了航空文旅协同发展研讨会，与媒体合作深度加强，形成了海陆空、全媒体联动的强大宣传推广格局。郴州莽山 2019 湖南国际文化旅游节、2019 红色旅游文化节暨桑植民歌节、四季乡村文化旅游节、第二届中国饭店业发展千人大会等活动影响广泛，依托外交部全球推广活动、中非经贸博览会、北京世园会、第二届上海国际博览会等高规格的国内外重大活动平台，讲好湖南故事、推介湖南美景、展示湖南形象。省市县三级联动，与德国、俄罗斯、美国等 59 个国家（地区）开展文化旅游推广交流活动，与乌干达、坦桑尼亚等国签订了文旅合作备忘录，新增越南等新兴客源国，文旅服务对外开放的独特作用充分彰显。2019年，全省接待入境旅游者 467 万人次，同比增长 24.49%，实现旅游创汇 23 亿美元，同比增长 34.79%。

二 2020年湖南文化和旅游工作发展

指导思想：坚持以习近平新时代中国特色社会主义思想为指导，全面贯彻党的十九大和十九届二中、三中、四中全会精神，大力实施创新引领开放崛起战略，坚持观大势、谋大局、抓大事，补短板、强弱项、抓精品，坚持守正创新，加快推进"两大工程五大体系"，做到点线面整体推进，省市县协同发力，紧紧围绕提供优秀文化产品和优质旅游产品这一中心环节，不断推进文化和旅游融合高质量发展，加快建设文化强省和旅游强省，为建设富饶美丽幸福新湖南做出更大贡献。

预期目标：一是紧扣全面建成小康社会目标，圆满实现文化小康各项指标；二是确保"十三五"规划确定的各项文化和旅游任务落到实处。基本建成现代公共文化服务体系。力争规模以上文化企业营业收入增幅与全省经济增长基本同步。实现接待游客总人数突破9亿人次，接待入境游客突破500万人次，旅游总收入突破1万亿元。

（一）提高政治站位，做到"两个维护"，落实党对文化和旅游工作的全面领导

旗帜鲜明坚持党的领导。增强"四个意识"，坚定"四个自信"，做到"两个维护"，自觉在思想上行动上同以习近平同志为核心的党中央保持高度一致。不折不扣落实中央和省委、省政府、省委宣传部关于文化和旅游工作的重大决策部署，不断强化和落实意识形态工作责任制，坚决贯彻文化和旅游融合发展要求，召开全省文化和旅游融合发展大会，推进"宜融则融、能融尽融""以文促旅、以旅彰文"，实现真融合、深融合。

主动服务改革发展大局。自觉把文化旅游放到全省工作大局和中华民族伟大复兴的战略全局、世界百年未有之大变局中思考和谋划，主动做好"公转"，防止盲目"自转"，为湖南转型升级、高质量发展贡献力量。围绕决战决胜全面建成小康社会、三大攻坚战、乡村振兴等全局性工作，多作贡献。以送客入村、乡村旅游、非遗扶贫为抓手，坚定不移推进文旅扶贫，让贫困地区因文旅而兴、因文旅而富、因文旅而美。提高湖南艺术职业学院办学质量和水平，坚持立德树人，实现"德艺双馨、敢为人先"的目标，确保债务化解风险可控。

最大限度调动各方力量。做好新时代文旅工作，必须团结一切可以团结的力量，调动一切可以调动的因素。推进文化旅游系统事业单位改革，激发队伍活力，发挥建设文化和旅游强省主力军的作用。推动建立系统内外、省部合作、省内外协作的工作格局，发挥好文旅企业和社会组织在文化旅游中的重要作用。

全面推进从严管党治党。压实"两个责任"清单，做到真管真严、敢管敢严、长管长严。把学习贯彻习近平新时代中国特色社会主义思想作为首要政治任务，带着问题学、联系实际学。加强厅系统各级党组织建设，建立不忘初

心、牢记使命制度，推动厅系统各支部标准化建设全面达标。坚决维护文化和旅游领域意识形态安全，加强对导游、讲解员等群体的政治引领，做到守土有责、守土尽责。加强党风廉政建设和反腐败工作，坚决反对"四风"，坚决克服形式主义、官僚主义，树立过"紧日子"的思想，节俭办事办会办节。

（二）突出服务人民，强化惠民体系，不断丰富人民群众高品质的文化旅游生活

抓艺术精品创作，唱响时代主旋律。加强艺术创作统筹，调动各级文艺院团、各创作生产单位积极性，引导广大文艺工作者深入生活、扎根人民，攀登艺术高峰。实施《湖南省艺术创作三年规划（2019~2021）》，推进精品创作扶持工程，争取更多项目得到国家艺术基金资助，推出更多精品力作。脱贫攻坚是三湘大地上最精彩的时代故事，围绕全面建成小康社会开展主题创作活动，营造打赢脱贫攻坚战的浓厚氛围。积极筹备建党100周年重大文艺创作，提前谋划第七届湖南艺术节。深化文艺院团社会效益评价考核。

抓公共服务建设，如期实现文化小康。对照全面建成小康社会文化指标、现代公共文化服务体系建设指标，抓投入、强弱项、补短板、提效能，不拖全省后腿。继续抓好乡镇文化站整治、基层综合性文化服务中心建设、县级图书馆文化馆总分馆制建设和公共文化机构法人治理结构改革。探索将公共文化服务更好融入新时代文明实践中心建设的有效途径。推进湖南智慧文旅和公共服务数字化建设，完成旅游厕所建设新三年行动计划。实质性启动湖南图书馆新馆建设。举办公共文化服务产品采购会。办好"欢乐潇湘""雅韵三湘"群星奖获奖作品巡演、"罗霄放歌"等群众性文化活动，打造更多群众喜闻乐见的服务项目。做好迎接全国人大执法检查准备，推动公共文化服务保障法落实。

抓文化遗产保护利用，培育发展新增长极。以文物保护利用改革为总抓手，用好部省合作平台，重点抓好湘赣边革命文物保护利用示范区、湘鄂川黔革命根据地旧址保护利用示范区和长征国家文化公园（湖南段）文物保护利用项目建设，增强博物馆展陈感染力，推进博物馆资源与学校教育、旅游的衔接，着力推动文物保护利用强基础、上水平。围绕"五有"：有政治的高度、有文化的厚度、有技艺的精度、有参与的广度、有旅游的热度，以项目保护、

传承人培养为牵引，抓好数字化抢救性保护、省级文化生态保护区建设、传统工艺和曲艺振兴等工作，着力推动非物质文化遗产保护传承强管理、上水平。

（三）围绕发展大局，推动产业升级，努力打造全国知名的全域旅游基地和文化创意基地

注重全域化发展。推动旅游发展从单一景点景区向综合旅游目的地转变，从整体上谋划旅游发展，丰富旅游的生态和人文内涵。加强红色、古色、绿色文化旅游资源深度开发利用，推动景区提质升级。常德柳叶湖力争创建国家级旅游度假区。落实全域旅游示范区扶持政策，继续开展示范创建工作，推动张家界创建国家全域旅游示范市。搞好湖南十大文旅地标等活动，吸引全社会眼球。大力发展红色旅游，深化湘赣边红色旅游合作，抓好"五好讲解员"培训等活动。支持乡村旅游重点村建设，规范发展乡村民宿。

注重全产业提升。推进"门票经济"向"产业经济"转变，围绕"吃、住、行、游、购、娱"等要素进行整体设计，做强"购""娱"两个环节，做足"四季"产品，做美"夜间"文章，丰富完善旅游产业链条，促进旅游业与相关产业深度融合，增强旅游业的带动作用。扶持壮大动漫、演艺、音乐、创意设计、文旅装备制造、体验产业等文旅融合产业链，培育新的千亿产业。强力推动文旅市场的"三驾马车"：一是资本，加强文旅与金融合作，遴选和确定一批省级重点建设项目；二是消费，贯彻落实《国务院办公厅关于进一步激发文化和旅游消费潜力的意见》国办发〔2019〕41号文件精神，研究激发文化和旅游消费措施；三是政策，梳理和落实好与文化旅游相关的政策，打通政策落实"最后一公里"。支持马栏山、天心、昭山等重点园区建设。从规划布局、项目导入、运营管理等方面下功夫，着力把十大文旅小镇建设成湖南文旅新名片、县域经济新支撑点。

注重全方位开放。紧紧把住长沙四小时航空经济圈建设、中部地区崛起战略机遇，推进文化旅游向更宽领域、更深层次、更高水平开放。全省一盘棋，保持定力、久久为功，共同建设"锦绣潇湘"品牌体系。创新宣传推广方式，创新办节办会，调动省市县三级积极性，推动乡村四季旅游节等活动品牌化。集中力量办好2020年红色旅游博览会，展示湖南省红色旅游发展、湘赣两省文旅合作的丰硕成果。国内市场推广要聚焦"长三角""珠三角""东三省"

城市群，国际推广要以直航线、"一带一路"沿线为重点，在伦敦、洛杉矶等地办好湖南文化旅游周，着力提高对外推广交流实效。

注重全行业监管。密切关注文化旅游新情况、新动向、新业态，研究线上文化旅游经营管理措施。继续深化"放管服"改革。深入实施旅游服务质量提升计划，组织星级饭店技能大比武，面向全省推广民宿行业标准。举办文旅人才校企对接会。持续推进扫黑除恶斗争，不断强化平安湖南的文旅职责，巩固工作成果，健全长效机制。常态化开展执法检查和体验式暗访，以不合理低价游、网络文化、营业性演出、社会艺术水平考级等为重点，加大专项整治、大案要案查处力度。推动市县两级文化市场综合执法改革落到实处，基层执法力量只能加强，不能削弱。开展全省文化执法技能大比武。

（四）提升工作能力，注重真抓实干，力争各项工作在全国进位创先争优

在制度建设上求效能。以贯彻落实党的十九届四中全会为契机，切实加强文化和旅游领域制度建设，努力推动制度优势转化为治理效能。强化法律法规制定和实施，自觉用法治思维谋划思路，用法治手段破解难题。切实加强规划工作，贯彻落实《湖南省文化和旅游规划管理办法》，建立统一规划体系，注重规划立项、编制、论证、报批、衔接和落实，更好发挥规划的战略导向作用。将高标准编制"十四五"规划，作为"一把手"工程来重点推进。善于总结提炼，把过去的好做法、好经验固化为政策、法规、规划、标准，出台湖南省促进文化和旅游融合发展、激发文化和旅游消费潜力、加快文物保护利用改革等文件。

在强化抓手上下功夫。主动汇报、加强衔接，着力推动更多文旅工作进入各级党委政府的重大决策、重要文件、重大规划、重大活动、领导讲话和绩效考核。发挥考核"指挥棒"作用，继续把文旅工作纳入省政府真抓实干督查激励项目考核，压实地方党委、政府责任，省文化和旅游厅将对市州、省直管县文旅部门和厅直单位、厅机关处室进行目标管理考核。充分利用各种联席会议机制、协调机制，使工作更加顺畅高效。

在服务群众上出新招。坚持以群众需求为导向，从政府"端菜"变为群众"点菜"，着力解决文化旅游服务供需对接好不好、精不精的问题，让群众

享有更多幸福感、获得感。坚持重心下移，服务基层，推动更多公共文旅资源向基层倾斜。建设、管理和使用好基层公共文旅设施，丰富服务功能和项目，把村级综合性文化服务中心打造成新时代文明实践中心建设的主阵地、乡村旅游的综合服务区、群众自娱自乐的文化乐园。

在真抓实干上比实效。持续加强学习，大兴调查研究之风，不断增强本领。强化"管行业必须管安全"的责任，切实保障人民生命财产安全。扎实做好人才、政务、财务、统计、后勤、老干部、旅游投诉等工作。在全省文化旅游系统营造忠诚干净担当的良好风气，倡导真抓实干、改革创新的作风，瞄准全省、全国先进和排名，不断提升工作水平，务求新进步。

B.19
2019年湖南省多层次资本市场发展情况及2020年展望

张世平*

摘　要： 2019 年，党和国家在上交所设立科创板并试点注册制。湖南扭住科创板上市这项重点工作，建立了科创板上市后备企业库。全省资本市场运行平稳。2020 年，按照"重点储备、梯次培育、加速推动"的思路，加快推动全省企业上市。突出重点，突破焦点，以企业上市"破零倍增"计划为总体目标，以推进区域性股权市场发展为重点，促进全省多层次资本市场健康平稳发展。

关键词： 资本市场　地方金融　科创板　湖南

一　2019年湖南省资本市场发展形势

2019 年，党和国家在上交所设立科创板并试点注册制，资本市场领域改革加速推进，在省委、省政府的正确领导下，在各方的共同努力下，全省资本市场运行平稳，工作取得了新成效。

（一）科创板上市成效明显

2019 年，全省扭住科创板上市这项重点工作，建立了科创板上市后备企业库，三次向上交所推荐科创板后备企业，积极举办上市培训活动，加强对上

---

* 张世平，湖南省地方金融监督管理局党组书记、局长。

市后备企业的调研走访，做好上市支持服务工作。2019年，全省共有4家企业申报科创板并获受理，申报科创板企业家数居全国第9位，其中威胜信息已于2020年1月21日在上交所科创板上市，首发上市融资6.11亿元。

（二）境外上市取得新进展

2019年，全省在香港举办境外上市融资对接会，在长沙举办企业境外融资培训会、境外融资研讨会等系列活动，推动形成了更加浓厚的境外上市氛围，支持企业境外上市。2019年11月6日，远大住工在香港联交所主板上市，首发募集资金折合人民币10.47亿元，为近五年来全省第一家境外上市企业。

（三）上市后备力量不断壮大

截至2019年末，全省新增9家企业提交上市申请材料、17家企业进入辅导报备。截至年底，全省有3家企业过会待发，6家企业在审、1家企业待申报，28家企业进入辅导报备，383家企业在省上市后备企业资源库培育，上市后备资源充足。

（四）区域性股权市场科技创新专板即将开板

为深入实施创新引领开放崛起战略，精准对接上海证券交易所科创板和深圳证券交易所、创业板，通过多次沟通、协调，地方金融监管局湖南证监局等5个部门联合下发了《湖南省区域性股权市场设立科技创新专板工作方案》，在湖南股权交易所开设科技创新专板，即将开板。

（五）"资本市场县域工程"试点取得阶段性成效

指导湖南股交所深入试点单位开展企业走访、路演辅导、培训、座谈等活动，试点单位全年开展培训活动37场、有近500家次企业接受了培训及融资对接等服务。截至2019年末，12个试点县域实现股改挂牌全覆盖，累计160家企业签约股改挂牌（其中完成股改挂牌企业67家）；实现新增融资66261.47万元（不含股权质押融资）；累计帮助108家企业实现融资。

（六）四板市场挂牌企业质量持续提升

督促指导湖南股交所调整了企业股改挂牌审核标准，提高了准入门槛，主动动退了 40 余个质地一般的拟挂牌项目，并对 187 家工商吊销或注销、2 家涉及非法吸收公众存款、17 家被列为失信执行人和 10 家涉及行政处罚或涉诉等风险信息但未提交自查整改报告的优选板展示企业实施强制清退。督促湖南股交所加强对中介机构自律监管，出具了全国区域性股权市场首张"监管函"。通过从严监管，湖南股权交易所挂牌企业质量不断提升。

（七）基金集聚区发展保持良好势头

截至 2019 年末，湘江基金小镇（含麓谷基金广场）累计入驻基金机构 348 家；累计对外投资项目 315 个，投资金额 138.48 亿元；年内累计淘汰不符合条件的机构 35 家。湖南文旅基金（规模 25.23 亿元）、湖南高速基金（规模 10 亿元）、兴湘中证基金（规模 10 亿元）、湘江中盈基金（规模 15.01 亿元）等一批具有上市公司、国有企业及头部机构背景的基金在 2019 年成功入驻湘江基金小镇。

二　2019年资本市场发展情况

2019 年，地方金融监管局深入贯彻落实中央经济工作会议及省委经济工作会议要求，积极推动资本市场改革、发展及防风险工作。

（一）突出重点梯次培育，全力推动企业上市

按照"重点储备、梯次培育、加速推动"的思路，加快推动全省企业上市。截至 2019 年底，全省 A 股上市公司 105 家，居全国第九位、中部省份第一位。

一是推动出台了企业上市政策文件。在深入调研、广泛征求意见的基础上，推动省政府办公厅下发《关于加快推进企业上市的若干意见》（湘政办发〔2019〕61 号），提出了实施企业上市"破零倍增"计划、建立上市后备企业资源库、推动企业股份制改造等 15 条具体措施，着力解决企业上市过程中的一些玻璃门、弹簧门的问题，以期降低企业上市的时间成本、沟通成本和经济成本，提振企业上市信心，加速企业上市进程。

二是推动建立了联席会议制度。为了建立全省企业上市工作的协同机制，

经多番沟通，2019年7月省政府办公厅批复同意了关于建立省企业上市工作联席会议制度的申请。企业上市联席会议旨在统筹指导全省企业上市工作，加强上市后备企业培育，研究协调解决企业上市过程中的困难和问题，督促指导各市州、有关部门抓好工作落实。省委常委、常务副省长谢建辉为联席会议召集人，13家中央驻湘及省直有关部门为成员单位，办公室设在地方金融监督管理局。

三是确定了上市工作绩效考核。出台了《2019年省直和中央在湘单位企业上市工作绩效考核方案》，推动省绩效办将企业上市工作纳入2019年省直单位绩效考核指标，12家省直单位列入考核对象。通过绩效考核，有关单位对企业上市的推进和支持力度大大增强，部门协同推上市的局面初步形成。

四是大力推动企业科创板上市。积极把握科创板政策机遇，积极推动企业科创板上市。一是积极争取省领导高度重视企业科创板上市工作。6月，家毫书记带队，4位省委常委专程到上交所沟通科创板上市等有关事宜，争取上交所的支持。省政府副秘书长张志军专程拜访了上交所，沟通科创板上市工作。二是联合省科技厅建立了省科创板上市后备企业库，有106家企业入库。在头部券商推荐意见、行业专家把关并与湖南证监局沟通的基础上，先后三次向上交所推荐了50家科创板上市重点后备企业。三是多次邀请上交所领导调研省科创板上市后备企业。3月，上交所党委副书记、监事长潘学先专程来湖南省调研科创板上市工作，省委常委、长沙市委书记胡衡华接见了潘监事长一行。四是组织科创板上市系列培训活动，举办了"启航·改制上市实务科创板专题培训""湖南省科创板上市培训会""湖南省科创板上市后备企业辅导培育对接会"等多场次宣讲培训活动，共有300余家拟上市企业、1200余人次参加培训。

五是科学建设企业上市梯队。在市、县两级金融办的支持配合下，对省上市后备企业资源库进行了年度调整，有383家企业入库，同比增加了45家。为了对拟报材料的企业进行重点培育，对重点上市后备企业进行了广泛地摸底、走访，联合湖南证监局选定了35家拟于两年内申报上市材料的企业作为重点上市后备企业，并向省政府专题报告。

六是做好重点企业上市协调、指导。促成建辉常务副省长带队到中国证监会拜访，沟通湖南省重点企业上市工作，争取了中国证监会的理解和支持。

2019 年，采取带专家上门服务的方式，先后调研走访了长沙、邵阳、郴州等市州的 81 家拟上市后备企业，了解企业生产经营情况及上市工作需求，现场答疑，指导企业做好上市准备工作。先后组织了 100 多人次拟上市企业高管开展"走进沪深交易所"活动，到沪深交易所参观学习，听课讨论，坚定上市决心。积极协调有关单位，为和顺石油、联诚集团、金博碳素等多家企业办理历史沿革确认、合法合规证明开具等上市有关事项，帮助企业扫清上市障碍。

七是积极开展各类上市培训活动。为了宣传资本市场知识，营造支持上市的氛围，制定了常态化的资本市场培训计划，并报经省政府同意，分层次、分类别开展企业上市培训工作。针对党政领导干部，由地方金融监督管理局牵头组织了省党政领导干部资本市场研修班，分管金融工作的副市（州）长、省直经济和金融部门分管负责人等 55 人参加会议，建辉常务副省长出席开班仪式并作主题报告。针对市州金融办，编印资本市场政策文件汇编，指导他们更好地熟悉政策，开展资本市场相关工作。针对拟上市企业，举办了企业上市网络舆情应对研讨会，邀请省委网信办同志辅导授课，指导做好上市过程中的网络舆情应对工作，40 家重点拟上市企业高管参加。针对拟上市企业高管，与深圳证券交易所联合举办了"第 104 期拟上市公司董秘培训班"，共计 200 多名拟上市公司董秘参加培训，绝大部分参训对象取得了董秘资格证。

（二）促改革严监管并举，促进四板健康发展

积极推动湖南股交所持续健康发展，为中小微企业提供综合金融服务。

一是推动建立科技创新专板。与省科技厅等有关部门进行了多轮沟通，数易其稿，起草了科技创新专板工作方案。2019 年 11 月，经省政府同意，地方金融监督管理局与省科技厅等五部门联合下发了《湖南省区域性股权市场设立科技创新专板工作方案》。根据方案，科技创新专板将在企业挂牌、融资服务、资源配套等方面做出系列改革，为科技创新专板挂牌企业提供 5 个方面的政策支持和 8 个方面的服务举措。通过部门联动、政策协同、资源集聚，加快企业发展，为全省科创板、创业板培育一批优质后备力量。方案下发后，举办了科技创新专板政策宣讲会，首批 3 家企业与湖南股交所在会上进行了签约。

二是切实履行四板监管职责。采取定期检查与专项检查相结合、现场检查

与线上排查相结合、被动检查和主动自查相结合的方式对湖南股交所进行监管。开展定期检查。2019年8月，联合湖南证监局，聘请中介机构对湖南股交所的制度建设、经营、合规、风控等情况进行全面检查；并按季度进行现场检查，出具检查报告，提出监管要求。开展专项检查。为了解2018年度股改挂牌企业质量，通过现场走访、查阅资料、访谈高管等形式，对随机抽取的12家企业股改情况进行深入检查。针对检查中发现的问题，下达整改通知书，要求湖南股交所限期整改。推进制度管理。批复同意湖南股交所设立针对有限责任公司挂牌的报价板，并启动原优选板转报价板的相关工作。推进自律管理。多次督促湖南股交所定期做好挂牌企业的风险排查，并严格中介机构的管理。湖南股交所下发了全国四板市场首张中介机构监管函。

三是着力推进涉农企业股改挂牌。认真落实省政府决策部署，大力推动涉农企业股改并在湖南股交所挂牌。与省农业农村厅加强协作，每个季度研究一次涉农企业股改工作。针对涉农企业股改挂牌工作存在的问题，2019年9月，联合省农业农村厅组织召开全省涉农企业股改挂牌工作推进会暨涉农企业股改培训班，重点对空白县市区进行再动员和再部署。上半年，会同省财政厅对涉农企业股改挂牌安排了补助资金，共补助67家涉农企业合计2010万元，专项补助湖南股交所426万元。指导湖南股交所将原高管联点"六步曲"升级为服务企业的"八步曲"，支持开展寻股湘商宣传活动，帮助挂牌企业获得资金支持和配套服务。自开展涉农企业股改挂牌工作以来，全省已有104家涉农企业股改挂牌，覆盖76个县市区，覆盖面62.3%；全年有71家涉农企业实现各类融资5.92亿元。

四是有序推进县域工程试点。2019年是全省资本市场县域工程试点的第二年。指导湖南股交所深入试点单位开展企业走访、路演辅导、培训、座谈等活动，试点单位全年开展培训活动37场、有近500家次企业接受了培训、融资对接等服务。12月，地方金融监督管理局领导带队到隆回县、湘潭县等地调研资本市场县域工程试点情况，对试点单位进行了现场指导。

（三）严格备案积极引导，发展私募股权行业

一是认真做好备案工作。2019年3月16日前，按照规定认真做好私募股权投资机构备案工作；3月16日后，按照有关规定，报经省政府同意，停止

了备案工作。为了做好后续工作，起草了新的关于私募股权投资机构登记注册及监管工作的文件草案，并与相关部门进行了专题研究。根据国家放管服的新政策，配合省发改委开展私募基金试点政策研究，就私募基金领域准入、监管等工作提出了意见建议。同时，组织编写了《湖南省股权投资行业发展研究报告》，分析了行业发展情况，系统提出了全省股权投资行业发展建议。开展私募股权投资机构备案工作以来，共有 327 家私募股权基金管理公司、251 只私募股权基金在地方金融监督管理局备案。

二是推动基金集聚区发展。支持湘江基金小镇、麓谷基金小广场、常德清科基金小镇等 3 个基金集聚区发展。促成省人大常委会到湘江基金小镇调研，地方金融监督管理局党组书记、局长张世平到湘江基金小镇调研，指导建设。指导湘江基金小镇开展了基金峰会、中基协培训等活动，有力地提升了湘江基金小镇的品牌影响力。2019 年 5 月，湘江基金小镇物理空间主体结构建成，举行了开园仪式；11 月，金融政务服务超市揭牌，并正式对外试运营。

（四）积极防范化解风险，切实维护市场秩序

将防风险与促发展放在同等位置，积极防范化解资本市场风险。目前，全省资本市场总体风险可控。

一是努力化解上市公司风险。2018 年，股票质押风险爆发以来，地方金融监督管理局积极调研，主动作为。2019 年，根据调研新情况，向省政府递交《关于化解湖南省民营上市公司股票质押风险建议的报告》，及时与省国资委、省内有关金融机构做好沟通，指导采取有效措施为民营上市公司纾困；指导上市公司积极开展自救。通过各方面努力，全省民营上市公司股票质押风险化解初见成效，拓维信息、天舟文化等 12 家上市公司股票质押风险得到初步缓解和控制。同时，针对个别出现较大风险的上市公司，定期调度、定期汇报，敦促企业履行主体责任，指导市州、县市区政府履行属地责任，协调金融机构予以支持。

二是主动防范备案私募机构风险。组织各市州金融办通过现场核查等方式，对辖内备案机构等方面情况进行全面排查，增强对备案机构的资金实缴、合规运作情况的了解。2019 年，三次组织对备案私募股权投资机构在中国证券投资基金业协会备案的情况进行核查，并将结果公示，向投资者提示风险。为了推动备案的私募股权投资机构进入中国证监会监管视野，要求各私募股权

投资机构积极、及时到中国证券投资基金业协会备案，并与湖南证监局建立监管信息沟通机制。此外，对个别涉嫌违法违规的私募股权投资机构，约谈相关负责人，责令整改。

三是稳步消化金交存量风险。指导湖南金交中心制定了存量风险防范化解方案，并提交中国证监会。针对一些风险较大的存量业务，通过书面和口头方式，多次进行督促、指导，要求湖南金交中心提早介入，积极防范，确保按期兑付，不发生风险。同时，加强与湖南证监局、湖南财信金控的联系，联合湖南证监局按季度开展有关检查，及时向财信金控书面通报金交中心有关情况。截至2019年末，湖南金交中心未出现违约事件，风险逐步化解。

（五）加强政策引导和宣传，积极推动多渠道融资

以直接融资补助资金审核工作为切入点，帮助企业降低直接融资成本，推动企业多渠道直接融资。

一是认真做好企业直接融资补助资金审核。经各市州金融办和财政局初审，中介机构评审，省财政厅和地方金融监督管理局审核、向社会公示等环节，完成了2018年度直接融资补助资金审核工作，最终确定了96家企业和2家金融机构符合直接融资补助条件，下发补助金额5455.15万元。

二是推动完善直接融资补助政策。推动省财政厅修改直接融资补助政策内容，加大了科创板企业上市的补助力度，降低了"新三板"直接融资补助门槛，增加了区域性股权市场股改挂牌补助和股权投资企业补助，扩大了企业上市及中小企业债券发行的贴息补助范围。此项政策的修改提升了指标设计的科学性，促进了金融奖补资金杠杆作用的发挥。

三是开展融资培训活动。加强企业融资政策和知识培训。组织了"湖南企业境外融资培训班""湖南企业并购重组与发展研讨会"活动，2019年，全省企业共实现直接融资3093.33亿元（不含私募股权投资融资额），同比增长14.81%。

三　2020年资本市场发展思路

2020年，继续深入贯彻落实中央经济工作会议精神及省委经济工作会议

精神，突出重点，突破焦点，以企业上市"破零倍增"计划为总体目标，以推进区域性股权市场发展为重点，促进全省多层次资本市场健康平稳发展。

（一）全面贯彻落实上市政策文件

举办资本市场培训班，组织各市州、国家级园区负责资本市场工作的干部学习《关于加快推进企业上市的若干意见》等政策文件，推动建立市州上市绩效考核制度，有计划、分片区到各市州调研文件落实情况，传导企业上市工作压力，督促各市州、县市区加快推动企业上市步伐。围绕创业板注册改革、"新三板"改革、境外上市等主题组织开展系列培训活动，邀请相关专家授课辅导，帮助拟上市企业了解掌握资本市场最新政策动态和知识。继续采取带专家服务团队上门指导，组织重点后备企业到沪深交易所开展"一对一"对接活动及"走进交易所活动"方式，指导企业做好上市有关工作。加强协调，帮助企业办理历史沿革问题、合法合规证明开具，指导拟上市企业做好舆情应对及上市准备工作，为上市提供精细化服务。

（二）着力开展资本市场县域工程

落实省领导关于资本市场县域工程三年全覆盖的指示要求，在总结原有资本市场县域工程试点情况的基础上，调整工作思路，改变工作方法，制定工作方案。将原有的以四板市场为主体的资本市场县域工程试点，调整为以上市"破零倍增"为导向的内容涉及整个资本市场的县域工程；实施主体以从湖南股交所调整为县市区金融办；范围拓展到在所有市州和所有国家级园区铺开，真正将资本市场县域工程变成落实"破零倍增"计划的有力抓手。

（三）推进四板市场改革发展

以湖南股交所为主体，部门协同，高起点打造科技创新专板。督促湖南股交所加强对涉农企业股改挂牌空白区县的攻坚，确保 2020 年完成省政府确定的涉农企业股改挂牌县域全覆盖的工作目标。制定支持企业股权质押融资的专项文件，支持四板市场挂牌托管企业开展股权质押融资，挖掘企业股权的市场价值。研究制定非上市公众公司股权强制登记托管的专项文件，推进公司规范治理，维护股东利益。支持湖南股交所向中国证监会争取区域性股权市场创新试点。

（四）推动企业多渠道融资

加强与省发改委的对接，支持湘江基金小镇争取私募基金领域进一步放宽市场准入试点；积极推进湘江基金小镇等基金集聚区发展，推进私募基金行业健康发展。支持上市公司通过增发、配股等方式再融资，通过并购重组做大做强。加强对股权、债权等各类融资工具的研究和推介，引导符合条件的企业多渠道直接融资。认真做好直接融资补助专项资金审核工作，降低企业融资成本。

（五）切实防范资本市场风险

密切关注、定期调度全省上市公司发展情况，对于出现严重流动性、股票质押、债务等风险情况的上市公司，协调有关部门，引导金融机构通过市场化、法治化的方式，帮助上市公司纾困解难；定期开展风险排查，切实防范备案私募股权投资机构风险；联合湖南证监局，依法依规做好湖南股交所监管，坚决守住不发生区域性、系统性金融风险的底线。

B.20
2019年湖南金融形势分析及2020年展望

张 奎*

摘 要： 2019 年，湖南全省金融运行整体平稳。2020 年，金融运行面临新的机遇与挑战，全省将实施稳健货币政策，坚决打赢防范化解重大金融风险攻坚战，深化金融改革开放，全面做好"六稳"工作，为全省经济高质量发展创造良好的货币金融环境。

关键词： 金融风险 金融改革 地方金融 湖南

2019 年，全省金融机构认真贯彻落实稳健货币政策，宏观审慎政策双支柱调控框架，紧紧围绕打赢三大攻坚战任务和创新引领开放崛起战略，按照高质量发展要求，积极改善金融服务，不断增强金融服务实体经济能力。

一 2019年湖南金融运行主要特点

（一）存款增速年内总体呈上升趋势，其中住户存款新增较多

2019 年末，全省金融机构本外币各项存款（金融机构本外币各项存款除了包含住户存款、非金融企业存款、财政性存款、机关团体存款、非银行业金融机构存款外，还包含境外存款）余额 52660.4 亿元，同比增长 7.5%。全年全省存款增速总体呈现上升趋势，年末增速较上年末提高 2.6 个百分点，较上

---

* 张奎，中国人民银行长沙中心支行党委副书记、副行长（主持工作）。

季末提高0.3个百分点。1~12月新增存款3658.5亿元，同比增加1393.2亿元。其中，非金融企业存款净下降0.3亿元，同比下降788.5亿元。为有效防范化解地方政府债务风险，全省金融机构主动承接到期债务，加大信贷投入，带动相关领域派生存款稳定增长，扭转了非金融企业存款大幅下降的趋势，但全年增长依然较为乏力，主要受两方面因素影响：一是全省存量政府债务规模偏大，融资平台公司新融入资金仍主要用于化解存量债务，其账面存款仍难以恢复增长；二是"总部经济"影响较往年更为明显，部分央企、大型企业资金往总部集中，且归集力度较往年更大，导致相关存款流出湖南。住户存款新增3022.0亿元，同比增加1015.4亿元；财政性存款新增150.9亿元，同比下降14.1亿元；机关团体存款新增188.8亿元，同比下降361.2亿元；非银行业金融机构存款新增260.3亿元，同比下降69.6亿元。

（二）各项贷款同比增加，增速居全国第二位

2019年末，全省金融机构本外币各项贷款余额为42415.4亿元，同比增长16.0%，增速分别比上年末、上季末提高1.5、0.6个百分点，高于全国平均水平4.1个百分点，增速居全国第2。2019年，全省贷款增速维持稳步上升态势，年末增速达到近两年来最高点。1~12月新增5829.8亿元，同比增加1227.9亿元。分期限看，短期贷款新增1396.1亿元，同比增加541.1亿元；票据融资新增585.1亿元，同比增加347.2亿元；中长期贷款新增3850.0亿元，同比增加352.8亿元。分主体看，住户贷款新增2433.6亿元，同比增加203.5亿元；非金融企业及机关团体贷款新增3411.7亿元，同比增加1053.0亿元，其中非金融企业及机关团体短期贷款新增633.4亿元，同比增加239.8亿元，非金融企业及机关团体中长期贷款新增2179.2亿元，同比增加450.7亿元。

（三）信贷投向有效支持实体经济发展，信贷结构持续优化

一是制造业贷款同比增加。2019年末，全省制造业贷款余额同比增长8.6%，增速比上年末提高0.5个百分点。全年制造业贷款新增220.7亿元，同比增加29.4亿元。二是涉农、小微贷款保持平稳增长。2019年，全省新增涉农贷款1245.4亿元，同比增加258.3亿元；新增小微企业贷款924.5亿元，同比增加416.6亿元；普惠口径小微企业贷款新增621.6亿

元。三是基础设施类贷款同比多增。2019 年末，全省基础设施类贷款余额同比增长 12.4%，增速比上年末提高 1.4 个百分点。全年基础设施类贷款新增 1061.1 亿元，同比增加 219.5 亿元，主要是 2019 年湖南强化地方政府隐性债务风险管理、出台措施缓释存量债务偿还压力后，金融机构采取表内承接表外、展期等措施缓释存量债务偿还压力，进而带动基础设施贷款较快增长。四是个人住房消费贷款增速回落。2019 年末，全省个人住房消费贷款余额同比增长 21.1%，增速比上年末下降 6.4 个百分点。全年个人住房消费贷款新增 1534.5 亿元，同比下降 32.1 亿元。全省住房消费贷款增速下滑主要是受房地产销售持续下滑影响，2019 年全省商品房销售面积同比下降 1.5%，连续 11 个月负增长。

（四）社会融资规模稳步扩大，直接融资占比有所上升

2019 年，全省新增社会融资规模① 8850.1 亿元，同比增加 1856.1 亿元，新增额在中部六省排名第二位。从结构上看，间接融资规模新增 5868.2 亿元，同比增加 1497.3 亿元。其中表内贷款融资新增 5843.4 亿元，同比增加 1265.4 亿元；表外融资业务新增 24.8 亿元，同比增加 231.9 亿元。直接融资规模新增 978.0 亿元，同比增加 541.7 亿元，占比由上年同期的 7.2% 上升至 11.1%，其中企业债券融资新增 935.7 亿元，同比增加 588.4 亿元，股票融资新增 42.3 亿元，同比下降 23.9 亿元。政府债券新增 1520.8 亿元，同比下降 226.3 亿元。其他融资新增 483.0 亿元，同比增加 43.4 亿元。

二 2020年湖南金融形势展望

展望 2020 年，国际国内经济金融形势更加复杂严峻，各类矛盾和困难相互交织，各类风险隐患不容忽视。新冠肺炎疫情全球蔓延、石油和大宗商品价格大幅波动和国际资本市场动荡不安等黑天鹅事件频发，金融工作面临诸多挑

---

① 2019 年 12 月起，人民银行进一步完善社会融资规模统计口径，将"国债"和"地方政府一般债券"纳入社会融资规模统计，与原有"地方政府专项债券"一并成为"政府债券"指标。

战；但是也要看到，中国经济有较强的韧性和强大的潜力，我国经济稳中向好、长期向好的基本趋势没有改变。从湖南来看，近年来经济总量、固定资产投资、产业投资、民间投资、规模工业增加值、进出口总额增速位居全国前列，呈现良好发展势头，但与中部六省相比，湖南省部分经济指标比如经济增速、规模工业利润、地方税收比重等还有差距；同时，消费增长受到瓶颈制约，小微、民营企业融资难、融资贵问题仍然不同程度存在；尤其是新冠肺炎疫情对全省经济的负面影响将逐步显现，批发零售、交通运输、住宿餐饮、文化旅游等服务业行业发展受到重创，石化、有色金属、汽车、电子信息等行业受复工延迟、产品运输和需求不足等因素影响产出大幅下滑。在上述宏观经济金融环境下，湖南省金融运行面临新的机遇与挑战。

（一）稳健的货币政策更加注重灵活适度，将为经济复苏回稳提供强力支撑

中央经济工作会议明确提出，2020年稳健的货币政策要灵活适度，保持流动性合理充裕，货币信贷、社会融资规模增长同经济发展相适应，降低社会融资成本。人民银行工作会议也提出，保持稳健的货币政策灵活适度，加强逆周期调节，保持流动性合理充裕。从融资成本看，2020年将进一步深化利率市场化改革，完善市场报价利率传导机制，降低社会融资成本；从信贷投向看，要继续发挥结构性货币政策工具的作用，加大对国民经济重点领域和薄弱环节的支持力度。同时，面临新冠肺炎疫情带来的经济下行冲击和压力，人民银行统筹推进疫情防控和经济社会发展，引导金融系统在做好疫情防控金融服务、打好疫情防控阻击战的同时，加大对企业复工复产的金融支持。在此背景下，中国人民银行于2020年1月6日全面下调金融机构存款准备金率0.5个百分点，2月1日针对疫情防控提供3000亿元的专项再贷款资金，2月3~4日累计开展1.7万亿元的公开市场回购操作，进一步体现了逆周期调节、支持实体经济发展和降低社会融资实际成本的导向。与此同时，人民银行也强调要妥善应对经济短期下行压力，坚决不搞"大水漫灌"，确保经济运行在合理区间。总体来看，2020年金融体系保持流动性合理充裕，货币信贷和社会融资规模将保持合理增长，防范化解金融风险的长效机制建设继续加强，为经济发展营造适宜的货币金融环境。

（二）全年信贷投放平稳增长，但增速或将低于2019年

从影响湖南省信贷投放的有利因素来看：一是信贷需求总体依然较为旺盛。湖南省委经济工作会议指出要引导资金投向先进制造、民生建设、基础设施短板等供需共同受益、具有乘数效应的领域，促进产业和消费"双升级"；省政府工作报告也指出要推动制造业高质量发展、做强大企业培育小巨人、提升现代服务业发展水平、推动消费稳定增长等政策措施，这些政策的落地实施都将为湖南省带来旺盛的信贷需求。二是基建领域信贷投放有望恢复增长。随着地方政府债务化债措施落地，各银行机构积极参与地方政府隐性债务化解，对转型后平台贷款投放力度加大，涉及项目大多与基础设施领域相关，将推动相关领域信贷增长；加之中共中央政治局会议明确要加快5G网络、数据中心等新型基础设施建设进度，也将为湖南基建投资带来新机遇。湖南省发改委公布的2020年首批105个省重点建设项目清单，总投资额近万亿元。三是小微企业融资难融资贵问题将在一定程度上得到缓解。随着LPR传导机制持续完善、存量浮动利率贷款定价基准转换工作的推进，货币政策传导得到疏通，加之"几家抬"工作机制持续发力，全省小微企业、民营企业的信贷投放有望继续增加。四是银行信贷投放能力得到加强。2020年货币政策支持银行通过发行永续债等途径多渠道补充资本，尤其是重点支持中小银行补充资本，这些政策的落地将有效增强湖南地方法人银行机构的信贷投放能力。

从制约湖南省信贷投放的不利因素来看：一是新冠肺炎疫情冲击下实体企业有效信贷需求可能相对不足。随着疫情大规模暴发和蔓延，全省交通运输、批发零售、住宿餐饮、文化娱乐及旅游等服务业受到较大冲击，而湖南省政府及各级地方政府采取了较为严格的管控措施，工业、服务业企业停产停工增多，相关领域实体经济融资需求较为不足。数据显示，2月全省住宿餐饮营收降幅超过70%，物流运输量降幅在70%左右；截至2月25日，全省规模工业企业开复工率为93.5%、员工到岗率73.8%，均未恢复到正常产能水平。二是房地产信贷增长可能继续回落。疫情影响下，购房者难以出门看房、购房，导致三四线城市场返乡置业大幅缩减；同时，居民居家隔离、复工受阻等因素致使居民收入下降，也对房地产需求产生不利影响；加之2020年"房住不

炒"政策持续推进,在房地产调控政策的持续作用下,全省房地产市场将延续调整态势,带动房地产信贷增长回落。三是部分优质企业、集团客户金融脱媒趋势增强。据人民银行长沙中心支行调研,地方政府重点项目和优质企业发债持续增加,部分企业通过集团内部周转或财务公司获取资金。四是负债端增长乏力对信贷投放的制约仍然存在。2020年全省存款增速可能维持低位运行态势,在当前各银行机构普遍实施以存定贷考核和内部资金转移价格上升的背景下,存款增长缓慢对信贷投放将形成明显制约。

总的来看,预计2020年湖南省贷款新增额将与2019年基本持平,贷款增速可能下降。

(三)金融风险防控任务依然艰巨

一是政府债务风险依然不容忽视。湖南省虽然实施了地方政府债务风险缓释措施,各金融机构也参与其中,但仍存在不少问题,银行资产质量承压较重。调查显示,湖南省县域23.4%的银行涉政信用项目无稳定现金流,非标债务抵押担保措施弱,还款资金来源无保障。各项化债措施虽然使全省债务集中偿付压力延后,但近几年仍是偿债高峰,2020~2023年,每年到期偿债本息4000亿元左右,偿债压力较大。二是债券违约风险增加。2019年以来,全国民企债券违约明显增多,华信系、海航系、方正集团等债券违约对湖南省金融机构造成较大影响。尤其是部分农商行资金业务规模较大且未纳入统一授信并进行限额管理,未足额计提风险减值准备,面对投资债券违约时,资本状况将受到较大冲击。三是案防形势严峻。湖南省内金融机构案件发生数量和金额均呈上升态势,农商行是案件的集中爆发区,借冒名贷款、伪造贷款资料等骗取贷款案件占相当比重,有的机构因内部案件导致的不良贷款占该行不良贷款的四成左右,个别机构涉票据诈骗案面临近10亿元损失。

三 2020年湖南金融工作重点

2020年,全省金融系统将以习近平新时代中国特色社会主义思想为指导,紧扣全面建成小康社会目标任务和"十三五"规划收官,坚持稳中求进工作总基调,围绕湖南省委、省政府的决策部署,实施稳健货币政策,坚决打赢防范化解重大金融风险攻坚战，深化金融改革开放，全面做好"六稳"工作，为全省经济高质量发展创造良好的货币金融环境。

（一）灵活运用货币政策工具，推动社会融资规模保持合理较快增长

加强逆周期调节，贯彻稳健的货币政策更加注重灵活适度要求，保持流动性合理充裕，促进货币信贷、社会融资规模增长同经济发展相适应。密切追踪和对接人民银行总行出台的各项金融支持政策，努力争取人行总行 3000 亿元疫情防控专项再贷款、5000 亿元中小微企业再贷款再贴现专用额度，引导金融机构争取 3500 亿元政策性银行专项信贷额度。明确信贷重点支持行业和领域企业，引导金融机构主动对接企业金融服务需求。继续深化利率市场化改革，完善贷款市场报价利率传导机制，按照人民银行总行部署有序开展存量浮动利率贷款定价基准转换工作。引导金融机构通过注资、引资以及支持发行二级资本债等方式，增强城商行以及农商行资本实力。支持企业开展直接融资，通过债务融资工具、企业债、上市等多种方式拓宽融资渠道。

（二）切实加大对疫情影响较大领域的金融支持

组织银行机构主动摸排疫情防控重点保障企业、复工复产中小微企业等领域融资需求，督促金融机构及时响应、简化流程、加快授信放款，确保资金及时到位。对受疫情影响较大的批发零售、住宿餐饮、物流运输、文化旅游等行业，以及有发展前景但暂时受困的企业，不得盲目抽贷、断贷、压贷。对受疫情影响严重的企业到期还款困难的，可展期或续贷。加强优惠利率贷款投向、用途的跟踪监测，指导金融机构严格贷前贷后管理，确保央行低成本资金真正用于保障疫情防控和复工复产需要。支持高层次人才参与疫情防控和创新创业。

（三）持续做好小微、民营企业金融服务工作

人民银行应持续通过准备金、再贷款、再贴现、利率等货币政策工具推动支持商业银行加大小微、民营企业金融服务力度；建立小微企业融资情况季度监测评价制度，从小微企业融资供给、企业需求、政策保障等三个层面建立监

测评价体系，综合评价小微企业真实融资状况。协调相关监管部门充分考虑小微、民营企业风险情况和风险溢价，给予差别化监管；推动财政部门给予小微、民营企业贷款一定的税收优惠，适当给予补贴。引导金融机构加大金融产品和服务创新力度，通过线上服务、手机银行等方式为企业提供贷款审批、资金结算等服务，提升小微企业金融服务便捷度；鼓励金融机构运用大数据分析等技术，研发个性化金融产品，满足小微企业金融需求。

（四）积极采取措施防范化解重大风险

协调地方政府及相关部门密切关注省内各类金融风险及其引发的连锁反应，加强风险监测和评估、摸清辖内政府债务风险、重点企业风险状况，严厉打击非法集资、互联网金融、校园贷等非法金融活动，加强对融资担保、小额贷款等地方类金融机构的监管，坚决守住不发生区域性、系统性金融风险的底线。针对金融支持疫情防控和企业复工复产中带来的风险隐患，鼓励各级地方政府及财政部门通过设立疫情防控基金、中小微企业风险补偿基金的形式，对相关领域形成不良贷款的本金损失给予一定比例的补偿。

产　业　篇

Industry Reports

B.21
2019年湖南装备工业发展报告
及2020年展望

湖南省工业和信息化厅装备工业处

摘　要: 2019年,湖南装备工业总体稳中有进、稳中向好,为湖南工业稳增长提供了强力支撑。行业总体实现平稳较快发展,工程机械再创新高,新能源汽车成绩亮眼,行业运行进一步分化,科技创新成果丰硕,重点项目支撑有力,对外开放和新业务新业态发展迅速。同时,发展也面临运行困难和疫情冲击。展望2020年,要重点抓好六方面工作,抓稳定增长、抓创新补板、抓智能转型、抓产业链建设、抓重点项目、抓扩大开放。

关键词: 装备工业　智能制造　新冠肺炎疫情　湖南

2019 年，面对国内外风险挑战明显上升的复杂局面，湖南装备工业认真贯彻落实党中央、国务院和省委省政府决策部署，克服困难，承压前行，行业运行稳中有进、稳中向好，为湖南工业稳增长提供了强力支撑。装备工业在湖南工业结构中所占份额大，克服新冠肺炎疫情和"逆全球化"国际贸易局势的负面影响，保持湖南省装备制造业持续健康发展，对 2020 年湖南工业稳增长和高质量发展意义重大。

一 2019年装备工业发展报告

2019 年，湖南省装备制造业有规模以上企业 4550 个，其中大型企业 67 个、中型企业 453 个、小型企业 3754 个、微型企业 276 个。规模企业资产合计 11951.1 亿元，比上年增长 9.4%；完成主营业务收入 12193.8 亿元，比上年增长 9.9%；实现利润 706.8 亿元，比上年增长 14.4%。

（一）行业发展的主要特点

1. 总体实现平稳较快发展

2019 年，装备制造行业上下积极应对复杂严峻的国内外经济局势，积极开拓国内外市场，确保了行业发展年度运行目标，实现了有质量有效率的发展。规模企业主营业务收入实现近 10% 的增长，较全省规模工业增速高 3.8 个百分点；利润总额实现 14.4% 的增长，较全省规模工业平均增速高 7.8 个百分点。主营收入增速较全国机械工业高 7.4 个百分点，利润总额增速较全国机械工业高 18.9 个百分点。2019 年，湖南装备制造业工业增加值增长 14.1%，拉动全省规模工业增长 4.2 个百分点，增长贡献率达 50.9%；主营收入和利润总额分别占全省规模工业的 32.6% 和 37.8%，为全省工业稳增长提供了强力支撑。

2. 工程机械创历史新高

省统计局数据显示，2019 年全省工程机械行业 154 个规模企业主营业务收入和利润总额分别比上年增长 26.2% 和 54.9%。龙头企业中联重科、三一集团主要经济指标均达到或超过历史最好水平。12 月 12 日，三一集团装备板块年度终端销售额破千亿元，成为湖南装备制造业首个千亿元企业。随着三一专业汽车有限公司产值过 100 亿元，三一集团已有 4 家 100 亿元级子公司。2020 年 1 月 2 日，三一重工 A 股总市值突破 1500 亿元，创历史最高纪录。12 月 25 日，中联重科塔式起重机年销售额突破百亿元大关，成为该公司第三个百亿元业务板块。该公司年内创下 120 分钟成单 6600 多台（套）塔机，每秒卖出 1 台塔机，订单金额近 50 亿元的历史纪录。同口径相比，2019 年全省工程机械行业规模企业主要经济指标均达到或超过历史最好水平。

3. 新能源汽车成绩亮丽

2019 年，湖南生产新能源汽车 180368 辆，比上年增长 96.5%，占全国同期产量的 14.5%；其中新能源乘用车 171299 辆，纯电动客车 7917 辆，纯电动专用车 1152 辆。新能源汽车产值比上年增长 39.3%。北京汽车股份有限公司株洲分公司生产纯电动乘用车 106341 辆，比上年增长 188.0%，占湖南省当年新能源汽车产量的 59.0%。比亚迪汽车工业有限公司长沙分公司生产新能源汽车 64574 辆（新能源乘用车 63205 辆、纯电动客车 1369 辆），比上年增长 69.3%。湖南中车时代电动汽车股份有限公司生产纯电动客车 6548 辆，比上年增长 22.8%。

4. 行业运行进一步分化

湖南装备工业 20 个子行业中，主营业务收入除船舶（-16.0%）和汽车（-3.5%）行业外，其余 18 个子行业全部实现正增长。航空航天装备（45.7%）、工程机械（26.2%）、通信及广播设备（25.8%）、食品包装机械（25.5%）、机床工具（16.7%）增幅较大。装备工业四大优势支柱行业进一步分化，工程机械发展较快，轨道交通装备和电工电器行业连续多年低速增长，在装备工业的占比呈不断下降趋势，汽车在四大支柱行业中占比最大，但受行业大环境影响出现了多年没有的负增长。

5. 科技创新成果丰硕

取得一批高端装备创新成果，促进了行业更有质量和效率的发展。中车株洲电力机车有限公司为上海地铁 18 号线研制的首列全自动驾驶列车成功下线；CR200J 型动力集中"复兴号"动车组先后在全国 6 个铁路局投入运营；CJ6 动车组获得设计和制造许可，实现批量交付，在长株潭城际铁路线上载客运营。衡变公司成功中标国网青海—河南、陕北—武汉 ±800 千伏特高压直流输电工程 14 台高端换流变压器，成功跻身高端换流变制造商第一梯队。中联重科ZCC9800W履带起重机在江苏扬州成功吊装首台轮毂高度为152米的风电机组，创造了中国风电行业的新高度纪录。中铁山河研制成功我国首批洞内互换式双模盾构机下线。湘电集团研制的500SN165X2型卧式凝结水泵填补了国内大型两级双吸卧式凝结水泵的空白。星邦重工生产的GTZZ46J曲臂式高空作业平台打破了世界高度最高（最大工作高度48米）、伸距最长（最大水平延伸25.5米）、载荷最大（455kg）自行曲臂式高空作业平台三项世界纪录。

6. 重大项目支撑有力

行业内一批重大项目开工或竣工，为湖南装备工业持续健康发展提供了支撑。中联重科建成全球最大塔机智能工厂；总投资约1000亿元中联智慧产业城项目1月20日在湖南湘江新区举行启动仪式，其首个项目挖掘机械园8月31日在湘江新区破土动工。三一智联重卡暨道依茨发动机项目9月28日同步开工建设，项目达产后，将实现30万台智联重卡、30万套驾驶室、60万台柴油发动机和新一代工程机械的规模生产，预计年产值超过1500亿元。全省27个国家智能制造专项项目加快建设，年内又有7个建成竣工并通过工信部验收。

7. 开放崛起再谱新篇

2019年1~11月，湖南机电产品出口额173.6亿美元，较上年增长52.2%。9月18日，中车株机出口欧盟首列动车组"天狼星号"抵达捷克，标志着中国高端装备制造品牌获得了国际市场的广泛认可。12月12日，株机公司与墨西哥蒙特雷地铁局签订了26列轻轨车辆供货合同，这是中国高端轨道交通装备产品首次服务墨西哥。威胜集团征战四海大显身手，专门研制的欧盟表通过了IDIS协会的CTR及FIT测试，成为国内首家获得IDIS P2 DLM全功能认证的智能电表厂商，公司完成了对巴西Dowertech工厂的收购，为集团在南美地区的市场开拓奠定了坚实基础。三一海外销售再创历史最好业绩，销售额连续6年过百亿元，已在24个国家和地区做到了市场份额第一，出口规模、增速稳居全国同行业龙头。

8. 新业务新业态精彩绽放

装备工业龙头企业在网络化、智能化发展中不断拓展服务领域、不断开创新的业态。中联重科携手中国移动利用5G技术建设工程机械行业全新业态；三一联合华为等共同打造全球工程机械行业首个5G应用落地案例；中联重科高空作业机械板块、铁建重工农机板块、山河智能航空板块强劲崛起。铁建重工获得"2019好设计金奖"的高端智能六行采棉机在新疆下线，打破国外品牌对该领域装备技术数十年的垄断。重点企业纷纷将各项业务移植线上，三一重卡电商嘉年华活动中，500辆重卡一瞬间抢购一空；2000辆430PS军亮版轻量化牵引车网销52秒告罄，业界惊呼："卖重卡比卖包子还快！"

9. 参与国庆盛典声名远扬

国庆70周年盛典活动中，中联重科派出汽车起重机、泵车、消防机械、高空作业平台等近20台高端装备参与了现场直播。中联重科制造的湖南彩车"潇湘今朝"精彩亮相北京天安门，展现了湖南的独特元素和湖南制造的强大实力。三一集团收到70周年国庆联欢活动指挥部的001号感谢状，在10月1日天安门广场举行的新中国成立70周年联欢活动上，6台三一起重机升起了一面90米长、60米宽的巨幅国旗，点燃全场激情。12月18日，人民日报权威发布"中国品牌发展指数100榜单"，湖南省三一重工、中联重科双双入围，三一排名第33，中联排名第45，是榜单中排名最前的工程机械企业。

（二）行业发展的重点工作

2019年，行业管理部门围绕行业持续稳定高质量发展重点做了以下几个方面工作。

1. 促进创新突破

年内印发了《湖南省重大短板装备专项工作实施方案》，全省征集重大短板装备攻关产品174项。推荐湖大海捷、中航发南方公司承担了国家重大短板装备专项攻关。年内评审认定奖励首台（套）重大技术装备项目144个，其中国内首台（套）装备56台（套），省内首台（套）装备88台（套）。2012~2019年，湖南开展8次首台（套）重大技术装备产品认定工作，共认定首台（套）重大技术装备产品702台（套），省财政累计安排奖励资金2.8亿元给予奖励。2015~2019年，湖南省有1359台（套）重大技术装备获得国家首台（套）保险补偿试点补助金额5.1亿元。

2. 推动智能转型

年内新认定10个省级智能制造示范企业、28个省级智能制造示范车间，发布了首批 30 家湖南省智能制造系统解决方案供应商推荐目录，举办了全省智能制造合作交流现场推进会，楚天科技成功申报国家智能制造系统解决方案供应商项目。年内完成了中车株洲电力机车转向架等 7 个国家智能制造项目的竣工验收工作，为杉杉新能源等 4 家智能制造专项承担企业争取到中央财政后补助资金 9100 万元。依据《湖南省智能制造示范企业和示范车间认定管理办法》规定，省工业和信息化厅对 2016 年度 15 家湖南省智能制造示范企业、20 个示范车间进行了复评。7 家智能制造示范企业（车间）被评为优秀，22 家智能制造示范企业（车间）被评为合格，6 家智能制造示范企业（车间）被限期整改。

3. 建设产业链条

工程机械产业链，成功举办长沙国际工程机械展览会、工程机械产业链发展大会，大力支持中联重科智慧产业城、三一重卡及发动机、铁建重工第三产业园等重大项目建设。先进轨道交通装备产业链，举办了中国国际轨道交通和装备制造产业博览会，全球首个轨道交通转向架智能制造车间投产运行，填补了轨道交通转向架数字化、智能化技术应用在全球范围内的空白。新能源及智能网联汽车产业链，组建了湖南省智能网联汽车标准推进工作组，出台了《湖南省智能网联汽车道路测试管理实施细则（试行）》，开展了智能网联汽车产业生态研究。舍弗勒智能驾驶技术研发及产业化项目、天际汽车长沙新能源项目、索恩格新能源汽车技术全球研发中心项目正式启动，百度 Robotaxi 自动驾驶出租车队开启载人测试运营，湘江新区"两个 100 公里"智能驾驶测试道路正式启用。新型能源及电力装备产业链，举办了全省电线电缆产业对接会，支持威胜信息实现科创板上市和贝士德工业园、尤艾科生产基地、天威电气二期、湘能楚天电力智能装备生产基地等一批重点工程正式开工。3D 打印及机器人产业链，在北京举办了湖南省数控机床、机器人及 3D 打印产业合作对接会，新签约引进浪潮集团等重大项目 28 个，其中"500 强"和"中字头"项目 4 个。农业机械产业链，开展了智能化农机装备研究攻关，推动娄底双峰的"油茶全过程无人作业试验项目"进入国家"农业全过程无人作业试验项目库"，积极打造我国油茶行业领域首个无人农场标杆项目。装配式建筑产业链，帮助长沙市获批国家钢结构装配式住宅试点城市，全省新增 8 个省级装配式建筑示范基地。

4. 拓宽对接合作平台

2019 年，湖南省工信厅牵头举办了 11 项装备领域重大展会活动，内容涵盖装备工业全部产业，有效促进了全产业链各环节的交流与合作。如 5 月 15 日至 18 日举办的长沙国际工程机械展览会总面积达 21.3 万平方米，1150 家中外企业参展，囊括了 24 家全球工程机械 50 强主机企业、14 家世界 500 强配套企业，国际展商比重超过 22%，举办了 38 场精彩纷呈的特色活动，现场订单和采购金额超过 200 亿元，是湖南迄今举办的国际化程度最高、行业影响力最大的专业展会，达到甚至超出预期效果。

（三）主要困难和问题

1. 运行中的困难

2019 年来，湖南装备工业经济运行的主要困难体现在以下几个方面。一是需求不足、订货回落。钢铁、煤炭、电力、石化等传统用户行业处于产能调整期，总体需求下降。2019 年虽然全国固定投资增速基本稳定在 5%～6% 水平，但其中设备工器具购置投资持续负增长，全年下降 0.9%。在此背景下，装备企业订货不足的问题较为普遍。二是成本上升、价格下行。2019 年湖南装备工业原材料、用工等各项成本费用上升的压力依然较大，全年累计发生营业成本 10085.3 亿元，比上年增长 8.3%，比全省规模工业平均增幅高 4 个百分点；2019 年各月机械工业出厂价格指数始终处于同比下降的状态，且降幅不断加深。12 月机械工业出厂价格同比下降 1.1%，优质产品不能优价的问题非常突出。三是账款回收难、运行效率下降。应收票据和应收账款数额大、回收难是当前影响湖南装备工业企业生产经营最突出的问题。截至 2019 年底，湖南装备工业应收票据及应收账款总额达到 2928.0 亿元，比上年增长 4.8%，占全省规模工业的一半以上，远高于装备工业营业收入在全省规模工业中的占比，这种情况正严重影响湖南装备工业运行效率。四是中美间贸易的影响。美国三次加税清单（共计 5500 亿美元）涉及机械工业税号已占机械工业全部税号的 98%。受此影响，2019 年装备工业对美贸易普遍下滑。

2. 新冠肺炎疫情的影响

2020 年 1 月下旬开始快速蔓延的新型冠状病毒肺炎疫情对湖南装备工业产生重大影响。一是开复工延迟、生产受阻。为防止疫情蔓延，地方政府纷纷出台延期复工的通知，装备工业企业的复工复产普遍延迟，超九成企业由于复工延期，实际生产时间减少较多，一季度生产经营计划被迫调整。二是物流运输困难。疫情发生后，物流运输尤其是省际物流基本暂停，对生产活动造成显著影响。原材料、零配件、外协外购件运输不畅，生产难以保障；已销售的产品难交付，设备调试安装人员难以到达现场。三是产业链上下游衔接不畅，供应链难以保障。装备工业产业链较长，产业链上的企业分布在全国不同地区。由于各地停复工时间不一致，上下游企业间生产供应的匹配难度明显加大。四是企业承受多重压力，资金链紧张。受疫情影响，企业经营长时间停滞，导致订单损失，资金回笼骤减，但职工工资、社保等刚性支出维持不变。同时生产停滞导致的订单交付难、合同执行难，使企业承受着违约成本上升的压力。此外信贷利息、固定费用等支出，也对企业形成了明显的资金压力。五是对外贸出口影响大。世界卫生组织已经宣布新型冠状病毒肺炎疫情已构成国际关注的突发公共卫生事件，再加上目前疫情的全球蔓延趋势影响，已有部分装备工业企业收到了延期提货的通知，还有部分企业已收到取消订单的讯息。虽然目前此类事件尚不普遍，但后续走势需要密切关注，特别是通过产业链传导产生的影响难以估量。

二 2020年行业展望

（一）面临的形势分析

短期看，由于疫情仍在延续，装备工业复工复产还面临员工紧缺、物流运输受阻、供应链配套尚未完全恢复，全面恢复到正常的生产经营状态还需要一定的时间，因此3月份以前行业运行总体处于逐步恢复阶段。加之前期停工停产已造成的损失，预计一季度装备工业主要经济指标将出现较大程度的回落。中期看，为缓解疫情对企业生产经营带来的困难，国家和地方有关政府部门集中发布了多项扶持与救助政策，涉及市场保障、财税支持、金融支持、职工返岗等诸多方面，为提振市场与企业信心发挥积极作用。目前疫情已得到有效控制，预计超过九成的企业二季度生产经营将得以全面恢复。从长期看，我国经济的基本面是稳定的，疫情过后开展的恢复性建设与投资，可能为装备行业释放出潜在的市场，为装备工业结构调整、转型升级带来全新的机遇。

综合分析，预计2020年湖南装备工业经济运行将呈现前低后高、逐步回升向上的走势，工业增加值和主营业务收入的增速仍可达7%左右。

（二）重点工作

2020年是"十三五"收官之年，也是全面建成小康社会和实现第一个百年目标的关键之年。湖南装备工业将以党的十九大、习近平新时代中国特色社会主义思想为指导，按照"抓创新、促转型、补短板、推应用、强基础、建生态"的总体思路，重点抓好以下几方面工作。

1. 抓稳定增长

2020年经济形势本来就复杂多变、困难重重，突如其来的疫情影响，更使形势雪上加霜，全省装备工业稳增长任务繁重艰巨。要密切关注疫情发展对行业的影响，特别是复工困难、物流中断、有违约纠纷、产业链受损、疫情结束后报复性产能增长等各种风险，尽快开展对重点联系企业、重点行业经济运行、投资、外贸等状况的深入调研，及时做出预判，提出政策建议。要充分发挥行业经济运行预警预测的作用，及时收集了解情况，做好行业运行分析和专项报告。要突出行业重点企业，努力做好有针对性的个性化服务工作。要调动全行业各方面的积极因素，尽快使生产经营工作恢复到正常或更好水平，努力把疫情带来的影响降到最低，把失去的时间、造成的损失抢回来，为保全省稳增长大局做出装备工业的新贡献。

2. 抓创新补短

一是加大对短板装备、核心零部件的攻关突破。落实工信部全面推动实施重大短板装备专项工程有关工作部署，加快重大短板装备相关政策研究，破解一批卡脖子装备。二是继续开展湖南省首台（套）装备评审认定奖励工作，鼓励企业和科研单位瞄准装备领域重大短板开展科研攻关。三是大力支持首台（套）重大技术装备推广应用。落实国家发改委、工信部等八部委发布的《关于促进首台（套）重大技术装备示范应用的意见》（发改产业〔2018〕558号）文件精神，研究出台《湖南省关于促进首台（套）重大技术装备示范应用的意见》，进一步破除首台（套）重大技术装备推广应用难题。四是落实财政部、工信部、银保监会《关于进一步深入推进首台（套）重大技术装备保险补偿机制试点工作的通知》（财建〔2019〕225号）精神，研究制定湖南省首台（套）重大技术装备保险补偿政策，与国家政策配套，推进保险对质保金的替代功能，推动湖南省装备企业产品创新和市场开拓。

3. 抓智能转型

一是扩大示范成果，在智能制造试点示范基础上，大力发展系统解决方案供应商，全面推动湖南省制造业优势重点领域的智能制造。二是着力突破短板，加快发展高档数控机床、工业机器人、3D打印、智能传感器、智能工业网关等智能装备和产品，并实现在重点行业的规模化应用。三是培育生态体系。以技术和资本为纽带，强化用户、系统集成商、软件开发商、装备供应商等联合体的协同创新，营造规范有序、充满活力的智能制造生态环境。四是抓好国家智能制造专项项目的建设和验收工作；再认定一批省级智能制造示范企业和示范车间；再遴选一批智能制造系统解决方案供应商；对2017年度省级智能制造示范企业、示范车间进行复核；指导有条件的市州县成立智能制造服务平台；组织开展细分行业智能制造专家问诊活动。五是开展智能制造能力成熟度评估，积极探索5G、人工智能、区块链等新兴技术在智能制造中的拓展应用。

4. 抓产业链建设

认真研究湖南新兴优势产业链在当前国内外产业链重构中的地位、作用和应对策略，组织编制实施装备制造领域7条新兴优势产业链发展三年行动计划，围绕产业链部署创新链、资金链、人才链，推进各产业链高质高效发展。进一步做强做大先进轨道交通装备和工程机械优势产业链，发展壮大产业主体，培育优化产业生态，着力打造轨道交通装备和工程机械两个世界级产业集群；加快发展新型能源及电力装备等具有比较优势的产业链，努力形成多元电力供给装备研发制造服务体系，建设具有国际先进水平的新型能源以及高端电力装备产业集群；培育壮大新能源及智能网联汽车、3D打印及机器人、农业机械、装配式建筑等潜在优势产业链，积极利用5G和工业互联网、区块链等新技术推进产业创新、协调、绿色、开放、共享发展，争取在技术创新、市场开拓和生态环境建设等方面取得新突破。

5. 抓重大项目

继续开展项目建设年活动，着力抓好将装备行业列入省内"五个一百"

的重大产业建设项目、科技创新项目、产品创新项目以及引进企业和人才项目。不断梳理出高端装备领域的成功项目和标志性品牌产品，加快在行业的示范推广应用。认真抓好国家重大科技专项、国家 04 专项和国家智能制造专项的建设，配合相关部委督察建设进度和落实建设内容，搞好评审验收。依托国家、省重点工程项目，支持鼓励企业持续推进技改升级、自主创新。

6. 抓扩大开放

新冠肺炎疫情已成全球蔓延之势，加上中美贸易摩擦的不确定性风险，2020 年湖南装备工业国际化发展面临新的更大困难。要深刻认识新冠肺炎疫情全球蔓延对装备工业国际化影响，及早研究采取应对之策，尽最大可能稳住产业链、稳住市场。认真总结过去"引进来""走出去"的经验和教训，趋利避害，研究制定发挥比较优势，利用两种资源、开拓两个市场，以及开展国际产能和装备制造合作的办法。按照"构建人类命运共同体"的胸怀和思维，谋划更高水平的对外开放、走国际化发展道路的举措。充分运用我国全方位、全领域对外开放的利好政策，努力在"一带一路"建设、共建开放合作世界经济、深化多双边经贸合作等领域有更大作为。深入研究经济全球化呈现的新特征，主动参与新一轮国际产业链重构，抢占制高点，形成湖南装备制造业的国际竞争新优势。

B.22
2019年湖南省电子信息制造业
发展报告及2020年展望

湖南省工业和信息化厅电子通信产业处

摘 要: 2019 年, 湖南电子信息产业以 "加快打造国内享有盛誉的国家级电子信息产业集群" 为目标, 实现高质量发展。全年产业规模保持快速增长, 骨干企业发展质量提升, 重点项目建设扎实推进, 网信产业不断突破, 超高清视频产业集聚发展, 5G 应用创新加速发展, 政策措施逐步完善, 产业交流进一步加强。同时, 湖南电子信息制造业面临龙头企业数量和重大项目布局不足、运营成本压力较大等困难。展望 2020 年, 要加快产业链协调发展, 推进重大项目建设, 推动产业开放发展, 深入开展产业交流, 加强行业管理工作。

关键词: 电子信息制造业 重大项目建设 产业开放 湖南

2019 年, 在省委省政府大力支持下, 湖南以 "加快打造国内享有盛誉的国家级电子信息产业集群" 为目标, 以推动电子信息产业链发展为主要任务, 以重点项目建设为主要抓手, 不断推动全省电子信息制造业向高质量发展。

一 2019年湖南省电子信息制造业运行情况及特点

1. 产业规模保持快速增长

据省统计局测算, 全省电子信息制造业 2019 年实现增加值同比增长 18%, 增速较全省规模工业增加值增速高 9.7 个百分点, 较全国行业增速高

8.7 个百分点。全行业实现营业收入 2920 亿元，同比增长 13.7%，增速居全国第 5、中部第 2。实现利润总额 13 亿元，同比增长 9.8%，行业整体保持快速增长态势。

2. 骨干企业发展质量提升

2019 年，蓝思科技凭借瀑布式 3D 玻璃、磨砂质感一体式玻璃后盖、幻影效果玻璃后盖等核心产品，较好地满足和保障了全球消费电子行业各大品牌客户对于智能手机、智能可穿戴设备、平板电脑、笔记本电脑、一体式电脑等产品需求，实现产销两旺。预计 2019 年净利润同比增长高达 285% ~310%，展现了强劲的发展势头。湖南维胜科技有限公司、牧泰莱电路技术有限公司入围 2019 年国产 PCB 百强企业。湖南艾华集团股份有限公司、株洲宏达电子股份有限公司入围 2019 年（第 32 届）中国电子元件百强企业，名列第 28 位、57 位。国科微成为国家信息技术创新应用工作委员会硬盘工作组组长单位，景嘉微、亚信等企业正积极申报 GPU、数据库专委会会员。

3. 重点项目建设扎实推进

2019 年，全省计算机、通信和其他电子设备制造业完成固定资产投资增长 28.6%，高于全省工业增速 10.8 个百分点。全省重点调度的 38 个电子信息制造业项目累计完成投资 258 亿元，全面完成年度投资计划。产业链重点项目布局加快。总投资 320 亿元的惠科光电第 8.6 代超高清新型显示器件生产线项目落地浏阳经开区，填补湖南省新型显示器件产业链高端面板生产空白。总投资 200 亿元的三安光电长沙第三代半导体产业园和天玥新一代半导体科创中心等项目落户湖南，加快第三代半导体产业聚集。中电科 48 所集成电路成套装备国产化集成及验证平台项目进展顺利，助推集成电路装备领域"补短板"进程。中车半导体汽车组件配套建设项目加快推进，全面突破国际最先进的 IGBT 第六代产品。新金宝投资 100 亿元的年产 1300 万台喷墨打印机项目，仅用 1 年时间即实现了全面投产运营。总投资 35 亿元的长沙比亚迪电子智能终端制造项目，从签约到第一台手机下线仅用时 70 天。蓝思科技投资 100 亿元的黄花生产基地抓紧建设，打造全球领先的高端消费电子产业集群及 5G 设备超级供应商。华为鲲鹏计算生态、高端制造（4G 和 5G 基站产品）及 HUB 仓、腾讯云启长沙基地等一批新一代信息技术项目已完成布局。

4. 网信产业不断突破

12月6日，工信部复函支持湖南建设国家网络安全产业园区（长沙），湖南成为继北京之后全国第二个获批国家网络安全产业园区的省份。近年来，湖南省不断加快推进网络安全产业发展，形成了以长沙为主要集聚地，以长沙高新区为主体的网络安全产业集聚园区。中国长城、长城银河等企业在高端服务器、计算机整机等领域处于龙头地位。湘江鲲鹏获得华为鲲鹏主板自主品牌服务器和 PC 机研发制造的正式授权，成为华为鲲鹏服务器全国首批应用迁移的服务商。湖南麒麟、景嘉微、国科微等企业在云桌面操作系统、图像处理芯片、固态储存主控芯片等领域处于国内领先位置。行业龙头企业围绕"PK 体系"、鲲鹏计算生态，着力从产业生态圈构建、产业集聚、应用推进等方面发力，开展联合攻关，加快建成了从设计研发到生产制造为一体的网络安全产业生态体系。同时，长沙市还积极申报以"自主可控＋商用密码"（PK＋S）为特色的国家密码应用示范与创新基地。

5. 超高清视频产业集聚发展

依托湖南卫视强大的品牌、创新优势和马栏山视频文创产业园生态平台优势，湖南已成为全国超高清视频产业重点布局的八个省份之一。马栏山视频文创园发挥"广电湘军""文化湘军"的先发优势，重点培育超高清视频内容产业生态，已聚集视频文创企业 3000 多家，就业人数达 3 万余人，逐步形成了从内容制作、存储、播出到分发、交易和监管等全链条"生态圈"。马栏山视频文创产业园正加快联合实验室、超高清视频共享制作云平台等项目，将其打造成为国家超高清视频内容产业核心基地。

6. 5G 应用创新加速发展

湖南省委、省政府高度重视 5G 产业发展及应用创新。2019 年 6 月，湖南省工信厅联合省通管局印发《湖南省 5G 应用创新发展三年行动计划（2019～2021 年）》，以"三市两山"（长株潭城市群和岳麓山国家大学科技城、马栏山视频文创产业园）为龙头，以典型垂直行业应用为重点，促进 5G 产业健康发展。全省 2019 年已建成 5G 基站 2613 个，重点围绕智能制造和工业互联网、智能车联网、VR/AR 和高清视频产业、智慧园区、智慧教育和医疗等垂直领域应用进行网络部署。电广传媒、芒果 TV 与华为签署 5G 战略合作协议，湖南广电成为全国广电系统第一家进军 5G 领域的企业。中国移动湖南公司与湖南湘江新区合作打造基于 5G – V2X 车路协同的智能网联汽车应用示范区，是目前国内测试区中测试场景类型最丰富、测试道路总里程最长的测试区，也是 5G 覆盖范围最广的测试区。中车时代电动汽车股份有限公司推出全国首辆运用 5G 技术控制的新能源公交车。湖南先后举办 2019 年"中电云网杯"全国工业 App 大赛、首届全省新型信息消费大赛、首届全省人工智能产业创新与应用大赛等活动，发布体现 5G 特色的工业互联网、自动驾驶、视频文创、能源电力以及教育、医疗等民生领域 18 个典型应用场景。

7. 政策措施逐步完善

湖南省政府先后出台了移动互联网、制造业与互联网融合发展、信息通信基础设施、5G、信息安全等 5 项政策措施，湖南省工信厅牵头发布了工业互联网、大数据、人工智能、5G 应用创新、超高清视频等 5 个新兴产业三年行动计划，构建了"5 + 5"产业政策体系。同时，指导重点市州以及产业聚集区出台配套政策，形成省市区政策联动，支持相关产业发展。

8. 产业交流进一步增强

9 月 9 ~ 11 日，2019 世界计算机大会在长沙成功召开，这是湖南省产业领域首个经国务院批准的国际大会，5000 多名行业精英参会，近千万人次观看大会直播，新华社海外社交媒体报道名列中国新闻推特阅读量第一位。10 月 24 日，2019 湖南省显示功能材料产业招商推介会在深圳举办；11 月 15 日，湖南省功率半导体产业对接会暨中国 IGBT 技术创新与产业联盟第五届国际学术论坛在株洲召开。此外，湖南还举办了中国（长沙）网络安全·智能制造大会、移动互联网岳麓峰会等重大活动，打造了湖南新一代信息技术产业发展交流合作平台；举办了超高清视频产业三年行动计划、国家网络安全产业园区等省政府新闻发布会以及湖南省 5G 典型应用场景发布等活动，提升了湖南在相关产业领域的影响力与集聚力。

二 存在的主要问题

1. 龙头企业数量和重大项目布局不足

湖南省电子信息制造业龙头企业数量偏少，过百亿元规模的企业仅 3 家；特别是产业链不完善，缺少对整个产业发展带动作用较强的龙头企业和整机企业。

在重大项目布局方面，相对周边省份和发达地区近几年已布局数百亿元甚至千亿元级的重大项目，湖南省单次投资规模超过100亿元以上的大项目仅从2019年才开始启动。缺乏带动力强的龙头企业和重大项目，使湖南省电子信息制造业跨越发展动能不够，亟待加快培育和引进新增长点，增强行业增长后劲。

2. 优势行业支撑不够

全省虽然培育了一批百亿级的特色优势产业集群，但尚未形成强势的品牌效应。从重点区域看，长株潭是湖南电子信息制造业的核心区，特别是长沙市占比接近50%，但相对于国内其他进入"万亿元俱乐部"的城市来说，电子信息产业在规模工业中的占比仍偏低，同时对周边城市群的带动作用也有待提高。湘南三市是湖南承接产业转移示范区，但近两年来新的亮点不多。

3. 企业运营成本压力较大

能源、资源、用工、融资等生产要素仍是造成企业运营成本较高的主要因素。企业反映，湖南省工业用电、用气价格较周边省份高，社保缴费比例、土地使用税费等较沿海地区高。

三　2020年产业发展趋势分析

受新冠肺炎疫情影响，2020年我国工业经济运行下行压力加大，但以5G网络、数据中心等为代表的新型基础设施建设进一步加快，5G和工业互联网等新一代信息技术有望成为拉动中国经济增长的重要动力，将引发中国新一轮数字化的高潮，相关行业景气度将持续提升。湖南省在保障疫情防控的前提下全力复工复产，抢抓发展机遇，疫情过后的国内市场需求能够为工业经济平稳增长提供良好支撑。从行业投资看，全省计算机、通信和其他电子设备制造业2019年累计完成投资增长28.6%，高于全省工业增速10.8个百分点。全省自主可控信息安全、新型显示、集成电路、5G应用等热点领域快速发展，相关产业开始进入爬升期。快速增长的投资将为产业增长提供有力支撑。从行业大趋势看，全球疫情的扩散使得电子行业供应链遭受冲击，发展的不稳定性、不确定性明显上升。环保约束、社保征缴压力等政策因素加大下行压力。从全省百余家企业调研情况看，2020年预计产值增长约13%。综合分析，2020年全省电子信息制造业将继续保持较好的发展态势。

四 2020年工作思路和下一步打算

以习近平新时代中国特色社会主义思想为指导，坚定不移贯彻新发展理念，加快推进制造强国、网络强国战略和省委省政府决策部署落实落细，强化产业链思维，加快自主可控计算机及信息安全产业、新型显示器件、5G应用创新等产业链发展，继续保持电子信息制造业快速增长，为全省数字经济发展增添新动能。

1. 加快产业链协调发展

强化产业链思维，加强产业链调查研究，贯彻落实产业扶持政策和产业链行动计划，强化组织协调，加大平台建设、企业培育、产业生态培育、应用场景打造、重点项目建设等，不断推动自主可控计算机及信息安全产业、新型显示器件、5G应用创新等产业链建链、补链、强链。

2. 推进重大项目建设

加快推进天玥科技等第三代半导体材料项目、中电科48所集成电路成套装备国产化集成及验证平台项目，时代电气汽车组件配套、比亚迪电子智能终端及华为HUB仓、岳阳新金宝、中国长城总部基地等重点项目建设，协调推进惠科光电、三安光电、华为鲲鹏计算等项目加快建设。

3. 推动产业开放发展

以产业链缺失和短板环节为核心，依托龙头企业和领军企业加强产业链招商，推动优势产业链补链、强链，提升本地配套能力。以"PK""鲲鹏"两大体系打造为突破口，聚焦超算/高性能服务器、个人计算机/桌面端/笔记本电脑、关键外设产品、新兴应用设备等重点领域，强化精准招商，推动长江经济带、粤港澳大湾区的主要配套企业在湖南集聚，提升国产计算机本地配套能力。支持长城整机株洲基地加快向200万台产能扩充。

4. 深入开展产业交流

重点办好2020年世界计算机大会。及时与工信部电子司、赛迪研究院、长沙市等进行研究，坚持品牌化、专业化、平台化、国际化路子，努力把大会办成展示计算机产业发展风向标的国家性品牌。办好全国信息技术应用创新工作会议，组织开展自主可控计算机及信息安全、新型显示器件、5G应用创新等产业链交流对接活动，加快打造产业集聚发展的良好生态。

5. 加强行业管理工作

加强行业运行监测，进一步完善重点园区、重点企业的运行监测和数据报送制度，加强和统计部门协调沟通，探索建立自主可控及信息安全等产业链统计体系。配合工信部电子司加强集成电路、新型显示、光伏、锂离子电池等领域管理工作，规范行业秩序，增强行业可持续发展能力。

B.23
2019年湖南省新材料产业
发展报告及2020年展望

湖南省新材料产业协会

摘 要： 2019年，湖南新材料产业稳步增长，创新能力不断增强，部分领域优势明显，产业集聚效应初显，国际接轨步伐加快。同时，产品结构性矛盾突出、骨干企业示范带动效应不够、公共服务平台建设滞后、产品首批次推广应用难等问题仍然比较突出。展望2020年，要加强新材料产业统筹协调，加快推进新材料产业链发展，推进新材料平台建设，实施重点新材料产品揭榜挂帅工程，加大财税支持力度，推进军民深度融合，加快人才队伍建设。

关键词： 新材料产业 产学研结合 湖南

新材料产业是战略性、基础性产业，也是湖南实现高质量发展的关键领域。在全行业共同努力下，2019年湖南新材料产业保持良好发展态势。

一 产业发展基本情况

（一）湖南省新材料产业基本情况

湖南省新材料产业整体实力逐年提升，总量规模居全国第一方阵，在先进储能材料、金属新材料、化工新材料、先进硬质材料、先进复合材料、特种无机非金属材料等6大子行业拥有一批重点骨干企业，龙头带动效应明显，全省已形成从研发到生产、产学研结合、门类齐全的新材料产业体系。2019年上半年，全省868家被纳入统计的新材料企业实现新材料产值1318.8亿元，同比增长12.1%；实现新材料产业增加值313.25亿元，同比增长9.8%。预计2019年被纳入统计的新材料企业全年新材料总产值将突破3000亿元。

（二）7条新材料产业链发展基本情况

湖南省20条新兴优势工业产业链中，有7条属于新材料产业链，分别是：先进储能材料及动力电池产业链、显示功能材料产业链、化工新材料产业链、先进硬质材料产业链、新型轻合金材料产业链、先进陶瓷材料产业链、碳基材料产业链。据测算，全省新材料产业链新材料产值总体规模为3570亿元左右。其中：全省被纳入统计的66家先进储能材料企业实现新材料产值344.48亿元，同比增长35.2%，总体规模为600亿元左右；被纳入统计的213家化工新材料企业实现新材料产值713.90亿元，同比增长13.2%，总体规模为900亿元左右；被纳入统计的6家显示功能材料企业实现新材料产值约770亿元，同比增长25%以上，总体规模为800亿元左右；被纳入统计的55家先进硬质材料企业实现新材料产值约115.44亿元，同比增长8.9%，总体规模为200亿元左右；被纳入统计的26家轻合金材料企业产值约为220亿元，同比增长12.7%，总体规模为300亿元左右；被纳入统计的67家先进陶瓷材料产业链企业实现新材料产值约103.96亿元，同比增长8.4%，总体规模为370亿元左右；被纳入统计的54家碳基材料产业链企业完成新材料产值约180亿元，增速为11%，总体规模为400亿元左右。

二　所做的主要工作

新材料产业是湖南省推进制造强省建设的重要组成部分，是湖南省工业发展重要的新增长极，按照省委省政府的战略部署，要采取有力措施，着力推进新材料产业发展。

（一）大力推进产业链发展

围绕培育发展"3+3"产业集群，将新材料产业打造成为国家级产业集群的工作任务，建立了7条新材料产业链省领导联系分工制度，设立了对应的新材料产业链推进办公室，并分别制定出推进产业链发展的工作方案和实施方案，编制完成了先进化工材料、先进硬质材料、显示功能材料等3个产业链发展研究报告。同时，积极对接国家重大专项、重点研发计划，引导产业链企业突破瓶颈技术、开发核心产品、建设重点项目，并积极引进弱链项目，补强产业链发展短板。

（二）打造国家新材料测试评价平台湖南区域中心

推动湖南航天天麓新材料检测有限责任公司中标国家新材料测试评价平台湖南区域中心。该中心自2018年12月成立以来，顺利通过国家工信部的平台验收和审计署国拨经费抽查，目前正积极推进新材料测试与评价条件、共性技术开发与检测专用设备研发、新材料产业资源共享平台及资源整合等建设，构建了"1+8+N"（N≥15）的组织体系与"1+10+M"（M≥2000）的平台体系，将切实提升湖南省新材料企业研发技术的基础支撑作用以及新材料产品质量和品牌竞争力。

（三）强化产业合作对接

2012年以来，根据企业需求和产业发展需要，湖南省在新材料领域先后组织主办了"全省新型轻合金材料对接会""全国硬质合金材料对接会""湖南先进储能材料、动力电池及新能源汽车高峰论坛暨产业对接会"等10余场专业合作对接会，组织200余家次企业参展哈尔滨中国国际新材料产业博览会，促进了新材料产业上下游、产学研用金协调发展，加强了企业交流合作，进一步推动了湖南省新材料产业向国际化迈进。

（四）完善工作运行体系

围绕新材料产业体系的管理，省新材协会会同省统计局制定了《湖南省新材料产业统计报表制度》《湖南省新材料产业产品统计指导目录》，建立完善了新材料产业统计监测体系，每季度按地区、分领域和品种统计新材料企业生产、销售、效益等情况，并加强对新材料企业的经济运行监控，不断夯实新材料产业管理工作体系。

（五）开展新材料企业认定

2013年开始，湖南省率先在全国开展了新材料企业认定工作，会同省统计局制定和完善了《湖南省新材料企业认定管理办法》，对获得省新材料企业认定的企业，明确了省级相关工业发展专项资金优先给予支持，国家新材料相关专项资金优先推荐申报。截至2019年，全省共认定新材料企业752家。

（六）实施湖南省重点新材料产品首批次应用示范奖励

从2014年开始，建立湖南省重点新材料产品首批次应用示范奖励资金，对积极开发应用新材料产品的新材料企业进行奖励。截至2019年，湖南省共支持重点新材料产品首批次应用示范奖励项目403个，涉及资金1.8亿元，平均每个项目支持约44.6万元，有力推动了全省新材料产业的创新发展和新材料产品的推广应用。

（七）配合做好新材料首批次应用保险补偿机制试点工作

为解决新材料产业"有材不好用，好材不敢用"的问题，工信部从2017年开始实施新材料首批次应用保险补偿机制试点工作。2018年湖南省共推荐17家企业97个项目申报重点新材料首批次应用保险补贴资金，实际获得支持的企业12家，项目86个，拟获补贴金额为8824.52万元，居全国前列，解决了一批新材料企业产品应用推广难题，得到了工信部和企业的高度认可。

三 面临的困难与问题

（一）产品结构性矛盾突出

资源主导型、粗放型的新材料企业多，企业自主研发、原始创新及成套技术开发能力不强，工程化能力较差，企业多处于产业价值链的低端，大部分新材料产品档次偏低，高附加值的高端产品不多且规模化生产能力不强，部分中低端产品产能过剩。

（二）骨干企业示范带动效应不够

全省在国内有较大影响的新材料企业不多，能够进入全国前500强的企业屈指可数，全省主营业务收入过10亿元的新材料企业不多，对产业链的带动作用不够。

（三）公共服务平台建设滞后

缺乏统一规划布局和资源有效整合，导致新材料领域集中创新及成果转化、测试评价、供需衔接、信息共享等公共服务平台建设滞后，制约了新材料产业技术进步、人才聚集和产学研用。

（四）产品首批次推广应用难

新材料企业投入产出的周期长、风险大，科研和生产成本较高，首批次产品价格较贵，市场的首次认可和接受难度大，导致产业化速度慢，新产品的推广应用成为很多新材料企业快速发展的"绊脚石"。同时，部分新材料产品省内配套不足，与省内工程机械、轨道交通、航空航天、汽车、电子信息、新能源、生物医药、节能环保等新兴产业的对接不足，新材料上中下游企业间缺乏社会化专业协作，价值链延伸不够，供需互动性不强。

四　2020年行业展望

（一）加强新材料产业统筹协调

发挥湖南省新材料产业发展领导小组的组织领导和统筹协调作用，系统研究解决新材料产业发展的重大问题，加强新材料产业政策与科技、财税、金融、商贸等政策的衔接，加强部门统筹、信息共享与协调合作，提高新材料产业政策指导的系统性、部门工作的协同性、政策措施的配套性，实现信息共享、政策互补，形成共同推进新材料产业健康发展的工作格局。

（二）加快推进新材料产业链发展

充分发挥湖南省新材料产业发展领导小组办公室的组织协调作用，学习国家新材料产业发展领导小组及其专家咨询委员会的运作模式,结合湖南省对新材料新兴优势产业链的政策部署,落实省领导对口联系工业新兴优势产业链的决策部署和要求,采取"一链一策"的工作方式,聚集各方面资源要素,全力推进新材料产业链加快发展。

(三)推进新材料平台建设

重点围绕工程机械、轨道交通装备、中小航空发动机等领域对关键支撑及配套材料的应用需求,依托三一重工、中联重科、中车株洲电力机车、株硬集团、时代新材、晟通科技、湘投金天等一批龙头骨干企业以及相关高校、科研机构,布局若干制造业创新中心、新材料生产应用示范平台、测试评价平台、资源共享平台和参数库平台,完善运行机制,推动平台创建工作,加大财政资金对关键技术应用示范、提升公共服务能力等投入力度,促进材料、器件、应用和装备工艺等各环节协同发展。

(四)实施重点新材料产品揭榜挂帅工程

集中梳理出湖南省工程机械、轨道交通、中小航空发动机、电子信息等行业紧缺的一批关键材料,结合《湖南省重点新材料产品指导目录》,组织实施湖南省重点新材料产品揭榜挂帅工程,加大政策和资金支持力度,着力实现一批关键短板材料的突破,进一步巩固和加强湖南省新材料产业对工业高质量发展的支撑作用。针对国家重大需求,结合湖南省现有基础,组织相关企业在国家紧缺的关键短板材料等方面开展技术攻关,并积极向工信部汇报、主动请缨,推荐相关企业承担国家重点新材料产品补短板工程揭榜挂帅工作。

(五)加大财税支持力度

加强政、银、企信息对接,充分发挥财政资金的激励和引导作用,积极吸引社会资本投入,进一步加大对新材料产业发展的支持力度。重点支持新材料产业关键共性技术攻关、公共平台建设、重点领域新材料产品首批次应用示范、产品标准制订等。加大重点新材料产品"首批次"应用示范奖励力度,加快重点新材料初期市场培育。

（六）加快人才队伍建设

深入落实《关于加强湖南省工业新兴优势产业链人才队伍建设的若干措施》，与省人社厅、教育厅加强协调配合，组织好产业链人才对接交流活动。加快培育引进一批高端、复合型质量人才，以新材料领域产业提质增效所需的智能化、信息化以及技术性人才、前沿科研人才为重点，实现人才供需无缝对接。引导企业开展质量管理教育培训，增强现有企业经营管理者、一线员工的质量管理意识和水平。

B.24
2019年湖南轨道交通装备产业发展报告及2020年展望

中车株洲电力机车有限公司

摘　要： 2019年，湖南轨道交通装备产业保持健康发展，行业影响持续扩大，科研创新持续发力，国际市场加速拓展，智能制造加速推进。同时，行业发展也面临环境不确定性上升、创新能力不够、整体竞争力和集群影响力还不够等困难。展望2020年，要进一步强化科技创新，深化创新平台融合，加快协同化发展、智能化转型、国际化经营和深化改革。

关键词： 轨道交通装备产业　科研创新　国际化经营

　　湖南省轨道交通装备产业汇聚了中车株洲电力机车有限公司（简称中车株机）、中车株洲电力机车研究所有限公司（简称中车株所）、中车株洲电机有限公司（简称中车株洲电机）、中车株洲车辆有限公司（简称中车株辆）、株洲联诚集团控股股份有限公司（简称联诚集团）等一批骨干企业及配套企业。形成了以百亿企业为龙头、十亿企业为支撑、科技型中小微企业为基础的创新型企业集聚区，培育了3家百亿级、1家过50亿、3家过20亿、2家过10亿元的龙头骨干企业和300家以上科技型中小微企业，其中，规模以上企业96家，高新技术企业80家。

　　根据德国SCI报告，湖南轨道交通装备产业集群的电力机车、动车组、城轨车辆等整机产品，轨道交通电传动系统、网络控制系统、轨道交通车辆牵引电机和牵引变压器等核心零部件国内外市场占有率均居第一位，产品出口70多个国家和地区，其中电力机车产品占全球市场份额的27%，居世界第一位，动车组出口份额全国第一，整机及配套出口全国第一。集群企业涵盖了央企、国企、民企和上市公司，覆盖整机、系统、部件、原材料，以及高校、科研院所、用户单位的全体系企业结构。

为贯彻党的十九大和十九届历次会议精神，2019年，在湖南省委、省政府的大力支持下，产业集群上下游产业链企业共同努力，面对严峻的经济形势和复杂的国际市场环境，加快企业科技创新、转型升级，在产业链发展上取得了很好成效。

一　2019年湖南省轨道交通装备产业发展情况

（一）产业保持健康发展

2019年全省轨道交通装备产业持续保持千亿规模（中车株机230亿元，中车株所330亿元，中车电机公司80亿元，联诚集团35亿元等）。中车株机全年销售电力机车465台、城轨车辆1499辆。全省制造的电力机车全球市场占有率第一，产品出口额位居国内第一。中车株辆创造历史最好成绩，交付单笔3200辆C70EH敞车订单。

（二）行业影响持续扩大

一是创建国家级创新中心。2019年中车株机牵头申报的创新中心建设方案成功通过工信部专家评审和论证，国家制造强国建设领导小组办公室认定为国家先进轨道交通装备创新中心，成为全国第十家、行业唯一国家级制造业创新中心。为进一步突破轨道交通产业领域关键技术瓶颈，抢占全球轨道交通产业发展战略制高点提供了一个优势平台。

二是打造世界级产业集群。紧密对接工信部关于培育先进制造业集群政策，湖南轨道交通装备产业集群以小组第一名中标2019年先进制造业集群项目，成为行业内唯一一家。为本省轨道交通产业核心竞争力载体的培育和塑造，补链、延链、强链提供了坚实的根基和保障。

三是扩大产业论坛。组织开展"中国（湖南）国际轨道交通产业博览会暨高峰论坛""国际能源物联网技术大会""中国永磁驱动技术研讨会""第

281场中国工程科技论坛""LMN中国先进激光在轨道车辆应用技术大会""中国机械工业协会走进株洲·中国动力谷活动""全国"双创"活动周湖南省分会场活动""中国轨道交通新材料及创新技术发展论坛"等30余场活动，助力本省产业品牌传播，影响力持续提升。

（三）科技创新持续发力

中车株洲所主持研发的"高压大电流IGBT芯片关键技术及应用"、中车株洲所参与研发的"大容量高效离心式空调设备关键技术及应用"两项科研成果荣获2019年度国家技术发明奖二等奖。中车株洲所首席科学家丁荣军获何梁何利基金2019年度科学与技术进步奖。中车株洲电机荣获"国家知识产权示范企业"称号。

在科技创新平台体系上，中车株机在奥地利建立中车海外研发中心，与柏林工业大学、亚琛工业大学签订战略合作协议。中车株洲所在英国伯明翰建立中车海外技术研发中心，成功组建湖南省功率半导体研发中心。推动"产、学、研、用"多方深度融合，实现优势互补、开放共享、合作共赢。

在产品创新突破上，中车株机首获国内城际动车组和大轴重机车型号许可，大轴重机车被冠以"复兴"之名，完成全自动无人驾驶地铁下线，以及TSI标准多流制机车、双层动车组、混合动力调车机车、超轨等产品研制。中车株洲所完成全球首条商业化智轨线路开通运营、首列智能驾驶重载列车正式开行、世界最长聚氨酯风电叶片全面下线、110t矿卡永磁牵引系统成功试制、全球最大吨位旋挖钻机TR600H成功下线、发布全球下潜最深及功率最大的电动深海机器人等一大批"硬核"科技。

中车株机五模块储能式现代有轨电车2019年获得素有"设计界奥斯卡"之称的德国iF设计奖；工业设计中心获世界工业设计大会组委会颁发的"TIA十佳企业设计中心"称号。

（四）国际市场加速拓展

在国内经济面临新常态，市场增速放缓、容量趋近饱和的情况下，湖南省轨道交通产业大力推进国际化战略，积极响应"一带一路"倡议，并取得了显著成效。

中车株机公司成功进入北美市场，获得墨西哥蒙特雷26列轻轨车辆订单，实现中国高端轨道交通装备产品首次服务墨西哥；在巴西市场也实现了突破，获得巴西淡水河机车订单；将DMU内燃动车组出口菲律宾，进一步扩大东南亚市场。

（五）智能制造深入推广

近年来，湖南省轨道交通装备制造业有轨道交通车辆转向架智能制造车间、轨道交通网络控制系统应用标准试验验证项目、轨道交通核心部件智能制造工厂建设项目、8英寸IGBT智能制造与数字化工厂建设项目、轨道交通牵引电机数字化工厂建设、高性能碳纤维复合材料大型构件数字化工厂建设等6个项目入选工信部第一、二批智能制造项目。

2019年，全球首个轨道交通转向架智能制造车间正式投产运行，开创轨道交通智能制造新模式，相比传统人工操作模式，运营成本降低21%、生产效率提升30%、产品研制周期缩短35%以上，并荣获2019年中国质量技术领域最高奖。8英寸IGBT智能制造与数字化工厂建设项目是国内首条、全球第二条8英寸IGBT芯片智能化生产线，为我国高端装备制造业实施"智能转型"起到良好的示范和借鉴作用。

二 发展面临的问题

（一）环境不确定性上升

从挑战来看，一是全球政治经济格局错综复杂，中美贸易摩擦虽然达成第一阶段协议，但战略博弈仍将持续，制造业转型升级将面临严峻考验，开拓国际市场挑战性持续升级；二是行业竞争日益激烈，国外行业巨头加速整合（阿尔斯通与庞巴迪整合），新格局、新业态正加速形成；三是国内轨道交通装备及城轨市场全面放开，外资准入限制门槛进一步降低，国内市场竞争更加激烈。

从机遇来看，一是我国经济稳中有进，朝着稳中向好、长期向好的基本趋势发展；二是交通强国建设战略落实实施，铁路投资仍将保持8000亿元，同时国铁集团的客运提质、货运增量行动、复兴号品牌战略等举措深入推进，为本省轨道交通装备发展提供了良好的发展机遇。

（二）创新能力还不够

一是自主创新、开放创新、协同创新主动性、积极性还不够，整体合力作用不明显，集群创新平台未与国家制造业创新中心形成有效协同，重点实验室等国家平台在技术研究领域等引领作用没有充分彰显；二是与国家科技体制改革对接不够，部分政策没有得到充分利用，比如国家对于科研人员激励举措；三是部分"卡脖子"和关键技术尚未取得突破，比如轴承、信号系统、可变轨距转向架等。

（三）整体竞争力还不够

一是产业集群的"走出去"带动产业能力还不够，为全球高端市场提供系统解决方案的能力还存在短板；二是产业集群产品平台体系、技术标准体系还未能全方位搭建，整体优势还不明显；三是产业集群市场开拓体系、国际化经营体系还有待进一步完善。

（四）集群影响力还不够

目前以物联网、大数据、云计算、人工智能、区块链为代表的新一代信息技术与制造业加速融合，新服务、新业态、新模式正在形成，作为全国首个千亿轨道交通装备产业集群，与国际一流企业对标，品牌效应、集聚效应没有充分释放，在推动建设交通强国、制造强国等方面影响力还不够。

三 2020年产业发展展望

（一）强化科技创新

以科技体制创新为动力，加大研发投入，以满足市场不同模式、不同制式、不同运量、不同环境的用户要求，完善轨道交通装备产品谱系。加大新一代技术在轨道交通装备领域的工程化应用、面向全生命周期成本的轨道交通设计、节能与环境友好技术研究。加快建设以市场为导向，服务工艺制造系统的"平台化、模块化、简统化、标准化"技术创新体系，减少重复开发，实现资源配置优化。

重点支持发展符合 TSI 标准的多流制机车平台产品、符合 TSI 标准的双层动车组平台产品、柴电双模电力机车、快捷货运电力机车等产品研发，以及超大爬坡齿轨车辆、五模块低地板项目、悬挂式单轨车辆、SRT 超轨车辆等新型产品。同时加强氢能源、碳纤维等新材料、故障预测与健康管理（PHM）、新型磁浮交通、变轨转向架等新技术应用管理。

支持加快建设永磁材料及应用技术创新中心，以及永磁驱动前沿技术、共性技术领域的科技成果转化。

（二）深化创新平台融合

积极响应国家创新驱动战略，联合产业链上下游，充分发挥国家级先进轨道交通装备制造业创新中心资源集聚效用，推进轨道交通装备共性技术的协同创新，完善产品平台，着重加强产品和关键部件可靠性、寿命周期技术研究、试验能力建设。强化基础前瞻共性技术研究，做好前瞻性、战略性高端产品、新材料、新能源等技术研究，加快组织新一代复兴号新型机车车辆、磁浮车、新能源等标准化研究，全力开展新一代信息技术、无人驾驶技术、传感技术、网络传输、人工智能等技术研究与应用。

（三）加快协同化发展

深化与用户的合作关系，深度聚焦全寿命周期服务市场和技术服务市场，切实打造专业化的技术优势、规模优势、成本优势，全力拓展维保、检修、配件销售、智能服务等后市场业务。持续深化与各方的战略合作，搭建开放协同的合作机制，形成利益共同体，打造多层次、多维度、协同互动的共建共享平台。

不断向服务领域拓展、向机电总包拓展、向运维领域拓展，聚焦交通强国，装备支撑，持续深化与产业链上下游之间的产品协同、产业协同、运维协同、数据协同、健康管理协同，带动整个装备制造业形成比学赶帮超的局面。

支持加快建设行业唯一国家级工业互联网示范平台、打造国际一流整车检测及认证平台、国家级标准和知识产权运营平台、构建面向市场与制造的精益研发平台。支持中车株洲所加快半导体产业建设。

（四）加快智能化转型

在首批智能制造项目建成应用的基础上，总结经验，结合工业互联网平台资源聚集效应，发挥大数据、物联网、人工智能等先进技术优势，持续推动企业两化深度融合，建设与企业战略目标和发展相适应的数字化应用平台。

重点推动设计工艺一体化平台升级，推进三维工程化持续深入应用与提升，支撑研发设计简统化、标准化、模块化、平台化转型提升；支持加快推进涂装智能制造项目，提升涂装生产线数字化、网络化、智能化水平。

（五）加快国际化经营

强化国际市场研究，积极参与"一带一路"建设，构建开放发展新格局。按照整机带动零部件、制造业带动服务业、总承包带动产业链、轨道交通装备带动非轨道交通装备的思路，优化海外业务布局，坚持"雁行出海""联合出海"，推动"产品＋技术＋服务＋资本＋管理"系统解决方案全面"走出去"，丰富境外业务种类，拓展境外市场领域。推行本地化制造、本地化采购、本地化用工、本地化维保、本地化管理的"五本"模式。

重点支持产业链企业继续推进海外并购与股权合作项目，让资本走出国门，实现对海外高新技术、优质资源、新兴产业的整合利用。

（六）加快深化改革

充分利用国家全面深化改革系列政策，重点开展法人治理结构优化、"两制一契"、职业经理人制度、中长期激励约束机制的实施，激发企业内部活力，调动员工积极性，提升企业竞争力。持续推进"双百"改革，以并购、参股、新设等多种资本运营方式激发产业动能、激活存量资产，促进产业发展质量和速度。加快构建以"专家委员会＋院士工作站＋联合实验室"为模式的协同创新人才梯队。

B.25
2019年长沙经开区发展报告
及2020年展望

长沙经济技术开发区管理委员会

摘　要： 2019年，长沙经开区全面落实高质量发展要求，紧扣"两个率先"发展目标，深入推进"三个年"，保持战略定力，直面压力挑战，推进改革创新，经济运行保持了稳中有进、进中向好态势。2020年，园区将深入贯彻新发展理念，全面落实高质量发展要求，紧扣"两个率先"发展目标，突出抓好"两主一特"、四条产业链、"四新"经济、"三位一体"+区块链赋能、腾笼换鸟、以企业为主体的商事主体培育、"入规升高上市扩面"、营商环境优化等重点工作，推动高质量发展迈上新台阶。

关键词： 高质量发展　改革创新　工程机械　长沙经开区

一　2019年发展情况

2019年，长沙经开区在省、市坚强领导下，全面落实高质量发展要求，紧扣"两个率先"发展目标，深入推进"三个年"，保持战略定力，直面压力挑战，推进改革创新，经济运行保持了稳中有进、进中向好态势。园区在经开区营商环境指数排名中位居全国第八、中部第一，获评国家外贸转型升级基地（工程机械）、全省2019年度外贸十强园区等荣誉。

（一）突出产业培育，综合实力迈上新台阶

1. 主要指标逆势增长

2019年，预计完成技工贸总收入4000亿元，增长14.3%；规模工业总产

值2426亿元，增长7%；规模工业增加值577亿元，增长9.8%；全社会固定资产投资290亿元，增长11.5%；财政总收入191.8亿元，增长11.4%，其中工商税收155.5亿元，增长6%；规模以上工业企业研究与开发经费支出86亿元，占企业营业收入的比重为3.7%，占全市1/3；完成进出口总额49亿美元，增长23.4%，实际利用外资7.17亿美元，增长12.7%。

2. 主导产业稳中向好

工程机械迎来新一轮快速增长，三一集团装备板块终端销售额突破1000亿元，跻身全球工程机械前三强；铁建重工成功研制国内首台中低速磁浮智能巡检车，获批"国家级工业设计中心"；山河智能液压静力压桩机获评国家冠军产品；2019年完成产值1358亿元，增长30.6%，占全市75%。汽车产业布局基本完成，三一智联重卡暨道依茨发动机、广汽三菱研究院及零部件配套园、索恩格新能源汽车技术全球研发中心暨工业园二期等重大项目相继落地，上汽大众新能源、福田汽车超级中轻卡、奇瑞汽车新能源商用车、吉利汽车等重大项目洽谈稳步推进，汽车产业后劲持续增强，全年完成产值677.2亿元，下降20.7%；在国新办5月29日举办的推进国家级经开区创新提升吹风会上，长沙经开区培育汽车产业的做法受到商务部点名表扬。电子信息产业稳健发展，蓝思科技持续扩大在显示材料领域的领先优势；国科集成电路产业园顺利推进，国科微加快打造全国芯片设计领域"独角兽"企业，园区获批建设国家"芯火"双创基地称号；全年完成产值220.1亿元，增长12.7%。

3. "四新"经济蓬勃发展

星沙区块链产业园获批"湖南省大数据产业园"称号，引进了中国工业与应用数学学会、区块链安全技术检测中心等5大高端平台，入园企业达60家，开发科创项目20个。三一云谷项目签约落地，湖南首个干细胞与再生医学产业园——中南源品干细胞科技园开园。加强商事主体培育，总量达11276家，增长49.6%。新研发省、市首台（套）智能制造装备34件，申请专利3000件，授权2100件，获中国专利奖9项，占全省获奖总数的30%。大力推进创新创业，新建工业地产28万平方米，引进中小微创新企业448家，新增创新平台国家级3家、省级7家、市级1家，三一众创获评国家级科技企业孵化器。

（二）坚持"项目为王"，产业发展集聚新动能

1. 招商引资再创佳绩

紧紧围绕"两主一特"、四条产业链开展精准招商，新引进投资额 5000 万元以上项目 40 个，总投资额 691.3 亿元，其中世界 500 强投资项目 3 个，中国 500 强投资项目 1 个，投资额 100 亿元以上项目 1 个，投资额 10 亿元以上项目 12 个。铁建重工第三产业园、索恩格新能源汽车技术全球研发中心、夸特纳斯长沙产业园、华天光电激光陀螺等重大项目成功签约。总投资 220 亿元的三一智联重卡暨道依茨发动机项目实现 7 天签约、42 天开工、90 天腾地 5000 亩，刷新了"湖南速度"、"长沙效率"和"星沙质量"。加大"走出去"招商，积极参与 2019 长沙国际工程机械展览会、中国国际轨道交通和装备制造产业博览会等承办工作，成功举办中国（长沙）－日本（名古屋）汽车零部件供应商投资说明会、长沙市汽车产业链暨德系汽车零部件招商推介会，引进日系车零部件项目 4 个，总投资近 10 亿元。

2. 项目建设高效推进

推行"三制度一梳理"工作机制，以全面压实责任倒逼项目建设进度，70 个市重大项目累计完成投资 178.4 亿元，完成年计划的 120%。博世新能源汽车部件等 33 个新建项目顺利开建，蓝思科技黄花生产基地等 35 个续建项目加速推进，广汽三菱发动机及二期扩建等 6 个项目竣工投产，顶立科技等 7 家绿心地区退出企业如期完成搬迁重建。铁建重工地下装备制造项目荣获住建部"鲁班奖"，实现园区零突破。

3. 要素保障更加有力

创新方式夯实资金保障，积极争取一般政府债券和土储专项债券支持，大力推进四个 PPP 项目建设，全年完成投资 25 亿元，第五个 PPP 已由财政部正式公示；严格落实"减税降费"政策，市场主体获得减税 20 亿元，兑现工发资金 28.5 亿元，在未新增政府性债务的前提下，有效保障了园区重点工作资金需求；创新推出"金融集市"，协助企业累积融资 18 亿元，获央视新闻联播"点赞"。多管齐下破解土地瓶颈，大力实施"腾笼换鸟"，签订收回收购合同 8 家企业，收回土地 1375 亩；以"拆迁清零"为突破口推进征拆工作，全年腾地 6211 亩；大力清理整治闲置用地，盘活存量土地 1579.7 亩；积极申

报新增建设用地，批回土地2335亩。多措并举推进人才高地建设，以企业需求为导向开展精准引才，开设"人才集市"，引进各类人才1.5万余人，251人入选市级及以上高层次人才，占全市1/4。在全省率先提倡"企业技能人才入校"，技能人才培训及职称晋级申报人数领跑全市，市级"十行状元、百优工匠"技能竞赛获奖人数位居长沙市第一，获批湖南首批联湘创新创业工作站。出台《长沙经济技术开发区技术工人购房贷款利息补贴实施办法》，兑现区本级人才政策扶持资金2200万元。新建公租房7736套，建设任务占长沙市85.7%。

（三）深耕智能制造，动能转换取得新成效

1. 智能制造深入推进

加快实施智能制造中长期发展规划，引进国家级智库中国信通院中南基地，143家区内外优秀服务商进入园区智能制造供给资源池。三一集团启动了世界级智能制造"灯塔工厂"工程，蓝思科技"智慧车间"实现6.7万台设备互联互通。截至2019年底，园区共拥有9个国家级示范企业（含国家专项）、12个省级示范企业（车间）、93家市级示范企业，智能制造试点示范企业产值占园区规模工业总产值的40%。完成企业市级智能制造"扩面"20家、入规43家、"升高"108家，15家企业被纳入省市拟上市企业库，2家企业已获省证监局备案批复。

2. 智慧园区建设稳步推进

深入实施智慧园区中长期发展规划，"一档两库一平台"一期项目完成验收，被中国开发区协会评为"2019全国智慧开发区建设十大优秀案例"之一。二期项目重点建设信息仓、工业经济运行分析及企业服务管理系统。大陆集团智慧城市及智能出行示范5个子项目全面启动，应用体系建设取得实质进展。

3. 工业互联网平台效益逐步释放

树根互联"根云"平台接入工业设备56万台，赋能61个细分行业，已成为国际一流、国内领先的"双跨"工业互联网平台。大力推动工业互联网赋能实体经济，通过树根互联"根云"平台改造，蓝思科技长晶炉2019年节省用电6.2%，成本下降约1000万元；优力电驱研发"新能源智能车物联网云平台"，成功实现"卖产品"向"卖服务"转型，长沙市场占有率达35%。

三一集团、山河智能、长城金融获评 2019 年国家级工业互联网企业（专项）。长沙经开区在由长沙经开区牵头、以湖南长沙名义申报的首批国家级工业互联网产业示范基地评选中名列第四，获评 2019 年全省"上云上平台"先进园区。

（四）聚焦发展环境，改革创新释放新活力

1. 体制改革扎实推进

认真贯彻落实中央、省、市推进园区改革、推动制造业高质量发展相关政策文件，迅速提出改革创新 20 条举措，出台区县"强园富县"实施方案，高质量发展顶层设计日趋完善。按照"派驻改内设、委托改授权、一枚印章管审批"原则，相对集中行政许可权改革试点和机构改革获省、市批准，市派出机构已全部调整为内设机构，星沙产业基地和土地储备中心被纳入园区管理，新一轮干部竞争上岗工作已全面展开。创新选人用人机制，推进干部年轻化、专业化，开辟管委会与直属企业双向交流通道，激发了干部队伍活力。

2. 服务效能大幅跃升

组织开展《优化营商环境条例》和"双对标"学习落实活动，围绕"学、快、优、实"精准发力，企业全生命周期服务能力不断提升。在全省率先推出企业开办"七合一"套餐 4 小时内办结，推进水电气综合窗改革，工业项目报建承诺时限压缩至 23 个工作日，172 项行政权力事项"一次办""网上办"比例达 100%，全程网办率达 54.1%。工管委领导及相关职能部门包干联点、精准服务企业，践行"一线工作法"，累计解决企业诉求 181 个，办结率95.8%。推行土地弹性出让模式，项目拿地成本比同期全年限期土地降低近2/3。重启 ISO9000 贯标工作，管理及服务效能不断提升。

3. 公共配套持续完善

全年铺排基础设施项目 108 个，完成投资 49.7 亿元。落实长沙市"一圈两场三道"、新三年造绿大行动，建成人行道 23.1 公里、自行车道 30.2 公里、停车场 1 个，新增绿地面积 40 万平方米。蓝田路下穿长永高速、长株高速椒梨东收费站项目完工，东十路下穿长永高速、东十一路上跨长永高速项目即将竣工，黄兴大道全线贯通。大力推进电力"630 攻坚"，110 千伏韶光变进线电缆通道已建成，220 千伏鼎黄线塔基即将全线交地，泉塘变电站启动建设。引进英国百年名校康礼·克雷格公学，湖南第一师范学院星沙实验学校落地开建，湘郡未

来实验学校新校区、长沙师范学院附属幼儿园预计2020年秋季开学，优质教育体系逐步建立。出台《长沙经开区穿梭巴士补贴管理办法》，新开通公交线路3条，大众公租房首末站、德普公交首末站建成并投入使用，出行环境持续改善。

（五）打好攻坚战役，发展底线得到新夯实

1. 防范化解重大风险攻坚战取得阶段性成效

按照保重点、控总量原则，稳步推进政府化债工作，全年累计拨付化债资金4.18亿元，调出关注类债务18.81亿元，确保了关注类债务和隐性债务不增加。对2018年度总预算36.8亿元的54个项目进行财政绩效评价，对区属独立核算单位进行财务检查，有效防范和降低了财政风险。在精准扶贫方面，全年帮扶龙山县召市镇项目1840万元、社会救助资金106.6万元；帮扶的开慧村脱贫率98%，入选住建部中国传统村落保护名录。

2. 污染防治攻坚战成效明显

坚决打赢蓝天保卫战，工管委主要领导进行13次专题调度，建立主要领导月调度、工管委领导周巡查、"明察暗访"专项督查三项工作机制，对园区87个工地进行了多轮全覆盖巡查；投入2200多万元用于环保设施提质、喷雾降尘等工作，指导福瑞印刷等4家企业投入2300万元完成VOCS治理项目，通过补助方式引导企业投入1500万元完成41台锅炉低氮改造并通过验收，全年空气质量优良天数267天，优良率73.2%。全力打好碧水攻坚战，统筹推进"黑臭水体"治理，城南污水处理厂扩容（二期）项目投入使用，星沙污水处理扩容（四期）提标项目有序推进，整改双桥港、梨江港流域（雨污分流区）错接、混接点385处，杨家湾撇洪渠综合治理、星沙污水厂扩容提质等项目稳步推进，顺利通过国家生态工业示范园区复查。

3. 安全生产攻坚战扎实推进

大力开展安全生产日常检查和专项行动，工管委领导带队检查企业（项目）435家次，发现问题隐患501个，完成整改463个；部门（单位）检查企业2131家次，责令限期整改问题1046个，处罚57起。加强安全生产监管能力建设，区财政完成投入4634万元，同比增加244.8%，中心消防站建成并投入使用。工贸、特种设备、消防等重点行业领域保持"零死亡"，安全生产形势总体平稳可控。

（六）强化履职担当，服务能力实现新提升

1. 自身建设有力推进

扎实开展"不忘初心、牢记使命"主题教育，党工委领导班子带头开展专题学习研讨、撰写调研报告和召开民主生活会，列出班子检视问题 33 条、班子成员检视问题 90 条、基层党组织检视问题 720 条，带动园区 14000 余人次党员干部参加学习，干部队伍的理想信念、政治素养、履职能力得到提升。大力推进非公党建，新建企业党组织 13 家，组织互联共建、党建联盟、产业链党建活动 41 次，协调解决问题 300 余个。年内选派干部参加国内外调训 62 人次，组织开展"营商环境优化"等专题业务培训 5 场，干部队伍业务能力持续增强。推行"1 + 2 + N"宣传模式，围绕"三个年"等园区中心工作，开展主题宣传 60 次，在中央和省市主流媒体发稿 2000 条（篇），央视"财经"栏目报道园区四大工程机械巨头同台论道引起了积极反响，园区知名度和影响力进一步扩大。在门户网站管理运行方面，园区获评"2019 年'互联网＋政务服务'先进单位"，门户网站获评"2019 年政府网站政民互动类精品栏目"。

2. 作风建设持续加强

深化违反中央八项规定精神突出问题专项治理，重点抓好以向力力案、李晓宏案为镜鉴的警示教育和"以案促改"工作，推进主题教育 8 个专项整治任务，完成班子问题整改 33 个，机关风气更加纯洁。出台《治陋习、树新风行为规范》，干部职工自查自省意识得到加强。层层落实保密责任，全年未发生失密泄密问题。推进主题教育 8 个专项整治，发现的 12 个问题已限期全部整改到位。支持纪检部门开展执纪问责，办理上级纪委监委交办、转办及本级受理的问题线索 19 件，处理 14 人次，风清气正的干事氛围日益浓厚。

二　2020年展望

2020 年是"十三五"规划收官、"十四五"规划制定的承上启下之年，是全面建成小康社会的决胜之年，更是长沙经开区决战 2021 年技工贸总收入突破 5000 亿元的关键之年。园区将深入贯彻新发展理念，全面落实高质量发展

要求，紧扣"两个率先"发展目标，突出抓好"两主一特"、四条产业链、"四新"经济、"三位一体"、+区块链赋能、腾笼换鸟、以企业为主体的商事主体培育、"入规升高上市扩面"、营商环境优化等重点工作，力争主要经济指标增长9%～10%，推动高质量发展迈上新台阶。重点抓好以下六个方面工作。

（一）持续提升产业链现代化水平，着力增强制造业集群实力

按照建设现代化经济体系要求，将产业链建设作为推动制造业高质量发展的主要抓手。加速打造世界级工程机械产业集群，支持骨干企业发挥集群优势，采取引进国际先进技术、境外并购企业、建立全球研发中心等方式，研发具有国际竞争力的发动机、变速箱、液压件等共性关键零部件；鼓励龙头企业聚焦数字化、网络化和智能化，抢占前沿科技和高端产品制高点，持续提升产业智能化生产水平、产品本地配套率和国际市场占有率。加速推进汽车全产业链建设，全力推动上汽大众长沙工厂导入新能源车型、吉利汽车等项目落地。加速打造集成电路细分领域"芯"高地，以国科产业园为载体，建设集成电路研发中心。加速构建具有国际先进水平的轨道交通装备产业链，支持铁建重工以科创板上市为契机，加强新型制式轨道交通施工装备科技研发，打造国际领先产品、填补行业空白。加快构建产业创新生态，建设以企业为主导的产学研金合作体系，推动园区企业加大各类产品的研发投入，打造长株潭国家自主创新核心示范区。

（二）持续加大投融资力度，不断增强高质量发展支撑力

一是抢抓投资拉动增长的"窗口期"，提前包装、储备一批重大项目，为充分利用"政策包"红利、争取政府债券支持打好"提前量"，为扩大有效投资增添动力；积极争取政策性银行贷款，推动政府债务由短期变中长期、高息变低息，加大政府主导的园区基础设施建设力度。二是充分发挥金融集市及人才集市集聚效应，打造"金融＋人才"综合性服务聚集区；全面落实省政府关于加快推进企业上市的若干意见，实行"一企一策"精准上市帮扶。三是全力推动产业项目投资。力促铁建重工第三产业园、上汽大众长沙工厂技改及电池生产、大陆集团中央电子工厂等项目开工，三一智联重卡暨道依茨发动

机、广汽三菱研发中心、索恩格新能源汽车技术全球研发中心暨工业园二期、福田汽车超级中轻卡等项目加快建设，蓝思科技黄花基地、比亚迪 IGBT、吉利汽车等项目建成投产。四是加大政府投资力度。以主干道路提质改造、电网"630"攻坚、"两水"项目为建设重点，进一步改善园区基础设施条件。五是持续推动社会资本参与园区建设，5 个 PPP 项目力争完成 20 亿元以上投资。

（三）持续探索项目招引方式，推动招商引资提质升级

一是抢抓产业布局"窗口期"，紧扣"三类 500 强"、"两主一特"、四条产业链价值链高端精准招商。全年力争新引进投资额 5000 万元以上项目 45 个，其中投资 50 亿元以上项目 1 个、世界 500 强企业投资项目 2 个，符合园区主特产业、产业链项目占比超过 70%。二是探索捆绑式招商。始终坚持"亩产论英雄"，突出打造"空中工厂"，着力推动"企业上楼"，大力发展高端楼宇经济，重点引进工业互联网、大数据、金融服务等高端生产性服务业项目，不断提高亩均投资、产值和税收。三是全力发展外向型、开放型经济。制定出台力度更大、效果更好的扩大利用外资、加大进出口贸易政策措施，大力引进出口导向型企业及供应链企业。

（四）持续壮大"四新"经济，着力培育转型发展新动能

一是大力推动"三位一体" + 区块链赋能，进一步增强产业升级动能。依托工业互联网、大数据、人工智能以及柔性化、个性化生产，不断提升企业可持续研发创新能力和新产品开发能力。以三一重工"灯塔工厂"、蓝思科技"智慧车间"、铁建重工"智慧企业"等一批示范效应强的智能工厂和数字化车间为核心载体，打造一批国家级智能制造标杆企业。持续发挥树根互联"根云"、平台赋能产业互联网作用，鼓励企业实施基于工业互联网连机器、设备、车间、产品的智能化改造。突出区块链研发、监管、生态、赋能四个环节，围绕打造国家级区块链安全监测平台、研发平台，科学做好区块链发展顶层设计、完善支持政策，着力发挥区块链在促进数据共享、优化业务流程、降低运营成本、提升行政审批效率、建设可信体系等方面的作用，努力打造区块链发展的全国标杆。二是大力推动"有机更新"，进一步增强空间拓展动能。园区西边建成区稳步实施"腾笼换鸟"，加快推动规划深度优化，建设以现代

生产性服务业为主、适度配套发展现代生活性服务业的功能性商务中心区。园区东边建成区有序推进"二次开发",鼓励企业对低效闲置用地进行高效利用开发,采取"一事一议"方式出台支持政策,有序推动工业地产产业项目招商,优化园区产业生态结构。三是大力发展"四新"经济,进一步增强市场主体培育动能。要以"四新"经济培育发展作为推动"入规、升高、上市、扩面"的主抓手,打造创新载体发展平台。大力发展制造服务业,积极引进高端生活性服务项目,推动生产性服务业向专业化和价值链高端延伸、与工业链更好结合。

(五)持续优化营商环境,着力打造一流投资发展环境

认真落实《中共中央国务院关于营造更好发展环境支持民营企业改革发展的意见》,全面落实《优化营商环境条例》,以"双对标"为抓手,紧紧围绕人、地、钱、水、电、气、路等方面优化,开展精准服务、集成服务、现场服务"三服务",打造市场化、法治化、国际化营商环境。一是推动人才服务精准化。坚持人才引进和服务并重,精准定位"两主一特"、四条产业链、"四新"经济发展对人才的需求,加强国际人才、国内专业人才、技能人才、各类社会事业需求人才引进;精准定位人才对公共服务配套的需求,提供保姆式的服务,全面实施园区"企业服务卡",加快推动国际人才公寓、名校名医院等优质公共配套项目建设,完善公共交通网络、商业配套环境,提质园区城市管理,努力打造一流的宜居宜业配套环境。二是推动政务服务精准化。全面落实相对集中行政许可权改革和机构改革成果,构建"优化、协同、高效"的机构职能体系。开展标准地、承诺制、容缺预审、先建后验等改革,实现企业开办、项目审批全生命周期一站式、一件事、一次办。三是推动支持政策精准化。认真落实长沙市涉企政策听取企业家意见实施方案,突出对中小微企业的培育和新兴产业的引导支持,推动政策供给由"大水漫灌"向"精准滴灌"转变,打造具有全国竞争力、吸引力的政策体系。

B.26
2019年长沙高新区发展报告
及2020年展望

长沙高新技术产业开发区*

摘　要：　2019年，长沙高新区围绕招大引强、产业转型、项目建设、产城融合、改革创新等工作，抓亮点求突破，扎实推动全区经济社会高质量发展，主要指标增速"好于预期、快于同期、高于全省、位于前列"。2020年，园区将全力抓实高质量发展各项工作，重点做到"四个确保"：全力确保经济指标稳中有升，全力确保产业投资持续增长，全力确保改革创新持续深化，全力确保产城建设加速融合，推动全区高质量发展上台阶、上水平，力争挺进全国十强。

关键词：　转型升级　产城融合　改革创新　长沙高新区

一　2019年发展情况

2019年，长沙高新区坚持以习近平新时代中国特色社会主义思想为指导，按照中央和省市工作部署要求，围绕招大引强、产业转型、项目建设、产城融合、改革创新等工作，抓亮点求突破，扎实推动全区经济社会高质量发展，主要指标增速"好于预期、快于同期、高于全省、位于前列"。全年实现企业总收入2276亿元，增长18.6%；实现规模工业总产值928.6亿元，增长17.3%，规模工业增加值236.2亿元，增长13.5%；完成全社会固定资产投资279.4亿

---

* 执笔：黄毛旺，长沙高新区管委会研究室。

元，增长 28.5%；实现"四上"服务业 814 亿元，增长 29%；实现高新技术产值 1324 亿元，增长 11.8%；实现财政总收入 210.8 亿元，其中，一般公共预算收入 116.8 亿元，增长 14.3%；完成进出口总额 50.1 亿美元，增长 46.6%，位居全省十强园区之首，受到省政府通报表扬。在全国 168 个国家级高新区的综合实力排名中，长沙高新区再创佳绩，向全国十强又迈进一位，位居第 11 强，实现"三年三跨越"。

（一）产业转型多极发力

1. 主导产业持续壮大

突出"两主一特"产业发展定位，着力做大做强以先进装备制造、电子信息、新能源与节能环保为核心的优势产业集群。"两主一特"累计实现产值 763.8 亿元，对全区经济增长贡献率达 82.2%。其中，先进制造业 442.9 亿元，增长 55.2%；电子信息产业 145.3 亿元，增长 25.9%。中联重科、中兴智能等一批骨干企业实现大幅增长，其中中联重科增速达到 74.4%，累计完成产值 346.4 亿元。

2. 智能制造引领转型

出台人工智能、智能制造"黄金十条"，全力提升企业智能化改造水平。全年完成技改投资 20.4 亿元，完成既定任务的 113%；新获批国家级项目 3 个、省级项目 2 个、市级目 27 个，市级以上试点示范项目累计 138 个，获批数量位居全市第一。

3. 新兴产业集聚增强

成功举办第 6 届互联网岳麓峰会，新引进移动互联网企业 3051 家，企业总数 9722 家，实现产值 400 亿元；成立全省首家工业互联网协会，设立 5 亿元区块链创新产业基金。抢先布局发展商用密码、自主可控及信息安全等战略性新兴产业，全国首个地方商用密码产业示范基地揭牌运营，新获批全国第二个国家网络安全产业园区。

4. 市场主体高质培育

紧扣"入规、升高、上市、扩面"，全面激活市场主体活力。新认定高新技术企业 424 家，总数达 1107 家。新增 2 家上市企业，威胜信息过会待发，成功实现 2019 年湘企 IPO 创业板、香港联交所和科创板"三破零"，累计上市企业总数 44 家，占全市 64.7%、全省 41.9%。新增商事主体 8576 家，其中新增企业 6726 家，增长 22%，平均每天新增企业 19 家。

（二）项目建设稳步推进

1. 聚焦高端引项目

瞄准世界 500 强、国内 500 强和民企 500 强狠抓招商选资。2019 年签约引进重大产业项目 74 个，其中总部项目和区域总部 40 余个，合同投资额 1474.78 亿元，增长 104%。其中，投资过千亿元项目 1 个（中联智慧产业城）、投资过 100 亿元项目 1 个（长沙第三代半导体产业园项目）、投资过 10 亿元项目 6 个。

2. 锁定进度推项目

集中开展项目建设攻坚、集中开竣工活动，全力确保存量项目快推进、增量项目快落地。2019 年铺排工业项目 77 个，实现新开工项目 30 个，新竣工项目 22 个。其中，通达电磁能等 3 个项目实现"年内开工、年内竣工、年内投产"，天际汽车、中电科装备、桑顿科技等 5 个项目实现"年内开工、年内竣工"，项目开工数、竣工数和投产数，为近三年来最好水平。

3. 盯紧重点抓突破

按照"促履约、保节点、树形象"要求，重点抓牢市对区考核的重点产业项目。其中，中联智慧产业城顺利实现开工，3 万平方米厂房出正负零；桑顿科技项目 2020 年 4 月将进行试生产；天际汽车项目在全市 15 个观摩项目中为高新区获得了第 2 名的好成绩，预计 2020 年 6 月将诞生高新区首台新能源高端电动汽车；长沙第三代半导体产业园项目签约不到两个月便实现强夯机械进场施工；杉杉能源、信息安全园等省"5 个 100"重大产业项目实现主体封顶。

（三）创新驱动显著增强

1. 创新平台加速汇聚

加快推进科技孵化平台、行业研发平台和企业研发平台的建设，不断提升自主创新能力。2019 年新获批国家级创新平台 3 个、省级平台 24 个、市级平台 11 个。目前，全区累计建成省级以上创新平台 646 个，其中国家级平台 80 家。

2. 人才队伍不断壮大

深入实施人才强区战略，9 人入选国家"万人计划"，4 人入选国家"科技创新创业人才"；25 人入选省级人才计划；37 人入选首批市高精尖、紧缺急需人才，占全市 64%；216 人入选长沙市 ABCD 四类人才，占全市 50%。引进刘经南院士（专家）工作站、方滨兴院士工作站，累计拥有院士工作站 38家、博士后工作站 35 家。

3. 科研能力大幅提升

研发投入持续增长，规模工业企业研发经费占规模工业增加值的 15.8%。深化知识产权保护，率先全市开展企业知识产权托管工作，累计实现专利申请4808 件，其中发明专利申请 2398 件；专利授权 2892 件。科技金融试点工作成效明显，新引进投融资机构 61 家，新增机构注册资金 224 亿元，近三年累计为企业提供贷款 411 亿元。

（四）产城建设加速融合

1. 路网布局日趋完善

围绕中联智慧产业城、桑顿科技、天际汽车、长城总部、杉杉新能源等10 个重大产业项目，加大周边路网配套，全年实现岳宁大道等 12 条道路建成通车，规划的"十纵十横"路网框架已建成"九纵四横"。

2. 保障住房增量提升

加快推进 7 个保障性住房项目建设，助力拆迁群众实现"安居梦"。其中，金南家园三期全部进入主体施工阶段；和泰家园一期 B 区建安工程全面竣工，1015 户拆迁居民通过摇号喜获新房，二期地下室已基本完成；三益家园、真人桥家园地下室与主体工程同步推进；和润园三期全面进入地下室施工阶段。

3. 征地拆迁再创佳绩

启动新拆项目 26 个，完成拆迁面积 7776 亩。其中，长沙第三代半导体产业园项目一期 15 天拆迁 600 亩；中联智慧产业城项目 60 天清表 2175 亩；桑顿科技二期项目 9 天时间实现拆迁清零。进一步抓实土地招拍挂，全年完成征地 3445 亩，出让经营性土地 14 宗，实现土地收入 96.96 亿元，再创新高。

（五）民生福祉持续增进

1. 社保体系全面完善

推行社会救助"一门受理、协同办理"服务机制，累计发放最低生活和特困供养人员保障金 505.8 万元，拨付民生保障资金 1808 万元。新增就业 9112 人，完成全年目标任务的 106%；新增参保企业 1708 家，将被征地农民及时纳入社保 1736 人。

2. 城市品质明显改观

持续深化"一圈两场三道"建设，全面建成"15 分钟生活圈"37 个项目、4 个停车场项目和 2 个农贸市场项目。完成城市棚户区改造 280 户。文体设施建设推进有力，全年建成 15 条健身路径、28 处乒乓球场。

3. 社会治理创新推进

扎实开展社会治理创新试点，建设环境在多年保持优良记录基础上再创新优，项目建设领域阻工行为下降 93.3%。雷锋派出所被评为全国公安机关"枫桥式"派出所，高新区连续四年实现全国"两会"期间信访工作"三零"目标。

（六）营商环境不断优化

深入推进"营商环境优化年"，高新区营商环境在全市园区营商环境指数测评中获得第一名。设立全省首个上市工作站、率先出台《长沙高新区科技金融信贷风险补偿资金管理办法》两大案例，受到市"营商环境优化年"工作推进领导小组的表彰通报。

1. 全面兑现涉企政策

推出"减负惠企"大行动，累计兑现各类政策奖励资金 21.94 亿元，增长 25.6%。全面落实更大规模的减税降费政策，2019 年累计减税降费 20.36 亿元。

2. 全面优化政务服务

累计实现"就近办"162 项，"一次办""网上办"比例高达 99%，其中，"一件事一次办"累计办理卷宗 7 万件。加快推进"互联网＋政务服务"，行政审批效率大幅提升，实现 1 天企业开办、1 天工程规划领证、10 天施工许可。

3. 全面完善法治环境

率先全市成立劳动仲裁巡回庭、律师调解中心，成立检察联络室、流动维权岗，切实保障企业家和企业的合法权益。帮助200余名工人讨回拖欠5年的800万元血汗钱，成功处置大邦生物、中光通信等一批经济纠纷案件，解决项目建设问题1100个，破解拆迁遗留问题281个。

（七）三大攻坚扎实有效

1. 债务风险有效防控

一方面，建立政府债务监控调度机制，严控债务增量，优化支出结构，隐性债务降低本金3.17亿元。另一方面，加快创新融资模式，筹措发展资金28.48亿元，有力缓解项目建设资金压力。

2. 环境质量不断改善

加大环境治理力度，率先全市实现油烟净化治理全覆盖、"散乱污"企业全面整治清零。加大"两河"治理力度，肖河、雷锋河水质稳定达标。加大垃圾分类处置力度，累计投放240升四分类垃圾桶8748个，生活垃圾分类准确率达100%。

3. 对口扶贫取得实效

加强精准帮扶力量，安排一名副局长常驻望城区乔口镇盘龙岭村专职开展帮扶工作。加大帮扶资金投入，在累计安排帮扶资金2022万元的基础上，再向望城区乔口镇盘龙岭村、龙山县桂塘镇两个对口扶贫点支持扶贫资金1180万元，确保了精准帮扶工作的有效开展。

（八）党建工作全面加强

1. 主题教育走深走实

扎实开展"不忘初心，牢记使命"主题教育，累计组织100余场专家授课、256场革命教育和警示教育、20场先进事迹报告会；完成主题教育调研报告150多份，转化调研成果138项。征集的高新区领导班子63个问题已整改61个，余下的2个问题暂不具备解决条件，正积极研究解决办法。对企业提出的29个问题全部整改到位。

2. 基层党建基础夯实

践行"党建引领、多元共治"理念，探索构建"三纵三横"社区治理体系。成立57个小区党支部、116个小区（楼栋）党小组；建立三级网格145个，建设网格阵地62个。党建引领、多元共治成效凸显，累计解决社会治理问题2200多起，各类矛盾问题下降30%。

3. 非公党建扩面覆盖

创新实践和探索行业（产业链）党建新模式，设立六大行业（产业链）党委，推动产业与党建融合发展。2020年调整设立31个企业联组，新增"两新"党组织428家，党组织总数737家，新发展党员360人，受到市委常委、组织部部长张宏益同志的充分肯定。

4. 机关党建提质创标

以新一轮机构调整为契机，优化设置机关支部，选配专职副书记18名，有效化解机关党建工作疲软问题。深化党风廉政建设，开展"廉政文化周"、廉政微电影评选等活动。加强党风廉政教育，以向力力案、李晓宏案为镜鉴开展警示教育，切实提高了党员干部防腐拒变意识。

二 2020年展望

2020年，长沙高新区将按照中央和省市经济工作会议的部署要求，坚持稳中求进工作总基调，坚持新发展理念，坚持高质量发展，坚持"六稳"要求，全力抓实高质量发展各项工作，重点做到"四个确保"：全力确保经济指标稳中有升，全力确保产业投资持续增长，全力确保改革创新持续深化，全力确保产城建设加速融合，推动全区高质量发展上台阶、上水平，力争挺进全国十强。

一是实施产业转型提速工程。突出制造业这个重点，促进制造业加速向数字化、网络化、智能化方向转型升级。加快推进"两主一特"、"三智一自主"和"五大市级牵头产业链"建设。推进军民融合产业园、北斗产业园、和包支付产业园、区块链产业园、商业密码产业园和国家网络安全产业园"六大新兴产业载体"建设。

二是实施项目建设提质工程。加快引进一批支撑未来高端产业和新兴产业的大项目、好项目，力争全年引进项目50个，其中10亿元以上项目5个。铺排建设81个购地产业项目，重点确保三安长沙产业园、杉杉二期等30个购地项目新开工，航天环宇、中国电科等20个项目新竣工，加快推进中联智慧产业城等47个续建项目建设。

三是实施创新驱动提效工程。加快推进创新平台建设，重点引进组建一批重点实验室、企业技术中心、科技企业孵化器、产学研平台、院士专家工作站等重大创新平台。紧扣"入规、升高、上市、扩面"，加快培育壮大创新主体，力争全年新增规模以上工业企业35家，新认定高新技术企业150家，培育上市后备企业25家，实现上市企业2家。

四是实施营商环境提优工程。纵深推进"五个一""四个办"，加快实现政务事项"一件事一次办"全覆盖。继续推进相对集中行政许可权和工程建设项目承诺制审批改革，进一步提升政务服务效能。升级实施"企业帮扶新三年"行动，新优化筛选500家重点企业，帮助企业解决一批热点堵点难点问题。

五是实施治理效能提升工程。深入贯彻落实党的十九届四中全会精神，加快推进治理体系和治理能力现代化。全面提升管党治党能力水平，不断建强建优机关、企业、基层"三大党建体系"。全面提升干部队伍干事创业热情，加快建立激励干部干事创业容错纠错机制。持续提升治安防控、扫黑除恶、安全生产、综治维稳、三大攻坚战等工作水平，确保园区社会大局和谐稳定。

B.27
2019年浏阳经开区（高新区）发展报告及2020年展望

浏阳经开区党工委、管委会

摘　要： 2019年，浏阳经开区（高新区）以"产业项目建设年""营商环境优化年"为总揽，以打好"三大攻坚战"为抓手，以两区融合为契机，着力转型升级，努力推进产业基础高级化和产业链现代化，园区高质量发展取得丰硕成果。2020年，园区将以"全面小康决胜年"为引领，以产业项目建设和营商环境优化为重点，继续深化供给侧结构性改革，坚决打好打赢"三大攻坚战"，实现两区全面融合，为建设现代化浏阳贡献新的力量。

关键词： 产业项目建设　营商环境优化　两区融合　浏阳经开区

2019年是浏阳经开区（高新区）发展历史上极不平凡的一年，面对经济下行压力加大、防范化解债务风险提高以及股市大幅波动等多种复杂严峻的形势，全区上下坚决贯彻落实习近平新时代中国特色社会主义思想，积极践行新发展理念，以"产业项目建设年""营商环境优化年"为总揽，以打好"三大攻坚战"为抓手，以两区融合为契机，着力转型升级，努力推进产业基础高级化和产业链现代化，园区高质量发展取得丰硕成果。

一　2019年工作情况

园区全年实现规模工业总产值1138.7亿元，同比增长13.7%，"三主两特"产业产值占比达78%；规模工业增加值376亿元，同比增长13.6%；财政总收入71.8亿元，同比增长30.6%，其中税收收入53.7亿元，税占比达75%；完成固定资产投资375亿元，同比增长21%，其中工业投资296.4亿元，占固投比重79%。经开区在全省133个省级及以上产业园区综合评价中连续三年蝉联第一，被省政府评为产业项目建设真抓实干典型；高新区获批国家新型工业化产业示范基地、国家中小企业高新技术产业化示范基地。一年来，高新区取得了五个方面的成绩。

（一）贯彻新发展理念，高质量发展势头强劲

一是产业项目建设成效显著。坚持向项目要动力，铺排重点项目220个，新建、续建、改扩建项目建筑面积达203万平方米，其中74个项目被纳入长沙市级重大项目投资计划，惠科、蓝思机器人、蓝思消费电子产品防护视窗组件、豪恩声学智能声学产品、华域视觉智能车灯等6个项目被列入省"五个100"工程重大产业项目。全年有盐津铺子烘焙二期、华域视觉一期、卓芯智能、富诚汽车零部件等91个项目竣工投产，形成高质量发展的新动力。

二是产业链招商实现重大突破。紧扣主特产业和产业链精准招商，新引进项目79个，合同引资532.95亿元，其中，投资100亿元以上项目1个，投资50亿~100亿元项目1个，投资10亿~50亿元项目5个，促成威尔曼莫达非尼新药研发基地、华恒机器人等9个再投资项目落户，特别是总投资320亿元的惠科第8.6代超高清新型显示器件生产线项目落户并开工建设，填补了湖南超高清显示面板制造领域空白，2020年全球最先进的8K、10K大尺寸液晶显示面板及白光OLED面板将在浏阳经开区产出，届时浏阳经开区产业结构将再次大提升。国内碳化硅功率器件龙头企业泰科天润顺利落户，带动一批半导体上下游企业来园投资。

三是转型升级有力有效。园区对历年招商引资项目进行评估，清出一批低效企业，通过支持企业加大投入和技改力度、引进优势企业并购重组、收回土地重新招商等方式，帮扶低效企业提高发展质量。促成长沙蓝思新材收购百沃丰制药厂区；广东溢多利公司收购长沙世唯科技；古杉生物地块重新出让给新入园的老手匠项目；按照"退二进三"要求，收回泓春制药地块并进行二次开发，进一步盘活了长期闲置土地和低效企业。

（二）锐意改革创新，营商环境持续优化

一是政务改革蹄疾步稳。坚持以人民为中心，对政务大厅进行全面优化升级，打造智慧政务客厅，"24小时不打烊"政务服务获评2019长沙市营商环境优化年优秀案例。创新审批机制，取消社会投资项目初步设计审批环节，企业从设立到具备一般性经营条件的办理时间被压缩到3个工作日、不动产登记5个工作日内完成。推行工业投资建设项目"容缺许可，拿地开工"审批服务，施工许可办证时间被压缩至30天以内。探索集体土地入市，推动湖南电子科技职业学院落地，创新了全省开发区项目供地方式。

二是企业服务精准高效。"一企一策"帮助企业解难题，帮助永清环保管理团队排除万难，积极化解经营风险和信贷风险，顺利渡过危机，经营恢复正常。园区充分发挥机关干部的主观能动性和资源优势，帮助蓝思科技解决季节性招工难题，形成了可复制、可推广的招工经验。帮助尔康制药积极对接上级部门，全力化解股票质押风险，争取纾困资金27.7亿元，为全省最大一笔。多渠道助力企业揽才，组织企业参加51场春风行动招聘会、24场大学校招会以及5场中高端人才引智活动，招聘普工12.53万人，引进中高端人才1000余人。

三是降低成本落到实处。通过免收或财政兜底，免除企业建设项目行政性收费、中介费、城市基础配套费、企业施工图审查费等11项费用共计5570余万元。全年为企业减税约6.26亿元。指导企业申报各类项目614个，获得上级扶持奖励资金2.08亿元。为223家企业申报实施养老保险费率过渡试点，降费达1.12亿元。促成园区企业与多家金融机构签订战略合作协议，完成知识产权质押融资1.7亿元，现场放款3.25亿元、授信78.76亿元。企业互助协会为会员企业提供融资4080万元。设立长沙市九区（县）首支转贷引导基金，引进潇湘信用供应链金融平台、工业厂房按揭贷款、票据大管家、风补C模式等金融产品和服务。

（三）坚守实业主业，企业方阵日益强大

一是企业实力不断壮大。蓝思科技抓住5G商用机遇，坚持技术创新，2019年盈利同比增长309%。九典制药、华纳大药厂、天地恒一制药等企业的

优势品种入围全国药品集中采购，成为企业拓市场、稳增长的有力抓手。盐津铺子坚持智能化改造，2019年营收同比增长26.34%。博大科工、义和车桥、青特车桥、永安汽车车身等企业逆势上扬，产值增长保持在15%以上。园区税收超过1000万元企业达到55家，其中亚明电子税收同比增长135.6%、威尔保新材税收同比增长98%，特别是蓝思科技、威尔曼制药、九典制药、尔康制药、华纳大药厂、光合作用商贸公司等6家企业税收超过1亿元，其中蓝思科技实现税收9.96亿元，同比增长20.45%。

二是企业创新广获赞誉。园区出台《促进经济高质量发展的若干意见》，支持企业推进智能制造，加强科技创新。全区企业充分发挥市场主体作用，积极践行企业家精神和工匠精神，企业发展受到广泛认可。永清环保一个项目荣获国家科学技术进步奖二等奖；蓝思科技获评国家知识产权示范企业；盐津铺子获评农业产业化国家重点龙头企业；金丰林项目入选国家2019年新型信息消费示范项目；启泰传感项目获批国家级创新链整合专项资金和入选省"五个100"重大产品创新项目；尔康制药入选新华社民族品牌工程；泰科天润成为国内首家获国际船标认证的碳化硅电力电子功率器件企业；九典制药、永清环保博士后科研工作站授牌；兴嘉生物入选推荐性国家标准制修订单位；天地恒一入选中国中药企业百强；安邦制药获评全国就业扶贫基地；蓝思科技、尔康制药、盐津铺子、九典制药入选湖南制造业企业100强；蓝思科技、威尔曼制药入选湖南税收贡献百强企业；宇环数控荣获湖南省创新成果一等奖；五犇新材、五新重工上榜"省长质量奖"名单；长沙永昌、湖大艾盛等4家企业获批省级"上云上平台标杆"企业。大力推进企业"升高、入规、上市、扩面"，全年新申报认定高企57家；新增规模以上工业企业37家；33家企业被纳入长沙上市挂牌后备资源库，南新制药完成登录科创板审批工作；蓝思科技、九典制药、华纳大药厂获批省级智能制造示范车间；新增长沙市智能制造试点企业37家，总数达116家；28家企业获批湖南省、长沙市"小巨人"企业。企业完成R&D经费投入31.14亿元，协助申请专利1096件，获得专利授权605件，其中发明专利授权85件。生物医药公共技术服务平台进一步提标，实验动物中心成为全省首家通过国际AAALAC认证的研发机构。电子信息产业服务中心将物联网、医疗器械检测纳入国家认可范围。

（四）聚力攻坚克难，三大战役向纵深推进

一是债务风险稳定可控。严格压缩一般性支出，加强政府投资项目支出管理，节约财政资金1.3亿元。多方筹集项目建设资金，积极申报和扩大棚改专项债、土储专项债以及创新债发行额度，到位土储专项债资金13.07亿元。出让土地约3000亩，成交总金额11.76亿元。全年调度资金偿还政府性债务本息54.63亿元。

二是污染防治取得阶段性胜利。加大投入，全面提质园区环保基础设施，北园污水处理厂一期、南园截污干管工程投入运行，永安污水处理厂加快提质扩容，雨污分流改造取得阶段性成果。加大力度，扎实开展"工业废气异味扰民专项整治百日攻坚"，组织环保专家对重点涉气企业进行现场"诊断"，全年企业环保投入达6900多万元，53家企业环保整改达标。加强监管，成立蓝天碧水办、市政管网办，抽调精干力量充实环保队伍，建立环境在线监测平台，加强执法监督，压实环保责任。加大协调，园区环保工作与涉园镇村建立协同联动机制，有效应对突发事件。全面落实河长制，砰山河、菊田河水质持续达标。

三是为全面脱贫奠定坚实基础。浏阳小河乡乌石村打造文旅产业链，引进村级农业服务公司带动农户发展，村级集体收入达到15万元。龙山县苗儿滩镇发展黄桃、油茶等产业效益显著，村级卫生室、饮水工程等一批惠民项目投入使用，群众获得感不断增强。经开区已累计投入近4000万元专项扶贫资金，为2020年决胜脱贫攻坚打下坚实基础。高新区作为永安镇永安村和坪头村、洞阳镇南园村的后盾单位，全力帮扶贫困村庄，贫困户可按期实现脱贫。

（五）加快产城融合，区域发展齐头并进

一是两区融合顺利推进。金阳新城高质量发展拉开序幕，《金阳新城空间发展战略规划》形成中期成果。两区融合实现"五统一分"，在统一经济发展和建设规划、产业布局、土地开发和利用、市政设施建设等方面取得实质性成效，两区派驻机构完成合并，金阳新城水资源完成整合。

二是城市功能显著改善。区域教育资源实现均衡普惠发展，新引进南雅学校、麓山国际实验学校、湘麓医药学校，第一所本科大学湖南电子科技职业学院落户，中协高科学校、长郡浏阳实验学校小学部如期建成开学，金阳学校一期主体竣工。开通8条城市公交线路，城市交通进一步改善。引进长房金阳府

等高品质楼盘、维也纳五星旗舰酒店，金阳紫星广场商务区启动建设，金阳中心消防救援站驻队执勤，基础配套进一步完善。开展送戏入企等多种形式惠民演出12场，惠及职工群众1万余人。

三是发展大局平安稳定。深化扫黑除恶专项斗争及"三联三保"活动，全年破获刑事案件68起，严厉打击了刑事犯罪和违法行为。调处涉及企业以及辖区内的矛盾纠纷160余起，信访件下降33%。开展安全生产6大专项检查行动，搭建安全生产在线监管平台，完成100家企业安全隐患专家诊断，隐患销号468条。交通设施进一步提质，安全发展态势持续向好，园区因综合治理和安全生产获评长沙市优秀单位。

二　2020年工作思路

2020年园区工作的指导思想是：以习近平新时代中国特色社会主义思想为指导，贯彻落实党的十九大，十九届二中、三中、四中全会和中央、省委、市委经济工作会议精神，坚持稳中求进工作总基调，坚定不移践行新发展理念，紧紧抓住高质量发展这条主线，以"全面小康决胜年"为引领，以产业项目建设和营商环境优化为重点，继续深化供给侧结构性改革，坚决打好打赢"三大攻坚战"，实现两区全面融合，为建设现代化浏阳贡献新的力量。

主要经济目标任务是：规模工业总产值、规模工业增加值、财政总收入同比增长10%以上；工业固投同比增长12%以上，招商引资、外经外贸同步提升，安全、环保、综治、防疫等全面进步，社会事业健康发展。为实现上述预期目标，将重点抓好以下五个方面工作。

（一）在产业项目建设上创造新业绩

一是围绕稳投资推进项目攻坚。坚持"经济工作，项目为王"的导向，突出抓好项目建设，全年铺排项目156个，年度计划投资约264亿元。加强项目督查督办，实行"半月一督办、一月一调度、一季一讲评、一年一考核"的"四个一"督查考核机制。深化项目审批改革，提前做好报批指导服务，通过预评审、模拟审批等方式，压缩审批时间，加快项目落地。要将惠科项目作为重中之重，集中力量确保2020年7月31日前完成主体厂房封顶。加快韵达湖南快递电商总部基地、威尔曼莫达非尼新药研发基地、润星制药、泰科天润碳化硅芯片、豪恩声学智能声学产品、华域视觉二期、上热高端热处理等一批重点项目完成建设任务。着力强化要素保障，做好重点片区规划调整、环境影响评价、土地调规审批、征拆清零等工作，继续探索集体土地入市的供地方式。以重点道路建设拉开骨架，完善园区交通内网和项目配套，确保项目顺利落地。严格加强在建项目工程安全和质量管理，依法打击强揽强卖、阻工闹事等行为，营造良好施工环境。

二是围绕主特产业链精准招商。坚持选商选资、招强引优。充分发挥蓝思科技、惠科等产业龙头引领力，加速将玻璃基板、偏光片、液晶材料、背光模组等显示功能器件产业链上下游关键环节的优势企业引进落户，培育千亿元产业集群。鼓励和促进九典、威尔曼、天地恒一等骨干药企再投资，做强百亿元级医药龙头企业方阵。深耕环境治理技术及应用产业链，以龙头企业永清环保为核心，聚集人才和技术优势，不断强链补链延链。聚焦高端智能装备领域，紧盯自动化成套设备及关键零部件项目，推动迈科轴承、意大利艾奇毕斯液压系统等三一重卡系列配套项目落户建设。依托法泽尔、轩辕春秋、三一再制造等企业，坚持外引与内培并举、项目与平台并重，拓展再制造领域，进一步巩固园区工程机械再制造的全国行业地位。瞄准碳基材料产业链高端和关键环节，依托天岳碳化硅、启泰传感、泰科天润、韶锦微电子"核芯"带动力，加速新一代半导体材料项目成体系落户。大力实施以商招商，利用健康产业园、长沙 e 中心、中欧汽车零部件产业园、新能源汽车产业园等平台进行精准招商，做大做强产业集群。全年力争引进项目 60 个，其中投资 50 亿元以上项目 1 个，10 亿~50 亿元项目 2 个，5 亿~10 亿元项目 4 个。

三是围绕盘活"三资"挖潜增效。健全企业发展效益评估机制，深入实施低效企业盘活工程，拟订产业结构调整负面清单，重点推进低效企业转型升级、僵尸企业处置。制定高质量发展实施方案并组织实施，结合运用高质量发展评价指标体系，推行以亩产税收、亩均投资、亩产产值、单位工业增加值能耗等为主要指标的亩均效益评价体系，将亩均效益评价结果作为企业评先评优、项目申报、资源要素差别化配置的第一要素，推动园区高质量发展再上新台阶。

（二）在营商环境上追求新境界

一是优化政务服务。深入推进审批流程再造，特别是工程项目领域的行政审批改革，要设置"综合窗"，打造流水式审批服务模式。继续实施无费大厅和"先建后验""容缺许可"改革试点推广，开展"交地即开工""交房即领证""开户即开业"等个性化审批服务试点。加快智慧园区建设，构建智慧政务平台，加速推进"网上办"，确保"互联网＋政务服务"线上实质运行，进一步引导群众和企业从线下办向线上办转移，打造高效便捷的移动办事终端。优化完善"12345"市民热线处理工作制度，确保群众诉求事事有回音、件件有着落，切实提高群众满意率。

二是支持企业做优做强。落实"长沙制造业高质量发展20条"，推动企业"入规、升高、上市、扩面"。力争新增规模以上工业企业33家、申报认定高新技术企业43家，新增5家省级小巨人企业、20家长沙市小巨人企业、4家省级管理创新标杆企业、10家省级绿色工厂、3家省级"两型"企业、3家省级智能制造示范车间、52家长沙市智能制造试点示范企业、8家长沙市级以上科研平台。支持拟上市企业进一步夯实基础、壮大实力，为其营造更好的环境，服务企业进入多层次资本市场。

（三）在"三大攻坚"上展现新作为

一是有效防范重大风险。始终坚持控增量、调结构、守底线，树立过"紧日子"思想，强化预算刚性约束，明确资金保障重点，严格压缩一般性支出，由政府投入为主向多元化投入转变，提高财政资金使用效益。积极争取上级政策性资金支持和债券发行，保障到期债券兑付和新增项目的资金需求。做好"三资"经营文章，努力盘活结转结余财政资金、国有资产和闲置土地资源。加快金阳投资集团的市场化进程，推动金阳投资集团跻身大型国企行列。推进产建投 AA＋创建工作，增强融资能力。做强产业投资基金，引导金融资本、社会资本跟投优势产业和潜力项目。

二是强力推进污染防治。全面落实环境保护领导责任、部门监管责任和企业主体责任。打好蓝天保卫战，巩固和扩大工业废气异味扰民专项整治行动成果，完善园区大气污染防控综合平台，对重点涉气尤其是屡禁不止的企业实行"一厂一策"全面管控。打赢污水歼灭战，完善排水规划，实现管网普查信息化，强化管网日常巡查维护。进一步提升雨污分流工作成效，加快取消一批临时泵站，推进排水许可，确保企业内部雨污分流到位。完成北园截污干管、克里截污干管等重点截污工程建设，推动北园污水处理厂一期全面投入运行，加快推进南园污水处理厂提质改造、永安污水处理厂改扩建等工程建设。创新监管方式，紧盯重点行业，引入环保管家，启动智慧环保建设，利用"人防+技防"手段严控环境违法行为。

三是坚决完成脱贫任务。巩固前期脱贫攻坚成效，继续做好小河乡乌石村、龙山县苗儿滩镇脱贫工作，坚持以产业发展助脱贫，发挥蓝思科技、安邦制药、绿之韵等企业就业扶贫基地作用，以稳定就业促脱贫，确保脱贫攻坚任务如期全面完成。

（四）在产城融合上开创新局面

一是推进两区全面融合。根据经开区、高新区统筹管理体制改革实施细则，在"五统一分"基础上，进一步理顺机构、健全机制，逐步实现两区全面融合。放大"1+1＞2"改革效益，形成招商合力，实现项目信息、招商政策即时沟通、良性互动，统筹产业发展规划、布局安排、结构调整、项目建设。加快社会事业共建共享，加大基础设施投入，实现产业功能、公共交通、社会事业以及要素保障的全方位参与、全政策享受。树立两区"一盘棋"的思想，完成金阳新城空间利用规划的编制，加快推进深度融入长沙东部发展的步伐，实现与长沙临空经济示范区融合发展。

二是提升城市承载功能。以交通融城为突破口，积极对接启动长沙市劳动东路东延线、轨道交通延长线建设，推进两园四镇城乡公交的一体化建设，提升园区群众出行的便利度。加快打造优质教育资源集聚区，启动长郡附属二小、南雅学校、湖南电子科技职业学院、湘麓医药学校建设，确保金阳学校2020年秋季开学。着力补齐城市功能短板，加快金阳紫星广场商务区建设，重点抓好综合商业体高档餐饮、星级酒店、文化休闲等配套设施的引进完善，建成一批高品质楼盘。提档升级医疗资源，加快引进三甲医院，以洞阳卫生院改扩建为契机，建设浏阳市人民医院金阳分院，将北盛医院、永安医院升级为两园四镇应急医疗中心。加强市容市貌整治，分步创建"城市管理示范街"，着力解决停车难、停车乱问题。稳步推进老旧安置小区改造，改善生活环境和基础条件。

三是增强园区治理能力。要深化扫黑除恶专项斗争行动，依托"互联网＋群防群治"平台，打造高效率、园镇一体的社会治理格局。要以疫情防控为切入点，加快补齐园区应急管理、公共卫生、市场监管等方面短板。完善信访维稳、矛盾调处机制，妥善解决生产安置用地、社保、安置房办证、房地产等领域的不稳定因素，清零信访积案，以为民办实事的成效取信于民。配合长沙市做好创建国家食品安全示范城市、浏阳市创建湖南省食品安全示范城市验收评估，提高食品安全管理能力，确保群众饮食用药安全。强化安全生产责任落实，按照"党政同责、一岗双责"和"三个必须"要求，严格防控重点行业领域安全风险，深化重点领域专项整治，确保实现安全生产"零"事故目标，营造平安和谐发展环境。

（五）在担当作为上彰显新作风

要进一步学习贯彻习近平总书记在全国民营企业家座谈会上的重要讲话精神，动员全区上下全心全意、真心实意支持和服务广大企业。

一是在服务企业中发挥党建引领作用。要把服务企业、服务发展作为践行不忘初心的主战场，引导党员干部下沉一线，深入企业，充分发挥党员先锋模范作用，让党徽在一线闪耀。要以党支部"五化"建设为抓手，教育引导机关党员在抓项目、抓产业、抓治理上显身手、勇担当；引导非公企业党员在技术研发、企业管理等方面挑大梁、建功业。

二是在服务企业中激励干部实干担当。企业的需求和困难就是园区服务和努力的方向。广大党员干部要用心用情用力当好企业的"服务员"，在惠企政策宣讲、项目审批服务、环保监管等方面主动作为、精细服务，着力解决好企业的关心事、揪心事、烦心事，不断增强企业获得感。要突出严管与厚爱结合，创新选人用人机制，积极探索干部成才的多种途径，鼓励干部勇于担当、主动作为，为园区建设提供强大智力支撑。

三是在服务企业中构建亲清政商关系。服务企业必须有交集、不能有交易，有交往、不能有交换，做到既亲又清、清上加亲。要严肃作风纪律，严格问责追责工作中，尤其是企业服务过程中的推诿扯皮、办事拖沓等失职行为，对不作为、慢作为、乱作为现象予以严肃处理。强化企业反向监督，把群众监督、社会监督有机结合起来，深入开展政风行风监督评议，促使干部牢记肩上的责任和使命，真正做到尽其责、展其才。

B.28
宁乡经开区2019年发展报告
及2020年展望

宁乡经开区管委会*

摘　要： 2019 年，宁乡经开区主要经济指标增速排名长沙市五个国家级园区前列，圆满完成年度各项目标任务。2020 年，园区将以"打造千亿主导产业，争创全国一流园区"为目标，以高质量发展为主题，以产业链建设为主线，以要素保障、产业培育、平台建设、市场改革、精细管理为重点，继续强基固本、攻坚克难、后发赶超，全面推开宁乡经开区新一轮高质量发展，确保"十三五"规划圆满收官。

关键词： 智能家电　高质量发展　产业升级　株洲高新构　宁乡经开区

一　2019年发展报告

2019 年，宁乡经开区在省委、省政府和市委、市政府的坚强领导下，坚持以习近平新时代中国特色社会主义思想为指导，深入开展"不忘初心、牢记使命"主题教育，持续推进"产业项目建设年"和"营商环境优化年"活动，以"打造千亿主导产业，争创全国一流园区"为目标，打基础、补短板、求突破，攻坚克难，砥砺前行，园区经济社会呈现逆势上扬的良好态势，全年规模工业总产值同比增长 10.2%，规模工业增加值同比增长 13%，财政收入同比增长 40%，税收同比增长 23.5%；工业用电量、蒸汽用量、工业用水量

---

* 执笔：谢喜阳，宁乡经开区管委会办公室副主任；黄亮，宁乡经开区管委会办公室。

分别同比增长 30%、32%、15%。主要经济指标增速排名长沙市五个国家级园区前列，圆满完成年度各项目标任务，为庆祝新中国七十华诞交出了一份合格答卷。

——农科园荣获全国首批"国家农村产业融合发展示范园"和"国家农业科技园区"两项国家级殊荣。

——格力暖通荣获国家知识产权优势企业称号、国家专利优秀奖，加加食品荣获国家绿色工厂称号，打造园区智能制造新标杆。

——在长沙市 2019 年重大产业项目现场观摩中，园区荣获长沙市五个国家级园区第一名，格力大型中央空调项目在 14 个观摩项目中获得排名第一的佳绩。

——成立食品产业链专家指导委员会，聘请宋君强、孙宝国等 4 位中国工程院院士领衔组建专家咨询团，为园区食品产业高质量发展提供高端智库支撑。

——湖南点道生物首席科学家吴敬博士牵头研发的淀粉加工关键酶制剂的创制及工业化应用技术，获得国家技术发明二等奖。

——获批国家开发银行智能家电产业小镇 20 年期基准利率贷款 50 亿元，是全省产业园区额度最大的开发性贷款项目，长沙市政府重点推介了项目申报的成功经验。

——经建投公司全面完成市场化改革，成立长沙蓝月谷智造小镇投资发展有限公司，平台公司顺利转型，迈出了经营园区的坚实步伐。

——高质量、高标准、高速度建成南雅蓝月谷学校，名校进园区提升了职工群众的幸福感和获得感。

2019 年，园区着重抓好了六个方面工作。

（一）致力于产业链招商，积蓄了发展动力

始终坚持精准、舍得、执着的招商理念，坚守"两主一特"产业定位，以产业链招商为主线，整合招商平台，创新招商手段，重构招商体系，注重招商品质，全年共签约引进项目 37 个，引资 210 亿元，其中产业链项目 31 个、500 强企业投资项目 3 个、上市企业投资项目 3 个、50 亿元以上项目 1 个、10 亿元以上项目 3 个。

1. 智能家电产业链

格力电器新增投资 52 亿元建设冰箱洗衣机基地，项目用地 961 亩，投产后将形成 250 万台洗衣机和 200 万台冰箱产能，将成为格力电器智能化程度最高的生产基地；小米生态链企业国声声学投资 20 亿元建设智能家电产业园，项目用地 380 亩，主要生产智能芯片、智能耳机、智能音箱和扫地机器人等智能家电家居产品；国际知名工业开关与精密端子生产企业台湾进联电子投资 7 亿元，规划用地 100 亩，建设进联工业全国第七大智能制造生产基地。在龙头企业带动下，园区全年引进泰川钣金、华兴科技等 10 家配套企业，智能家电产业链已聚集供应链企业 41 家。

2. 绿色食品产业链

上市公司金时科技投资 8 亿元，规划用地 180 亩，建设高端包装生产基地，预计年产值 15 亿元，税收过亿元；全国唯一拥有"镉大米"治理技术的点道生物投资 7 亿元，规划用地 90 亩，建设高端海藻糖、蛋白粉生产基地，项目投产后年产值将超 20 亿元。

3. 新材料产业链

成功签约中伟新能源全球总部，中伟集团全年营收超百亿元，中伟长沙基地已投入 25 亿元，形成 5 万吨前驱体产能，全年实现产值 50 亿元、出口额 4 亿美元，成为动力型前驱体全球最大供应商。引进湖南建工产业园、翰坤实业等项目，其中湖南建工产业园项目投资 10 亿元，成建制引入湖南建工集团旗下 6 家企业。

（二）致力于项目建设，增强了发展实力

始终抓住项目建设"牛鼻子"，全年铺排重点产业项目 59 个，实现投资 151 亿元，格力冰箱洗衣机、国声声学、金时科技等 22 个项目开工建设，格力大型中央空调、美盈森、好益多乳业、翰坤实业等 22 个项目竣工投产，将新增产能 100 亿元以上。

1. 创新机制抓项目

成立产业项目服务领导小组，扎实开展"三比三看"大竞赛和"百日大会战"，组建 7 个项目服务小分队，推行项目领衔制、问题交办制、限时办结制、督查考核制、讲评通报制，一线服务，挂图作战，常态调度，全年协调解

决要素保障等重点问题160多个。

2. 突出重点抓项目

重点推进格力大型中央空调、楚天智能医疗装备、中伟新能源二期、合纵科技4个省"5个100"项目，重点服务10大税源项目、10大开工项目、10大竣工项目，浓厚了干在一线、干到一起、干出一流的干事创业氛围。

3. 破解瓶颈抓项目

打响征拆拔钉清零战，重点破解了"久拆不动、拆而不净、拖而不交"的顽疾，共完成拔钉清零24户，释放土地3100亩。全年新征地631亩，拆迁530户，腾地2000亩，有效化解了土地瓶颈，保障了重点项目建设用地需求。

（三）致力于科技创新，激发了发展活力

坚持创新引领，以入规、升高、扩面、上市为抓手，全面提高企业核心竞争力。

1. 主攻智能制造

格力暖通、加加食品再获国家级殊荣，新增阿瑞食品、优卓乳业2家省级智能制造示范企业（车间），新增好益多乳业、美盈森、联塑科技、创瑾科技等19家市级智能制造试点企业，邦弗特、赛福饲料等4家企业获评湖南省绿色工厂。截至2019年底，园区市级以上智能制造企业总数突破60家，其中国家级试点示范企业4家，省级试点示范企业6家，智能制造已成为园区高质量发展的亮丽名片。

2. 主抓科技创新

新认定高新技术企业30家，新增授权专利585项，实现技术交易合同成交额3.79亿元，同比增长25%。新增规模企业38家，邦弗特、懋天新材获批湖南省工程技术研究中心，松井新材、建益新材获批湖南省小巨人企业，标朗住工获批湖南省院士专家工作站，迎春思博瑞获批湖南省技术先进型服务企业，桑铼特荣获湖南省技术发明奖二等奖，14家企业入选湖南省产融合作制造业重点企业名单，盛泓机械获批长沙市工程技术研究中心，湖机国际、百川超硬、恒佳新材等获批长沙市小巨人企业。

3. 主推科技服务

精心举办食品产业链大会及专家对接活动，现场签约专家对接项目10个，

优卓乳业、点道生物等企业分别与中科院亚热带研究所、江南大学生物工程学院签订合作协议。深入开展"产业项目建设年"争先创优活动，重奖科技人才和优秀工匠，兑现科技奖励 2400 多万元。组织"百企千岗进高校"和"湘人返乡智惠宁乡"等招才引智活动 30 多场，引进企业各类科技人才 120 多名。

（四）致力于提质平台，提升了承载能力

坚持高点定位，注重完善功能配套，园区创业环境、人居环境得到全面改善。

1. 精心打造产业孵化平台

按照生产、生活、生态"三生共融"理念，精心打造蓝月谷智能家电产业小镇，高标准规划"一心三园"。建成旺宁新村人才公寓 350 套、职工公寓 263 套、高管公寓 87 套，加快推进美的国宾府等 14 个品质楼盘建设，全面提升园区宜业宜居品质。

2. 不断完善基础设施建设

完成 6.9 公里道路标准化提质建设，新建自来水主管 4.8 公里，新建和改造燃气管网 5 公里、蒸汽管网 6 公里，新增两条新能源公交线路。电力 630 攻坚成效显著，高家塘、经城变电站竣工投产，中伟新能源二期万伏专线投入使用，沩丰变电站和格力大型中央空调、康师傅、康程护理 3 条专线推进顺利。

3. 全面提质园区生态环境

全面提升治污能力，投资 1.4 亿元新建的回用水厂投入运营，园区两家工业污水处理厂日处理能力达 7.5 万吨，为园区后续新增工业污水处理容量预留了充足空间，投资 1.2 亿元开展雨污分流改造，全面实现管网全覆盖、污水全收集，园区的水变清了。持续推进蓝天保卫战，加强抑尘控排、禁燃控烧，全年开展巡查执法 2000 余次，行政处罚 300 起，园区的天更蓝了。大力开展造绿复绿，全年覆绿 120 万平方米，新增绿地 6.71 公顷，新建 3 个社区文化公园，建成绿道步道 11.4 公里，园区的地更绿了。

（五）致力于优化环境，培育了发展潜力

深入开展"营商环境优化年"活动，全力优化营商环境，打造成本最低、效率最高、服务最优的投资高地。

1. 全力优化审批流程

大力实施"无跑腿审批"，持续推进放管服改革，完善全程代办体系，实现工商注册、立项备案、建设用地规划许可证、建设工程规划许可证全程网办。加快推进政务服务"一件事一次办"，全年共计受理和办结各项审批业务5932件。荣获湖南省工业项目承诺制审批改革示范试点单位，推行"承诺＋容缺"审批，加速实现"交地即开工"，社会投资工业项目审批提速43%。

2. 全力降低企业成本

探索创建"无收费园区"，通过取消、调整收费、财政补贴和购买服务等方式，工业项目报建报监实现零收费，全年累计为企业节约审批费用3450多万元。搭建校企合作平台，组织园区企业招聘会70多场，帮助企业招聘员工2400多人，有效破解招工难问题。协助企业申报养老保险费率下调试点，每年可为企业节约2000多万元。创新食品安全监管和服务机制，聘请第三方专业机构和专家，为园区20多家大型食品企业免费提供安全体检，工作成效获省食药监局充分肯定，并作为先进经验在全省重点推介。积极推动13家食品企业与宁乡市15个农业产业化基地，建立"工厂＋基地"合作模式，降低了企业采购成本，帮助了农民增产增收。

3. 全力维护企业权益

争取长沙市、宁乡市检察院支持，在园区设立两级"检察联络室"，更有利于在司法案件办理中充分维护企业和企业家权益；争取长沙市市监局支持，在园区设立"服务产业发展工作站"，进一步畅通了政企沟通渠道。持续深入开展"扫黑除恶"专项斗争，重拳打击强揽工程、非法阻工、侵犯企业商标专用权和知识产权等经济领域违法行为。

（六）致力于党建引领，凝聚了发展合力

1. 始终坚持党的领导

深入开展"不忘初心、牢记使命"主题教育，实现党组织和党员"两个全覆盖"，赴贵州遵义和长沙县杨开慧故居举办两期基层党组织书记培训班，组织"不忘初心、牢记使命，做改革开放和创新提升的先行者"主题演讲和征文比赛。认真落实意识形态责任制，开展"机关党组织＋企业党组织"互联共建，大力实施"两争一创"三年行动计划。

2. 始终坚持从严治党

切实强化"一岗双责",深入开展警示教育和以案促改工作,完成主题教育和巡视巡察专项问题整改 47 个。坚持刀刃向内,严厉查处违纪违规行为,全年查处案件 3 个。聘请第三方专业机构开展全面内部审计,排查廉政风险,在工程建设领域实行招标、建设、财评三权分离机制,彻底整治"打牌子""提篮子"等问题。

3. 始终坚持以人为本

以高度的政治责任感对口帮扶湘西州龙山县红岩溪镇脱贫攻坚,提供年度帮扶资金 1500 万元,实施帮扶项目 56 个,帮助该镇 1006 户 4342 人实现脱贫;开展千企联千户贫困慰问活动,助力宁乡市双江口镇檀树湾村全面打赢脱贫攻坚战。积极开展党建群团活动,精心举办园区第七届运动会、第五届技工节、"放歌新时代"合唱比赛、"中国梦·劳动美"劳模大讲堂、公益法律服务进企业等活动。

4. 始终坚持凝心聚力

农科园、金玉工业园积极融入主体园区;城郊街道、双江口镇、菁华铺乡、回龙铺镇主动服务园区发展,在征拆控违、环境维护、应急处置等方面充分展现了属地担当;国土、工商、公安、环保、安监、城管、人社、市监等驻区机构主动作为,贴心服务企业发展。

二 2020年工作展望

2020 年是全面建成小康社会和"十三五"规划收官之年,也是园区新一轮高质量发展的启航之年。2020 年,园区将以习近平新时代中国特色社会主义思想为指导,全面贯彻党的十九大和十九届二中、三中、四中全会精神,深入贯彻中央、省委、市委和宁乡市委经济工作会议精神,在长沙市委、市政府和宁乡市委、市政府的坚强领导下,持续开展"产业项目建设年"和"营商环境优化年"活动,以"打造千亿元主导产业,争创全国一流园区"为目标,以高质量发展为主题,以产业链建设为主线,以要素保障、产业培育、平台建设、市场改革、精细管理为重点,继续强基固本、攻坚克难、后发赶超,全面推开宁乡经开区新一轮高质量发展,确保"十三五"规划圆满收官。

园区重点将抓好以下五个方面工作。

（一）进一步夯实基础强要素

栽好梧桐树，引来金凤凰。优质的要素资源，是招大引强和培优培强的基础。要聚焦企业痛点、产业难点、园区堵点，精准施策，把园区打造成为投资洼地。

1. 打好防范金融风险战

严格落实中央和省市化债要求，坚持统筹化存量与控增量，优化债务结构、创新融资方式、降低融资成本，有效盘活资产、资金、资源，确保三年内将债务结构逐步实现期限由短变长、成本由高变低、模式由政策性向市场化转变，实现防风险和促发展同步推进。牢固树立过"紧日子"思想，坚决压缩管委会一般性支出，从严控制"三公"经费，切实保障支持企业和项目的财政支出。

2. 打好征地拆迁清零战

坚持依法征拆、精准征拆、阳光征拆，聚焦"拆而不净"问题，继续实施"拔钉清零"攻坚行动，破解用地指标瓶颈，提升土地利用效率。力争全年完成拆迁270户，报批2200亩以上、征地2000亩以上、腾地3000亩以上，真正实现"地等项目"。

3. 打好电力"630攻坚战"

抓住省市电力部门新三年新增310亿元投入的重大机遇，根据企业需求完成经城、高家塘、沩丰坝三座110千伏新建变电站出线工程，启动檀树湾、格力、金玉三座110千伏变电站建设。提升园区电力规划，根据发展需要布置万伏出线。按照"三零"（即零上门、零审批、零投资）、"三省"（即省时、省力、省钱）标准，联动电力部门优化服务，缩减企业接电时间，降低企业用电成本，满足企业个性化用电需求，高品质满足园区未来十年的电力需要。

4. 打好劳动用工保障战

全力破解企业用工难题，精准摸排企业用工需求，引进劳务中介机构，搭建人力资源信息平台，定期举行招聘活动，拓宽劳务引进渠道。推进校企深度合作，以"出口"定"入口"，开展"两主一特"专才培训，创新抓实淡旺季生产员工互借帮工、提前介入订单式培养、贫困地区对口帮扶就业等举措，确保全年解决企业用工缺口3200人以上。实施产业工人素质提升工程、职工健康促进工程，开展优秀工匠评选活动，探索优秀工匠家庭的工会休养机制。

（二）进一步招大培优强产业

产业是园区发展的根本和竞争的资本，要切实浓厚一切围着项目转、一切围着企业帮、一切围着产业干的氛围。

1. 聚焦"两主一特"的产业定位

坚持有所为、有所不为，集中资源精准招商，集中精力精准培育，久久为功、持续发力，全力打造产业集群，全面提升产业品质，全方位构建产业生态。智能家电产业要瞄准智能家居和智联互通的发展新方向，新材料产业要紧盯科技环保和节能超能的发展新时尚，食品产业要满足绿色健康和时尚休闲的发展新需求。

2. 聚焦"千百工程"的产业目标

通过 5~8 年的努力，将智能家电、新材料和绿色食品打造成为三个千亿级产业集群，重点培育格力电器、中伟新能源等百亿龙头企业，重点扶持国声声学、楚天科技、加加食品、松井新材、合纵科技等百亿梦想企业，重点引进新希望集团等一批战略性百亿企业，打造百亿企业方阵，支撑千亿产业梦想。

3. 聚焦建链强链的产业路径

要始终坚持以产业链为主线，按照"两图两库两池两报告"要求，建链强链延链，完善供应链、提升价值链、培育创新链，形成完备的产业生态。智能家电产业链要注重引进电机和压缩机等核心器件生产企业，力争本地配套率达到60%以上；新材料产业链要加强向下游延伸，引进动力电池等终端生产企业；食品产业链要瞄准世界500强和龙头企业，引进优质项目，丰富产业品类，提高产业带动性。

4. 聚焦招大培优的产业重点

一手抓战略招商，锁定世界500强、民营500强和行业500强，精准实施靶向招商，重点引进1个投资过50亿元的500强企业，10个投资过亿元的上市企业项目，推动在谈优质项目落地。一手抓项目建设，持续开展"产业项目建设年"活动，加快项目建设速度，强化项目帮扶调度，优化项目要素保障。全年计划实施产业项目50个，确保台湾进联电子等15个项目开工建设，康师傅饮品等20个项目竣工投产，松井新材科创板顺利上市。

（三）进一步深化改革强活力

坚持向改革要动力、向市场要效益，以改革新突破释放发展新动能。

1. 激活市场主体

持续推进营商环境优化，不断增强企业获得感，抓住工业项目承诺制审批改革试点契机，推广"承诺＋容缺"审批模式，增加园区"一件事一次办"目录清单至30项以上。持续加大科技创新力度，全力申报国家知识产权示范园区，力争高新技术企业达到75家。持续提升服务企业的精准度，帮促企业开拓市场、扩大销售，鼓励企业推行精细管理、精益生产，切实提高综合竞争能力。

2. 深化市场改革

巩固市场化改革成果，加速经建投公司转型步伐，按照"深耕园区、服务园区、经营园区"的理念，确立5～8年实现上市的发展目标，对标先进发达园区经验做法和上市企业管理模式，实施"综合开发＋产业经营＋资本运作"发展模式，开辟"内涵式发展＋外延式拓展"发展路径，不断做大资产规模、做实资金效益、做优资源品质，提升平台公司造血功能。

3. 注重市场效益

强化亩产论英雄导向，提高单位产出，大力度整治僵尸企业和低效闲置用地，全年收回闲置用地500亩，盘活僵尸企业5家。改革"撒胡椒面"式帮扶企业的做法，集中人力、精力、时间和资源，重点对高品质、高成长性企业开展"一企一策"精准帮扶，凝聚高质量发展的工作合力。

（四）进一步扩容提质强平台

平台强，则基础实、产业兴。只有不断提质平台功能，才能积蓄大势能、吸引大项目、赢得大发展。

1. 扩展规划空间

抢抓国家支持国家级园区调区扩区和长沙市、宁乡市新一轮国土空间规划修编机遇，科学编制园区国土空间规划，扩大发展空间、优化产业布局，力争主体园区建设用地指标增加28平方公里以上，总建设用地指标达到56平方公里以上。提升规划水平，统筹促进城乡规划、土地利用规划、生态环境保护规划等多规合一，做到一本规划、一张蓝图。

2. 推进片区开发

以"一镇三区"为重点，高标准打造蓝月谷智能家电产业小镇；高品质规划化工集中区建设，加快落实省人民政府批复，科学制定产业发展规划；高速度拓展食品产业聚集区，为食品产业新一轮发展赢得空间；高起点推进沩水湾工矿棚户区开发，有效实现退二优二和退二进三，提高产业层次，提升城市形象。

3. 完善功能配套

解决道路肠梗阻问题，畅通片区路网；推进花明北路等道路标准化工程建设。继续引进长沙名校，高品质扩建城郊九年制学校，让群众充分享受园区高质量发展成果。科学规划第二热电厂，提升园区热能价格比较优势。突出精准治污、科学治污、依法治污，持续发力打好蓝天保卫战、碧水攻坚战、净土持久战。

（五）进一步提升理念强管理

理念是行动的先导，理念的高度决定高质量发展的高度。

1. 强化党建意识

深化巩固"不忘初心、牢记使命"主题教育成果，用新思想指引新发展、新理念导航新征程，不断增强干部职工的政治自觉、思想自觉、行动自觉。

2. 强化法治意识

法治是最好的营商环境，要加强"法治园区"建设，擦亮"湖南省十大平安园区示范单位"招牌，推进"平安企业"建设。

3. 强化创新意识

要创新工作标准，对标全国一流国家级园区和沿海发达地区，要以智慧园区建设为总抓手，提升园区管理水平。

4. 强化市场意识

要用市场的思维经营园区，用效益的观念建设园区，在建设发展中谋求环保效益最佳、经济效益最好、社会效益最大。

5. 强化担当意识

要提振信心、鼓舞士气，树立正确用人导向，在新一轮全员竞聘中以项目论英雄、以实绩论英雄、以结果论英雄，激励干部投身建设前线、服务一线。

B.29
2019年株洲高新区发展报告
及2020年展望

中共株洲高新区党工委　株洲高新区管委会

摘　要： 2019 年，株洲高新区坚持稳中求进、进中争先的工作总基调，扎实做好"六稳"工作，深入推进高质量发展，经济运行整体稳中有进、进中向好。2020 年，园区将围绕打造株洲·中国动力谷，深入开展产业发展升级，加快园区协同发展，大力培育新经济增长点，着力推动高质量发展，坚决打赢三大攻坚战，全面做好"六稳"工作，统筹推进稳增长、促改革、调结构、惠民生、防风险、保稳定，加快推进基本现代化，实现"十三五"规划圆满收官。

关键词： 中国动力谷　高质量发展　产业升级　株洲高新区

株洲高新区于1992 年12 月经国务院批准为国家级高新技术产业开发区，下辖河西示范园、田心高科园、董家塅高科园。2000 年底，高新区与天元区（即河西示范园）进行职能归并、效能整合，实行"园政合一"体制。近年来，株洲高新区（天元区）坚持创新驱动引领，大力推动"发展高科技，实现产业化"，高质量发展成效显著，荣获国家产业转型升级示范园区、全国科技创新百强区20 余项国字号荣誉。

一　2019年发展报告

2019 年，面对各类风险挑战明显上升、经济下行压力持续加大的严峻形

势，株洲高新区（天元区）坚持以习近平新时代中国特色社会主义思想为指导，在省委、省政府和市委、市政府的正确领导下，坚持稳中求进、进中争先的工作总基调，扎实做好"六稳"工作，深入推进高质量发展，经济运行整体稳中有进、进中向好。

（一）经济实力实现新突破

2019 年，高新区营业收入和技工贸总收入双双突破 2400 亿元，综合实力在全国 169 家国家级园区中排第 27 位，在 133 家省级以上园区中综合排前 3。天元区 GDP 实现 462 亿元；规模工业总产值和规模工业增加值保持两位数增长，增速排名稳居全省县市区前列；社会消费品零售总额突破 142.5 亿元，增长 10.1%；完成一般公共预算收入 83.7 亿元，税收占比达 87.9%；城乡居民人均可支配收入 56668 元，增长 8.4%。

（二）创新引领培育新动能

强化科技创新，研发经费投入占 GDP 比重达 5%，每万人发明专利拥有量达 92 件，新增高新技术企业 77 家，攻克自主可控新型接触器等"卡脖子"关键技术 9 项。中国动力谷自主创新园获评"国家科技企业孵化器""湖南省服务业示范集聚区"等称号，入驻企业突破 250 家，实现产值 35 亿元。天易科技城自主创业园入驻企业超过 100 家，实现产值 22 亿元。株洲航空产业园进入全国航空产业园前 10 名。白关服饰产业园获评全国"纺织服装产业创意设计示范园区"。国家先进轨道交通装备创新中心成功落户株洲轨道交通创新创业园，成为全省第一家、行业唯一的国家级制造业创新中心。全区新增省级以上创新平台 24 家，实施重大科技创新和重大产品创新项目 79 个，建成科研成果转化基地 19 家，推动科技成果转化 76 件，获评全省首批创新型县市区。实施"人才强区"战略，新增院士工作站 2 家，创新创业领军人才 16 人、高层次人才 243人、省市科技创新人才 212 人。

（三）产业转型迈出新步伐

轨道交通、通用航空、汽车三大动力产业实现稳步增长。轨道交通产业获批创建国家级产业集群。中航动力株洲航空零部件制造、株洲航发动力南方燃气轮机累计工业总产值增幅分别达 400%、190% 以上。新能源汽车、电子信息产业增长势头强劲，北汽株洲分公司实现产值 157 亿元，增长 87.9%，长城电脑产能提升项目竣工投产，年产规模达 200 万台。"四新"经济蓬勃兴起，云享信息公司当年落户，纳税超过 1 亿元。全年新增"四上"企业 222 家，新增规模工业企业 59 家。深入开展"产业项目建设年"活动，意华产业园、IGBT 芯片线二期等 92 个重点项目开工建设，株洲国际赛车场、城市轨道交通制动系统产业化、中航零部件等 50 个项目竣工投产。台湾远扬、株洲裕农、上橙有机等一批现代农业项目入区或建成投产。兑现产业招商奖补资金 3.5 亿元，为中小企业提供融资服务 12.9 亿元，帮助企业争取各类资金超过 10 亿元。开展温暖企业"四联"行动，帮助企业解决痛点难点问题超过 3200 件。新开工标准厂房 100 万平方米、竣工 52 万平方米。

（四）三大攻坚夺取新战果

严格落实政府化债方案，对接金融机构置换债务 18 亿元，"停缓调撤"政府投资项目 103 个，压减一般性预算支出 25%，政府隐性债务余额比 2018 年末减少 26.8 亿元，综合债务率下降 155%。获得省政府 6000 万元化债专项激励资金。狠抓中央和省级环保督察及"回头看"反馈问题整改，全面完成各类整改问题 148 个。开展污染防治攻坚，河西污水处理厂二期建成并投入使用，雷打石镇污水处理厂基本建成。凿石港和陈埠港片区黑臭水体整治取得阶段性成果，湘江饮用水源水质达标率 100%。出台扶持壮大村级集体经济发展方案，设立 2000 万元专项资金，开展集体经济薄弱村帮扶。

（五）改革开放释放新活力

获批全省产业园区体制机制改革综合试点。高新区、天元区体制机制深度融合方案获得株洲市委、市政府支持，大部制运行有序推进。平台公司转型改革实质启动，战略重组方案基本形成。兴新电力公司取得电力业务许可证，园区增量配电业务改革走在全省前列。持续深化"放管服"改革，211 项行政审批业务实现"一件事一次办"。主动融入"一带一路"、粤港澳大湾区等国家规划，依托中车物流打造的中欧班列正式开通，山河科技研制的山河 SA60L 飞机获颁 FAA 飞机适航证，成功打入美国市场。高质量承办中非经贸博览会等国际性会议活动，推动湖南机动车进出口基地加快建设。成功举办株洲·中国动力谷汽车产业博览会、中国国际轨道交通和装备制造产业博览会·株洲论坛、博士潇湘名企行等系列活动，进一步提升了高新区的外向度和美誉度。突出招大引强、产业链招商，全年新引进项目317个，合同引资1131.7亿元，到位内资230亿元、外资8.52亿美元。引进中南高科、中国电科等三类"500强"项目19个，山锂电池、淳华氢能、石油智能装备等10亿元以上的项目19个。意华交通装备、凯乐科技等项目实现当年引进、当年投产。

（六）城乡面貌焕发新气象

推动城管职能权限和执法力量全面下沉，基本形成"运行市场化、作业精细化、管理网格化、考核标准化"的长效机制，城区市容市貌有效提升。顺利通过文明城市建设复检。株洲大道、泰山路等主干道绿化品质得到提升。"垃圾不落地、新区更美丽"行动得到人民网等主流媒体推介。完成天泰小区、开元三村等9个老旧小区提质改造和铁西小区等5个小区"三供一业"分离移交改造，惠及城市居民2万余人。开展农村人居环境综合整治，完成农户改厕2910户，新建农村公厕15座，建成"四好农村路"77公里，整治"四类房"2000余户，村容村貌焕然一新。三门镇响水村获评"中国美丽休闲乡村"。

二 2020年展望

2020年，株洲高新区（天元区）将坚持以习近平新时代中国特色社会主义思想为指导，全面贯彻党的十九大和十九届二中、三中、四中全会精神，坚持稳中求进、进中争先的工作总基调，坚持新发展理念，坚持以供给侧结构性改革为主线，坚持以改革开放为动力，坚持创新引领开放崛起战略，围绕打造株洲·中国动力谷，深入开展产业发展升级，加快园区协同发展，大力培育新经济增长点，着力推动高质量发展，坚决打赢三大攻坚战，全面做好"六稳"工作，统筹推进稳增长、促改革、调结构、惠民生、防风险、保稳定，加快推进基本现代化，实现"十三五"规划圆满收官。紧紧围绕"高新区营业收入、技工贸总收入均增长8%，在全国国家级高新区中综合排名稳居前三十，经济总量和综合实力均稳居全省园区前三"这一主要预期目标，重点抓好七个方面的工作。

（一）强力推进产业体系建设

突出产业链建设。不断完善产业链架构体系，建立健全产业链工作机制。聚焦轨道交通、汽车及新能源汽车、通用航空、电子信息等10大产业链，加快摸清产业链上下游企业情况，逐步完善产业规划编制，进一步建链、强链、延链、补链。深入推进"对接500强、提升产业链行动""对接湘商会、建设新家乡行动"，推广产业链招商、基金招商、以商招商。全力做好主导产业项目引进，推动富士康、莱宝科技、联创光电等项目落地开工。全年力争引进产业项目180个以上，其中50亿元以上项目3个、"500强"企业工业项目6个以上。

培育壮大产业集群。实施上市企业培育、科技型中小企业培强、规模工业企业培植、重点企业培优"四大行动"，力争全年新增上市企业1家、高新技术企业60家、规模工业企业35家、"小巨人"企业15家、"四上企业"175家，动态培育瞪羚企业35家。重点围绕绿色化和智能化，推动轨道交通装备部件由传统制造向智能制造、绿色制造转型升级；重点培养山河科技，积极引进西工大无人机，大力推进"两机专项"建设，实现航空发动机研制和生产能力大幅提升；推动北京汽车、中车时代电动等企业稳产增产，促成奇点汽车建成投产；鼓励长城电脑提高国内市场占有率，实现产量提升；支持钻石切削、中车风电等新材料、新能源骨干企业发展壮大。

加快发展现代服务业。促进服务业提速升级，做大做强总部经济、研发设计、会展经济、现代物流等生产性服务业，做优商贸服务等生活性服务业。突出培育新技术、新产业、新业态、新模式"四新经济"，引进无车承运等新经济业态，支持云享信息、顺利办等共享经济发展。瞄准5G、区块链、移动支付、供应链金融等领域，积极引进一批优质企业，培育新的经济增长点。

推动产业项目建设提速。坚持目标导向、问题导向，加快项目签约、履约、开工、竣工、投产。力促中南高科、新辉开、中小航空发动机等一批产业项目开工建设，株洲信息港一期、新能源汽车检测中心、菲仕电机等项目竣工投产，完成产业项目投资350亿元。大力实施科技创新、产品创新，进一步提高全社会研发投入，完成科技成果转化项目85个以上。加快打造中国包装产业创新创业园、株洲轨道交通创新创业园。加强与国内外知名高校、科研院所对接，广泛开展校地、校企合作。持续推进招才引智，力争全年引进院士、领军人才等高层次人才 85 名以上、高端创新创业团队项目 32 个以上，新增新型研发机构 7 家、公共服务平台 3 家、专业孵化器 3 家。

（二）强力推进园区发展升级

突出园区规划引领。坚持产业规划、土地利用规划、城乡规划等"多规合一"，推动天易科技城、武广西片区、湘江新城片区规划统筹，加速产城一体融合。进一步完善园区规划体系，优化空间布局，以富士康、莱宝科技等一批重点项目进区为契机，全力争取省、市支持，拓展高新区发展空间。

提升园区承载能力。加快月塘生态新城、天易科技城自主创业园二三期、汽车博览园南片区等基础设施项目建设，完善天易科技城"四横六纵"园区路网建设。深入推进"园区升级三年行动计划"，打造创新创业园区"135 工程"升级版。加快天台工业园提质改造，助推金德工业园转型升级。

强化园区要素保障。继续开展闲置土地清理、低效用地治理和违法建设查处，盘活土地存量资源，提升园区建设用地综合利用效益。实施征地拆迁攻坚，突出在征项目扫尾交地，全年实现交地 6250 亩，批回用地 2600 亩，满足项目用地需求。采取"政府推动、业主开发、市场运作"方式，建立多元化投资机制，吸引社会资本参与标准厂房建设，力争全年新开工 68 万平方米以上。支持金融机构扩展普惠金融业务，解决中小微企业融资难、融资贵的问题。

（三）强力推进三大攻坚战役

深入开展蓝天碧水净土行动。实施湘江保护和治理第三个"三年行动计划"。落实"控排、控尘、控烧、控煤、控车"五控措施，确保空气优良率达到 83% 以上。加快推进东司塘、易家港等黑臭水体综合整治，实施老陈埠港片区雨污分流改造，确保城区黑臭水体消除率达 90% 以上。强化土壤污染防治、固体废物排查整治。促进自然资源规范有序开发利用，严厉打击乱占耕地、非法采砂、破坏林业资源、违规捕鱼等行为。

着力防范化解重大风险。牢牢守住不新增政府隐性债务的底线，统筹土地出让收入、经营性收入等偿债资金来源，全面落实化债要求。贯彻落实"六个一批"风险缓释措施,通过置换等措施缓释到期债务风险。争取上级政策和资金支持,积极申报棚改债券、土地储备债券、项目收益债券,申报一批存量PPP项目,切实消化和降低存量债务。牢固树立过"紧日子""苦日子"思想,一般性支出压减30%以上,兜住民生底线。

全面推进精准帮扶。坚持一村一策,开展集体经济薄弱村重点帮扶。围绕全面巩固小康社会成果,强化对城乡低保户、残疾人和留守儿童等特殊群体的帮扶解困,让全体新区居民共享发展成果。做好泸溪县武溪镇对口帮扶工作。

(四)强力推进改革开放崛起

推动改革落地见效。加快园区体制机制创新综合试点改革。按照"园政合一"深度融合的方向,推动大部制、岗位竞聘制、专业人才聘任制、绩效系数制、绩效评估全员制等"五制改革"。加快国有企业重组改革,坚持"瘦身"与"健体"相结合,全面厘清政企边界,力争年底前完成市场化转型。

扩大对外开放水平。大力实施"五大开放行动",在全省建设"一带一部"开放发展先行区中走在前列。全力申报建设二手车出口基地国家试点城市,支持中车株机、时代新材、长城电脑、钻石切割等重点企业拓展国外市场,推动外贸"破零倍增"。引进培育一批外向型企业,打造外贸经济新增长点,力争实现外贸进出口总额增长12%以上。加大外商引资力度,对接欧美日、港澳台地区"500强"企业、上市公司,力争实现实际利用外资增长12%、内联引资增长15%。

(五)强力推进城市品质提升

完善城市基础配套设施。全面开展"生态修复、城市修补"工作,改善城市生态环境。建设浣溪沙公园、博古山公园、河西风光带延伸段。继续实施老旧小区改造、电梯加装等民生工程。启动湘江大道二期、新马大道等主干道建设,打通高新二街路,解决天元学校周边交通拥堵问题。统筹推进"绿化、美化、亮化、净化"四大工程,持续提升城市"颜值"。

提升城市精细化管理水平。全力以赴迎接全国文明城市国家复检,建设新时代全域化水平更高的文明城市。提高城市管理水平,着力解决城市道路保洁、垃圾管理等市容突出问题,抓好一批精细化管理项目,提升建宁驿站管养水平，精心打造绿化提质示范街，创建一批精品道路、精品小区和精品小游园，让新区成为名副其实的"城市客厅"。

（六）强力推进乡村振兴战略

大力发展现代农业。加快石三门国家农业公园和响水田园综合体建设。优化农业产业规划布局，积极推进恒大高科农业、东景农业等重点农业项目落地，支持悠移庄园、上橙有机等企业发展。调整农业产业结构，推进"一村一品"产业布局，大力发展休闲观光体验农业，提升农业现代化水平。

完善乡村基础设施。不断完善农村运输服务网络，提升农村公路养护水平。实施"城乡客运一体化"省级示范区建设，加快建成株洲西客运综合枢纽，实现"市区到镇"线路全通、"村组到镇"线路部分通车，满足新区群众美好出行的愿望。推进"美丽河湖"建设，全面开展"清四乱"巩固提升行动和防洪排涝薄弱环节治理行动。

改善农村人居环境。加快推进农村公厕建设和农户改厕，建成乡镇污水处理设施5座，农村卫生厕所普及率达到100%。持续推进"三清一改"，深入整治"四类房"。完成三门镇全域美丽乡村建设目标，建成一批美丽乡村精品村、示范村。实施田园社区建设行动，实现"田在园中、园在城中、城在绿中"。

（七）强力推进营商环境优化

认真落实《中共中央国务院关于营造更好发展环境支持民营企业改革发展的意见》，推动《株洲高新区（天元区）促进非公有制经济发展的十条意见》落地见效。落实中央减税降费政策，持续降低园区企业的税费、用工、融资和物流成本。加快增量配电业务改革，尽早为园区企业提供最优惠电价。深化"放管服"改革，加快建设"1+7+N"平台，大力实施"互联网+政务服务"四级联动，实现"一件事一次办"。继续开展温暖企业"四联"行动，完善"党委、政府领导联系产业链，人大、政协领导联系商协会，部门（集团）联系片区，机关干部联系企业"的工作机制，引导干部当好惠企政策的宣传员、企业产品的推销员、解决困难的协调员、政银企互动的联络员，营造"亲""清"的政商关系。

B.30
2019年湘潭高新区发展报告
及2020年展望

湘潭高新区管委会

摘　要：　2019 年，湘潭高新区坚持"打造'智造谷'，建设自创区"
发展定位，全面突出"两主一特"主导产业发展和产业链
建设，全面实施"入规、登高、智造"战略，全力推进改
革创新、选商聚智、产业转型、项目建设，园区经济运行
呈现总体平稳、稳中有进发展态势。2020 年园区将坚持新
发展理念，坚持以供给侧结构性改革为主线，坚持"中部
智造谷，城市新中心"发展定位，加快建设现代化经济体
系和推动高质量发展，坚决打赢"三大攻坚战"，全面做好
"六稳"工作，保持园区经济运行在合理区间，确保"十三
五"规划圆满收官，力争晋升国家级园区第一方阵，省级
园区保持十强。

关键词：　智造　创新　转型升级　湘潭高新区

一　2019年发展报告

回顾 2019 年，面对外部环境不确定性增加、经济下行压力加大的复杂形
势，湘潭高新区坚持以习近平新时代中国特色社会主义思想为指导，坚持稳中
求进工作总基调，坚持贯彻新发展理念，坚持"打造'智造谷'，建设自创
区"发展定位，全力贯彻落实中央、省、市战略部署，全面突出"两主一特"
主导产业发展和产业链建设，全面实施"入规、登高、智造"战略，全力推

进改革创新、选商聚智、产业转型、项目建设，园区经济运行呈现总体平稳、稳中有进发展态势，综合实力跃居全省省级以上产业园区综合排名第 6 名，推动产业发展、招商引资、科技创新、项目建设。"落实创新引领战略等政策措施"、"推进知识产权强省建设"及"落实党中央、国务院有关重大政策措施真抓实干、取得明显成效"等三项工作获得省政府"真抓实干成效明显"的表扬激励通报。全年预计实现技工贸总收入 1355 亿元，同比增长 15%；完成工业总产值 869 亿元，同比增长 12%；实现规模工业增加值 183 亿元，同比增长 9%；完成固定资产投资 261 亿元，同比增长 13%；完成高新技术产值 582.3 亿元，同比增长 26.7%。

（一）着力智造入规，产业转型持续加快

一是产业规模进一步壮大。全年新增规模企业 40 家，规模工业增加值增速预计达 9%，超过全省规模工业增加值增速 0.7 个百分点，在全省 50 大重点园区排名中预计前进 15 名。主特产业产值同比增长 15%，其中，智能装备制造产业产值同比增长 13.8%，新材料产业产值同比增长 13.4%，数字经济产值同比增长 13.3%。

二是产业结构进一步优化。成功获批国家产业转型升级示范园区，获批省级大数据产业园，湘电风能、世优电气等企业的多个产品获省首台（套）认定，迅达集团、金杯电工等荣获国、省、市质量奖。全面建立机器人、新能源装备、精品钢材深加工三条产业链"两库两图两池"，收集储备产业链项目超300 个，机器人产业链成功签约亚乐消防机器人、火凤凰特种机器人等 5 个项目，新能源产业链促成伊索尔复合材料等 3 个项目落地，精品钢材深加工产业链龙头企业胜利钢管二期投产运营，产业链建设成效明显。新松机器人、西交智造、上海数造、敦敦智能、力合智能、中星电子等一批项目落地投产，机器人、3D 打印产业初步形成。

三是产业竞争力进一步提升。全年预计实现技改投资 119.8 亿元，同比增长 4.6%。湘电莱特、屹丰模具等 15 家企业获批省市智能制造示范企业、车间和单元，金杯电工等 31 个项目成功申报省级专项资金 3700 余万元，湘电风能成功转型海上风机供应商，胜利钢管顺利调整主打产品为直缝焊管，屹丰、大唐发电等一批技改项目如期竣工投产。

（二）狠抓实体投资，项目建设持续加强

一是有效投资逐渐趋稳。33个市重点项目完成投资49.33亿元，完成年度计划的113.4%。其中省重点项目新松机器人产业园完成投资13.8亿元，完成年度计划的138%，"互联网＋"新经济合作项目完成投资2.35亿元，完成年度计划的117.5%，数字雷达及5G通信项目、大唐技术改造项目、高速永磁电机项目等项目均超额完成年度投资计划。

二是落地速度明显加快。坚持领导联点和按月讲评机制，全年深入产业项目走访调研181人次，开展重点项目讲评11期，办结35项，顺利协调省自然资源和规划厅为中南高科智能制造产业园和屹丰汽车焊接总成2个项目土地报批开通审批"绿色通道"，屹丰汽车焊接总成、中南高科智能制造产业园等项目实现当年签约当年落地开工，新引进的15个项目入园协议履约率达100%。

三是建设效率持续提高。新开工项目24个，竣工项目15个，投产项目13个，其中一季度实现华联超高速电机、猪八戒网等5个项目集中开工，三季度实现中南高科、金荣、云谷天汇、千寻未来等10个项目集中开工。湘电风能低风速山区风电机组项目样机试制及厂内调试作业已全部完成，即将进入风场测试；华菱项目已通过实验并批量交付；时变通讯5G通信和数字雷达、金杯电工高端特种电磁线、正芯微电子大面积硅漂移探测器等项目均已实现产业化。

（三）深化招商引资，发展根基持续夯实

全年引进项目15个，合同引资92.9亿元，其中，"三类500强"项目2个（中南、发网），工业实体项目11个，比上年增长37.5%，工业用地规模超1000亩。

一是产业链招商初见成效。"两图两库两池"基本建立，实现项目储备近300个，重点跟进40余个。出台《湘潭高新区关于促进机器人产业发展专项政策》，亚乐消防机器人、火凤凰特种机器人等项目实现签约。总规模30亿元的湖南盈峰机器人产业基金完成注册。

二是"小分队"招商取得实效。累计拜访客商213次，储备项目160个，邀请客商来区考察洽谈60批次，促成5个项目签约入园，其中500强投资背

景项目 2 个，正重点跟进猎豹移动、新城控股、同观科技等项目。

三是活动招商持续向好。积极参加粤港澳大湾区投资贸易洽谈周、国企进湖南等招商活动，实现中南高科等 10 个项目集中签约，正与华为、阿里巴巴、格力集团等知名企业深入对接。

四是项目储备"双量"提升。储备"两主一特"产业龙头骨干及配套项目超 300 个，其中"三类 500 强"项目 13 个，重点跟进的"三类 500 强"项目达 7 个。

（四）聚焦改革创新，创新引领持续增强

一是深化改革有序推进。及时传达学习中央、省、市深改会议精神，坚持每月定期调度、每季度定期研究部署，全年铺排的 10 项改革事项均取得较好进展，机关干部人事制度改革得到市委市政府认可，项目建设"一闭环""四配套"机制被学习强国平台推介，供销社改革超额完成市下达任务。

二是创新能力稳步提升。创业中心连续四年获评"国家级科技企业 A 类孵化器"，京东智能制造产业创新中心获评省级众创空间，国内领先双创服务商猪八戒网正式开园，迅达集团、中通电气等 4 家企业获国省专利及科技进步奖。全年预计实现研发投入 11.5 亿元，同比增长 25%；技术合同交易额 19.8 亿元，同比增长 27%；申请发明专利 407 件；获批高新技术企业 53 家，增速达 37.36%，总数达到 123 家，园区创新发展指数晋升全省园区第四位。

三是双创示范成效明显。双创示范获国务院通报表彰，双创示范基地建设获国家发改委官网典型推介，双创经验在 2019 年"创响中国"系列活动总结暨成果展示活动中作经验交流，全国仅 6 家。承办省创新创业大赛新能源及节能环保行业半决赛、"创响中国"湘潭高新区站双创主题日等系列活动，兑现2018 年度自主创新奖励 1026 万元，创新氛围浓厚；奥托斯、力合正申报国家、省级孵化器，力合星空、友邦众创、创业微工厂正申报省级众创空间。

（五）强化服务意识，营商环境持续优化

一是服务能力稳步提升。大力推动"一件事一次办"，实现办件总量达 1 万件，时间缩减 80% 以上，"互联网 + 政务服务"一体化平台投入运营，在全市率先完成市级下放事项 70% 上线运行目标。"四个精准"服务深入实施，累

计解决问题336个，解决率达93.3%。

二是三大攻坚战稳步推进。全年共支付到期债务本息64.9亿元，未出现偿债风险。精准脱贫扎实推进，"两不愁三保障"问题全部整改到位，无一人返贫。污染防治持续开展，全面完成立行立改问题84起，空气质量明显好转。

三是民生实事全面完成。13件省、市民生实事项目全部按期保质完成，其中一村一辅警、孕产妇免费产前筛查、新增城镇就业、救治救助贫困重性精神病患者等8项超额完成，被湖南日报单项推介。完成企业养老保险基金征缴5339万元，完成率106.8%；完成财政同级补助360万元，完成率100%。

四是发展大局和谐稳定。全年办结信访案件304件、缓解38件，邓桥周启行拆迁款纠纷等4件"双百攻坚"积案有效化解。按期完成中央扫黑除恶第16督导组移交的13批26件信访案件。严格落实安全生产责任制，全区未发生1起重大及以上生产安全事故和1起较大道路交通事故。

二 2020年展望

2020年，是湘潭高新区转结构、防风险、抢机遇、利长远的重要一年，是全面建成小康社会的决胜之年，是"十三五"规划的收官之年，是实现第一个百年奋斗目标的关键之年。园区将坚持以习近平新时代中国特色社会主义思想为指导，全面贯彻党的十九大和十九届二中、三中、四中全会精神，深入贯彻中央、省、市经济工作会议精神，坚持稳中求进工作总基调，坚持新发展理念，坚持以供给侧结构性改革为主线，坚持"中部智造谷，城市新中心"发展定位，加快建设现代化经济体系和推动高质量发展，坚决打赢"三大攻坚战"，全面做好"六稳"工作，保持园区经济运行在合理区间，确保"十三五"规划圆满收官，力争晋升国家级园区第一方阵，省级园区保持十强。

（一）坚持党建引领，在队伍建设上实现新突破

一是注重顶层设计。突出"万达商圈"和"家家美商圈"两个商圈，打造"湘潭大道沿线两新党建""创新大厦周边机关事业单位党建""法华山周边村（社区）党建"3种类型的党建示范群。二是注重干部管理。继续深化干部人事制度改革，做好职务与职级并行工作，实行干部任用与聘任"双轨制"

运行,加快推进平台工作改革,形成具有园区特色的用人机制。认真抓好十九大、十九届四中全会精神宣传,依托"高新大讲堂"开展集中培训,提炼高新文化;选派干部到一线部门、先进园区学习和历练。三是注重深化改革。坚持"小切口"原则,坚持问题导向,重点铺排优化营商环境改革、放管服改革、自主创新改革等一批重点改革任务,推出一批务实的改革举措。四是注重从严治党。加大"四种形态"执纪问责力度,加快推进区直机关、事业单位派驻纪检检查员;深化基层纪检监察干部队伍建设。深入推进"四风"专项整治,坚决抵制庸懒散奢和"为官不为",加大打击涉黑涉恶腐败和"保护伞"力度。

(二)坚持赋能提质,在产业转型上实现新突破

一是聚焦招商增动能。树立"亩均论英雄"的招商理念,持续推行产业链招商、"小分队"招商、平台招商,确保全年引进"三类500强"项目4个以上,主特产业龙头骨干项目20个以上,产业链项目35个以上,力争实现新兴产业产值同比增长30%以上。二是聚焦产业提智能。重点扶持湘电风能、胜利钢管、华菱线缆等龙头骨干企业转型升级,提升智能化水平。力争全年培育智能制造示范企业、车间、制造单元20个。三是聚焦项目追进度。力推力合领航城等项目如期开工建设,力促新松、中南高科、金荣、屹丰二期、发网、印之明、伊索尔、和平学校等项目实现竣工投产,确保36个重点项目完成投资56.21亿元、项目落地综合履约率达90%以上。

(三)坚持外引内培,在创新能力上实现新突破

一是着力集聚一批创新要素。研究出台促进产学研合作的政策套餐,鼓励引导力合、院士产业园等创新平台发挥资源整合优势,力争全年引进高层次人才20名以上,重点实验室1家,转化科研成果20个。二是着力培育一批高新技术企业。深入实施"登高"专项行动,继续实施研发投入三年行动计划,全力扶持创一数造科技、欣杰泰工贸、中威重工等企业加大研发投入,努力申报高新技术企业,力争新增高新技术企业30家,高新技术产值增长10%以上,财政科技投入增长15%以上。三是着力提质一批创新平台载体。全力推进院士创新产业园"一平台两中心"和力合科创领航基地建设,大力扶持力

合星空、奥托斯、友邦众创等众创空间、孵化器升级，着力引进一批民营科技企业孵化器，力争新增市级以上孵化器和众创空间3家、孵化面积4万平方米。

（四）坚持以需定服，在营商环境上实现新突破

一是持续深化精准服务。着力构建政务服务"一网、一门、一次"便民化服务模式，加快推动产业项目"闭环"审批"全链条"服务。坚持贯彻落实"千百扶培"行动，持续深化"四个精准"服务，在全区上下营造"亲商、重商、爱商、护商"的浓厚氛围。二是持续改进工作作风。切实巩固"不忘初心，牢记使命"主题教育成果，努力攻克大产业项目引进落地较少、创新基础较为薄弱、企业融资难、高层次人才引进及留住难等发展瓶颈，推动高新区发展改革获得新突破。三是持续强化功能配套。引进一批研发、设计、咨询、商务、金融等专业服务业企业，打造楼宇经济。补齐基础设施短板，完成创新路、牡丹路等项目建设，加快高新和平小学建设。

（五）坚持真抓实干，在民生事业上实现新突破

一是突出三大攻坚战。决战决胜脱贫攻坚，确保全面脱贫，无一人返贫；全力推进污染防治，确保空气质量优良率达到省、市考核要求，不发生较大以上级别突发环境事件；创新债务风险防控机制，确保不发生债务风险。二是突出提升社会事业。全力办好省、市民生实事；深化长郡高新教育集团化办学改革；圆满完成全国文明城市复检复查工作；全力稳就业，实现新增城镇就业2000人，城镇登记失业率控制在4%以内；推进根治拖欠农民工工资工作，实现农民工工资"欠款"基本清零；持续推进扫黑除恶专项整治，深化"打非治违"整治，着力抓实信访维稳，实现信访积案化解率达90%。三是突出改善基础设施。有序推进新塘里小区、蓓金花苑等老旧小区改造，加快推进晓塘片区棚户区改造和开发，完成向家塘变电站建设；整体推进乡村振兴，抓好农村人居环境整治，完成省市下达的农村厕所改造任务。

B.31
2019年衡阳高新区发展报告
及2020年展望

衡阳高新区管委会

摘　要：　2019年，衡阳高新区以创建国家级产城融合示范区为目标，
积极承接产业转移，加快实现换道超车，经济发展质效进一
步提升，形成了良好的发展态势。2020年，园区将紧紧围绕
建设国家级产城融合示范区和创新型科技园区目标，深入实
施创新引领开放崛起战略，推动高质量发展，形成"一区两
园三城"发展模式，深入推进园区和平台公司体制机制改革，
继续抓好陆家新区、衡州大道现代产业轴、南部工业更新改
造区等三大区域建设，不断提高产业承载力、招商吸引力和
综合竞争力。

关键词：　产城融合　创新　体制机制改革　衡阳高新区

2019年，衡阳高新区在衡阳市委、市政府的正确领导下，以创建国家级
产城融合示范区为目标，积极承接产业转移，加快实现换道超车，经济发展质
效进一步提升，形成了良好的发展态势。

一　2019年发展情况

（一）坚持产业立区，综合实力不断增强

2019年实现地区生产总值同比增长8.5%；实现财政收入同比增长

3.46%，其中地方税收收入同比增长 48.79%；固定资产投资同比增长 15.0%；社会消费品零售总额同比增长 10.4%；新增市场主体同比增长 27.6%。主导产业持续提质，大力支持企业进行技术、工艺、模式和管理创新，推动园区现有产业朝数字化、网络化和智能化方向转型升级，技改投资增速达 17.3%，技改投资占工业投资比重为 39.7%；对闲置工业用地实施工业（科技）地产改造，启动建设了 14 个工业（科技）地产项目，引进研发类和总部类企业 35 家，项目全部建成后，可实现产值超 30 亿元，实现税收超 5 亿元。新兴产业加速发展，大力发展十大中心、十大科技园、十大产业园，"四新经济"和新兴产业发展迅猛。目前十大中心，已开工 7 个，其中 3 个主体已竣工，2020 年初将陆续投入使用。十大科技园，已开工 7 个，其中，衡变科技园和湾田科技园的一期主体已经竣工投入使用；入驻南华科技园的奥瑞克电梯生产基地及南方总部已经签约落地；入驻创新中心的 5G 半导体终端制造产业园建成后，年产值将达 15 亿元，衡阳集成电路芯片企业将实现"零"的突破。

（二）坚持科学统筹，项目建设不断加快

瞄准带动力强、影响力大的"三类 500 强"企业和重大产业项目招商，签约重大项目 27 个，总引资额 250 亿元。实施重点项目 90 个，省重点项目汽车产业新城，合作协议已经通过市委、市政府议审，储备对接了 12 个汽车产业项目；科创智谷、湾田科技园等 14 个项目已竣工并投入使用；电商中心、创新中心等 5 个项目建设主体已竣工；同祺生物科技园、文创谷、雁鸣溪学校等 9 个项目将于 2020 年上半年竣工。杉杉奥特莱斯实现当年签约落地、当年动工建设，将于 2020 年国庆节正式营业。

（三）坚持创新驱动，发展动能充分激发

1. 创新实力显著增强

园区创新能力显著提升，在国家级高新区中排名快速上升，成功跻身国家级高新区第二方阵，被纳入"湖南省产业园区体制机制综合改革试点园区"；科技创新投入不断增加，全社会 R&D 研发投入占 GDP 比重达 2.37%；企业创新实力进一步增强，镭目科技"数字电动缸工程技术研究中心"成功获批为

湖南省专项创新平台，泰豪通信车辆公司自主研发的新型通信车、通信节点车亮相国庆 70 周年阅兵，皖湘科技自主研发的系统集成、OA 办公等 50 多项软件著作产品年交易额近亿元。

2. 创新载体加快夯实

2019 年高新区成功获批国家级大中小企业融通型创新创业载体示范基地，并得到中央 5000 万元专项资金支持；高新区在建双创平台面积达 120 万平方米，投入使用面积达 25 万平方米，集聚了 700 余家高科技企业，涵盖生物医药、跨境电商、文化创意及信息服务等领域，为高新区创新发展注入了新活力。其中，2.0 版孵化器"启迪之星"入住率达 100%，被评为衡阳地区唯一 A 类省级众创空间；3.0 版孵化器"科创智谷"自运营以来，入驻率达到 80%，入驻速度领先国内绝大部分同等体量孵化器；4.0 版孵化器"创新中心"正在装修，并于上年 12 月在北京成功举办了"衡阳国家高新区创新发展论坛暨中国衡阳 898 创新中心启动发布会"，吸引了众多企业家的关注和企业入驻。

3. 创新生态逐步完善

以"政策引导为支撑、人才引领为核心、配套服务为保障"的创新生态系统不断完善，高新技术企业奖励办法、人才引进政策、金融企业奖励办法等各类政策提供了"看得见、享得到"的优惠，政策 100% 兑现率在工商界有口皆碑，为高新区提供巨大"虹吸引力"；举办了湖南省海归论坛衡阳分会、"百名博士衡阳行"等人才引进活动十余场，全年新引进各类先进创业团队、一流科技人才等 800 人次；双创服务多元化、个性化，创业氛围更加浓厚，科技企业孵化种子基金、创投基金等为初创企业提供多元金融服务，"创客中国""创新创业大赛""双创示范周"等重大科技创新路演活动为企业搭建展示平台，"启迪梦想课堂"等近百场创业课堂为创业者提供了专业化指导，高新区已成为湘南地区最有活力的创业乐土。

（四）坚持经营城市，环境品质不断提升

1. 做活城市经营文章

切实转变城市发展理念，改革经营城市体制机制，坚持规划先行，统筹优化城市"三生"空间，以"经营城市、提升品质"新思维，加快完成了城规

范围外 6.88 平方公里控制性详细规划，实现区内控制性详规 100% 全覆盖；强化产业规划及重点地块的城市设计导引，加强了对陆家新区、南部工业更新改造区、衡州大道现代产业轴等重点片区的规划管控，推动城市产业发展由传统粗放型向创新集约型转变。

2. 做美城市建设文章

积极推进智慧城市、海绵城市建设，加快推进城市提质"八大工程"建设，"硬改绿"工程为城市新增绿化带、公园绿地 12 万平方米，城市绿化率超 41%；对太阳广场、船山公园实施大提质；完成 7 个小区 20 万平方米"三清三建"工作；高标准建设蒸水风光带、雁鸣溪风光带；完成 4 个市场标准化改造，提升居民的购物体验；加快研究智能化停车管理系统，新增停车位8000 个。高新区城市基础设施不断完善，得到市民群众的一致好评。

3. 做优城市管理文章

以创建"国家文明城市"和"国家卫生城市"为抓手，全力推进创文创卫"一号工程"，狠抓城市管理和卫生治理，全方位、多角度把高新区打造成干净整洁、宜居宜业、秩序良好的城市示范区。"数字城管"运行成效显著，城管执法力量深入下沉到基层一线，实现"网格化"管理全覆盖；渣土管理更加规范，全力做到"6 个 100%"，维护城市卫生干净整洁；严格开展"蓝天""碧水""净土"三大环保行动，全面落实中央环保督查"回头看"和省环保督查组工作要求，所有交办案件全部整改到位；"衡阳群众"队伍更加庞大，组建了 50 余支"衡阳群众"志愿服务队伍，参与文明劝导、秩序维护、卫生保洁等工作；全面整治"四小"行业。高新区城市管理水平迈上新台阶，为衡阳市创文创卫做出了重大贡献。

（五）坚持共建共享，人民群众得到更多实惠

1. 民生保障更加有力

民生投入持续增加，民生类支出占财政支出 97.17% 以上；民生服务更加便捷，"民生大智慧"平台投入使用，6 大类 20 多项民生业务实现网上办理，有效解决"办事难"；养老、医疗、低保等覆盖面持续扩大，城乡居民医保参保率达 99.18%；多层次住房保障体系加快构建，新建保障性住房 59 万平方米，让困难群众住有所居。

2. 社会事业全面发展

教育强区基础不断夯实，柘里渡小学、衡州幼儿园建成开学，南华小学、雁鸣溪学校加快建设，公办和普惠性幼儿园人数占比达72%，大班额化解得力。教师队伍持续优化，教育成为高新区的"金字招牌"；医疗卫生条件持续改善，华新医院搬迁改造工作加速推进，新生儿疾病免费筛查实现广覆盖；文化体育事业繁荣发展，衡州交响乐团、生态一号美术馆举办的各类文化活动深受市民喜爱，24小时读书屋接待读者近万人次，完成廉政文化园、社区文化活动中心等文化场馆近4万平方米，老百姓文化生活日益丰富。

3. 社会治理持续优化

高新公安分局正式挂牌成立，继续深入开展"扫黑除恶"专项斗争，强力推进"雪亮工程"建设，强化禁毒整治工作，"平安高新"行动计划高速推进，社会治安环境不断优化；坚决把安全和稳定当做底线来守护，强化在建工程项目质量监督检查，严查超限超载，全年实现较大及以上安全生产事故零发生；积极推进"网上信访"，办理"12345"热线工单6263件，信访"三无"工作在全省园区排名第一。

二　2020年展望

（一）总体要求

以习近平新时代中国特色社会主义思想为指导，全面贯彻党的十九大系列会议精神和省委、市委经济工作会议精神，坚决贯彻党的基本理论、基本路线、基本方略，增强"四个意识"、坚定"四个自信"、做到"两个维护"，认真落实习近平总书记关于湖南工作的重要指示精神，紧紧围绕建设国家级产城融合示范区和创新型科技园区目标，坚持稳中求进工作总基调，坚持新发展理念，坚持以改革开放为动力，坚持全面做好"六稳"工作，深入实施创新引领开放崛起战略，推动高质量发展，形成"一区两园三城"发展模式，深入推进园区和平台公司体制机制改革，继续抓好陆家新区、衡州大道现代产业轴、南部工业更新改造区三大区域建设，不断提高产业承载力、招商吸引力、综合竞争力，增强人民群众获得感、幸福感、安全感，全力建设富饶、开放、创新、绿色、幸福最美高新区！

（二）重点工作

1. 全力推进产业提质，壮大综合实力

通过加强园区建设，推进产业集群式发展。加快发展核心产业，精心培育和引进龙头企业。加快产业转型升级，做大做强实体经济。

2. 全力推进项目提速，增强发展动力

项目兴则园区兴，项目支撑一切，是园区发展的强大动力。要始终坚持项目为王，紧抓项目建设这个"牛鼻子"，加紧项目引进，加速项目建设，加强项目保障，实现高质量招商、高质量建设。

3. 全力推进创新驱动，提升发展活力

突出创新驱动发展战略，加强创新平台建设，完善创新体系建设，加强高端人才引进培养，以全方位创新为园区高质量发展提供活力源泉。

4. 全力推进城市建管，彰显园区魅力

坚持"以产兴城、以城促产"，抓好城市规划、建设、管理和经营，坚持高标准建设、高品质管理、高水平经营，以一流园区的标准助推城市经济发展。

5. 全力推进民生改善，汇聚发展合力

从人民群众最关心、最直接、最现实的利益问题出发，提升人民群众的幸福感、获得感、安全感，将民生实事办好办实，让民生成为最温暖人心的词语。

B.32
2019年郴州高新区发展报告及
2020年展望

郴州高新区管委会

摘　要： 2019年，郴州高新区紧紧围绕"产业主导、全面发展"战略和年初既定目标任务，不断推动园区经济社会高质量发展。2020年，园区将立足"一带一部"重要节点城市和湖南向南开放"桥头堡"的优势，积极对接和融入"粤港澳"大湾区、认真研究和适应以"共抓大保护、不搞大开发"为导向的长江经济带战略，以供给侧结构性改革为主线，以质量和效益为中心，以"四大专项行动"为总抓手，加快推动园区高质量发展。

关键词： 高质量发展　创新　开放　郴州高新区

2019年，在郴州市委、市政府的正确领导下，郴州高新区坚持以习近平新时代中国特色社会主义思想为指导，认真贯彻落实党的十九大和十九届二中、三中、四中全会精神，紧紧围绕"产业主导、全面发展"战略和年初既定目标任务，突出主题主线，扎实做好"不忘初心、牢记使命"主题教育，深入开展"党建工作大引领、招商引资大行动、产业项目大建设、干部作风大提升"四大行动，竭尽全力抓招商、促项目、强创新、提质量、优服务，全力打好"三大攻坚战"，落实减税降费等各项政策，不断推动园区经济社会高质量发展。

一 2019年发展报告

（一）发展质量稳步提升

郴州高新区始终坚持一心一意谋发展、抓发展、促发展，加快培育现代产业，重大项目、重点工程持续发力，园区精神面貌大为改观，绿色环保深入人心，实现了在发展中转变、提质、增效。全年新增规模工业企业12家，87家规模企业完成规模工业增加值126亿元，增长7.0%；完成固定资产投资94.43亿元，增长12.5%。完成内联引资60亿元（含综保区），增长13.1%；新增外资项目6个，实际利用外资完成2.4亿美元（直接外资633万美元），增长11%。完成外贸进出口17.89亿美元，增长10%，其中，郴州综保区实现外贸进出口总额12.05亿美元，增长22.1%，实现外贸破零企业11家、倍增企业2家。完成一般公共预算收入（全口径，下同）6.16亿元，其中，税收收入6.11亿元，一般公共预算收入中税收占比97.5%；完成地方财政收入3.09亿元。在全国国家级高新区综合排名中，前进了9名，被评为全省"外贸十强园区"和"商务工作先进园区"，综合实力不断攀升。

（二）招大引强实现突破

成功引进"世界500强"企业深圳正威集团投资建设湖南郴州正威新材料科技城项目，投资金额达106亿元，实现了首个投资过百亿元的产业项目突破；产业链招商项目鑫惠智能制造产业园，签约金额50亿元，目前已签约上下游项目6个。全年累计引进正威集团、香港亨得利、香港汇龙、鑫惠智能制造、创微电子、万汇百纳、东莞宏毅、唯壹珠宝、中远海运等项目42个（含500强1个、产业链招商项目1个、1亿元以上项目14个），完成年度计划数的105%，签约金额254.63亿元，到位资金61亿元，资金到位率23.9%，开工项目40个，合同履约率达95.2%。

（三）项目建设推进有力

继续开展"产业项目建设年"活动，实施了"产业项目大建设""百日攻坚"等专项行动。列入郴州市重大（重点）产业项目 28 个，计划总投资 273.3 亿元，2019 年计划完成投资 31 亿元，实际完成投资 40.37 亿元，完成年计划的 130.22%。目前，明大 60kt/a 石墨制品项目一期已试生产，惠尔物流项目一期已开园试运营，华磊外延芯片技术升级改造项目于 10 月份已试生产；福瑞康电子一期、东莞宏毅新材料一期等项目租赁园区标准厂房，实现当年签约、当年建设、当年投产，创造新的高新区建设速度。宁邦广场、福瑞康电子二期、香港亨得利、汇印电子及东莞宏毅新材料二期等 11 个新建项目已完成土地摘牌，正在进行基础建设及前期手续办理；正威新材料科技城项目一期注册资本金 5 亿元已到位，一期用地 265 亩已经挂牌，项目规划设计、场地平整正在进行，各项工作有序推进。通过一年努力，园区服务项目更加快捷，工作调度更加集中，项目建设成效更加明显，呈现大干快上、如火如荼的新气象。

（四）科技创新迸发活力

一是动能转换初见成效。新增金通信息、著鼎光电、中马汽车空调等 19 家高新技术企业，目前高新区共有 57 家高新技术企业，占全市 25.9%，实现产值 216 亿元，占园区规模工业总产值 54.1%，同比提高 9%；规模工业企业研发经费支出 8.59 亿元。全年申请专利 453 件，授权专利 427 件，其中授权发明专利 88 件；累计申请商标 138 件。二是知识产权运用更充分。园内贯标企业 16 家，省级知识产权示范企业 5 家，新增金贵银业、华磊光电等国家级知识产权企业 7 家；华磊光电申请 PCT（国际发明专利）7 件；园区拥有柿竹园院士工作站、郴州粮机技术中心等科技创新平台 35 家。三是科技成果硕果累累。郴州矿物宝石产业园成为全国首个开发性 PPP 研究成果转化项目；马上银获"2019 年中国 B2B 供应链金融创新大奖"；柿竹园获科技部举办的全国创新方法大赛二等奖；省级 A 类众创空间"楼友会·湖南众创空间"参评 2019 年度国家备案众创空间；马上银、东谷云商入选"2019 湖南省互联网企业 50 强"；格兰博"机器人智能引导与协作技术及其应用"项目、金贵银业"银的高效清洁制备及其高附加值产品开发产业化示范技术"项目获"湖南省科技进步奖"；农夫机电"履带式农机装备智能动力平台关键技术与应用"项目获"湖南省技术发明奖"；华磊光电"含有超晶格势垒层的 LED 结构外延生长方法及其结构"专利获 2019 年湖南省专利奖等。以上奖项的获得充分体现了郴州高新区企业发展的强势劲头。

（五）"三大攻坚战"精准发力

全年完成融资实际到位 63.35 亿元，偿还债务本息 56.9 亿元，隐性债务减少 5.2 亿元，守住了不发生系统性金融风险的底线，全年未发生债务违约事件，且超额完成债务削减年度任务。郴州高科投公司改革取得实质性进展，纳入市属国有企业管理序列，注册资本增加，有效资产注入，公司综合实力得到提升。截至 2019 年底，高科投公司总资产达到 308.96 亿元，较上年增长5.8%。污染防治真抓真改，积极推进解决中央环保督察反馈问题，金贵银业污酸渣超期贮存问题提前完成整改，钻石钨钨渣转运持续推进，含重金属污水处理厂交办问题现已完成整改，空气质量、断面水质持续改善，群众环保投诉较上年减少 20%。全年落实扶贫资金 20 万元，进一步巩固脱贫攻坚成果，截至 2019 年底，累计帮助桂东长青村脱贫 117 户 328 人。

（六）营商环境持续优化

工程项目行政审批改革积极推进，预计 2020 年可实现线上审批；"交地即交证"改革大力推进，汇印电子、宏毅新材料、亨雅包装成为首批享受改革成果的企业；率先推行"标准地＋承诺制"模块，促进生产要素向优质高效领域流动，推动土地节约集约化利用；"多证合一""证照分离""最多跑一次"等改革持续深化，企业开办时间压缩至 1.5 天，企业制度性交易成本有效降低，税务服务持续优化，市政务服务高新区分中心于 2019 年 2 月正式挂牌运营，为企业提供一站式服务，全年办件量超过 10 万件。企业帮扶走深走实。帮助企业办理动产抵押和股权质押共 18 起，融资到位 19.6 亿元；帮助 39 户小微企业纳税人获银行专项贷款 1972 万元。落实减税降费政策，累计减税1.2 亿元。为园区 20 户出口企业办理出口退税 101 户次，合计 1.59 亿元；免抵退税 1830 万元，对困难企业"两税"减免 1890 万元。推动园区信用体系建设，通过抓信用监管新型方式助推中小微企业融资 2.72 亿元。郴州高新区"以诚信建设助力民营中小微企业融资"获 2019 年"新华信用杯"全国优秀信用案例；台达电子被评为郴州市第一家国家阳光诚信联盟企业。

（七）惠民惠企排忧解难

正确处理改革、发展与稳定的关系，竭力为群众办好事、做实事、解难事，体民心、察民情、顺民意，在职工就业、征拆安置上真抓实干，以实实在在的惠民利民举措，赢得了群众的信任与支持。大力落实安全生产责任制，强力推进生态文明建设，积极做好新形势下的群众工作，确保了和谐稳定的发展环境。2019 年是郴州市有色金属行业异常艰难的一年，面对经济下行压力和国家去杠杆导致的资金周转压力，个别骨干企业经营困难，高新区领导全面协调，出谋划策，想方设法争取省、市领导重视支持，千方百计筹集资金，与企业共渡时艰。全年到位资金 4.5 亿元，完成目标任务数的 1.8 倍。通过技能培训、招聘服务、校企合作等方式，累计新增城镇就业人员 1.17 万人，完成目标任务的 116%，就业形式稳步增长。有序启动产业配套项目的建设。完善园区水电配套功能，强化国有资产租赁监管。高新区公租房已分配入住 2760 套，为企业员工提供住宿保障。全年累计支付征地和拆迁资金 8600 万元，征拆房屋 120 多户，面积达 6 万平方米。园区安全生产形势平稳向好，全年未发生重大以上安全生产事故，获评全省安全生产合格单位。

（八）管党治党从严从紧

坚持把政治建设摆在首位，深入开展"党建工作大引领"专项行动，推动人事制度和机构改革，深入开展"不忘初心、牢记使命"主题教育活动，落实"守初心、担使命，找差距、抓落实"总要求，达到了"理论学习有收获、思想政治受洗礼、干事创业有担当、为民服务解难题、清正廉洁作表率"的目标，为园区发展凝聚了人心。集中整治形式主义、官僚主义，深化落实中央八项规定精神，巩固拓展纠"四风"成果，开展以向力力案、刘志伟案为镜鉴警示教育和"以案促改"工作，开展督查 8 次，共受理处置问题线索 2 件，谈话函询 1 人，问责 1 人，作风建设得到了大改进。2019 年以来共受理各类信访问题 320 余件，涉及人数 2600 人，涉及金额 5800 万元，案件结案率达 98%。处理了 40 多个大型工程项目劳资纠纷，维护了园区企业发展秩序。

二 2020年展望

2020年是"十三五"规划的收官之年，是我国全面建成小康社会、实现第一个百年奋斗目标的决胜之年，也是郴州市建设国家可持续发展议程创新示范区的开局之年。郴州高新区将坚持以习近平新时代中国特色社会主义思想为指导，全面贯彻落实党的十九大和十九届二中、三中、四中全会精神，按照中央、省委、市委经济工作会议部署，坚持"稳中求进"工作总基调，坚持新发展理念，坚持以人民为中心的发展思想，立足"一带一部"重要节点城市和湖南向南开放"桥头堡"的优势，积极对接和融入"粤港澳"大湾区、认真研究和适应以"共抓大保护、不搞大开发"为导向的长江经济带战略，以供给侧结构性改革为主线，以质量和效益为中心，以"四大专项行动"为总抓手，深入实施"创新引领、开放崛起""产业主导、全面发展"战略，全力打好"三大攻坚战"，统筹做好稳增长、促改革、调结构、惠民生、防风险、保稳定各项工作，加快推动园区高质量发展。

2020年主要预期目标：力争在全国国家级园区综合排名中进入前100名。全年经济增长预期目标为7.5%，规模工业增加值增长7.8%~8%，固定投资增长15%，招商引资增长12%，外贸进出口总额增长16%以上，地方财政收入增长5%以上，园区研发经费支出占比3.1%，万元GDP能耗下降0.2%。为实现以上目标，应重点做好以下六个方面工作。

（一）进一步加快创新创业发展，全面提升创新实力

2020年力争新增规模工业企业10家，新认定高新技术企业20家，高新技术产品产值占规模工业总产值比重达72%。

一是加快建设重大创新平台。加快推进湖南自贸区（郴州片区）创建工作，推动综合保税区等开放平台整合升级，千方百计促进园区开放型经济跨越式发展。打造好综保区加工制造中心、物流分拨中心和销售服务中心，拓展服务领域和范围。建好综保区平台公司，为区内企业提供全方位外贸综合服务。推动郴州高科投公司转型升级，打造全市产业投资平台，促进园区产业可持续发展。

二是加快培育科技型企业。力争 2020 年高新技术企业加计扣除数达到 90%。支持企业技术改造升级，帮助企业做好项目申报和资金争取，落实好有关奖励政策，组织推荐一批成长性好的企业申报国家级企业技术中心、省级研发中心、省智能工厂及省数字化车间等，推动一批技术改造升级项目落地投产，提升企业核心竞争力，提高产品附加值。重点在有色金属材料、铜、银加工增值以及企业研发投入上有突破，实现以创新带动新产品的市场竞争力。重点推进可持续发展创新研究院等平台项目如期落地，引进科技成果转化平台，成立产业联盟，提升平台影响力，力争 2020 年实现技术合同认定登记成交额同比增长 10%。

三是加快引进双创人才。坚持招商引资与引才引智并重，全面对标省"芙蓉人才"计划和市"林邑聚才"计划，采取更便捷措施，如推出人才公寓新政策，对在园区企事业单位就业、签订劳务合同五年以上的全日制本科及以上学历人员，提供一套周转房居住。开展"企业高校行""迎老乡、回故乡建家乡""共叙乡情·智惠郴州""院士专家郴州行"等专项引才活动。在高新区政务服务中心建立人才服务窗口。深入开展"弘扬爱国奋斗精神、建功立业新时代"活动，健全领导干部联系重点人才机制。

四是争创国家级知识产权试点园区。通过"大众创业、万众创新"相关政策，培育一批国家级、省级知识产权示范企业、优势企业、贯标企业，通过优化知识产权管理和服务，鼓励企业知识产权的创造、运用和保护，通过建立专利导航产业发展机制，引进知识产权领军人才，促进知识产权创造和科技成果转化，优化营商环境，全面提升竞争力。

（二）进一步突出招商引资工作，全面提升承载能力

2020 年力争引进项目 35 个，签约资金 220 亿元以上。力争实现外贸进出口总额 30 亿美元，实际利用外资 2.62 亿美元，内联引资 65.93 亿元。

一是注重招大引强。聚焦重点区域，聚焦引进"三类 500 强"企业，大力开展"招商引资大行动"，落实落细专项行动方案，强化与"粤港澳"对接。

二是实行全员招商。2020 年，园区要以部门为基础，以产业分类为目标，将综合、党群、财税、综保、建设、产业、高科投、招商、政务等部门组建成 7 个招商小分队，将全年招商任务分解到部门、到责任人，以招商论英雄，做

实第一菜单。继续围绕三大主导产业链实施产业链招商，进一步补链、延链、壮链。重点在有色新材料、电子信息智能制造、宝玉石加工、炭材料、生物医药、现代物流等行业发力，招一批、成一批。

三是创新招商模式。要改变传统招商模式，积极推进行业协会、商会招商，大胆探索中介机构招商、并购招商、互联网招商等模式，将存量企业一定规模的技改、新增投资纳入招商优惠政策范畴给予奖励。

四是超常规推进外经外贸工作。以创建湖南自贸区（郴州片区）为抓手，高起点高目标高要求，强化措施，千方百计做大外经外贸，力争在前三季度完成省里下达的各项目标任务。

（三）进一步推动产业项目建设，全面壮大经济实力

2020年计划完成社会固定资产投资108亿元，其中产业固定资产投资88亿元，基础设施投资20亿元。

一是高质量推进重点项目建设。要以"产业项目大建设"专项行动为重要抓手，继续开展"产业项目建设年"活动，着力营造"以产业话实力、以项目论英雄"的鲜明导向。及时解决项目存在的手续办理、要素保障、厂房建设等问题，为加快项目建设扫清障碍。全力推动湖南郴州正威新材料科技城项目一期于12月26日如期投产。重点调度郴州亨冠、香港汇龙、电力成套科技设备制造、鑫惠智能制造产业园、广东韩电（郴州）科技园等新项目加快建设，力争投产；加快推进湖南福瑞康电子产业园、香港亨得利集团项目、正威进口精矿分拨中心、智能打印机生产制造研发、固润科技"智能一体化污水处理设备"生产、新奥南禾山液化气天然气储备站、郴电科技中南联合生产基地、宝林承接珠宝玉石产业转移孵化及示范、郴州惠尔物流中心、中升塑业等续建项目建设。

二是高起点打造产业平台和配套服务平台。着力打造宝石产业园、跨境电子商务集聚区、炭材料产业园等，积极用市场化的方式盘活创新创业园、万信达科技园、东谷云商产业园资源，推动宁邦广场、中源国际城三四期、华一千里湖山、郴州雅礼学校、郴州市第一人民医院东院等一批配套服务项目部分竣工投产。

三是持续推进产业转型升级。坚持传统产业升级与新兴产业培训"两手

抓""两手硬"，继续加大争资立项力度，推动一批发展前景优、经济效益好、环保效益高的项目加快实施，不断增强企业科技创新能力和水平，推动园区产业转型升级。

（四）进一步打好"三大攻坚战"，全面决战决胜小康社会

一是守牢债务化解风险底线。以防范风险为根本，以债务平滑为重点，以债券产品为突破，以其他的流贷、非标为补充，多措并举，预计年度到位资金65亿元。严格落实"举债必问效、无效必问责"要求，严控债务增量，有效化解债务存量，提升化债实效。抢抓2020年政府债券发行仍将维持较大规模的机遇，争取更多专项债和一般债。加强与各金融机构的对接沟通，用好"借新还旧"政策，继续拓展多渠道、多产品融资，确保各类获批产品资金按时到位，保障还本资金来源，确保资金不断链。

二是持续巩固污染防治成效。扎实做好中央和省级环保督察及"回头看"交办问题整改，推动金贵和钻石钨超期贮存问题整改到位。落实好"生态优先、绿色发展"理念，方向不变、力度不减，继续开展污染防治"夏季攻势"，精准打好蓝天碧水净土保卫战，切实解决人民群众反映强烈的环境污染问题。

三是配合桂东县委县政府，全面完成脱贫攻坚任务。把产业扶贫工作做实做细，进一步提高贫困户收入水平，持续巩固脱贫成效，严防脱贫人口返贫。

（五）进一步优化营商环境，全面提升综合竞争力

一是提升政务服务环境。推动成立园区行政审批局，让园区企业行政许可事务在园区"一站式"办理，加强信息化建设，让信息"多跑路"，让企业"少跑腿"。全面落实《优化营商环境条例》"中央支持民营企业改革发展28条政策"，落实省、市实施细则，全面实施市场准入负面清单。继续深化商事制度改革和"一件事一次办"改革，进一步精简审批事项，压缩企业开办时间，减少企业制度性交易成本。严格落实减税降费等中央、省、市惠企政策，让政策红利实实在在惠及园区广大企业。

二是优化社会治安环境。继续开展"扫黑除恶"专项斗争，坚决打击工程领域违法犯罪，严厉制止非法阻工闹事等影响项目建设进度行为，营造稳定

有序的施工环境,确保项目快速有力建设。加强安置保障,加快安置房建设,保障安置性过渡房源,多渠道为拆迁户提供房源或住房信息,切实解决村民安置困难。尽快让拆迁安置户住进安全优质的安置房,切实保障村民合法权益。

三是确保和谐稳定。进一步加大创建工作力度,全力打好"创文"收官战,强化内部职工思想教育,争创省级文明单位,继续建设诚信体系,力争打造全省第一家"诚信示范园区",切实让企业、职工有获得感。进一步加强对安全生产工作的领导,落实"一岗双责"制度,压实企业的主体责任,强化措施,加大问题排查力度和对违法违纪行为的打击力度,确保园区稳定向好。

(六)进一步强化绩效考核,全面提高精细化管理水平

一是强化干部作风建设。继续强化"工作落实年"行动,大力弘扬"马上就办、雷厉风行、真抓实干、创先争优"的工作作风,对于明确的各项任务指标,要第一时间分解任务、压实责任、明确举措、加快推进。要勇于争先进、做表率。同时,要加强廉政建设、确保清廉务实高效,营造风清气正的良好氛围。

二是强化土地高效利用。要强化"以亩产论英雄"理念,推行工业用地弹性供应,引导企业聚集,打破惯性思维,重点推动一批闲置土地、低效利用土地处理,依法依规处置一批"僵尸"企业,盘活园区存量资源。

三是强化督查问效。坚持考核围绕招商引资、项目建设、综合服务等中心工作走,工作推进到哪里,督查问效就跟进到哪里。要深入一线,掌握一手资料,坚持实事求是,建立督查台账,重点督办、限时整改、对账销号。强化督查结果运用,严格兑现奖惩,确保园区各项任务不折不扣落到实处。

专 题 篇

Expert Reports

B.33
发挥开发性金融优势
助力湖南高质量承接产业转移

袁建良[*]

摘　要： 本文分析研判湖南省承接产业转移的基础和着力点，全面阐
述金融服务产业转移的作用机理、支持路径、债务与风险的
关系等，总结梳理近年来开发性金融支持湖南承接产业转移
的主要做法和成效，围绕"创新引领开放崛起"战略，在园
区"135工程"升级版、产业发展、脱贫攻坚、乡村振兴精
准衔接、新兴优势产业链建设、园区融资平台转型发展等方
面提出开发性金融下一步努力方向。

关键词： 开发性金融　高质量　承接产业转移　湖南

---

* 袁建良，国家开发银行湖南省分行行长。

2008 年国际金融危机以来，世界经济和产业格局发生深刻变化，全球产业分工持续调整重塑。在此背景下，湖南省产业发展面临巨大的挑战与机遇。挑战是目前全省产业转型升级任务艰巨，机遇是在全球和国内产业格局变化的过程中，湖南只要准确把握产业调整方向，积极布局和承接新兴产业转移，就可以在全国甚至全球新一轮产业分工中实现后发赶超。湖南省委、省政府高度重视承接产业转移工作，研究出台支持产业转移的若干政策，大力推进"135 工程"。国开行湖南分行将紧紧围绕中央和湖南省委、省政府的决策部署，发挥自身优势和特色，助力湖南通过承接产业转移在新一轮发展中走在前列。

一　打造承接产业转移新高地

（一）正确认识承接产业转移的基础

从优势看，平台和载体不断丰富。近年来，湖南省创新型省份、长株潭衡国家制造业试点示范城市群、湘南湘西承接产业转移示范区先后获批，"135工程"顺利推进，目前全省已拥有 21 家国家级产业园区、17 家国家新型工业化产业示范基地，建成创新创业园区 126 个。部分产业比较优势显现。工程机械产业规模稳居全国第一；先进轨道交通装备领域首家国家制造业创新中心落户株洲，电力机车市场占有率稳居全国第一；新材料、航空航天等领域部分技术在全球实现从跟跑、并跑到领跑。交通设施持续完善。境内高速铁路通车里程 1396 公里，居全国第 4 位，与长三角、珠三角、成渝经济区形成三小时经济圈；高速公路通车里程 6419 公里，"七纵七横"高速公路骨架网基本形成；岳阳城陵矶、长沙霞凝港通江达海，长沙黄花、张家界荷花两个国际空港和 6 个支线机场已构成立体交通物流网络。土地价格较低。长沙在 6 个省会城市①中平均地价、商服地价、工业地价均排第 3 位，住宅地价排第 5 位，总体而言，长沙处于中低水平，土地要素具有一定的比较优势。人力资源丰富。劳动

---

① 中部地区 6 省包括：湖南、湖北、江西、安徽、河南、山西。因现行地价监测体系没有对省份进行统计，为方便计算和比较，选取六省省会城市 2019 年末数据进行分析。

力素质方面，职业教育在校生数量 135 万人，其中，中职 78.93 万人，高职 56.04 万人，职业教育水平位居全国前列，大学在校生 127 万人，在中部地区仅次于湖北；工资水平方面，2018 年末全省城镇单位就业人员年平均工资为 70221 元，在中部地区仅次于安徽和湖北，低于全国平均水平。

从短板看，稳投资仍需发力。在当前债务防控加强、投资效率下降、空间收窄的情况下，从地方的实际感受来看，稳是最大的压力。重大项目支撑乏力、基础设施投资增速下降态势没有逆转。虽然产业项目投资增长较快，但是全国乃至全球行业上榜企业投资的重大产业项目少，以龙头企业、龙头项目来带动产业的关联发展还需要增强。新发展动能形成尚需时日。一是部分支柱产业增速回落。在有色金属、钢铁等行业低迷的同时，电子设备制造等部分传统意义上的"新产业"随着中美贸易摩擦和世界贸易格局的变化，也遇到了瓶颈，后期发展具有一定的不确定性。二是有效供给能力有待提升。湖南省产业结构不够优化，总体仍处在中低端水平，在市场总需求适度增长、竞争激烈的环境下，不少微观主体感到市场需求不足、订单难寻。

（二）准确把握承接产业转移的着力点

推动园区差异化发展。结合各地市发展基础和资源禀赋，在省级层面统筹园区产业空间布局；加强政策引导，将重点项目、专项行动、试点示范向园区倾斜；以集约化的原则，完善园区基础设施以及相应的环保、医疗、文教等公共服务设施，避免资源浪费。构建完整的产业链生态圈。抓产业链强基，对 20 个工业新兴优势产业链，分链研究制定培育措施；抓产业链招商，重点引进行业领军企业及其上下游配套企业；抓产业链配套，围绕产业链的上下游积极组织开展产业链协作。激活各类要素资源。资金方面，避免对企业无节制让利，用好有限的财政资源，对符合条件的项目优先安排专项债；土地方面，完善集约化利用，合法收回无效、闲置的厂房，有效保障园区和重点产业项目用地需求；人力资源方面，大力发展职业教育。优化营商环境，构建"小政府、大企业、大社会"格局。提升服务效能，持续深化"最多跑一次""马上办、网上办、一次办"改革，让办事更为便捷；大力压减行政许可事项，让发展更具活力；全面落实减税降费各项政策，持续降低企业营商成本，让企业更有信心。

二　充分发挥金融的重要支持作用

（一）金融支持产业转移的作用机理

为承接产业转移提供必需的启动资金和流动资金。承接初期涉及大量固定资产投资，如兴建厂房、购买机器设备等，仅依靠企业自身投资很难满足资金需求。此外，产业转移企业在发展过程中也需要大量流动资金来周转。推动产业转移企业集群发展，提高生产效率。欠发达地区很难短时间内承接到具有完整产业链条的产业集群，通过金融活动对资金流向的调节，承接地区可以有选择性地围绕某一主导产业集群发展。通过资金注入促进技术创新。金融是现代技术创新资金的供给者，现代科技成果的传播和普及并转化为现实生产力，金融的支持功不可没。

（二）辩证看待债务与风险的关系

债务不等于风险，风险来源于债务使用低效。债务风险的大小，不取决于债务规模，而要看未来的偿还能力，而偿还能力在根本上取决于债务资金使用的有效性。建设性债务都会形成资产，只要资产质量高，未来的偿还能力就会增强，债务风险就可控。防控隐性债务风险，短期看，要控制增量，平衡好债务增长与偿还能力增强之间的变化，保持两者之间的动态匹配；从中长期看，关键是用好债务资金，使债务与承债能力之间形成良性循环。

开行在支持园区"135工程"的实践中，从华为、格力的"定制化"模式，到全省遍地开花的"标准化"模式，到长沙经开区腾笼换鸟"退二优二"模式，到宁乡智能制造产业小镇"三个一"一体化模式进行了四轮创新迭代，证明了园区可以通过市场化方式合规举债进行基础设施和公共服务设施建设，不会增加政府隐形债务。通过项目市场化运作，将公益性和经营性内容同步规划实施，围绕项目运营收入、借款主体综合收入等多渠道构建合规现金流，在企业和项目层面进行综合平衡，实现与财政负债的有效隔离。相关模式也得到了地方政府和监管部门的认可。

（三）多管齐下加大金融支持

进一步提升金融服务能力。省内大中小金融机构要提高政治站位，发挥自身优势特点，细化信贷政策，根据产业转移的特征，结合所处产业链、价值链的不同，设计期限结构、担保方式和利率水平不同的融资产品，在资金规模、人员配置和产品运用上给予倾斜。进一步加强政策供给。一是完善政策性担保体系建设。针对多数中小微企业因信用等级低、抵押不足等原因融资难的情况，在壮大省担保集团实力的同时，积极打造或整合其他政策性担保机构，形成与省担保集团良性竞争的局面，降低企业融资成本。二是加大逆周期调节力度。向国家积极争取 PSL 等政策性金融工具，为产业转移提供利率优惠的长期稳定资金来源。三是发挥好融资平台的抓手作用。地方政府应加快资源整合，向平台通过注入经营性、易变现的优质资产，促进平台公司形成市场化运营能力，增强发展后劲。四是支持设立园区发展基金，助推创新创业和中小企业发展。五是加快社会信用体系建设。整合金融、工商、税务、法院等部门的信息资源，构建金融信息共享机制。

三 开创开发性金融服务湖南高质量承接产业转移新局面

（一）开发性金融的实践探索

分行构建"园区固贷、企业直贷、小微转贷、民企优贷"四位一体的产业项目贷款支持体系，为湖南承接产业转移全力做好金融服务。以园区"135工程"升级版为重点，将园区建设与地方特色产业相结合、与融资平台转型相结合、与易地扶贫搬迁后续产业发展相结合，累计发放 75.8 亿元资金支持长沙智能终端产业双创孵化基地（华为 HUB 仓）、富士康衡阳白沙产业园、新兴铸管（嘉禾）绿色智能铸造产业园、中国通号长沙产业园等全省 55 个园区累计 680 万平方米厂房及配套设施建设，有效增强园区承接产业转移能力和发展后劲。围绕 20 个工业新兴优势产业链，服务中车时代、蓝思科技、三一重工、铁建重工等优势龙头企业发展壮大，支持中车时代电气 IGBT 芯片生产线等重大项目建设，贷款发放 76 亿元。将产业扶贫作为深化脱贫攻坚的重要抓手，累计发放产业扶贫贷款 85.43 亿元，支持唐人神、步步高、佳惠等龙头企业到深度贫困地区投资兴业、定向采购农副产品，助力湘西全域旅游，构建起支持深度贫困地区发展的银政企联动大扶贫格局。落实总行"两个 1000亿"工作部署，发放民企纾困贷款 19.6 亿元、扶贫转贷款 7.1 亿元，支持民营经济和小微企业发展，引导金融资源向贫困地区、薄弱环节聚集。

（二）下一步努力方向

继续精准聚焦园区"135 工程"升级版。以"产业优先、产城融合、生态引领、绿色发展"的思路，支持园区开发建设系统化。一是建设领域的系统集成。除支持传统的园区产业基础设施建设外，开行还将加大对园区污染处理、医疗教育、停车场等公共服务配套设施的支持力度，探索将环境、产业、人居设施建设有机整合、一体化实施，提高园区综合承载力，将园区打造成宜居宜业的产城融合新载体、新型城镇化建设的新亮点、经济增长的新引擎，实现园区生态、生产、生活"三生"融合发展。二是资金来源的系统集成。开行将积极运用以"集团架构下的母子公司协同"为主要手段的综合金融服务模式，发挥"投、贷、债、租、证"综合金融优势，构建与企业生命周期相适应的融资机制，引导多元化资金支持园区发展。三是组织推动的系统集成。分行将与省发改委继续就园区发展政策紧密对接，共同研究融资推动园区建设发展与转型升级，充分发挥财政资金的撬动作用。

将产业发展与脱贫攻坚、乡村振兴相结合。一是以产业扶贫为抓手，建立脱贫长效机制的同时助力产业升级。重点支持衡阳等地的油茶、安化的黑茶、华容的芥菜等绿色、优质现代农业发展，用产业收益反哺农业农村基础设施建设、农村公共服务提升，构建综合平衡的市场化运营方式和结构化融资模式。二是以旅游促进精准脱贫。支持武陵山、罗霄山连片特困地区的全国乡村旅游扶贫重点村、示范村和 13 条旅游精品线路建设，以点带面推动全省乡村旅游扶贫富民，形成具有湖南特色的"旅游 + 扶贫"模式。三是大力支持职业教育。针对当前园区技术型工人短缺、"硕士易找、技工难求"的情况，在支持园区建设的同时，同步策划支持职业教育项目，吸纳贫困人口学习职业技能，为产业链相关企业培训输送专业技术人才，有效提升当地发展软环境，增强产业承接能力。

加快推动 20 个新兴优势产业链建设。一是支持"卡脖子"关键核心技术的攻关和科技创新研发。前瞻性地对接一批重大科技创新攻尖项目，更大力度地支持集成电路和芯片、重大技术装备、航空动力、新型材料等"卡脖子"关键核心技术领域的研发创新和国家技术创新中心、国家产业创新中心等共性技术研发平台建设。二是培育支持先进制造业、战略性新兴产业集群发展。重点支持轨道交通装备、工程机械、中小航空发动机等三大世界级产业集群产业链上中下游一体化整链发展，积极服务国防科大科研成果转化。

服务园区融资平台转型发展。一是推进股权多元化，完善法人治理结构。鼓励引入地方国有企业、支柱企业等入股融资平台，促进治理结构完善和资本金充实。二是推进经营企业化，夯实平台资产实力。通过协助政府挖掘、梳理现有和未来的资源，整合注入经营性、易变现的优质资产，促进平台公司形成自身稳定的经营收入。三是推进运作市场化，增强可持续发展能力。深刻理解"以市场化方式实现项目综合平衡"的核心理念，围绕项目运营收入、借款主体经营性资产、政府政策支持等，打通项目收益平衡路径。

B.34
推动长株潭城市群近郊型乡村
率先实现乡村振兴

曾福生*

摘　要： 长株潭城市群近郊型乡村区位优势明显，发展条件得天独厚，具备率先实现乡村振兴的契机和实力。以近郊型乡村为切入点，推动长株潭城市群近郊型乡村率先实现乡村振兴，打造乡村振兴"极点"，促进城乡融合发展，拉动乡村地域全域振兴，是湖南省乡村振兴空间实施的必由之路。本文认为，长株潭城市群近郊型乡村强大的"引导力、吸引力、驱动力、支撑力"是实现极化效应、形成集聚经济、打造乡村振兴"极点"的动力来源。而农业衰弱、乡村功能丧失、土地利用不合理、乡村主体矛盾激化是长株潭城市群近郊型乡村率先实现乡村振兴所面临的主要困境。实现经济、社会及生态三维综合统一发展，促进区域均衡发展，是长株潭城市群近郊型乡村实现城乡融合发展、率先实现乡村振兴的突破口。

关键词： 近郊型乡村　乡村振兴　城乡融合发展　极化效应　长株潭城市群

一　引言

十九大报告中首次提出实施乡村振兴战略，标志着中国城乡发展关系的又

---

* 曾福生，湖南农业大学副校长、教授、博士、博士生导师，主要研究方向为农业经济理论与政策。

一重大战略转变。从城乡关系上看，城乡融合发展是城乡交互作用、互相联系的过程，这个过程得到集中体现的"点"就是近郊型乡村。近郊型乡村位于城乡边缘区，是兼具城市元素和农村特征的过渡性区域。一方面，它邻近大城市或特大城市，容易受到城市经济发展的辐射，具备率先实现乡村振兴的契机和实力；另一方面，"亦城亦乡，非城非乡"的特征决定了这个区域必定聚集城乡间的矛盾冲突和利益博弈，其所涉及的问题比纯城区和纯乡村要复杂得多。《湖南省乡村振兴战略规划（2018～2022年）》中提出"全省梯级推进乡村振兴""在城镇化率较高或者农村居民相对富裕的先行区，在2022年要率先或基本实现农业农村现代化"，为了加快全省乡村振兴的步伐，也为了按期保质实现2020年全面建成小康社会和建立"两型社会"的目标，全省需要立足优势，抓住重点，在长株潭城市群先行建设规模大、标准高、辐射带动作用强的乡村振兴引领区，推动该区近郊型乡村率先实现乡村振兴，之后全面探索和累积经验，在全省梯级推进、有序实现乡村振兴，不仅具有重大的经济意义，更有重大的社会和政治意义。

乡村振兴战略开始实施后，大量研究围绕着乡村振兴战略的提出背景、制度内涵、风险规避等领域进行了解读。农业农村优先发展的思想开始深入人心，对传统"重农业、轻农村"发展方式的一种修正也成为各界共识。有学者从产业发展、基础设施建设、基层治理、乡村文化等视角提出了乡村振兴之策，也有学者基于对乡村振兴背景下的农业农村之间关系的解读，提出了农业农村优先发展的若干建议。但这些研究所关注的主体多为泛概念的一般乡村，对近郊型乡村振兴的研究较少。中国各乡村的资源禀赋特征、地理环境、产业基础等条件迥异，必须选择各自适宜的乡村振兴道路，精准施策、有序实现乡村振兴。城市周边的近郊型乡村处于城市地域通往乡村地域的过渡地带，是城乡融合发展的关键点和桥头堡，具有邻近城市的区位交通优势，容易受到城市扩散效应的影响，随着城乡融合发展的不断加速，其拥有率先实现农业农村现代化的契机和实力。而通过对一般性乡村的振兴道路的解读，无法回答近郊型乡村实现振兴的机遇和困境。

以长株潭城市群周边乡村为代表的近郊型乡村的发展相对独立，体现出特殊的区域经济特征。鉴于此，本文拟采用区域经济学的区域非均衡增长理论作为长株潭城市群近郊型乡村得以率先实现乡村振兴的理论依据，再分析长株潭城市群近郊型乡村率先实现乡村振兴的条件和困境，并提出相应的政策建议，以期为本省乃至全国的近郊型乡村的乡村振兴研究起到抛砖引玉的作用。

二 区域非均衡增长理论下近郊型乡村的形成与振兴

区域非均衡增长理论由"增长极"理论、"循环累计因果"理论、"中心－边缘"理论等发展而成。该理论可为城乡融合发展和乡村振兴的空间实施路径提供明晰逻辑。区域非均衡增长理论认为，在市场机制的作用下，基于规模经济和集聚经济效益，"增长"并不是在任何地方同时出现的，经济增长的"极点"往往倾向聚集在某些地方，因此区域经济的发展是不均衡的。区域非均衡增长理论强调极点开发、优先发展、集聚发展、政府干预、注重扩散等，从本质上来说，是强调通过使用非均衡增长的发展路径来实现区域均衡发展。

（一）城乡要素相互作用中的近郊型乡村

城市在其所处的城市圈具有影响力优势，其必定通过成为该地区的增长极来领导地区经济的发展，乡村经济则处于被支配的地位。从城市的发展规律看，城市经济的发展主要通过城市的集聚经济来实现，凭借其经济及政策的优势，不断吸引乡村的资金、劳动力、土地，使得乡村逐步衰弱，城乡边界日益显化，近郊型乡村的雏形开始出现。弗朗索瓦·佩鲁（Francois Perroux）认为城市获得集聚经济效应是极化效应的结果，极化效应是产业超速增长导致经济活动不断繁荣的过程。但是极化效应不是无限的，以城市为区域发展中心的增长极必然出现"大城市病"，环境的恶化和生活质量的下降唤起了城市居民对绿色和闲暇美好生活的向往和需求。扩散效应是指极化效应发展到一定程度后，生产要素从城市向城市周边流动，促进周边地区经济发展。在扩散效应的作用下，诸多生产要素开始向城市边缘区的近郊型乡村流动。从乡村的发展规律看，对乡村经济发展的需要也促进了近郊型乡村的形成。城市的集聚经济使农业的持续发展受到了影响，加之农业相较于其他产业的式微，促使乡村非农化发展，这使得原有的乡村在经济发展模式和居民生产生活方式上向城市转化。然而农民对土地的眷恋和城市对优质农副产品的需求使得近郊型乡村仍旧保留了乡村特征和部分的农业活动。此外，国家出于粮食安全的考虑，必定出台政策进行干预。由此可见，近郊型乡村是城市经济和乡村经济叠加的结果，是两者共同刺激产生的一个区别于城市和一般乡村的过渡性区域。

近郊型乡村既不同于城市和一般乡村，又具有城市和一般乡村的一些特征。一是区域空间结构呈动态性和过渡性。近郊型乡村是一个动态变化的区域，随着城市的拓展外延、城市辐射功能的增强，其范围也在相应变化。二是产业结构呈多样性。近郊型乡村临近城市的内缘区域，受城市影响，城市经济特征明显；更靠近一般乡村的外缘区，乡村经济特征更明显。基于此，该区域不仅有特殊的城郊型农业，还包含有第二、第三产业的内容。三是人口结构呈多元性。一般乡村中追求更好生活条件的农民开始向城市转移，而其中部分流动人口会沉淀在该区域，城市人口为了获得绿色和闲暇的美好生活，也凭借发达的交通系统来往于该区域。近郊型乡村出现外来人口和本地人口分化与混居的现象，以及从事一二三产业的人口分化与混居的现象。四是土地利用呈多样性。近郊型乡村的土地，由于受到城市化发展的影响，长期处于一种多样化混合利用状态，农业用地和非农用地、非农用地之间以及不同农业用地类型相互混杂、叠加。

（二）以近郊型乡村为"极点"的城乡融合发展模式

布代维尔（Boudaille）将佩鲁（Perroux）的理论由抽象的经济空间发展到了现实的地理空间，他认为区域在发展初期，应当集中发展增长极，促使增长由中心向周围地区扩散。弗里德曼（Fridman）和道格拉斯（Douglas）提出乡村振兴模式，其核心是强调通过城乡联系实现社会经济发展的区域均衡，最终目的是实现城乡融合发展。他们也认为，应对某些乡村予以重点发展，以这些乡村为"极点"来实现城乡联系，拉动落后乡村，促进城市化和乡村振兴的共同发展。城乡联系实现的形式在上文中已有论述，即极化效应与扩散效应。缪尔达尔（Myrdal）的"循环累计因果"理论认为：其一，极化效应和扩散效应一般同时存在，两种效应随距离增长极的远近而变化，距离越近则两种效应越强，越远反之。其二，极化效应和扩散效应的效应大小并不均衡。对一个区域来说，若极化效应大于扩散效应，则不利于增长极腹地的发展，极化效应小于扩散效应则反之。极化效应一般大于扩散效应，故而区域间的发展差距会不断变大。其三，政府必须运用干预手段平衡两种效应，以缩小区域发展差距，实现区域均衡发展。

近郊型乡村是城市之尾、乡村之首，是乡村地域上的重要节点，是引导乡村地域全域振兴的乡村振兴"极点"，促进近郊型乡村率先实现振兴是乡村全域整体振兴实现的必由之路。具体来看，应强调长株潭城市群近郊型乡村在实现城乡融合发展中作为全省乡村振兴"极点"的重要作用，以长沙、株洲、湘潭为中心，以近郊型乡村为节点，构筑资源要素双向流动网络，实现全区域乡村振兴和城乡融合发展。一方面打造乡村地域系统与乡村综合体。近郊型乡村利用与长株潭直接衔接的地理优势，在城市的扩散效应下成为长株潭乡村地域系统中的乡村振兴"极点"，通过自身的扩散效应来带动其他中郊、远郊乡村的发展。另一方面构建长株潭城市群城乡融合系统与城乡融合体。以长株潭城市群近郊型乡村为"节点"，通过近郊型乡村的极化效应来加强城市对周边腹地乡村的扩散效应。最后，实施乡村振兴战略则是政府用于调节平衡两种效应的重要手段。

三　长株潭城市群近郊型乡村率先实现乡村振兴的动力来源

以近郊型乡村为"极点"的城乡融合发展模式得以实现的最大前提，就是将近郊型乡村建设成为乡村区域空间上的增长极——乡村振兴"极点"。增长极的形成应具备以下几个条件：首先有区域推进型产业带动经济的快速发展；其次是相关条件和环境，如良好的政策条件、生活环境、人才基础等；最后是通过极化效应促成集聚经济实现。长株潭城市群近郊型乡村是全省农业农村优先发展的"领头羊"，具备得天独厚的优势，其可以通过"引导力、吸引力、驱动力、支撑力"来集聚全省的各种资源，形成湖南省乡村振兴"极点"，率先实现乡村振兴。

（一）产业集聚融合的引导力

产业集聚和产业融合是长株潭近郊型乡村率先实现乡村振兴的首要引导力。长株潭城市群城市化发展到一定水平，产业集聚到一定程度时，城市经济必定进行产业结构的调整。在产业结构的调整中，扩散效应推动低梯度产业往近郊型乡村迁徙集聚。一方面，长株潭地区由公路、铁路、水路、航空及轨道组成的全方位立体交通运输网络为近郊型乡村集聚产业创造了条件。长株潭城市群交通网络纵横交错，是多条高速、国道、铁路的交会地；区域内水系发达，湘江纵贯南北，形成了天然水运网络；黄花国际机场是国内十二大干线机场之一；周边县级、乡级、村级地域公路发达，构成四通八达的公路系统网。另一方面，长株潭城市群拥有近郊型乡村产业融合所需要的平台。长株潭城市群目前拥有48个重点镇和一般建制镇85个，还拥有国家级现代农业产业园1个、国家级田园综合体试点1个、国家级农村综合性改革试点2个、特色小镇3个、全国重点镇10个，以这些平台建设为重点，形成了产业融合发展的高地。借助交通区位优势和平台搭建优势，长株潭城市群近郊型乡村可以产生强大的极化能力，形成产业集聚和融合的空间经济体系，打造农业工业化产业集群。

（二）良好发展环境的吸引力

良好的发展环境可以为长株潭近郊型乡村吸引以人力资源为代表的生产要素，投入乡村振兴战略的实施中。第一，长株潭地区是湖南省经济发展的中心区，县域经济发展迅速，就业机会较多。2018年，长株潭城市群充分发挥城市辐射的区位优势助力该区域县域经济发展，县域实现地区生产总值6972.87亿元，占到湖南省县域生产总值的28.5%，为该区域打造乡村振兴"极点"提供了良好的经济环境。第二，在湖南省"两型社会"建设综合配套改革中，长株潭城市群作为全国"两型社会"建设示范区，其近郊型乡村空间布局合理、乡村生产生活功能健全、基础设施完善、人居环境优美，为该区域打造乡村振兴"极点"提供了良好的社会环境。第三，近郊型乡村独特的"亦城亦乡"的文化特征，加之长株潭城市群近郊型乡村文化相融、人脉相亲、山水相依、商贸相连的优势，为该区域打造乡村振兴"极点"提供了良好的文缘人缘地缘商缘基础。在良好发展环境的吸引下，城市居民来此居住或投资，近郊型乡村机械人口的逐渐增长和流动人口的集聚，将促使不少工贸企业开始向近郊型乡村分散，引导长株潭地区乡村社会分工向纵深发展，进一步促进产业布局朝集聚方向发展。

（三）人才队伍的驱动力

长株潭城市群优秀的乡村振兴人才队伍可以为长株潭近郊型乡村率先实现

乡村振兴提供源源不断的驱动力。振兴乡村最大的制约就是缺乏懂农业爱农村爱农民的"三农"工作队伍。长株潭地区拥有培养优秀"三农"工作队伍的人才基础，长株潭城市群 2018 年共有普通高等学校 70 所，占湖南省的64.2%；普通高等学校专任教师 47054 人，占湖南省的 64.7%；普通高等学校在校学生 865297 人，占湖南省的 65.2%，长株潭城市群还拥有以湖南大学、中南大学、湖南师范大学、湖南农业大学为代表的国内一流院校。以这些高等院校为依托，加强与周边乡镇地区联系，鼓励引导各类人才投入乡村振兴建设，优化"三农"干部配备，强化农业农村人才队伍及科技专业人才队伍建设，打造懂农业爱农村爱农民的"三农"工作队伍，为近郊型乡村率先实现乡村振兴提供智力支持和科技支撑。

（四）制度改革的支撑力

制度改革是长株潭城市群近郊型乡村率先实现乡村振兴的重要支撑力。近郊型乡村的制度改革相比一般乡村往往具有显著的先行性或超前性。2007 年，湖南省在"两型社会"试验区目标中，明确提出利用好长株潭的经济优势，建立现代农业引领区，为了实现这个目标，湖南省在长株潭城市群及近郊型乡村进行了相应体制制度改革探索。如在基础设施建设和经济共建共享上，探索了有利于长株潭城市群及近郊型乡村共建共享的区域布局机制、政策体系、跨市跨区管理体制等，突破了当时条块管理体制的制约问题。特别是在农村土地改革方面，长株潭城市群及近郊型乡村率先探索建立了省域内跨区耕地"占补平衡"机制，在土地管理体制上也进行了诸多创新。2018 年发布的《湖南省乡村振兴战略规划（2018～2022 年）》更是强调，对于包括地处城市郊区和城乡接合部的村落，要重点加快改造提升步伐，探索建设现代化的新型社区。这些制度改革和政策规划为长株潭城市群近郊型乡村的率先振兴开辟了"绿色通道"，奠定了坚实的制度基础。

四　长株潭城市群近郊型乡村率先
实现乡村振兴的困境

近郊型乡村由于地处城市化和乡村振兴的最前沿，城乡矛盾在这个地方尤为突出。近郊型乡村的特殊区位，意味着遇到的问题不仅有一般性乡村的共性，也具有自身的特性，必须坚持"从乡村看乡村，跳出乡村看乡村"，在这些问题中找出一条通往城乡融合发展、实现乡村振兴的道路，更好地促进近郊型乡村极化效应的实现和扩散效应的发挥，拉动乡村地域的发展。

（一）乡村非农化趋势突出

在城乡二元体制下，农业地位衰弱，农业经营和非农经营之间存在着较大的比较利益差距。受利益驱动，近郊村民（尤其是青壮年）凭借地处长株潭近郊的地理便利和空间优势较早地进城或外出打工，由农业经营转向非农经营。与非农经营较高的收入作为对照，农业生产条件艰苦、经营收入低微，近郊村民深感经营耕地亏本，然而出于对未来生活保障和土地增值收益的考量，他们不会放弃土地，而在选择依附于土地的同时又不将其作为增加农业收入的资本。目前，"农一代"逐渐退出农业、"农二代"不想务农，近郊型乡村的耕地与其说是农业生产的重要生产资料，不如说是近郊村民参与土地开发收益分享的筹码。非农经营和农业经营比例的失衡，对农业农村农民现代化的影响深远，农民参与农业经营的积极性和主动性逐渐消失，许多农业技术由于人力资源的不匹配而无法推广。近郊型乡村的这种趋势不仅对土地资源造成了浪费，也因为没有找到自己的独特优势，即农业与城市工业的互补性及乡村景观与城市的差异性，没有抓住自身的发展优势，发挥作为乡村振兴"极点"的作用，而对长株潭整个区域经济的发展贡献都不大。

（二）乡村生态、景观、文化功能逐步丧失

随着长株潭地区城市化、工业化的发展，乡村文明不断为城市文明让步，近郊型乡村的文化、生态、景观功能正在退化。第一，城市中心区产业及人口大量的近域迁移使得城市不断向四周近郊型乡村扩张，大量优质的耕地、林地及绿地被侵占，乡村原来的生态平衡被逐渐打破，生态环境质量不断下降。同时，由于过分追求经济发展，近郊型乡村只得被动接纳来自城市的污染企业或资源消耗型企业，以牺牲自身良好的生态环境为代价来获取短期的经济效益。第二，盲目推行以乡村旅游为主线的产业发展模式，使得乡村资源配置失衡、乡村"种、养、加、旅"四业发展不协调。农村垃圾尤其是农业垃圾，如农

家肥、秸秆等由于种养业的萎缩而失去原有的作用，由曾经的能源变成如今无用的垃圾。第三，乡村建筑风格过分模仿城市，失去了自身独特的乡村特色。有的近郊型乡村在建设时因为借鉴国外建筑特色，抛弃了当地传统民族特色和中国传统民居的建筑风格。

（三）土地利用竞争激烈、布局混乱

在城市可用发展空间不断萎缩、土地价格不断上涨的情形下，拥有相对低廉土地的近郊型乡村就成为长株潭城市群经济活动争夺的焦点。在土地非农使用后产生的巨大收益面前，不少基层政府都选择出租出售乡村土地、建厂租房来发展经济，土地财政逐渐替代其他财政收入成为乡村的主要收入来源。农业用地被不断转换为非农用地，非农用地和各种农业用地之间为争夺土地进行着诸多利益博弈。在城市的扩张下，近郊型乡村的部分区域随时都有可能被城市建设用地所"吞噬"，如不加以限制，很快便会成为新的城中村。由于缺乏像城市一样严格有效的规划，以短期利益为导向的土地开发活动经常引起外部经济的负效应，近郊型乡村地域内工厂、仓库、住宅等非农用地和农业用地在布局上混杂叠加，不仅占用了耕地，破坏了农业的规模经营，而且加大了基础设施建设的成本。政府为了缓解农业土地资源被占用的压力而制定了各种政策条例，虽然加强了对近郊型乡村地域农地的保护，但也限制了畜牧养殖、水产养殖、工厂化作物栽培等设施的建设，阻碍了设施农业的发展。作为近郊型乡村产业发展主线的乡村旅游业也同样面临着农地制约的问题。

（四）各利益主体间的矛盾和冲突激化

近郊型乡村的人口构成有本地人口和外来人口，而利益主体则包括村级组织、本地人口、外地人口、基层政府等。在各自利益诉求的驱使下，各利益主体关系复杂、矛盾突出，严重影响着乡村基层的有效治理。第一是本地人口和外来人口的矛盾。外来人口的到来为近郊型乡村补充了大量廉价劳力，为当地的经济发展做出了不少贡献，但是由于诸多的制度性障碍和村规民约，外来人口无法享受同本地人口对等的公共服务与公民福利，外地人口和本地人口存在着潜在矛盾与冲突。第二是基层政府和外地人口的矛盾。外来人口流动性较强，基层政府难以及时掌握外来人口的状况和利益诉求，加之外来人口没有正

规的社会组织形态，缺乏信息沟通渠道，且自身也不愿意接受当地基层政府的过多管理，从而产生外来人口与基层政府的矛盾。第三是村级组织、本地人口、外地人口及基层政府的矛盾。基层政府在推行其政策的过程中，往往未考虑到当地农民的主体地位，经常侵犯农民的利益，引发不必要的冲突。基层政府在乡村建设项目中一般包揽所有，而往往将大量行政事务强压给村级组织，不仅影响了村级组织的自我管理，也引起了村干部的不满。

五　长株潭城市群近郊型乡村率先实现乡村振兴的策略应对

缩小城乡差距、实现区域均衡发展是城乡融合发展和乡村振兴战略的重要目标。区域发展是在经济、社会及生态三个维度相互作用下的协同发展，其不是单纯追求经济效益的最优化和最大化，而是经济效益、社会效应及生态效益三者综合效益的最优化和最大化。那么，长株潭区域均衡发展自然也不仅是区域经济发展水平的均衡，更应该是经济、社会及生态三维的综合统一，乡村振兴战略则给出了实现经济、社会及生态三维综合统一的具体路径：产业兴旺、生态宜居、乡风文明、治理有效、生活富裕。长株潭城市群周边的近郊型乡村率先实现乡村振兴，在经济维度要以农业为根本，打造近郊特色产业；在生态维度，防止乡村生态、景观、文化功能的丧失；在社会维度，要建立用地保障机制，构建多元主体协同参与的乡村治理格局。

（一）以农为本，打造近郊型特色产业

诸多国际经验表明，农业凋敝是导致农民离农、乡村凋敝的主要原因。可以预见到当前及未来相当一段时间内，农业仍然是中国农民安身立命的基础性产业，是留住乡愁的支撑性产业，更是实现乡村产业兴旺的支柱性产业，近郊型乡村更是如此。随着乡村振兴战略的推进，城乡融合发展的深入，多功能性农业必然成为中国的主流。近郊型乡村首先要立足农业，这是前提和根本，又要跳出农业。一方面，长株潭地区要根据各近郊型乡村的实际情况，调整种粮比例，推进"退粮进经"，重点发展具有"养生、休闲、观光、体验"功能的高效果蔬、花卉苗木等生产。针对农业经营中普遍出现的社会资本进入积极性

和主动性不高、新型农业经营主体带动力不强等实际问题，近郊型乡村必须率先建立健全"能进来、能留住、能受益"的体制机制，促使城乡要素流动方式由过去的乡村单向流失转变为城乡双向流动，引入近郊型乡村实现极化效应所必备的资本、人才、技术等。另一方面，关注非农产业在近郊型乡村的布局规划，有序发展以农业为基础的农业加工、流通等非农产业，推动产业融合、产村融合，激活长株潭城市群近郊型乡村产业经济的新增长点，提高乡村吸引力，进而增加拉动力。另外，要深化供给侧结构性改革，在稳定对城市农业供给的基础上，全方面优化调整农业和非农产业的要素、主体、技术、区域等方面结构，率先构建现代农业产业体系、生产体系、经营体系。

（二）留住乡村元素，维系乡村生态、景观、文化功能

近郊型乡村是长株潭城市群的"后花园"，它的作用不仅仅局限在农产品供给上，还承担着净化环境、保护传统乡村文化、满足城市居民对绿色闲暇生活需要的职责和使命。近郊型乡村在推进农业农村现代化的同时，要为保护乡村的生态平衡留有余地。面对生活污染问题，要着重加强近郊型乡村的环境基础设施建设和农用基础设施改造，积极推广控制农村生活污染和农业生产污染的先进成套技术，要建立起一套"集中、收储、运输、处理"的城乡一体生活生产垃圾无害化处理的运行机制。面对生产污染问题，对于内源污染的处理，政府要积极引导近郊型乡村"种、养、加、旅"产业的协调发展，挖掘农业多种功能，实现农业生产污染零排放。对于外源污染的处理，尽管近郊型乡村在接纳城市产业转移中处于被动地位，但不代表其产业结构就必须低层次化，成为城市污染产业的转移地。面对污染企业或资源消耗型企业，近郊型乡村可以联合多个相似乡村建立一个相对集中、要素共享、废物集中处理的工业园区，通过优惠的"进园"政策促使污染企业或资源消耗型企业搬入园区。随着近郊型乡村集聚效应的不断增加，资本、技术、人才等生产要素不断积累，可以结合自身特色来选择清洁型、前瞻性的产业。在维护近郊型乡村生态环境的同时，也要关注保持乡村精神风貌，在实施乡村振兴的过程中，应该保护民俗景观，保留近郊型乡村特有的民族和地域特色，使乡村景观与城市景观交相辉映、相互嵌入。民族特征和地方文化将赋予近郊型乡村更大的魅力和吸引力，有利于集聚效应的提升。

（三）建立近郊型乡村用地保障机制

土地问题是乡村振兴战略必须解决的三个问题之一，深化近郊型乡村土地制度改革，是实现近郊型乡村率先振兴的必然要求，是城市化顺利推进的重要条件，也是乡村振兴与城市化良性互动发展的迫切需要。一要继续完善农村土地"三权分置"制度，随着土地生计保障效用的下降、生产要素功能的凸显，政府要在落实所有权、稳定承包权、放活经营权的基础上及时调整土地权利。要创新土地流转机制、探索农村土地退出制度，防止出现因农民退出农业经营而导致的土地撂荒，推动农民依法、自愿、有偿地流转或退出土地。为了防止近郊型乡村地价的过快上涨，抑制村民的"财富幻觉"，对土地的赋权也要适可而止。二要完善近郊型乡村用地管理政策。土地使用方式要随着乡村"种、养、加、旅"产业结构的调整来调整，对于畜牧养殖、水产养殖、工厂化作物栽培等农业设施的用地，农产品加工、仓储、冷链等配套设施用地，应实行更灵活和更宽松的土地使用和管理政策。三要优化近郊型乡村土地空间布局。规划先行，政府应制定近郊型乡村土地利用规划，通过规划来促进乡村土地调整优化，有效使用土地，尤其是近郊型乡村所特有的零星分布的乡村建设性用地。用地规划还要有预见性，要为乡村未来所需的产业发展空间和生态建设空间留有余地。

（四）构建多元主体协同参与乡村治理的良好格局

现代乡村必须要逐步实现有效治理，打造充满活力、和谐有序的"善治"乡村。乡村治理较为复杂，不仅包括国家治理事务，还有村级内部的自治事务。而近郊型乡村治理牵扯到多元主体的利益，村级组织、本地人口、外地人口、基层政府在近郊型乡村治理中都有利益瓜葛，打造"善治"近郊型乡村已经不是政府或村级组织单独可以完成的。首先，要以户籍制度改革为突破点，推进包括教育、医疗及社会保障等在内的城乡基本公共服务均等化，让所有居住在近郊型乡村的村民都能享受到平等的基本公共服务。通过改革基层基础治理方式，让每个村民都有机会参与到乡村大小事务的治理中去。其次，要建立融合性的村级组织，引导外来人口参与乡村治理。针对外来人口流动性强、无组织等问题，政府应该改革近郊型乡村治理方式，积极为本地人口与外来人口牵线搭桥，通过建立融合性村级组织的方式搭建交流互动平台，提升外来人口的组织化程度，引导他们通过合法渠道来表达自身的利益。再次，基层政府要提升自我的治理能力，倡导"自治、德治、法治"三治合一的治理方式，形成以党的领导为核心、村民自治为基础、各主体广泛参与、多组织协同治理的近郊型乡村治理格局，协调各利益主体间的关系，引导各主体参与到治理中去。最后，构筑乡村利益共同体，将村民的个人利益与乡村的集体利益相衔接，增加村民的归属感，培养村民的主人翁意识，要让近郊型乡村成为每一个居住在此的村民的温暖的"家"。

六 结语

国家的现代化不能落下乡村，实施乡村振兴战略也不能漠视边远村落、深度贫困和衰退地区。必须要牢记乡村振兴战略不只要"锦上添花"，还要"雪中送炭"，边远村落、深度贫困和衰退地区仍旧是乡村振兴的重点区域，也要重视。本文主要探讨的是长株潭城市群近郊型乡村率先实现乡村振兴的问题，故而关注的主要是近郊型乡村极化效应的实现，但并不意味着近郊型乡村扩散效应的发挥就不重要。要通过极化效应实现长株潭城市群近郊型乡村的率先振兴，打造湖南省乡村振兴"极点"，利用乡村地域的非均衡发展来促进均衡发展，在强化城乡地域系统中极化效应的基础上发挥扩散效应，更好地拉动长株潭边远村落、深度贫困和衰退地区的发展，构筑城乡融合发展的区域空间和网格结构，再拉动洞庭湖地区、湘南地区、大湘西地区的乡村振兴，带动"3 + 5"城市群和全省乡村的全面振兴。平衡近郊型乡村的极化效应和扩散效应，由点到面，保障湖南省乡村地域的全域振兴。

B.35
基于"十四五"规划背景湖南省主体增长极培育研究

朱　翔*

摘　要： 本文基于"十四五"规划背景，对长株潭城市群一体化建设、培育湖南乃至我国中部主体增长极进行了系统探讨，针对长株潭城市群以及长沙、株洲、湘潭三市的发展提出了对策建议。

关键词： 长沙　株洲　湘潭　长株潭城市群　增长极

新时期湖南省优化调整的核心，在于集全省之力，重点培育一个强有力的经济增长极。2018 年，长沙、株洲、湘潭三市地区生产总值总计 15796 亿元，城镇人口合计 1095 万，三市经济总量超过武汉、郑州、太原、合肥、南昌。基于中部加速崛起的战略背景，湖南省应着力推进长株潭三市一体化建设，提高城市群的发展层次和整体素质，将其打造成在全国有重要影响力的现代化城市群和文化产业基地。

一　壮大一核——长株潭城市群

长株潭三市沿湘江呈"品"字形分布，彼此相距不足 30 公里，既有绿心绿带隔离，又有高速路网连接。2018 年城市群的经济总量占湖南省的 41.5%。长株潭城市群长期作为湖南省的经济、社会、科技、教育、文化、交通中心，现已形成以先进制造、电子信息、新能源、新材料、新医药、农产品深加工为

---

* 朱翔，湖南师范大学教授、博士生导师，长期从事区域经济、城市经济、国土规划方面的研究。

支柱的现代工业体系。长株潭教育科技实力雄厚，拥有 60 多所高等院校和为数众多的科研机构，是我国重要的智力资源集聚区。

长株潭三市一体化建设，具有重要的现实意义。一是共同打造中部核心增长极。长沙的综合实力超越郑州，长株潭的整体实力领先武汉，三市一体化建设，构筑强大的增长极，未来综合实力可与广州、深圳、香港等一线城市媲美。二是三市能够取长补短，相得益彰。三市相距较近，空间联系密切，在功能定位、产业结构、旅游特色等方面存在着显著差异，推进协同发展和一体化建设，能够获取良好的集聚互补效益，避免特大城市常见的"城市病"。三是构筑湖南现代化高地。三市一体化建设，有助于形成多极空间网络，增强整体的辐射带动功能。以长株潭为核心，以岳阳为全省口岸，以怀化为湘西门户，以郴州为湘南门户，以京广线和沪昆线为发展轴，形成湖南开放开发的新格局。四是把长株潭融入长江经济带的建设。长株潭以岳阳为口岸，形成哑铃状空间格局，通过长江黄金水道加强与外界的联系。长株潭与岳阳之间的货运主要走高速公路，再经城陵矶港开展江海直达运输。五是形成国际化大都市。基于三市一体化背景，构筑国际化的航空城、信息枢纽和商贸平台，建设具有全国意义的综合交通枢纽和科技文教中心，借此带动整个城市群扩容提质。

推进长株潭一体化建设，重点培育城市群的综合实力和核心竞争力，打造中部崛起高水平的战略平台。结合湖南省"一带一部"的战略定位，新时期长株潭的规划建设应从以下方面着手。

第一，积极推进长株潭三市一体化建设。完善长株潭城轨，构建长株潭环线，推进"三干两轨"项目、湘江生态廊道建设和长株潭绿心提升。推进长株潭三市行政一体化建设，全面启动管理体制机制改革，打造复合型国家中心城市。对长株潭城市群进行整体提升，培育高品质的城市群核心区和高效益的产业集群，增强国际化职能和创新驱动功能，构建高水平的长株潭大都市圈。积极对接"一带一路"、长江经济带和粤港澳大湾区等国家规划，从国家层面、经济全球化视野谋划长株潭的发展。

第二，对长株潭产业进行整体提升。以高新区和经开区为平台，以核心骨干企业为龙头，以主要产业集群为抓手，以信息化改造为手段，以高新技术为引领，建设企业、科技、金融、人力资源协同发展的产业体系。长株潭产业类型可划分为先导型、支撑型和配套型。先导型产业包括电子信息、"互联网＋"、人工智能、航空航天、新能源、新材料、新医药等。支柱型产业包括轨道交通、新能源汽车、家电、工程机械、现代农业、旅游等。服务型产业包括商贸物流、会展文博、餐饮酒店、金融服务、健康养老等。对长株潭产业进行整合提升，重点打造智能制造、新材料、新能源、电子信息、生物工程、文化创意、节能环保和高效农业八大产业集群。

第三，对长株潭空间结构进行优化调整。三市空间结构优化，要实现高端功能集聚和传统职能疏解，统筹城乡空间，构建生态网络，整合基础设施，治理环境污染，促进核心区的一体化发展。长株潭作为城市—乡村复合生态系统，三市建成区三足鼎立，沿湘江呈"品"字形分布，形成"一江、两岸、三城、多组团、绿心"的空间结构。"一江"是指湘江，"两岸"是指湘江两岸建成区，"三城"是指长株潭中心城区，"多组团"是指本区域内的城镇集群，"绿心"是指三市结合部。长株潭主城区采取紧凑发展方式，增强辐射力，建设好城区环线和城际联络线。结合圈层模式，推动外围城镇建设，形成"长株潭核心区—卫星城—重点镇——般建制镇"四级城镇体系。湘江是城市群生态主轴线，串联了许多风景名胜区和产业集群，以此为基础构建湘江风光带和湘江产业带，在尊重自然山水条件的前提下进行空间开发，按照"尊重自然、顺应自然、保护自然"的原则，推进沿江绿色发展，打造低碳经济体系，彰显湖湘人文魅力。

第四，培育长株潭的成长动能。要从规模外延转变为创新驱动，要从各自为政转变为协调整合。凝聚三市的科技力量，培育高品质的创新创智创业集群。发挥长株潭的交通区位优势，创建连南接北、承东启西的综合交通枢纽。将三市山水名胜、历史文化、人文经典串联起来，构建内涵丰富、特色鲜明的大旅游圈。运用互联网、大数据、人工智能等先进科技改造现有企业。加强智能城市建设，以互联网、专业平台、智慧系统为主体框架，以智能政府、智能经济、智能社会为核心内容，以城市管理、基础设施、生产生活的智能化为基本特征。长沙抓紧创建国家级智能制造中心、创新创意中心和交通运输枢纽，加快建设具有国际品质和湖湘文化标识的现代化大都市。株洲作为"国家动力谷"，重点扶持轨道交通装备、汽车制造、航空航天装备等领域。湘潭抓紧培育先进装备制造、精品钢材及深加工、汽车及零部件、电子信息产业。

第五，构建长沙市四小时航空经济圈。到2018年末，黄花机场通航城市

127 个、航线 210 条，包括国际航线 25 条，国际化水平处于中部六省领先地位。以四小时航空为半径，长沙航空经济圈覆盖全国和东亚、东南亚、南亚的大部分区域，表现出湖南的区位优势和开放潜力。黄花机场东扩二期工程包括 T3 航站楼、综合交通中心、第三跑道和附属设施，应作为湖南对外开放工作的重中之重。把黄花机场建设成区域性国际航空枢纽，对机场进行改造升级，积极引进新的航空公司，培育发展本土航空公司，拓展湖南国际化的空中通道。推进临空经济示范区、跨境电商综试区、黄花综保区等的建设，把临空型产业做大做强。

第六，构建长株潭半小时交通圈。重点推进"三干两轨"项目建设，包括芙蓉路、洞株路、潭州大道快速化改造，长沙西—湘潭北—株洲西和长沙南—株洲西的轨道快线，加速构建长株潭半小时交通圈。坚持省市联动，加强协调统筹，构建高效率、立体化、信息化的长株潭综合交通网络，打通"半小时经济圈、交通圈、生活圈"，推进长株潭城市群互联互通、共建共享。近期考虑推进的重点项目包括：长潭西线改为城区道路；长沙市四环线建设；长株潭城市群环线建设；长株潭至岳阳集装箱专门运输通道；京港澳高速公路长沙城区段东移工程；易家湾—昭山旅游枢纽建设等。

第七，注重城市群的协调发展。长株潭需要加强分工协作，增进整体协调，既包括个体的优化，更包括群体的优化，城市群总体效益大于三市各自的效益之和。三市的产业结构，需要保持比较大的差异，优势互补，彰显群体效益。长株潭共建交通、物流、电力、信息、环保、预警应急等现代化网络。推行三市统筹规划和一体化建设，探索建立行政管理协同、科技创新融通、生态环保联动的管理机制。长株潭一体化建设，不同于传统的"摊大饼"，不只是三市功能简单的叠加，而是科学整合，强化优势，共同打造长江中游、我国中部的经济轴心和交通枢纽。

第八，要走国际化发展之路。新时期长株潭强调外向型发展，构建多层次、全方位、高效率的国际联系。建设国际化交通枢纽，与世界大国形成相对密切的经贸、科技、文化、旅游联系。以黄花机场为主要国际化窗口，建立国际社区、国际学校、国际医院、名品专卖、总部基地、国际中介、海外代理、国际化融资等平台。大力引进国际化高端人才。作为国际性会展中心，配套高水平的交通、信息、酒店、会议设施，拥有高品质的传媒和服务体系。设置企业总部基地，引进"世界 500 强""中国 500 强""中国行业 50 强"企业进驻或设立派出、代理机构。

二　把长沙建设成国家中心城市

长沙是全省的政治、经济、科教、文化和商贸中心，土地面积 11819 平方公里，2018 年末常住人口 815.5 万，同年完成地区生产总值 11003.4 亿元。全市有普通高校 51 所。

抓紧建设国家中心城市，重点建设好国家级的智能制造中心和创新创意中心，实施高新技术引领和优秀文化带动。加快互联网、云计算、物联网、3S 等新一代信息技术的推广应用，抓紧构建高速、移动、安全、泛在的新一代信息基础设施体系。

长沙作为我国重要的先进制造基地，现已形成工程机械、新材料、电子信息、食品等千亿级产业集群。抓住"互联网＋""工业 4.0"等重大战略机遇，坚持产品装备智能化和工艺流程智能化并行推进，推动"长沙制造"向"长沙智造"升级。积极引进关键技术、高端人才和先进企业，突破核心技术瓶颈，构建高品质、高效益的产业集群。巩固提升工程机械、汽车、电子信息、食品等优势产业链，加快新材料、人工智能、北斗科技、增材制造、人工智能等新兴产业链的发展，重点培育新医药、地理信息、基因工程、纳米材料等特色产业链。

长沙现有 5 个国家级开发区，即长沙高新区、长沙经开区、浏阳经开区、望城经开区、宁乡经开区。长沙高新区以先进制造、工程机械、新材料、新能源、电子信息、生物医药为重点。长沙经开区以工程机械、汽车及零部件、新材料、电子信息、食品、轻印包装为重点。浏阳经开区以电子信息、生物医药、环保节能为重点。望城经开区以航空航天、先进制造、食品医药、有色加工、商贸物流为重点。宁乡经开区以工程机械、新材料、食品为重点。

构筑"一主两副双轴"的城市空间结构。"一主"是指长沙市主城区，"两副"是指宁乡市区和浏阳城区，"双轴"是指湘江生态轴和宁长浏城市发展轴。实施"一江两岸"空间发展战略。以湘江为城市发展主轴，将长沙市区划分为湘江以东部分和湘江以西部分。湘江东岸部分突出商业商务和交通物流功能，重点培育高铁—航空—城铁—高速公路交通枢纽。湘江西岸部分突出科技创新功能，建立产学研融合发展、高品质的技术创新体系，加强知识产权创造、保护、运用，将湘江新区打造成全国一流的创新平台。

近几年来，长沙市重点推进六大片区建设，包括岳麓山大学城、马栏山文创园、临空经济区、高铁会展新城、南部片区、湖南金融中心。岳麓山大学城构建科技研发孵化平台，抓紧建设国家级创新中心。马栏山文创园推动文化与科技融合发展，构建以数字视频为核心，以高科技为支撑，集视频、创意、软件、宣展、版权交易及相关衍生产业于一体的视频文创园。临空经济区重点建成高品质、特色鲜明、环境良好的临空经济示范区。高铁会展新城以会展业为核心，构建相对完整的会展产业体系，引导物流、总部、商务等产业集聚发展，打造空铁联运的新型门户枢纽。南部片区发展"生态＋旅游、生态＋养老、生态＋文化"等生态型服务业，大力发展现代商贸、生态旅游、文化、康养等高端服务业。基于国家中心城市建设背景，高水平构建湘江西岸滨江金融聚集区，使之成为湖南金融资本集聚、运作和服务中心。

长沙南站—国际会展中心—黄花机场一带具备构建临空经济区的优势条件。黄花机场是我国中部重要的枢纽机场、国家一类航空口岸。推进机场东扩二期，包括T3航站楼和第三跑道，争取2030年旅客吞吐量达到6000万人次、货邮75万吨，项目总投资300亿元。目标是建成长沙区域性国际航空枢纽，干线机场变枢纽机场，航空港变航空城，国内一流变国际一流。推动黄花综保区健康快速发展，加强国际物流功能，加强综保区的出口加工功能、国际口岸功能和枢纽联通功能。

湘江新区重点培育电子信息、先进制造、新材料、新能源、节能环保、新医药、现代服务七大产业，作为我国中部和长江中游地区产业高地、高新技术孵化器、创新驱动引领区。

加强长沙对湘潭的辐射带动。将长潭西线高速（长沙学士—湘潭九华，长28公里）改建为城市主干道。一方面将湘潭大学、湖南科技大学纳入岳麓山大学城的范畴，加强湘江新区与湘潭九华片区的对接，推进长沙大王山旅游区的建设；另一方面，为长沙、湘潭开辟更为广阔的发展空间，在此构建高水平的"湖南智谷"。

加强长沙对株洲的辐射带动。长株高速北起长沙黄花，南抵株洲龙头铺，连接长沙黄花、榔梨、黄兴、跳马，浏阳柏加，株洲云田和龙头铺，长 42 公里。对长株高速沿线进行串珠状开发，构建游憩休闲、生态人居、高端制造和临空型产业走廊。推动长沙县撤县设区，星沙片区作为长沙都市区的重要组成部分，重点发展工程机械、汽车、电子、食品、医药等部门，加强高科技研发孵化功能。抓紧建设好黄花国际机场、临空保税区和临空经济区，打造特大型临空经济枢纽。

三　把株洲建设成智能制造基地和国家交通枢纽

株洲位于湘东偏北，土地面积 11262 平方公里，2018 年末全市常住人口402.1 万，同年完成地区生产总值 2631.5 亿元。株洲是我国重要的工业基地和铁路枢纽，产业基础扎实，轨道交通装备制造业地位突出，航空装备、汽车制造、新能源、新材料等产业迅速崛起。

以创新发展为主题，以智能制造为主攻方向，创建中国智能制造示范区。瞄准国际产业价值链，增强创新力、竞争力、发展活力和抗风险能力，抓紧培育品牌企业和拳头产品，下决心压缩落后产能，实现由粗放型向集约型的主体转换。重点扶持轨道交通、航空装备、新能源汽车、电子信息、新材料、新医药等领域。

扩建株洲北站、醴陵站和茶陵站。培育壮大"湘欧快线"，积极发展"五定班列"，将株洲建设成中欧班列南方枢纽。加快湘东铁路建设，推进炎资铁路、炎赣铁路、咸韶铁路、衡福高铁、醴茶铁路的提质改造。

改造提升高科园、董家塅、田心、金山、建宁等开发区。在天元区、荷塘区构筑现代商业综合体。建设东部新城，加强与醴陵的对接，包括东部核心区和湘赣边界核心区。株洲城区向南拓展，沿湘江两岸打造南部片区，包括天易科技城、渌口、雷打石、南阳桥、洲坪、三门、仙井等乡镇，依托湘江的岸线和港口，建设高品质的滨水新城区。

株洲高新区重点打造轨道交通、新能源汽车、航空装备三大产业集群，形成"一区三园"格局。河西高科园侧重新能源汽车、新材料、电子信息；田心高科园侧重轨道装备制造；董家塅高科园侧重航空装备制造。醴陵市重点打造以先进制造和陶瓷为支柱的现代工业基地。攸县推进撤县设市，构建罗霄山区中心城市和株洲市副中心城市。茶陵作为罗霄山区物流重镇，建设成以加工制造、商贸、旅游为支撑的历史文化名城。炎陵建设成以炎帝文化为特征的生态旅游强县。

四 把湘潭建设成国家智造基地和红色旅游中心

湘潭位于湘中偏东，土地面积 5006 平方公里，2018 年末全市常住人口286.5 万，同年完成地区生产总值 2161.4 亿元。湘潭产业基础较好，冶金、机电、化工、汽车、农产品深加工、旅游等领域相对突出。湘潭高新区和湘潭经开区为国家级开发区。湘潭是历史文化名城，湘湖文化重要的发源地，涌现出毛泽东、彭德怀、齐白石、曾国藩、陈赓等著名人物。

推动湘潭市区、韶山市和湘乡市的一体化建设，推进九华片区和易俗河片区设区建制。抓紧淘汰落后产能，重点淘汰污染型、高能耗型工业企业，推动老工业区向绿色、循环、低碳方向转型。重点整治下摄司钢铁工业区和湘乡重化工业区，对竹埠港片区、锰矿片区进行综合整治和环境修复。做大做强生物医药、新能源、电子信息等新兴产业。

将精品钢材、汽车及零部件、食品加工做大做强。以大数据为突破口，加快云计算中心、共享交换平台、基础数据库的建设。以智能制造为主攻方向，以自动控制和系统集成为手段，突出新能源、海工、矿山、工业机器人四大智能装备领域，推动制造业数字化、绿色化、智能化发展。高新区重点培育新能源、钢材深加工，九华经开区突出发展汽车、电子信息、先进制造；天易示范区侧重先进制造和农产品深加工。

以中心城区为主要载体，加快构建河西中央商务区、河东建设路口核心商圈、高新区科技服务集聚区、湘潭综保区进口商品贸易集聚区、昭山—盘龙大观园生态休闲集聚区，重点培育总部经济、金融保险、信息咨询、文化旅游、商贸会展等部门。对雨湖区旧城区进行改造提升，构建高品质中心商务区。调整岳塘区的功能分区，协调处理好工业区、生活区、市政、交通枢纽的发展关系。在九华片区推动产城融合发展，配套高水平的城市基础设施，争取将其改设为湘潭市第三区。推进易俗河片区融城发展，近期融合梅林桥、河口、杨嘉桥等乡镇，作为湘潭市湘江南岸新城区。

深入开发以韶山、彭德怀纪念馆为代表的红色旅游，拓展以齐白石为代表的文化旅游，发展以农博园和昭山为代表的休闲旅游。建设韶山核心景区、山市晴岚文旅小镇、昭山水上乐园、湘乡云门广场、盘龙大观园、彭德怀纪念园、"千里湘江第一湾"景区、湘锰国家矿山公园，打造齐白石世界级文化品牌。

B.36

深入实施"一带一部"战略
推动湖南经济高质量持续发展

——关于湖南"十四五"发展思路的几点建议

刘茂松 周 婷*

摘 要: 面对世界经济长周期下行和全球新型冠状病毒肺炎疫情的严重冲击,我国经济下行压力增大,年均经济增长率稳定在6%左右基本上符合"十四五"增长预期。基于此,建议湖南"十四五"时期继续深化贯彻习总书记提出的"一带一部"区位优势战略,谋划高质量发展的"集聚-集群-集约"全要素经济布局,着力抓好长株潭都市圈及国家中心城市、长岳口岸经济廊带与湘江自贸区、洞庭湖治理与绿色发展、产业结构升级与乡村振兴、县级特色产业园与振兴县域经济、建立竞争中性涉企政策与民营经济发展等六个方面重大工程,带动全局发展。

关键词: "一带一部" "十四五" 战略方向 重大工程

习近平总书记关于湖南要发挥作为东部沿海地区和中西部地区过渡带、长江开放经济带和沿海开放经济带结合部(即"一带一部")区位优势的重要指示,是党中央对湖南在长江经济带建设中战略区位的新定位和新提升,是新时代

* 刘茂松,湖南师范大学教授、博士生导师,湖南经济研究所所长,研究方向:发展经济学与产业经济学;周婷,湖南师范大学旅游学院讲师,研究方向:产业经济学与旅游经济产业经济。

中国经济战略布局的重要组成部分，是新时期湖南发展的重大战略支撑。湖南"十三五"期间实施创新引领、开放崛起战略，在发挥"一带一部"区位优势上取得了显著成效。但面对新一轮科技革命与产业革命的挑战和经济下行的压力，"十四五"期间湖南势必进一步深化落实习总书记的重要指示，优化空间经济布局和产业经济结构，促进发展要素高效聚集，实现湖南经济高质量快速发展。

一　湖南"十四五"发展基本背景

"十四五"规划具有新的时代特征和继往开来的里程碑意义，是迈进新时代开启全面建设社会主义现代化国家新征程的第一个五年规划。当前我国处于近代以来最好的发展时期，但也面临巨大的挑战。尤其是国际形势风云变幻，一方面逆全球化暗流涌动，中美经济贸易对抗激烈；另一方面世界经济仍处于下行阶段，随着2007年美国次贷危机的爆发，20世纪80年代由信息产业革命开启的世界经济长周期由上行转入下行，导致我国经济高增长终结，进入中高速增长的新常态，增长率由2010年10.3%降到2019年6.1%，已连续五年"破7入6"。特别是2020年1月以来的新型冠状病毒肺炎疫情的严重影响，进一步加剧了经济下行的压力。

基于以上分析，我国"十四五"期间经济社会发展的国际环境存在很大的不确定性风险，经济增长率稳6%或保6%估计是"十四五"时期中央总的基调。为此，在国内刺激内需形成强大的国内市场和对国外强化"一带一路"拓展世界市场，是我国中短周期政策的着力点。而长周期政策的爆破点则是科技创新，这直接关系下一轮世界经济长周期的主控地位，中国的崛起是势在必成的，科技创新及新经济是必然要突破的。当然，中短周期政策和长周期政策是功能互配的，前者是稳富即确保富起来：政策的着力点是稳进经济规模、增加劳动力就业、提高城乡居民收入；后者是竞强即全面强起来：政策的着力点是促进科技创新、发展核高基产业、培育高端人才，二者之间是基础与发展的关系，其根本依然是紧紧扭住供给侧结构性改革这个"牛鼻子"不放松，特别是要配合产业结构转型升级和新经济的发展，实施新型基本建设工程和培植新型消费模式，构建我国经济高质量可持续发展的新动力源。这就是湖南经济社会"十四五"发展的基本背景和前提。

二　"十四五"湖南发展战略方向

湖南经济增长率由2010年的14.5%降到2019年的7.6%，已连续四年"破8入7"，其增长率高于全国平均增长率的幅度由2010年的4.2个百分点已缩小到了2019年的1.4个百分点，这9年高于全国平均增长率的简单平均幅度为2.3个百分点。湖南是发展中的大省，有比较大的发展潜力。国家发改委认为中部几个省这几年经济发展快于全国，对全国起了很大的支撑作用，湖南是较为突出的。所以，"十四五"期间湖南省在追求高质量发展过程中必须想办法止住经济增长收缩的趋势，毕竟量是质的基础和前提。对应以上分析的中短周期的稳富政策和长周期的竞强政策，湖南都是有基础的，特别是新型基本建设投资和新一轮技术革命，可以说是湖南"十四五"发展的新机遇，要好好抓住。基于此，省委和省政府提出"十四五"的"三个重大"，即重大项目、重大政策、重大改革举措，这对高质量发展十分重要。那么，这"三个重大"应沿着什么方向推进？对此建议，湖南"十四五"应继续深化贯彻习近平总书记对湖南提出的"一带一部"区位优势战略，合理分工、优势互补，优化空间治理，实现由产业突进向空间重组与产业升级并进转化，以提高全要素生产率为目标，形成高质量发展"三集"的经济布局，即集聚——空间承载形式以中心城市、都市圈和城市群为主；集群——产业组织形式以产业链、供应链及价值链为主；集约——科技进步（创新）形式以共生创新、集成创新、前沿创新和优化创新生态为主，进一步深度推进以智能制造为主导的新型工业化，全面促进湖南创新引领、开放崛起。

三　湖南"十四五"几个重大工程

"十四五"时期湖南省同全国一样，面临新机遇和新挑战，面临结构性、体制性、周期性矛盾的冲击，面临全球巨大的经济下行压力，势必抓主要矛盾，解决关键问题，带动全局发展。根据对全省经济发展现状及趋势的分析，建议"十四五"时期着力抓好以下六个方面的重大工程。

（一）创建长株潭都市圈与大长沙国家中心城市

当前我国经济发展的空间结构正在发生深刻变化，中心城市和城市群正成为承载发展要素的主要空间形式。在这种新形势下，湖南的空间治理中长株潭一体化是重中之重，但一体化是路径，其目标是建设都市圈·国家中心城市。都市圈的地理学本质是在特定地域范围内，其城市土地利用整合和城市基础设施共建共享的完整地域空间组织形式，因此，都市圈的核心是超大型的中心城市。

自 2007 年以来，长株潭一体化由 1.0 版经济区模式发展到 2.0 版的城市群模式，再到现在的 3.0 版都市圈模式，最终将向 4.0 版的国家中心城市模式演进，形成在全国具有引领、辐射、集散功能的"塔尖城市"，体现国家战略、国家意志、国家使命和国家形象，这是长株潭一体化发展的客观趋势。所以，"十四五"期间湖南应深入和创造性地贯彻中央财经委第五次会议精神，深化提升长株潭一体化，以长沙为核心从城区土地利用和城区基础设施共建共享的地域空间方面整合株洲、湘潭城区，首先建设好长株潭都市圈，同武汉都市圈一道定位为中部崛起长江中游双子核心结构，然后在此基础上以整合三市建制区为核心申报创建大长沙国家中心城市。从产业集群对周边地区的带动机制方面安排，长株潭都市圈要以长沙为主导，通过有效整合培育三大优势产业链集群联结和辐射"3 + 5"环长株潭城市群：一是以轨道交通、工程机械、海工装备、通用航空、铁建重装等为主的世界级高端装备智能制造产业链集群，二是以超级计算机、移动互联网、电力机车、储能材料和硬质合金材料为主的具有世界领先水平的高科技产业链集群，三是以广电、影视、出版、动漫、文旅等为主的世界一流的文化创意产业链集群，打造全球中高端产业价值链体系，形成环长株潭城市群的核心城市（超大增长极）。

（二）建设长岳百里口岸经济产业廊带与湘江自贸区

"十四五"期间建议对湘江新区调区扩区，以金桥综合交通枢纽为中心，构建沿湘江及洞庭湖包括开福区、长沙县、湘阴县、汨罗市、岳阳县和岳阳市楼区及云溪区部分镇区在内的百公里口岸外向经济制造业廊带。充分运用湘江长沙岸线 2000 吨级霞凝港码头连接湘阴岸线 3000 吨级漕溪港深水码头、5000

吨级虞公庙港深水码头和城陵矶口岸枢纽,实现 G240、平益高速、京港澳高速公路、京广铁路及高铁同黄花国际机场联通,形成功能协调、疏密有致、协同高效、特色突出的长岳口岸经济百里制造业走廊,并联通常德、益阳口岸码头,推进"四水"航道整治,加强港口建设,构建以岳阳港、长沙港为中心,湘阴、益阳、常德、津市等港口为基础的现代化港口体系,形成湖南融入长江经济带的口岸经济群带,在此基础上申报建设湘江自贸区,以此为中心联通郴州、衡阳、湘潭、岳阳和长沙等综合保税区,形成带动湖南全面开放的平台体系。

(三)推动洞庭湖治理发展与"四水"水系建设

洞庭湖治理及生态经济区的建设是事关长江经济带建设的大事,"十四五"期间湖南应采取强有力的工程性措施治理和建设绿色化的洞庭湖。为此建议集中力量抓好三大工程。

第一大工程是"引水控流"设施建设。后三峡时代长江水系发生了重大变化,洞庭湖出现了严重的枯水现象,因此"引江济湖"和"控湖出流"就成为建设绿色化洞庭湖和长江经济带的两大关键工程。"引江济湖"工程是解决长江分支松滋、太平、藕池、调弦(1958 年堵塞)四口河系在枯水季节长江水入流的问题,这里的核心工程是实施以松滋口建闸为重点的四口河系整治。"控湖出流"工程是以畅洪控枯为运行原则,综合采取长江上游水库生态调度和控制洞庭湖水枯季出流等措施,确保洞庭湖枯季的水面面积和湘、资、沅、澧四水航道运输水位。这里的关键工程是城陵矶水利综合枢纽工程的可行性研究,要争取国家立项建设。

第二大工程是环湖公路设施建设。公路运输是长江洞庭湖综合运输体系的重要组成部分,起着联结和沟通各种运输方式的作用。洞庭湖区在"十四五"期间主要应稳步推进区内高速公路建设,按照区内成网、出口通畅的要求,构建环洞庭湖"Φ"形环线 + 纵线的环湖高速公路架网,形成包括东洞庭湖公路、南洞庭湖公路、西洞庭湖公路和北洞庭湖公路节点联通的"环湖公路圈",推进洞庭湖区物流业和环湖旅游业发展。

第三大工程是创立国家公园体制。为发挥洞庭湖生态核心功能区的作用,为长江中下游提供生态保障,建议在"十四五"期间启动洞庭湖国家公园体制创新的改革。初步设想，其范围包括东洞庭湖、西洞庭湖、南洞庭湖的湖体以及三湖连接水道和"四水""四口"尾闾，总面积约 4000 平方公里，基本达到保护江湖湿地生态系统完整性的要求。在管理体制上成立洞庭湖公园管理局，直属中央管理，中央财政预算单列。也可考虑由中央和省共同管理，中央立法，财政单列，委托湖南省代管。

（四）推进产业结构转型升级与乡村振兴

通过建立现代化经济体系，进行产业结构战略性调整升级，培育新增长点，形成新动能。首先要抓住新科技革命和工业革命机遇，发展新型装备、新型能源、新型材料、新型生物、新型制造和新型服务等"六新产业"，打造具有周期接替性的高科技产业集群。拓展新兴产业带动功能，用高新技术改造有色、钢铁、石化、建材和食品等传统优势产业，提升产品品质，开拓国内外市场。在产业结构转型升级中要高度重视发展现代服务业，建立社会化服务体系平台，充分发展研发设计、金融保险、信息服务、科技服务、智能物流、文化创意、策划咨询、服务外包、现代旅游、现代商务及居民社区服务等新兴服务业态。其次要下大力气推进农村一二三产业融合，建立现代农业生产方式，完善承包地"三权"分置制度，培育新型农业生产经营主体，全面改造小农经济，实现小农户与现代农业有机衔接，通过做好土地确权推动土地流转，实现农业生产过程的合理化、生产结果的工业化和生产经营管理的现代化，发展适度规模化合理农业、专业化基地农业、标准化品牌农业、工厂化制成品农业和多功能化跨界农业，重点突出农产品工业精深加工。此外要建立湖南乡村振兴金融工程，整合财政资金、银行资金、社会资金和农民自有资金，解决乡村振兴的资本推动问题。

（五）建设县级特色产业园区与振兴县域经济

新时代深化供给侧结构性改革的核心是以产业园区平台为支撑，全面推进经济变革，实施以培育新动能、主攻新经济为主导的战略，为此，园区企业要突出需求创造，即针对消费者（包括生产消费）潜在的、多样化的、个性化的消费需求，运用先进的科学技术知识去创造新工艺、新产品、新产业、新消费模式和新商业模式，推动高质量发展。对于湖南这样一个农业大省而言，要高度重视县域经济这个全省经济发展的"面"，带动农民充分就业和致富，关键要以绿色消费品工业为主，办好县级工业集中区产业园。为此，建议在"十四五"期间对县级工业集中区按特色化、专业化和低碳化的要求进行重组，少搞以往那种小作坊式的粗放的加工业，发展有一定规模的精深加工，突出地方特色，实现小而精和小而专的集群式生产，为乡村振兴筑好筑实产业兴旺基础。同时要集中力量发展园区平台经济，进行要素聚合，组织产业链集群。各县级产业园区应根据自身发展的需要，有选择性地建设产业集群支撑平台、人才培养支撑平台、技术创新支撑平台、资金融通支撑平台、资源持续保障支撑平台、高效营运管理支撑平台、市场开发拓展支撑平台和产业政策引导支撑平台等。

（六）建立竞争中性涉企政策与民营经济发展

高度重视新型冠状病毒肺炎疫情对企业生产经营造成的严重影响，贯彻国务院提出的"竞争中性原则"，平等对待各种不同类型企业，采取强有力的措施，建立公平统一的支持服务企业发展的政策体系。

1. 建立竞争中性的政策标准

一是针对不同企业主体精准施策，改变按所有制性质分类的传统方法，按大、中、小、微企业规模分类制定相应的政策，确保对不同所有制性质企业按市场效率原则同等对待；二是确立"市场决定"的政策标准，对企业重点实验室申报、企业高层次优秀人才评定和科技创新型企业评价、企业科技项目申评等，主要以技术研发、产品品牌和市场开拓等创新能力及业绩为基本依据。

2. 强化公平性可操作政策设计

一是解决部门政策协同问题，省政府办公厅牵头建立部门政策会审机制，制定联合实施方案，坚决克服部门政策冲突。二是采取政策条款"清单化"形式，所有政策文件应文字精准，一律以"条款清单＋责任人"的形式发布，做到指向明确、条目清晰、容易操作。三是细化明确责任主体，凡是省级重要政策必须制定相应的实施细则和操作方案，防止政策空转。

3. 推进三大涉企政策创新

学习和借鉴浙江经验抓好准入、资金、创新三大关键政策。一是建立健全企业家参与涉企政策制定机制，将不同规模、不同性质的企业代表吸收到政策制定中来。二是推广年审制、无还本续贷、循环贷等普惠融资方式，落实对民营和小微企业实行股权质押、动产抵押、商标权质押、专利权质押贷款、应收账款融资服务等具体措施，提高小微企业融资支持力度。三是专门出台支持企业科技创新平台建设政策，支持企业创办省级重点实验室、工程技术创新中心和专业化众创空间示范基地政策，并制定以引进领军型创新人才团队为主的专项政策。

4. 建设即时精准化政策服务平台

建议以各级中小企业服务中心为主体构建全省统一的涵盖国家、省、市、县四级的企业政策解读与申报服务平台，满足企业政策申报的项目检索、同行对比、项目参考、领域参考等需求，同时，制订相应政策积极鼓励和支持以企业为主体的市场化第三方服务机构发展。

5. 建立政策实施督查制度

建立规范的督查与奖惩机制，设立投诉制度，规避行政壁垒，严查渎职行为，并对政策落实及时且效果显著的单位和个人给予表彰。目前尤其要将企业对政策的知晓度、政策项目申报的便捷度、平台服务环境的优劣度作为评估和督查的重要内容。

6. 进一步优化服务企业营商环境

对标世界银行营商环境评价指标体系，打好开办企业、办理施工许可、不动产登记、缴纳税费、跨境贸易、获得水电气、获得信贷、保护投资者、解决商业纠纷、企业破产重整等10大政策服务"攻坚战"，建设以企业为主体的市场化、法制化、国际化营商环境。在实际操作过程中，要特别注意消除政策服务的盲点和死角，各政府部门应建立"专人专岗政策服务机制"，逐项跟踪服务到位；对重要项目和重要政策，要推行"政策直通车服务模式"，实行点对点服务，主动送政策服务上门。

B.37
长沙推动企业加快上市的调查与思考

长沙市政府研究室课题组*

摘　要： 金融是现代经济的血液。推动长沙市高质量发展，需要用更多金融活水浇灌实体经济。近年来，长沙始终将推动企业上市当作头等大事来抓，坚持引入更多金融活水注入企业，做了很多工作，取得了一些成绩。本文通过对长沙企业上市工作进行全面盘点，提炼了推动企业上市的工作举措，以供借鉴。

关键词： 企业　上市　长沙

资本市场是产业优化的校正利器，是高质量发展的中坚力量。一直以来，长沙狠抓企业上市工作，取得了长足发展。长沙上市公司数量从 2007 年的 28 家增长到 2019 年的 67 家，其中 A 股上市 61 家。近三年新增上市公司 16 家，数量位列中部省会城市第一。从 A 股上市数量看，长沙超过武汉（58 家）3 家、合肥（46 家）15 家，比天津和重庆（同为 52 家）多 9 家。从企业上市地区看，国内 A 股以及境外均有分布，除 A 股上市公司 61 家以外，境外上市公司 6 家，分别是香港 3 家，加拿大、新加坡和美国各 1 家。从国内上市板块看，上交所主板 16 家，深交所主板 11 家，中小板 14 家，创业板 20 家。从行业覆盖情况看，涉及工业制造业、食品加工业、文化产业等多行业，其中制造业上市公司 33 家，占比达 54.09%。从资本市场表现看，上市公司的"长沙板块"涌现出了一批"名片"企业。比如，2018 年长沙银行成功登陆上交所，

---

* 课题组组长：彭文滋，长沙市人民政府研究室党组成员、副主任；成员：王启贤、周颖、黄卫清。

成为湖南首家 A 股上市银行。爱尔眼科作为 2009 年创业板首批上市企业，多年来营收和净利保持 30% 的年均复合增长率，市值上涨超过 13 倍，逼近 1000 亿元，成为湘股最大市值公司。中联重科自 2000 年在 A 股成功上市后，2010 年在香港成功发行 H 股，在香港市场融资百亿元以上，是国内工程机械行业首家"A＋H"股上市公司。景嘉微 2016 年上市后，获资开发具有完全自主知识产权的 GPU 芯片，稳居国产航空 GPU 自主可控龙头地位。2018 年上市的御家汇成为深交所"国内 IPO 电商第一股"。三诺生物上市后，通过一系列并购再融资运作，目前已成为罗氏、强生、雅培、拜耳之后的世界知名血糖仪品牌公司。全面盘点过往，长沙推动企业加快上市步伐，重在"五力"上下功夫。

一 注重政府推动，坚持在健全工作机制上发力

经过多年的实践，长沙在推进企业上市工作上，初步形成了市与各区县市、园区纵向联动，市直各主要部门横向协调服务的工作机制。

一是组织领导上突出"强"。2018 年 1 月，长沙印发《关于建立企业上市（挂牌）联席会议及绿色通道制度的通知》，建立了以市长为总召集人，分管副市长为副总召集人，市金融办、市委宣传部、市工信局等 24 家市直单位负责人为成员的长沙市企业上市（挂牌）联席会议机制。定期或不定期召开联席会议，确定重点拟上市（挂牌）企业名单，研究、制定企业上市（挂牌）发展规划、阶段性目标，研究、审议企业上市（挂牌）"一事一议"相关问题。

二是工作责任上突出"实"。出台了《长沙市推动企业上市"百舸争流"行动计划（2018～2020 年）》，明确各区县（市）、各园区工作责任，形成了推进上市工作"一盘棋"的良好格局。长沙高新区以促进企业改制上市为重点，从孵化阶段开始培育有意向的企业进入资本市场，通过狠抓具有高成长性的"独角兽企业"及细分领域的"隐形冠军企业"，帮助企业对接境内外交易所。目前，该区瞪羚企业达 150 家，2018 年在全国高新区排名第 12 位。雨花区、天心区建立区领导联点重点企业服务机制，"一对一"帮助企业解决上市难题。望城区、长沙县、宁乡市加强企业走访调研，完善与企业互动联系机制，推动企业上市提档提速。长沙经开区、浏阳市狠抓培

训教育工作，帮助企业学习掌握最新上市政策动态和业务知识。芙蓉区以区企业上市后备资源库、企业上市中介机构库和企业上市战略投资库"三库"建设为重点，主动抓好企业培育。岳麓区强化政策引导和金融要素保障，鼓励支持企业进军资本市场。

三是部署协调上突出"合"。2019年以来，长沙坚持以开展产业项目建设年和营商环境优化年"两个年"活动为契机，以"入规、升高、上市、扩面"为主抓手，实行一季一调度，更加注重培育典型、宣传典型，创新多种形式推广上市经验，全力推进企业上市工作。重点推行市领导联点拟上市企业活动，深入企业帮助解决具体困难和现实问题。省委常委、市委书记胡衡华多次专题听取重点拟上市企业汇报，先后与上交所、湖南证监局多轮会商。市委副书记、市长胡忠雄多次现场调度推进企业上市工作。同时，积极与湖南证监局等监管部门驻长机构保持紧密联系，按季沟通基础数据、通报业务进展情况，经常邀请证监部门走访调研指导拟上市企业，共同推动企业上市工作落地见效。

二 注重锻造梯队，坚持在分类培育辅导上用力

在推进企业上市工作中，长沙十分重视挖掘培育后备资源，以企业股改为切入点，规范培育后备企业，分类建立工作台账，组建了较为完整的企业上市梯队。

一是储备面上企业。从2007年起，每年由金融部门根据国家上市和挂牌的基本要求，发布全市拟上市（挂牌）企业名单。着重筛选经营规范、前景广阔、有上市意愿的企业进入培育"笼子"，对这些企业进行培育，形成未来3～5年的上市后备军。

二是突出重点企业。对未来2～3年有实力冲击上市的企业按注册地划分，对区县、园区每年的股改、辅导报备、报审新增企业提出考核指标，确保培育重点上市企业有的放矢。目前，全市在审和辅导报备企业达20家，其中在审企业2019年新增6家，累计达8家；辅导报备企业新增5家，累计达12家。

三是狠抓关键企业。将企业上市申请材料已被中国证监会（或上交所）受理审核和在湖南证监局辅导报备的企业作为关键企业，具体包括拟上市科创

板的威胜信息和南新制药，对已经明确申报科创板的长远锂科、航天环宇和松井新材料等企业，要求金融部门实时掌握工作动态和企业需求，实行一对一、点对点地贴身服务。

三 注重激活动力，坚持在完善落实政策上着力

长沙着力构建系统完备、高效便捷的政策体系，有效激发企业上市的自身动力。

一是人才支持有倾斜。出台《长沙市建设创新创业人才高地的若干措施》和《长沙市高层次人才分类认定实施办法（试行）》等系列政策和实施细则，根据企业需求，制定"一企一策"人才引进办法，成功引进各类人才920人，其中A、B、C、D类高层次人才分别为2人、77人、291人、550人。配套解决人才落户长沙的住房、医疗、教育问题，实打实解决高层次人才的后顾之忧，留住了大批高素质人才和研发团队，为长沙发展注入了强大动力，为企业壮大提供了智力支撑，为企业上市奠定了良好基础。

二是司法服务有通道。长沙市委、市政府每次召开的企业上市工作会议，都要求公、检、法相关单位参会，通报企业上市进展和司法需求情况。市委政法委牵头印发《关于建立长沙市企业上市司法服务与保障机制的实施办法》，对需要司法服务与保障的拟上市企业，开辟绿色通道、召开专题会议协调解决，进一步加强了有关上市工作的信访维稳等系列措施。

三是费用补助有力度。配合不同时期企业上市的不同需要，修改完善了促进资本市场的若干意见，对企业上市前期费用补助从最初的50万元提升到200万元。要求区县市配套出台补助政策，对企业新三板挂牌和股交所挂牌给予适当补助，通过转板支持政策等综合性措施，全方位促进了资本市场的发展。同时，根据上交所设立科创板等资本市场最新变化，对"企业向上交所申报科创板上市申请并获受理"视同"企业向中国证监会申报上市申请并获受理"，给予同等50万元补助。目前市财政累计对343家次拟上市（挂牌）企业提供资本市场补助资金约1.68亿元，基本覆盖企业上市支付给中介的前期费用，有效降低了企业上市前的成本，大力提高了企业上市的积极性。

四 注重善作善成，坚持在精准优质服务上尽力

通过提供全方位、精准化的服务，全力消除上市障碍，让企业"轻装上阵"，能打胜仗。

一是精准培训促上市。通过"走出去"培训，开阔视野，提高上市热情。2017年，组织10余家企业"走进上交所"观摩，感受最前沿的资本市场；2018年，联合10家企业组建赴港企业团，与香港交易所专业人士举行圆桌座谈会，就企业拟赴香港交易所上市有关问题进行深入交流探讨。通过"请进来"，答疑释惑，补足上市知识。联合三大交易所开展专场培训，针对各上市板块不同特点进行分析，帮助企业选择合适的板块和交易所上市。不仅培训IPO知识，还全面普及并购重组、发行各类债券等资产证券化知识。2018年，邀请上交所举办专场培训，将对象扩展到长株潭范围，来自株洲、湘潭的100余家企业参加培训。2019年7月17日，成功举办企业科创板上市培训，通过专题培训、案例分析、专家答疑等方式，引导帮助企业加快科创板上市。

二是精准解难促上市。紧扣上市工作的关键点和艰难处，各职能部门齐心协力想办法、因地制宜解难题，对有望成功上市的企业实行全程"保姆式"服务；对于企业上市的个性问题，形成"一事一议"的调度模式，创造性地解决企业具体问题。以长沙银行上市为例，市政府成立了长沙银行上市工作联席会，由市长任总召集人，分管副市长任副总召集人，11家政府部门负责人为成员，建立会商机制，加强统筹协调；呈报省政府批复公司历史沿革确认，协调湖南银监局出具同意上市批复，对上市期间维稳情况予以处理，化解该行同业授信业务违规处罚影响；保持与中国证监会发审部门汇报沟通，指导其预披露材料更新等，协调银行间市场交易商协会支持长沙银行获取非金融企业债务融资工具B级承销资格等，推动长沙银行业务转型，保障了成功上市。从别的企业来看，力合科技、威胜信息、松井新材等公司需要外地出具本年无违法违规证明材料，市金融办在与企业电话预沟通情况下，实现当天办结，实实在在为企业上市提速；妥善解决了远大住工房产权证补办、和顺石油加油站权属办理、水业集团重组等工作。目前，远大住工在港交所等待聆讯，和顺石油预计8月底上发审会，水业集团即将成为上市公司北京惠博普的实际控制人。

三是精准履职促上市。一方面，长沙紧扣"产业项目建设年""营商环境优化年"活动要求，大力推行"一件事一次办"改革，全面推进"四个一"（一张表、一张网、一个厅、跑一次）、"四个办"（网上办、就近办、减证办、帮代办），打造"最多跑一次"改革升级版，基本实现"数据多跑腿，民众少跑腿"，市场活力和企业创造力持续激发。另一方面，各级各部门结合自身职能，坚持力量下沉、服务前移，以优质服务彰显担当作为，推动企业上市，获得广大企业广泛好评。长沙市委网信办出台《关于加强重点产业重点企业舆论引导工作的五条措施》，加强沟通协调，严肃报道纪律，全面清理企业网上不属实的历史负面信息。市公积金中心优化办事流程，积极为拟上市企业出具公积金缴存证明，截至6月底共出具49份缴存证明。市场监管局主动为上市在审和辅导报备企业开辟绿色通道，提供"一对一"登记指导服务，实行"包容式"监管。市税务局成立"税援团"，实地上门服务，限时为企业解决上市过程中的涉税难题。市科技局着力加快科创型企业培育，在上交所设立科创板消息公布后，第一时间会同市政府金融办通过省金融办、省科技厅向上交所推荐19家科创板上市后备企业。市生态环境局大力压缩审批时间，为3家企业完成环评审批，为1家企业核发排污许可证。

五 注重合作共赢，坚持在资本市场发展上协力

着力加强对内对外合作、多层多方联动，大力发展资本市场，奏响企业上市最强音。

一方面，对内抓基金筹募。以湘江基金小镇为依托，充分发挥市产业投资基金积极作用，真正实现募得到、投得出、用得好，逐步解决优质上市企业和拟上市企业资金问题。长沙产业投资基金自2016年正式运作以来，已设立10支子基金，总规模达52亿元，投资项目覆盖工程机械、移动互联、人工智能、食品、航空航天、信息安全等多条产业链，以撬动社会资本3~4倍的杠杆效应助力本地产业、本地企业大发展。同时，积极创新投资模式，联合上市公司和龙头企业，协同产业资本设立子基金，目前，已与华自科技、天舟文化、三一重工、中广天择等4家上市公司分别合作设立子基金，基金规模达19.1亿元。

另一方面，对外抓战略合作。2017 年 7 月，市政府与中信证券股份有限公司签订战略合作协议。中信证券主动发挥专业优势、资金优势和人才优势，助力加快资本市场发展步伐。2018 年，长沙与广发证券等头部券商签订战略合作协议，充分利用头部券商优质资源，为全市资本市场提供专业指导和贴身服务。同时，主动加强与各大交易所合作，强化资本市场长效合作机制。2018 年 3 月，市政府与香港交易所签署合作备忘录，开创内地省会城市与港交所合作新起点；4 月，与深圳证券交易所签订合作框架协议；7 月，与上海证券交易所签订协议，建立战略合作关系。

成绩属于过去，未来尤需努力。下阶段，建议长沙以更大的改革勇气、更强的创新意识、更实的工作作风，重点做到"三个进一步"，抓牢、抓实、抓细企业上市工作。一是进一步浓厚氛围。主动对标深圳、杭州等先进城市，不断浓厚比学赶超氛围，发挥比较优势，加快补齐短板，推动更多企业加快上市。二是进一步创新举措。对准备股改企业，合理推荐上市中介机构；对已股改企业，帮助选择合适上市板块；特别对适合申报科创板企业，主动邀请交易所和证监局上门走访，坚定申报信心，助推申报提速。大力推动上市公司、拟上市公司融合发展；建立健全产业基金充分参与的联动机制，不断提高服务上市的针对性。三是进一步加强保障。探索设立企业上市服务中心，加大实体经济与资本市场对接平台的建设，形成对企业股改、引入战投、辅导报备、申报材料、上市（挂牌）、再融资、并购重组等全链条服务。主动对接科创板注册制等政策的新变化、新特点，适时修改完善资本市场扶持政策，提高财政资金使用精确度，全力保障成熟企业上市，助力长沙高质量发展。

B.38
着力打造"院士经济"发展高地
——长沙聚力创新引领建设高品质院士产业园对策研究

摘　要： 发展"院士经济"已成为创新驱动的大趋势和地方高质量发展的新路径。本文详细介绍了长沙建设院士产业园的重大意义，深入分析了长沙建设院士产业园的综合基础优势，在学习借鉴外地先进做法和成功经验的基础上，提出聚力创新引领建设高品质院士产业园的对策建议。

关键词： 院士经济　创新引领　院士产业园　长沙

发展"院士经济"已成为创新驱动的大趋势和地方高质量发展的新路径。长沙必须抢抓发展契机，把建设高品质院士产业园作为发展"院士经济"的重大举措，大力引进国内院士，加快产业园区规划建设，抢占院士产业发展制高点，让"院士经济"成为科技引领产业创新的重要驱动力。

一　长沙建设院士产业园具有重大现实意义

建设高品质院士产业园有利于充分发挥院士的技术引领作用和对产业的强大集聚效应，多方融合创新资源，整体提升创新能力，全面增强发展动力，对

---

* 课题组组长：王德志，长沙市政府研究室党组书记、主任；副组长：彭文滋，长沙市政府研究室党组成员、副主任；成员：唐承燕（长沙市政府研究室政策处处长）、叶步林（长沙市政府研究室调研处处长）、李柏松（长沙市政府研究室政策处主任科员）、周为（长沙市政府研究室调研处主任科员）。

长沙发展具有重大的现实和战略意义。

一是推动长沙创新发展的现实选择。院士代表科技创新与知识创新的最高水平，也是行业发展方向。长沙建设高品质院士产业园，可为深化创新引领、推动高层次产学研合作搭建有效载体，将技术优势转化为发展优势，汇集更多创新人才、创新资源，大幅提升区域创新能力，走出一条科技与经济深度融合、具有长沙特色的创新驱动之路，特别是以长沙为总部辐射全省多市州，大力引进国内外院士来湘兴办面向全省产业链的市场化新型研发机构与实体，推动全球高端智力资源"为我所用"，抢占发展制高点。

二是壮大长沙产业实力的强大引擎。"院士经济"不仅能给当地带来直接经济效益，而且能形成强大的产业集聚效应。如青岛国际院士港累计实现32个院士项目落地，形成"引进一个院士，带来一个团队，落地一个项目，优化一个产业"的连锁效应，2018年主营业务收入达100亿元、税收达10亿元。长沙建设高品质院士产业园，可吸引更多企业与院士直接对接，将院士团队成果转化为现实产业，引领新兴产业实现集聚和突破，有效带动长沙传统产业加快转型升级，整体提升长沙创新能力和产业实力。

三是促进长沙发展领先的战略举措。城市竞争归根到底是人才竞争。引进一个院士会带来包括教授、研究员、博士、硕士在内的数十位"高智"，高品质院士产业园无疑带来更多技术创新活动和更大人才聚集效应。长沙建设高品质院士产业园，可为企业集聚培养高层次创新人才，为建设创新型城市提供有力支撑，助力长沙在打造科技创新高地、逐鹿城市竞争中处于领先地位。

二 长沙建设院士产业园具备综合基础优势

近年来，长沙深入实施创新引领、开放崛起战略，加快打造国家创新创意中心，创新要素加快集聚，创新氛围日益浓郁，创新能力走在前列，具备建设院士产业园、发展院士经济综合条件。

（一）长沙优势，优在区位便捷

一是拥有前瞻的发展定位。湖南湘江新区、长株潭国家自主创新示范区、长株潭衡试点示范城市群等发展定位特色鲜明，特别是长株潭国家自主创新示范区将建设成为创新驱动发展引领区、科技体制改革先行区、军民融合创新示范区，助推长沙在更大空间范围内集聚资源和要素。

二是拥有便捷的交通区位。长沙地处长三角经济区和成渝经济区东西连线、京津冀经济区和珠三角经济区南北呼应的枢纽位置，在国家发展格局中的战略地位日益凸显。黄花国际机场年旅客吞吐量突破 2500 万人次，京广、沪昆和规划建设中的渝厦三条高铁交会，可直达全国 23 个直辖市和省会城市。

三是拥有特殊的战略地位。近年长沙以全省 1/18 的土地面积和 1/10 的人口，创造出全省近 30% 的经济总量、28% 的公共财政预算收入、24.8% 的固定资产投资。特别是随着经济总量跨入万亿俱乐部，长沙建设院士产业园的资源优势是省内其他城市所不能比拟的。

（二）长沙优势，优在平台多元

一是创新平台更加完善。先后成立长沙市科技成果转化服务中心和长沙技术产权交易所，在长沙高新区设立湖南省知识产权交易中心。截至 2018 年底，全市共有各类国家级研发平台 83 家、省级研发平台 574 家，众创空间 143 家，市级以上科技企业孵化器 36 家，引进建设"诺贝尔奖工作站" 2 家，共有院士专家工作站 65 家（见表 1）。

表 1　近年来长沙市主要科技创新基础设施情况

单位：家

基础设施	2013 年	2014 年	2015 年	2016 年	2017 年	2018 年
国家级重点(工程)实验室	16	16	17	18	19	23
国家级企业技术中心	13	14	17	22	24	21
国家工程(技术)研究中心	17	17	18	18	18	17
省级工程技术研究中心	93	110	125	144	161	201
省级重点实验室	78	84	95	113	145	178
市级以上科研企业孵化器	16	19	23	28	30	36

资料来源：长沙市科技局。

二是园区平台更加夯实。2018 年园区规模工业增加值增长 12.3%，占全市规模以上工业增加值的 59.2%，对规模以上工业增长贡献率达 83.8%。长沙高新区创新能力进入全国 10 强；成立湖南省高等院校知识产权运营服务中心专门服务驻长高校知识产权成果转化。

三是企业平台更加丰富。成立全市智能制造、3D 打印、机器人、北斗安全技术等研究院,以及长沙新技术创业服务中心等规范化的科技企业孵化器 36 家,服务产业转型创新发展。引导和支持示范性众创空间建设,全市已建和在建示范性创客空间、众创空间达 40 多家,阿里、腾讯、亚马逊等企业纷纷在长沙布点。

四是高校平台更加集聚。与国内外 22 所高校(院所)加强协作,先后成立高校技术转移中心长沙联盟及湖南大学科技园、中南大学科技园等成果转化平台。特别是湖南省院士咨询与交流促进会等对接院士团队的高校服务机构比较成熟,可为院士、师生、合作伙伴提供科技成果转化全链条服务。

(三)长沙优势,优在创新能力

一是高校科研院所较多。长沙现有 58 所高校、113 家科研院所,高技术创新人才众多。特别是湘籍院士较多,大批院士项目进入产业化或扩大规模阶段,有着强烈的在湘转化愿望。据统计,湖南省院士咨询与交流促进会现联络湘籍院士 134 名,多位院士拥有先进成果并希望把研发技术带回湖南做产业。如谭蔚泓院士提出的核酸适体技术处于世界领先地位,目前正和湖南湘雅、上海仁济医院合作,就产业化落地事宜进行安排。

二是高新技术企业较多。长沙坚持以智能制造为统领,加快推进传统优势产业智能化改造,智能制造试点示范企业达 464 家,其中国家级智能制造试点示范企业及专项 27 个,居全国省会城市第一。2018 年高新技术企业达 2359 家,高新技术产业增加值占 GDP 比重达 30.2%(见表 2)。

表 2　长沙市 2013~2018 年高新技术产业发展情况

项目	2013 年	2014 年	2015 年	2016 年	2017 年	2018 年
高新技术企业数(家)	922	873	904	1111	1594	2359
高新技术产业总产值(亿元)	5140.0	6427.0	8611.0	9569.0	11440.0	10200.0
增　幅(%)	—	18.0	17.8	17.0	19.6	15.1
高新技术产业增加值(亿元)	1052.0	2232.0	2730.0	2868.0	3511.0	3319.2
增　幅(%)	—	21.2	17.8	16.2	14.5	14.3
高新技术产业增加值占 GDP 比重(%)	21.0	28.5	32.1	30.8	33.3	30.2

注:2018 年高新技术产业总产值、增加值的统计口径及统计数据有调整。

资料来源:长沙市科技局。

三是创新成果转化不少。引入浙江大学、美国明尼苏达大学等18家境内外高校在长设立技术转移机构，组建24家产业技术创新战略联盟。同时开展系列大型政产学研对接活动，引导一大批科技成果在长转化，2018年全市完成技术登记合同成交额145.15亿元，占全省52%。

四是创新指数持续攀高。"十三五"以来，全市获得国家级科技奖34项，居中部第二，获省级科技成果奖励431项。专利申请量和授权量居全国前10，每万人有效发明专利拥有量29.6件，居全国省会城市第6位，科技创新发展指数居全国第14位。

（四）长沙优势，优在发展环境

一是政策的覆盖面宽。出台了"科技创新1+4"政策体系，推出企业创新、科技平台、成果转化、科技金融结合等配套措施，形成6大类创新全链条政策体系，把创新资源和服务投向企业。

二是人才的吸纳力强。实施"科技创新创业领军人才五年计划"，认定和支持长沙市科技创新创业领军人才124名。市域范围内共引进国际高端人才101名、团队17个；"3635"人才计划引进急需紧缺型人才255名。"人才新政22条"实施以来，吸引31800多名人才落户。目前，长沙院士总数62名，人才总数达到110万名。

三是投入的增长率高。2013～2018年，长沙R&D经费年均增长15.85%，其中2018年科技资金预算达24.82亿元，撬动高新技术企业投入研发费用84.78亿元，全社会研发投入达280亿元，占地区生产总值的比重达2.6%（见表3）。

表3　长沙市2013～2018年创新投入情况

创新投入情况	2013年	2014年	2015年	2016年	2017年	2018年
科技发展资金（亿元）	3.176	3.176	3.250	3.576	3.576	3.820
全社会研发经费支出（亿元）	134.400	153.700	172.750	198.710	256.000	280.000

资料来源：长沙市科技局。

三　长沙建设高品质院士产业园的对策建议

尽管长沙具备建设院士产业园的综合优势，但仍存在院士资源利用不够、院士成果在长转化不多、体制机制不畅等突出问题。下一步，长沙应充分借鉴外地经验，全面实施"院士经济"发展工程，着力打造全国领先、全球知名的高品质院士产业集聚园区。

（一）着力明晰院士产业园发展定位

一是聚焦目标定位。突出"高精尖缺"导向，把建设院士产业园作为打造创新集聚大平台、重塑高质量发展基因、推动高质量发展的战略举措来推进，建设以院士创新创业为服务内容的科技成果转化基地、创新人才聚集高地和高端智慧产业园区，打造国际一流的科技成果转化中心、创新人才集聚地、国际学术交流中心，力争3年内集聚10个以上院士团队、50家以上院士及相关产业项目。

二是聚焦特色定位。充分挖掘长沙院士资源禀赋和园区建设经验，大力将湖南籍的世界知名院士、中国"两院"院士引进长沙，紧扣优势实施创新攻关，做到集科研、孵化、企业等要素于一体，加快打造独具长沙特色的院士集聚园区和产业孵化平台，实现高端人才、高端技术和高端产业的完美融合。

三是聚焦产业定位。紧扣院士科技创新成果和产业孵化要求，结合全市22条产业链中的重点优势产业和战略性新兴产业布局园区产业发展，特别要瞄准网络信息技术、生物医药、高端装备制造等未来发展前景好和市场持续火热的产业领域，让院士创新成果真正落地开花结果。

（二）着力谋划院士产业园发展布局

一是进行科学选址。综合考量区位优势、人才资源、科技基础、交通运输、土地利用、周边环境等因素，建议院士产业园选址创新资源丰富、科技企业集聚、科研氛围浓厚、基础研究条件较好的湘江新区，尤其是选址岳麓山国家大学科技城布局建设总部基地，同时按照相对集中和有限分散相结合的原则，既努力建设院士产业发展的"主阵地"，又灵活打造现有院士产业项目的"发展区"，做到面点结合、优势互补、齐头并进，形成"一总部多基地"的发展格局（"一总部"即湖湘院士产业园研发总部，"多基地"为长沙及省内相关产业园区生产承载基地）。

二是实施功能分区。按照"生态良好、生产集约、生活便利"要求和

"办公、生活服务配套与生产适当分离"原则进行功能区域划分，细分院士科技研发区、技术试验区、成果孵化区、批量生产区、公共服务区等区域功能，各功能区之间做到既相对集中、特色鲜明，又紧密联系、功能互补，使科研、生产、生活等有机衔接。特别要规划好科技研发区这一核心功能区，有效承载院士实验室、研究院、工程中心、技术中心等研发平台，实现平台和设备共建共享。

三是加强整体规划。按照"多园一规、多规合一"要求，融集约、紧凑、效益和环境为一体，充分考虑现有条件，从发展定位、发展模式、规模需求、区域统筹、用地布局、公共配套、综合交通、基础设施、分期建设等方面对院士产业园进行统筹规划。同时加强园区建筑风格与色彩控制，让院士产业园彰显湖湘特色和长沙元素。

（三）着力创新院士产业园发展路径

一是坚持以需求为基础。以市场、产业、创新需求为导向，根据国家和地方产业结构调整升级、经济发展方式转变的总体要求，围绕全市战略布局及园区产业定位精准引进院士团队、突出发展相关产业。特别是要广泛征询企业和产业发展需求，筛选一批亟待解决的技术难题交由相应的院士团队集中进行技术攻关，有效增强创新的针对性和精准度，带动关联产业创新发展。

二是坚持以项目为核心。以产学研合作项目为纽带，围绕园区战略目标、产业定位、院士及其创新团队的专业特点和研发方向等，坚持靶向招商、点位招商、精准招商，积极引进一批地区总部、研发中心等功能性机构落户园区，整体增强园区的创新能力。高度重视创新技术孵化和产业化工作，加强与中南大学、湖南大学、国防科技大学等科研院所合作，充分发挥院士团队的智慧优势、科研院所的人力优势和企业产业化优势，重点孵化一批低能耗、高科技、无污染项目，更好实现强强联合、互利共赢。

三是坚持以企业为主体。按照院士产业园的产业链分工情况，支持一批有竞争实力、有发展前景的科创型企业与院士创新团队拓展合作范围，加大合作力度，突出打造一批质量高、效益好、后劲足、带动力强的高新技术企业，加快推动科技创新成果转化和产业化。

（四）着力打造院士产业园发展平台

一是用好战略平台。抢抓全市重大战略平台建设契机，将院士产业园列为重要内容进行整体谋划、统筹建设，特别是围绕全市22条产业链，以院士产业园为平台构建一批产业技术创新联盟，加强共性关键技术研发，推动跨领域协同创新，探索形成联合攻关、利益共享、市场化运营的创新发展模式，将院士产业园打造成全市新的重大战略平台。

二是做强创新平台。有效发挥已有院士的科研资源优势，申请建设一批国家重点实验室和国家工程实验室，建立更多产业技术研究院。支持院士发挥创新引领和科研攻关作用，重点在自主可控信息技术、航空航天、电子信息、新材料、生物医药等领域实现新的突破。同时，充分发挥院士工作站的影响力和知名度，广泛集聚省"百人计划"、紧缺急需人才等，增强创新发展动力。

三是完善转化平台。大力支持高校科技成果转化服务机构对接院士成果，促进转化落地。鼓励支持高新技术企业与院士工作站等创新机构开展多层次合作，加快形成资源共享、风险分担、协同发展的区域产学研创新联盟，支持创新成果转化。完善知识产权交易数据平台，探索创新技术专利抵押、技术转让、技术资本化等新型交易模式，推动更多创新技术走出实验室、走向市场。

（五）着力破解院士产业园发展难题

一是破解融资难题。坚持政府主导、市场运作，放大政府性资金的引导作用，多渠道筹措园区建设资金。针对院士产业园特征，重点推行知识产权质押、股权质押等融资模式帮助企业化解短期内融资难题，并鼓励支持高新技术企业加快上市和新三板挂牌步伐，实现市场化融资；成立科技成果转化基金，采取"普惠＋专项"方式，根据相关进度支持院士产业园科技成果转化。

二是破解用地难题。将院士产业园建设用地需求纳入全市项目建设用地计划予以优先保障、优先办理手续，同时包装好、策划好一批重点项目积极向上争取用地指标，并采取"一事一议""飞地"等办法解决用地难。

三是破解配套难题。落实"产城融合"理念，坚持产业发展与城市功能完善同步推进，适度超前为院士产业园建好基础设施，健全公共服务体系，统筹做好社会事务管理。尤其要高度重视院士等高素质人才对高品质生活的需求，解决后顾之忧。

（六）着力强化院士产业园发展保障

一是强化组织保障。市委、市政府成立专门的领导机构统筹推进院士产业园建设，并根据产业链分工成立专门的工作班子跟进服务、定期调度，协调解决建设过程中的困难问题。

二是强化政策保障。全面整合各类产业发展政策、用地政策、招商引资政策、税收优惠政策和人才服务政策等，并根据园区建设和企业发展需要及时出台相关政策，完善推动院士产业园建设的"政策包"。

三是强化机制保障。持续深化"放管服"改革，加快向园区下放系列行政审批事项，为入园企业提供工商、行政、项目评审等一站式政务服务，形成推动院士产业园建设的良好氛围。

B.39

整合利用创新资源　助推融合创新发展

——关于整合利用在长高校及科研院所创新资源的调研报告

张庆和*

摘　要： 高校和科研院所是知识创新的策源地、人才培育的主阵地。长沙市高校和科研院所具有创新基础优、科研实力强、校地融合好等特点，为建设现代化长沙提供了有力支撑。但也面临着研发支出少、成果转化率低、人才留长少等问题。因此推动在长高校和科研院所与长沙实现更高层次、更有品质的融合创新发展，要找准结合点，坚持双向联动、深度互动，纵深推进、持续发力，让在长高校和科研院所为长沙发展提供更多动力。

关键词： 创新　科研　成果转化　长沙

高校和科研院所是知识创新的策源地、人才培育的主阵地。全面整合辖内高校和科研院所的创新资源，大力推进高校和科研院所与地方实现融合发展，是助推各地加快创新发展的重要途径。为全面掌握在长高校和科研院所与地方创新合作情况，更好推动长沙经济社会融合创新发展，近期，课题组开展了专题调研并提出了对策建议。

一　基本现状

近年来，长沙高度重视对高校及科研院所创新资源的挖掘利用，通过持续

---

* 张庆和，长沙市政协副主席，中国民主同盟长沙市委员会主委，长沙市市场监督管理局局长。

加大对创新发展的财政投入、政策配套、设施建设、主动服务等，有效激发 58 所在长高校和 99 家科研院所的创新活力，支持各创新主体为建设现代化长沙提供了有力支撑。

一是创新基础优。目前长沙共有高校 58 所，其中一本院校 10 所、二本院校 8 所、三本院校 6 所、高职高专院校 34 所，2018 年共有在校研究生 6.76 万人、本科专科生 63.6 万人；中南大学、湖南大学、湖南师范大学、长沙理工大学、湖南农业大学、中南林业科技大学、湖南工商大学、湖南中医药大学、长沙学院等 9 所高校共有国家重点实验室 22 个、国家级科研平台 56 个。长沙共有各级科研院所 99 家，其中中央驻长 16 家、省属 69 家、市属 14 家。

二是科研实力强。2016 ~ 2018 年，58 所在长高校 R&D 经费支出分别达 18.36 亿元、20.48 亿元、26.42 亿元，共获专利授权 11773 件，其中 2018 年获专利授权 2364 件，占当年全市的 49%。99 家科研院所 2017 年 R&D 经费支出为 10.22 亿元。2018 年，据国家自然科学基金统计数据，在长高校及科研院所（不含军事学院）分获项目 912 项、44 项，总数占湖南省的 75%。

三是校地融合好。近年来，58 所在长高校毕业生在长就业情况相对稳定，2019 年留长创业就业学生为 6.5 万人，在长就业率为 45.3%。2015 ~ 2018 年，中南大学、湖南大学、湖南师范大学等 9 所在长高校共有 2266 项创新成果在长转化，转化合同金额达 12.94 亿元，转化率达 9.5%。至 2018 年底，58 所在长高校、99 家科研院所服务企业、服务农村科技人员超 2 万人。

二　存在问题

尽管各在长高校和科研院所与长沙融合发展取得长足进步，但对标先进城市发展要求，仍存在一些突出问题。

一是科技研发支出少。2016 ~ 2018 年，58 所在长高校年 R&D 经费总支出分别仅占长沙市同期 R&D 经费支出的 9.24%、8.26%、9.9%，与南京、杭州等城市高校 20% 左右的占比差距较大。2018 年中国高校人均科技经费排位前 100 名中，在长高校只有湖南大学和中南大学，分别居第 31 位和第 87 位。2017 年 58 所在长高校、99 家科研院所 R&D 经费支出仅占全市的 12.8%，低于全国 21% 的平均水平。

二是成果转化率低。目前在长高校科技成果平均转化率为9%左右，与全市26%的科技成果就地转化率相距甚远。2015～2018年，中南大学、湖南大学、湖南师范大学等9所重点在长高校实现转化的2266项成果中，在长沙就地转化仅有600项，合同总金额2.14亿元，分别占高校科研成果转化的26.5%和16.5%。99家科研院所的科技成果转化应用也处于较低水平。

三是人才留长少。2016～2019年，58所在长高校毕业生在长就业率分别只有43.8%、44.7%、44.1%、45.3%，毕业生在长就业率整体不高，特别是中南大学、湖南大学2019年毕业生在长就业率分别为25.7%、21%，远低于华南理工大学85.5%、复旦大学73.9%的毕业生本地就业率。近年来，99家科研院所科研型、创新型人才外流现象也比较严重。

三　对策建议

推动在长高校和科研院所与长沙实现更高层次、更有品质的融合创新发展，必须找准结合点，坚持双向联动、深度互动、纵深推进、持续发力，让在长高校、科研院所为长沙发展提供更多动力。

一是完善校地合作机制。建立健全校地联席会议制度，由市主要领导及各高校和科研院所主要负责人参与，定期召开联席会议，研究推动校地融合创新发展的系列办法举措，确保信息及时沟通、工作及时对接、诉求及时反馈。建立健全重大事项双向合作机制，由当地政府、市直相关单位主要负责人及高校和科研院所共同协作，妥善处理校地合作过程中的校园建设、人才培育、协同创新、成果转化等重大事项，尤其要完善科创平台共建共享办法、科技成果转化引导办法，增强各高校和科研院所与长沙22条产业链的关联度，全面凝聚推动长沙创新发展的强劲合力。建立健全问题协商机制，采取一事一议、一个项目一议等办法，帮助各高校和科研院所解决好重点疑难问题，为高校和科研院所创新发展营造良好的环境。

二是大力开展协同创新。就对接服务各高校和科研院所开展协同创新出台专门举措，由市科技局牵头，市直各相关单位参与，鼓励支持各高校和科研院所主动融入长沙产业发展需求，加强与政府部门和龙头企业合作，重点在工程机械、高新制造、新材料、大数据等领域共建一批创新平台、开展一批创新协作、突破一批创新技术、转化一批创新成果。尤其要认真落实"制造业高质量发展20条"，聚焦"三智一自主"，鼓励支持各高校和科研院所与市直各单位和各企业协同开展技术攻关、创新攻坚，抢占制造业发展制高点；学习合肥与清华大学、中科院、安徽大学合作办学办法，办好马栏山新媒体学院等，做好订单式人才培育工作，培育更多创新实用型人才。市直各相关单位要完善创新配套政策，明确税收优惠和收益分配等办法，设立科技成果转化基金和风险基金，支持各高校和科研院所与企业合作进行创新，夯实长沙制造业等产业高质量发展基础。

三是推动成果就地转化。市直各相关单位要抓紧制订专门的促进高校和科研院所创新成果在长转化办法，设立科技成果转化基金或风险基金，完善科技成果转化综合服务平台，为科研人员提供政策指导、需求对接、资金支持、中介服务等，有效引导各高校和科研院所将系列创新成果在中南大学科技园、湖南省大学科技产业园等地实现就近转化。市直各相关单位要抓紧升级并落实鼓励高校和科研院所科研人员从事创新研发、技术攻坚、应用转化的激励政策，出台有针对性的科技成果转化税收优惠办法，落实科技成果转移转化收益70%归还创新团队的最新要求，并将科技创新成果转化应用情况、民主党派评奖情况等作为科研人员晋级评优的重要依据，支持科研人员根据发展需求来开展科技创新。各高校和科研院所应鼓励科研人员聚焦长沙产业发展来创新创造，同时将系列创新成果优先在长沙各园区、企业转化为实际生产力。

四是培育留住创新人才。市直各相关单位要抓紧完善"人才政策22条"配套措施，将高校和科研院所师资力量引进列入全市人才引进计划予以扶持，对高校毕业生和科研人员创新创业给予重点帮扶，努力解决他们的学习、工作和生活需求，让高素质人才能享受到与北上广等地无差别、比深圳更优质的服务，为他们创新平台、创造舞台，更好更多留住创新人才。各高校应科学调整专业学科设置、优化人才培育模式，增设与智能制造、电子信息、文化创意等产业相关的学科，推行"教学工厂""现代学徒制"等办法，培育更多紧缺型、急需型人才；宣传好长沙的发展前景、引才政策等，引导大批学子毕业后留在长沙、建功长沙。各高校和科研院所应进一步改善科研人员创新环境，提质综合保障能力，大力引进、培育、留住一批高水平的创新人才。

五是实现校园共建共享。市直各相关单位要主动上门服务，加大对各高校和科研院所的综合配套力度，优化交通、环卫、医疗等基础设施，统筹推进校区周边人居环境改造，加大社会综合治理力度，着力打造"最美校区""平安校区"。积极引导各高校和科研院所结合长沙品位品质品牌城市建设要求，进一步优化学校空间布局、配套设施、人文环境等，让广大师生学习、生活更便捷、更舒心。各高校和科研院所应认真落实打造"无围墙校区"的要求，积极开放实验室、礼堂等方便企业前来开展科学研究、知识讲座，开放体育馆、图书馆、食堂等方便周边居民前来锻炼、学习、就餐，让广大企业和周边市民共享校园建设成果；广泛动员师生前往周边街道、社区开展文明创建、民情走访、中小学课外辅导等活动，为附近居民提供力所能及的社会服务。

附　　录

Appendices

B.40
2019年湖南经济与产业发展大事记

1月1日，中国民营经济创新发展高峰会在湘潭召开。全国人大常委会原副委员长、民革中央原主席周铁农出席活动，全国政协原副主席、农工党中央原常务副主席刘晓峰宣布活动开幕。

1月2日，省政府与中国远洋海运集团有限公司在上海签署战略合作框架协议。

1月11日，中联重科全新打造的塔式起重机智能工厂在常德开园，这是全球最大的塔机智能工厂，拥有12条自动化生产线、100多台工业机器人、1万多个传感器。

1月20日，由中联重科股份有限公司投资建设、运营管理的中联智慧产业城项目启动仪式在湖南湘江新区举行。省委书记杜家毫宣布项目正式启动，也拉开了长沙2019年产业项目建设年活动的序幕。省委副书记、省长许达哲在启动仪式上讲话。

2月2日，省统计局发布数据，2018年湖南省完成建筑业总产值9581.44亿元，同比增长13.8%。2016～2018年，湖南建筑业总产值连续突破7000亿元、8000亿元、9000亿元大关，稳步向万亿元产业挺进。

2月15日，湖南省电子信息产业再上新台阶。省工信厅发布消息，2018年全省电子信息全行业实现主营业务收入2169.9亿元，同比增长11.4%，呈现快速增长态势。

3月22日，马栏山视频文创产业园通过公示，成为中宣部、中央网信办、科技部、文化和旅游部、广电总局共同认定的首批国家文化和科技融合示范基地，全国仅5个集聚地获此殊荣。

3月25日，省促进非公有制经济和中小企业发展工作领导小组办公室发布《2018年全省非公有制经济和中小企业发展报告》。报告显示，2018年，全省非公有制经济实现增加值21224.54亿元，同比增长7.6%，占全省GDP的58.3%；实缴税金2564.87亿元，同比增长19.5%，占全省实缴税金的63.1%。

3月27日，一笔总额为312.12万元的耕地占补平衡指标交易税费，在桂东县税务局征收入库。据悉，这是全国此类项目入库的第一笔税费，标志着耕地占补平衡指标交易纳税正式开征。

3月28日，"中国V谷"马栏山视频文创产业园在北京举行马栏山时间专场招商推介会。会上，观众网华南总部基地、梅兰芳艺术基金会马栏山国艺复兴项目、国家广播电视总局发展研究中心战略合作项目、中国联通网络技术研究院（国家工程实验室）马栏山大数据应用项目、北京中技国达文化"中青视界"短视频项目等五个项目成功签约落户马栏山。

3月29日，湘产又一高端材料挺进国际市场。中车时代新材料科技股份有限公司透露，三星公司推出全新 Galaxy S10 系列旗舰手机，使用的高性能聚酰亚胺薄膜，70%来自中车时代新材的聚酰亚胺薄膜生产线。该生产线也是目前国内唯一实现批量制造的化学亚胺法制膜生产线。

3月29日，省政府印发《湖南省完善进出口商品质量安全风险预警和快速反应监管体系切实保护消费者权益工作实施方案》，提出了四个方面共18项具体措施，保障进出口商品质量安全。

3月29日，湖南黄金集团入驻长沙市经开区，全力推进集团100吨黄金精深加工项目建设，通过提升产业集聚度，引进一批黄金、珠宝加工企业进驻，共同打造湖南黄金珠宝产业园，形成一个新的千亿元产业集群。

3月29日，在恒丰银行长沙分行成功落地"华泰佳越－梅溪湖一期资产支持专项计划"投资业务，为梅溪湖投资（长沙）有限公司缓解了资金需求上的燃眉之急。据了解，这也是湖南首笔企业 CMBS 业务。

4 月 2 日，2019 互联网岳麓峰会在长沙举行。主题为"智能网联·于斯为盛"。据介绍，本届盛会规模空前，H5 邀请函访问量超 12.1 万人次，报名人数超 3 万，参会人数 1.1 万余人。

4 月 4 日，长沙智能终端产业基地华为 HUB 仓项目、京东湖南亚洲一号项目先后在长沙国家级望城经济技术开发区开工，两个项目总投资达 32.5 亿元。

4 月 19 日，省扶贫办公布了《湖南省人民政府关于同意新邵县等 13 个县市区脱贫摘帽的批复》（以下简称《批复》）。《批复》指出，经过实地检查和第三方实地评估，新邵县、绥宁县、武冈市、永定区、慈利县、安化县、江华瑶族自治县、辰溪县、新晃侗族自治县、芷江侗族自治县、会同县、靖州苗族侗族自治县、双峰县等 13 个县（市、区）符合贫困县退出条件，同意脱贫摘帽。

5 月 7 日，长沙黄花国际机场水果指定监管场地项目全面建成，并通过了海关总署的考核验收，成为湖南省首个进境水果指定口岸。这意味着湖南省进口水果必须从外地口岸通关的历史将结束，更多进口水果将从国外直达长沙。

5 月 14 日，以"经济高质量，生活更美好"为主题，首届全球高端制造业大会在长沙举行。大会由著名国际经济组织——亚太总裁协会发起，与长沙市政府联合主办。来自 60 多个国家和地区的全球重要企业领导人、政府官员、知名专家学者、著名投资家与金融家参加大会。

5 月 15 日，2019 长沙国际工程机械展览会在长沙国际会展中心开幕，这是湖南省迄今举办的国际化程度最高、行业影响力最大的专业展会。

5 月 18～20 日，第十一届中国中部投资贸易博览会在江西南昌举行。湖南省作为中部六省之一，在本次中博会共签约项目 85 个，签约总金额 1215.557 亿元，主要涉及工业制造业、能源与城市基建、农业产业化、第三产业及其他产业等项目。

5 月 18 日，光明日报社联合经济日报社在第十五届中国（深圳）国际文化产业博览交易会期间发布了第十一届"全国文化企业 30 强"名单。中南出版传媒集团股份有限公司、芒果超媒股份有限公司和湖南电广传媒股份有限公司等 3 家湖南文化企业进入行列。张家界魅力文旅发展有限公司首次进入提名企业名单。被认定企业数量是湖南历届以来最多的一次。

6 月 11 日，"鲁商入潇湘"经贸合作交流会在长沙召开。

6 月 12 日零时 50 分，一架 CZ6043 航班从长沙黄花国际机场飞往肯尼亚首都内罗毕。这标志着，中部首条直飞肯尼亚、湖南首条直飞非洲的定期航班开通。

6 月 17 日，工业和信息化部近日公布第一批 248 家专精特新"小巨人"企业名单。其中，长沙金龙铸造实业有限公司等 10 家湖南企业上榜。

6 月 25 日，中国（长沙）马栏山视频文创产业园部省共建推进工作会议在北京举行，国家广播电视总局副局长、党组成员高建民，副省长吴桂英出席。现场签署了部省深度合作三项协议，从技术、交流和规划三大领域推进"中国 V 谷"雄起。

6 月 26 日，网上中非经贸博览会正式上线。

6 月 27 日，首届中国－非洲经贸博览会开幕式暨中非经贸合作论坛在湖南长沙举行。中共中央政治局委员、国务院副总理胡春华出席开幕式，宣读习近平主席贺信并致辞。

6 月 27 日，2019 湖南与央企对接合作大会在长沙举行。

7 月 29 日，全省产业项目建设推进现场观摩会在邵阳召开。

8 月 1 日，省红茶产业发展促进会在长沙成立。

8 月 6 日，省政府与腾讯公司在长沙签署深化合作框架协议。省委副书记、省长许达哲与腾讯公司董事会主席兼首席执行官马化腾出席并共同见证签约。

8 月 24 日，在岳麓山大学城，由中联环境、酷哇中联、中国移动联合推出的全球首个 5G 无人驾驶环卫机器人编队首次集体亮相。

8 月 31 日，占地约 1500 亩的中联重科智慧产业城挖掘机械园，在湘江新区破土动工。挖掘机械园是中联重科智慧产业城动工兴建的第一个项目，标志着中联重科智慧产业城正式开工建设。

9 月 1 日，中国企业联合会、中国企业家协会发布 2019 中国企业 500 强榜单，湖南 6 家企业上榜，分别是湖南华菱钢铁集团有限公司、湖南建工集团有限公司、三一集团有限公司、湖南博长控股集团有限公司、大汉控股集团有限公司、步步高投资集团股份有限公司。

9月6日，长沙经开区与三一集团举行三一智联重卡项目签约。该项目总投资220亿元，是实体经济与互联网深度融合的典范。

9月10日，2019世界计算机大会在长沙梅溪湖国际文化艺术中心开幕。

9月12日，外交部和湖南省人民政府，举行主题为"新时代的中国：创新湖南，融入世界"的外交部湖南全球推介活动。

9月22日，2019年湖南国际文化旅游节在郴州市宜章县莽山开幕。

10月3日，总投资约2.5亿元的云港生物胆汁酸项目，在常德经开区开工建设。项目建成投产后，将成为全国最大的胆汁酸生产基地。

10月16日，2019年亚太绿色低碳发展高峰论坛在长沙开幕。

10月18日，2019中国国际轨道交通和装备制造产业博览会在长沙开幕，并长期落户湖南。

10月25日，第二十一届中国中部（湖南）农业博览会在长沙开幕。

10月28~30日，2019湖南经济合作洽谈会暨第九届（全球）湘商大会在益阳市举行。

11月13日，省政府与英国林肯郡议会在长沙举行签约仪式，签署《关于湖南省人民政府与林肯郡议会成立工作组制定五年友好交流合作计划备忘录》等合作文件。

11月15日，全省新时代产业工人队伍建设改革推进会在长沙召开。

11月20日，长沙直飞尼泊尔首都加德满都的定期航线开通，这是湖南首条直飞南亚航线。

11月22日，IEF2019湖南·马栏山国际数字娱乐嘉年华在长沙开幕。

12月6日，纯LNG（液化天然气）燃料动力客船——东江湖金龙舫在资兴市东江湖投入使用。这是我国首艘纯LNG燃料动力客船，开启我国LNG清洁能源客运船舶应用序幕。

12月7日，省政府办公厅正式印发《关于加快推进企业上市的若干意见》，提出实施企业上市"破零倍增"计划。力争到2025年，全省境内外上市公司数量达到200家以上，直接融资总额增长50%以上，资产证券化率提高5%以上，居中部省份前列；暂无上市公司的市州要实现"零的突破"。

12月20日，省委经济工作会议在长沙召开。省委书记杜家毫在会上发表讲话，总结2019年经济工作，分析当前经济形势，部署2020年经济工作，明确总体要求和目标任务。

12月26日，湖南省与中国工程院签署科技创新合作协议。

12月28日，第七届中国旅游产业发展年会27日在三亚举办，会上揭晓了2019年中国旅游产业影响力风云榜评选结果。在12类奖项中，湖南斩获7个项目（单位）奖，获奖数量位居全国前列。

B.41
参考文献

[1] 曹娴：《5G来了，湖南在行动》，《湖南日报》2019年6月21日。

[2] 曹娴、陶韬：《2019，令人振奋的湖南制造业高质量发展"答卷"》，《湖南日报》2020年1月9日。

[3] 车海刚、江宜航、杜悦英、张菀航：《中国中车：跑出自主创新的"中国加速度"》，《中国发展观察》2019年10月20日。

[4] 陈先毅、宁越敏：《大城市郊区乡村城市化研究——以上海为例》，《城市问题》1997年第3期。

[5] 陈秩分、王国刚、孙炜琳：《乡村振兴战略中的农业地位与农业发展》，《农业经济问题》2018年第1期。

[6] 丁胜：《乡村振兴战略下的自发秩序与乡村治理》，《东岳论丛》2018年第6期。

[7] 樊杰、刘毅、陈田、张文忠、金凤君、徐勇：《优化我国城镇化空间布局的战略重点与创新思路》，《中国科学院院刊》2013年第1期。

[8] 郭晓鸣、张克俊等：《实施乡村振兴战略的系统认识与道路选择》，《农村经济》2018年第1期。

[9] 韩长赋：《实施乡村振兴战略，推动农业农村优先发展》，《人民日报》2018年8月27日，第7版。

[10] 湖南省交通运输厅：《书写交通强国建设湖南新篇章》，《湖南日报》2020年2月19日。

[11] 湖南省人民政府发展研究中心：《多措并举 努力克服新冠肺炎疫情对湖南经济的不利影响》，《湖南日报》2020年2月10日，第04版。

[12] 胡伟林：《"一脱贫三促进六个全覆盖" 湖南省2020年决胜全面小康》，《中国经济导报》2020年1月10日。

[13] 黄汝兮：《加强产业生态建设 助推鲲鹏加速腾飞》，《长沙晚报》2019

年 12 月 22 日。

［14］黄祖辉：《准确把握中国乡村振兴战略》，《中国农村经济》2018 年第 4 期。

［15］林聚任、刘佳、梁亮：《乡风文明与当前农村新型社区建设——以山东省"乡村文明行动"为例》，《中国农业大学学报（社会科学版）》2018 年第 3 期。

［16］黎红梅：《着力"四个融合"，带动区域现代农业发展》，《湖南日报》2018 年 12 月 4 日，第 8 版。

［17］刘昆：《加力提效实施积极的财政政策》，《求是》2019 年第 10 期。

［18］刘昆：《积极的财政政策要大力提质增效》，《求是》2020 年第 4 期。

［19］刘麟：《轨道交通：湖南呈现给世界的"新名片"》，《经济日报》2019 年 10 月 16 日。

［20］刘永涛、陈慧：《湖南各项贷款余额逾 42415 亿元》，《湖南日报》2020 年 1 月 17 日。

［21］刘合光：《乡村振兴战略的关键点、发展路径与风险规避》，《新疆师范大学学报（哲学社会科学版）》2018 年第 3 期。

［22］刘守英：《乡村振兴战略是对重农业轻乡村的矫正》，《农村工作通讯》2017 年第 21 期。

［23］刘茂松等：《湖南崛起论》，湖南人民出版社，2008。

［24］刘茂松：《"一带一部"战略策论——工业化反梯度推移发展战略专题研究》，经济科学出版社，2019。

［25］陆大道、樊杰：《2050：中国的区域发展：中国至 2050 年区域科技发展路线图研究报告》，科学出版社，2009。

［26］吕建文：《城市近郊乡村农业产业振兴路径探析——以阳泉郊区为例》，《中共山西省委党校学报》2018 年第 5 期。

［27］潘文静：《确保疫情过后一批重点项目立即开工复工》，《河北日报》2020 年 2 月 7 日。

［28］齐旭：《湖南：先进制造业挺起高质量发展脊梁》，《中国电子报》2020 年 1 月 14 日。

［29］秦慧英：《高位突破 高端争锋》，《湖南日报》2018 年 4 月 9 日。

［30］石建辉：《关于湖南省 2019 年预算执行情况与 2020 年预算草案的报告（摘登）》，《湖南日报》2020 年 1 月 29 日。

［31］孙兆：《未来经济走势长期有基础　短期有支撑》，《中国经济时报》2019 年 11 月 15 日。

［32］吴晓松、王妙妙、曹小曙：《广州市城郊村庄发展特征、趋势与规划研究——以从化赤草村为例》，《西部人居环境学刊》2015 年第 2 期。

［33］伍鹏程、何北海、黎雄、李娟：《湖南开放型经济再迈新台阶》，《国际商报》2020 年 1 月 14 日。

［34］习近平：《推动形成优势互补高质量发展的区域经济布局》，《求是》2019 年第 24 期。

［35］颜永盛：《洞庭湖发展论坛文集（2014）》，湖南大学出版社，2016。

［36］杨犇、栾峰、张引：《提质、共融：大都市近郊乡村振兴的产业经济策略——以乌鲁木齐北部乡村地区为例》，《西部人居环境学刊》2018 年第 1 期。

［37］杨桂山、徐昔保、李平星：《长江经济带绿色生态廊道建设研究》，《地理科学进展》2015 年第 11 期。

［38］袁家冬、周绪、黄伟：《我国都市圈理论研究与规划实践中的若干误区》，《地理研究》2006 年第 1 期。

［39］曾福生、蔡保忠：《以产业兴旺促湖南乡村振兴战略的实现》，《农业现代化研究》2018 年第 2 期。

［40］曾福生、蔡保忠：《农村基础设施是实现乡村振兴战略的基础》，《农业经济问题》2018 年第 7 期。

［41］张翼：《从"三个怎么看"说经济大趋势》，《光明日报》2019 年 11 月 15 日。

［42］朱巍、程燕、张柳：《国内发展"院士经济"的实践经验及启示》，《科技中国》2018 年第 2 期。

［43］朱翔、贺清云、徐美：《长株潭城市群主体功能区划分研究》，《湖南大学学报（社会科学版）》2012 年第 5 期。

［44］朱政、贺清云：《长沙城市空间结构演变的动态模拟》，《经济地理》2016 年第 6 期。

［45］朱翔：《湖南空间发展新谋略》，湖南教育出版社，2019。

［46］朱翔：《新时代中国区域发展大谋略》，湖南教育出版社，2019。

［47］邹洁：《需过七道坎　今年机械工业增速有望达5%》，《中国工业报》
2020年2月28日。

［48］邹伟进、邬黎明、韩昕林：《非典对湖北经济影响分析及对策》，《理论
月刊》2003年第7期。

社会科学文献出版社

皮 书

智库报告的主要形式
同一主题智库报告的聚合

❖ 皮书定义 ❖

皮书是对中国与世界发展状况和热点问题进行年度监测，以专业的角度、专家的视野和实证研究方法，针对某一领域或区域现状与发展态势展开分析和预测，具备前沿性、原创性、实证性、连续性、时效性等特点的公开出版物，由一系列权威研究报告组成。

❖ 皮书作者 ❖

皮书系列报告作者以国内外一流研究机构、知名高校等重点智库的研究人员为主，多为相关领域一流专家学者，他们的观点代表了当下学界对中国与世界的现实和未来最高水平的解读与分析。截至2020年，皮书研创机构有近千家，报告作者累计超过7万人。

❖ 皮书荣誉 ❖

皮书系列已成为社会科学文献出版社的著名图书品牌和中国社会科学院的知名学术品牌。2016年皮书系列正式列入"十三五"国家重点出版规划项目；2013~2020年，重点皮书列入中国社会科学院承担的国家哲学社会科学创新工程项目。

权威报告·一手数据·特色资源

皮书数据库
ANNUAL REPORT(YEARBOOK)
DATABASE

分析解读当下中国发展变迁的高端智库平台

所获荣誉

- 2019年，入围国家新闻出版署数字出版精品遴选推荐计划项目
- 2016年，入选"'十三五'国家重点电子出版物出版规划骨干工程"
- 2015年，荣获"搜索中国正能量 点赞2015""创新中国科技创新奖"
- 2013年，荣获"中国出版政府奖·网络出版物奖"提名奖
- 连续多年荣获中国数字出版博览会"数字出版·优秀品牌"奖

成为会员

通过网址www.pishu.com.cn访问皮书数据库网站或下载皮书数据库APP，进行手机号码验证或邮箱验证即可成为皮书数据库会员。

会员福利

- 已注册用户购书后可免费获赠100元皮书数据库充值卡。刮开充值卡涂层获取充值密码，登录并进入"会员中心"—"在线充值"—"充值卡充值"，充值成功即可购买和查看数据库内容。
- 会员福利最终解释权归社会科学文献出版社所有。

数据库服务热线：400-008-6695
数据库服务QQ：2475522410
数据库服务邮箱：database@ssap.cn
图书销售热线：010-59367070/7028
图书服务QQ：1265056568
图书服务邮箱：duzhe@ssap.cn

社会科学文献出版社 皮书系列
SOCIAL SCIENCES ACADEMIC PRESS (CHINA)
卡号：795582248627
密码：

S 基本子库
SUB DATABASE

中国社会发展数据库（下设 12 个子库）

整合国内外中国社会发展研究成果，汇聚独家统计数据、深度分析报告，涉及社会、人口、政治、教育、法律等 12 个领域，为了解中国社会发展动态、跟踪社会核心热点、分析社会发展趋势提供一站式资源搜索和数据服务。

中国经济发展数据库（下设 12 个子库）

围绕国内外中国经济发展主题研究报告、学术资讯、基础数据等资料构建，内容涵盖宏观经济、农业经济、工业经济、产业经济等 12 个重点经济领域，为实时掌控经济运行态势、把握经济发展规律、洞察经济形势、进行经济决策提供参考和依据。

中国行业发展数据库（下设 17 个子库）

以中国国民经济行业分类为依据，覆盖金融业、旅游、医疗卫生、交通运输、能源矿产等 100 多个行业，跟踪分析国民经济相关行业市场运行状况和政策导向，汇集行业发展前沿资讯，为投资、从业及各种经济决策提供理论基础和实践指导。

中国区域发展数据库（下设 6 个子库）

对中国特定区域内的经济、社会、文化等领域现状与发展情况进行深度分析和预测，研究层级至县及县以下行政区，涉及地区、区域经济体、城市、农村等不同维度，为地方经济社会宏观态势研究、发展经验研究、案例分析提供数据服务。

中国文化传媒数据库（下设 18 个子库）

汇聚文化传媒领域专家观点、热点资讯，梳理国内外中国文化发展相关学术研究成果、一手统计数据，涵盖文化产业、新闻传播、电影娱乐、文学艺术、群众文化等 18 个重点研究领域。为文化传媒研究提供相关数据、研究报告和综合分析服务。

世界经济与国际关系数据库（下设 6 个子库）

立足"皮书系列"世界经济、国际关系相关学术资源，整合世界经济、国际政治、世界文化与科技、全球性问题、国际组织与国际法、区域研究 6 大领域研究成果，为世界经济与国际关系研究提供全方位数据分析，为决策和形势研判提供参考。

法律声明

　　"皮书系列"（含蓝皮书、绿皮书、黄皮书）之品牌由社会科学文献出版社最早使用并持续至今，现已被中国图书市场所熟知。"皮书系列"的相关商标已在中华人民共和国国家工商行政管理总局商标局注册，如LOGO（ ）、皮书、Pishu、经济蓝皮书、社会蓝皮书等。"皮书系列"图书的注册商标专用权及封面设计、版式设计的著作权均为社会科学文献出版社所有。未经社会科学文献出版社书面授权许可，任何使用与"皮书系列"图书注册商标、封面设计、版式设计相同或者近似的文字、图形或其组合的行为均系侵权行为。

　　经作者授权，本书的专有出版权及信息网络传播权等为社会科学文献出版社享有。未经社会科学文献出版社书面授权许可，任何就本书内容的复制、发行或以数字形式进行网络传播的行为均系侵权行为。

　　社会科学文献出版社将通过法律途径追究上述侵权行为的法律责任，维护自身合法权益。

　　欢迎社会各界人士对侵犯社会科学文献出版社上述权利的侵权行为进行举报。电话：010-59367121，电子邮箱：fawubu@ssap.cn。

社会科学文献出版社

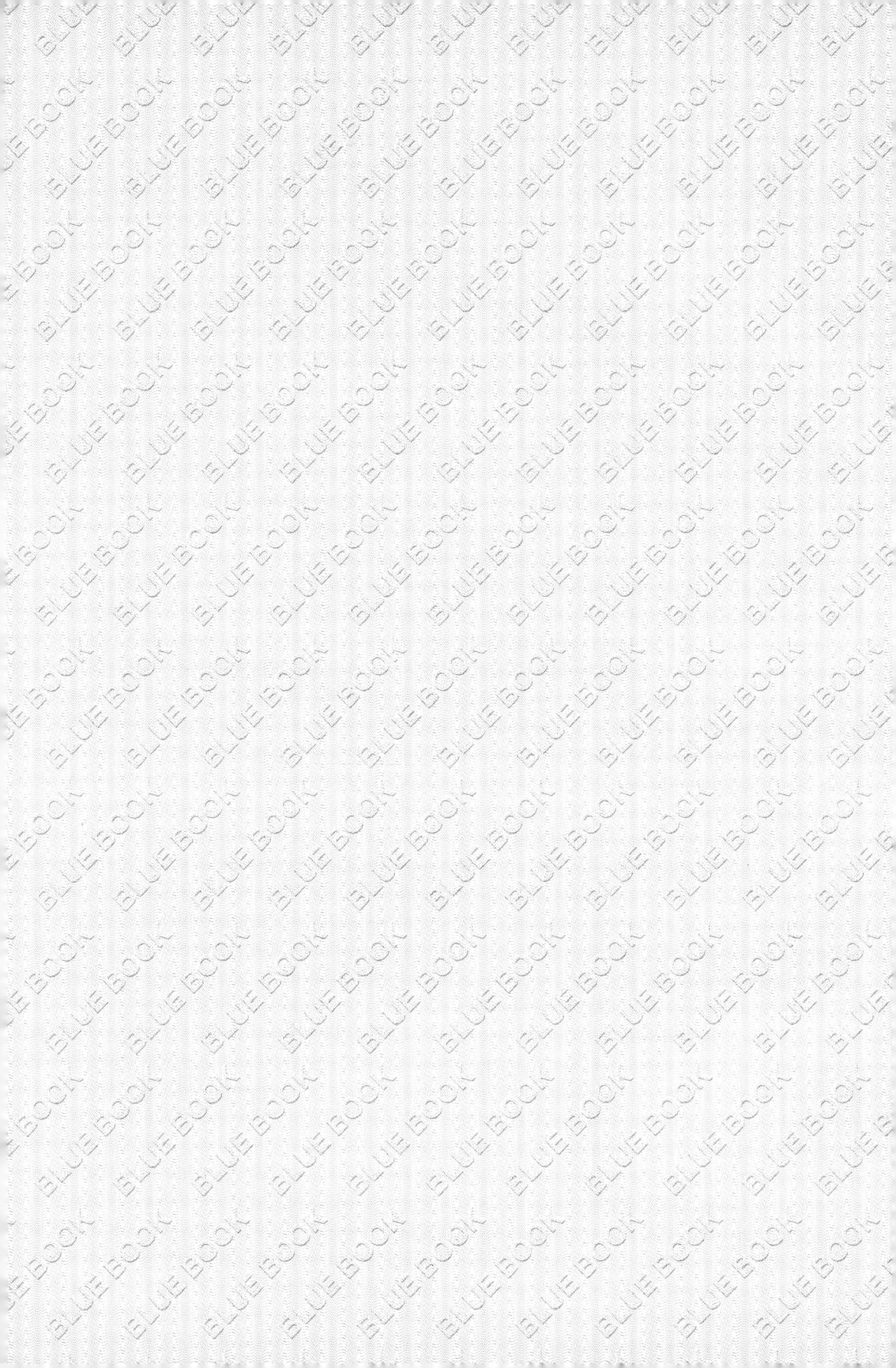